教育部人文社会科学研究规划基金项目
《瞿秋白汉语规划思想影响研究（1932-1982）》
（项目批准号：18YJAZH084）资助

中国书籍学术之光文库

瞿秋白与中国现代语言规划

汪禄应 | 著

图书在版编目（CIP）数据

瞿秋白与中国现代语言规划/汪禄应著．—北京：中国书籍出版社：光明日报出版社，2020.11
ISBN 978-7-5068-8067-1

Ⅰ.①瞿… Ⅱ.①汪… Ⅲ.①语言规划—中国 Ⅳ.①H002

中国版本图书馆 CIP 数据核字（2020）第 210609 号

瞿秋白与中国现代语言规划

汪禄应　著

责任编辑	李　新
责任印制	孙马飞　马　芝
封面设计	中联华文
出版发行	中国书籍出版社　光明日报出版社
地　　址	北京市丰台区三路居路 97 号（邮编：100073）
电　　话	（010）52257143（总编室）　（010）52257140（发行部）
电子邮箱	eo@chinabp.com.cn
经　　销	全国新华书店
印　　刷	三河市华东印刷有限公司
开　　本	710 毫米×1000 毫米　1/16
字　　数	377 千字
印　　张	21
版　　次	2020 年 11 月第 1 版　2020 年 11 月第 1 次印刷
书　　号	ISBN 978-7-5068-8067-1
定　　价	98.00 元

版权所有　翻印必究

我们应当根据言语文字现在已经有的发展趋势，把无意的不自觉的过程变成有意的自觉的革命。这就是要在口头上的言语方面形成一种全国公用的普通话，而在书面的文字方面形成一种全国公用的真正白话文。

——瞿秋白（1931）

在西方，冲破中世纪的黑暗时代，首先是从文字改革开始的。这就是打破教会僧院所垄断的旧文字，创造和群众口头语相结合的民族新文字。这才产生了启蒙运动，产生了资本主义的产业革命。在中国，不可能有例外。

——胡愈之（1980）

目 录
CONTENTS

绪 论 ··· 1
 第一节　学者型革命家瞿秋白在中国语言规划上成就斐然 ············ 1
 第二节　瞿秋白汉语规划思想影响是贯穿50年中国现代语言规划的一条
    红线 ··· 3
 第三节　瞿秋白汉语规划思想当代价值的深度挖掘 ····················· 6
 第四节　结语 ··· 9

第一部分　思想体系篇 ·· 11
 第一章　汉语本位口语观 ··· 13
  第一节　解放"国人舌头"，释放"四万万"全体国民的口语潜能 ······ 14
  第二节　确立"口语本位"，建设"普通话"为基础的未来新型中国语文
     ·· 23
  第三节　倡导"文腔革命"，实行"普通话写作"在汉语写作各领域的
     全覆盖 ··· 28
  第四节　结语 ··· 34
 第二章　汉语发展多元观 ··· 37
  第一节　积极发展方言，力促"区域普通话"融汇成"全国普通话"
     ·· 38
  第二节　正视外语吸纳，力促"欧化汉语"转变为"新型中国语文"
     ·· 43
  第三节　学习古代汉语，力促"传统形式"转化为"现代表达" ······ 49
  第四节　结语 ··· 55
 第三章　汉语发展阶段观 ··· 58
  第一节　瞿秋白对"传统汉字"的观察、思考和批判 ····················· 59

1

第二节　瞿秋白"现代汉字"规划思想举要……………………… 63
   第三节　瞿秋白"字母汉字"的研制及其对"汉语拼音"的贡献 …… 68
   第四节　结语 …………………………………………………… 74
 第四章　汉语建设人民观 …………………………………………… 78
   第一节　创造"全体人民"共享的"新型中国文化"是根本出发点 … 79
   第二节　改造和提升"中国基层百姓"的"语文生活"是中心任务 … 85
   第三节　动员"最广泛基层群众"的"积极参与"是规划成功的关键
         ……………………………………………………………… 90
   第四节　结语 …………………………………………………… 97

第二部分　事件影响篇 ………………………………………… 101
 第五章　大众语运动与瞿秋白 …………………………………… 103
   第一节　"大众语"与瞿秋白所主张的"普通话" ………………… 104
   第二节　"大众语运动"与瞿秋白所研制的"拉丁化新文字" …… 111
   第三节　"大众语运动"与瞿秋白倡导的"文艺大众化" ………… 117
   第四节　结语 …………………………………………………… 124
 第六章　拉丁化新文字运动与瞿秋白 …………………………… 129
   第一节　瞿秋白与拉丁字母的中国第一次全国大普及 ………… 130
   第二节　"新文字"的拉丁字母使用演变情况 …………………… 136
   第三节　"瞿氏方案"对"正词法"的重要探索 …………………… 142
   第四节　结语 …………………………………………………… 147
 第七章　延安文艺运动与瞿秋白 ………………………………… 151
   第一节　文艺视域下的瞿秋白与毛泽东 ………………………… 151
   第二节　从上海左翼文化运动到延安文艺运动的历史演进 …… 158
   第三节　延安文艺对文艺大众化的超越和突破 ………………… 164
   第四节　结语 …………………………………………………… 171
 第八章　普通话推广与瞿秋白 …………………………………… 175
   第一节　瞿秋白以前的国家通用语言推广简史 ………………… 175
   第二节　瞿秋白的普通话规划及其影响 ………………………… 181
   第三节　瞿秋白的普通话理念对当代标准普通话建设和推广的启示 … 189
   第四节　结语 …………………………………………………… 196

第三部分　人物影响篇 201

第九章　陈望道与瞿秋白 203
第一节　上海大学期间陈望道与瞿秋白的汉语革新追求 203
第二节　"大众语运动"时期陈望道对瞿秋白汉语规划实践的支持 211
第三节　"推广普通话运动"时期陈望道对于国家通用语言文字建设的贡献 220
第四节　结语 227

第十章　鲁迅与瞿秋白 231
第一节　语用差异：白话文运动之后瞿鲁著作文字比较 231
第二节　主张趋近：大众语运动前后瞿鲁语言规划比较 238
第三节　原因探寻：左翼文学运动期间瞿鲁交往合作讨论 242
第四节　结语 244

第十一章　朱自清与瞿秋白 247
第一节　白话文运动中成长起来的"五四"学者和作家 248
第二节　大众语运动的深度参与者与中国语文现代化的积极探索者 255
第三节　朱自清的中国语文现代化建设观及其历史贡献 263
第四节　结语 271

第十二章　周有光与瞿秋白 275
第一节　新文字研究的特异成绩让大牌经济学家走上语言规划之路 275
第二节　三年集中攻关成就让周有光成为继瞿秋白之后拉丁化运动集大成者 281
第三节　耄耋之年的周有光继续引领中国现代语言规划 291
第四节　结语 297

附一：主要参考文献 300

附二：瞿秋白语言文字研究资料（1950—2020） 311

后　记 315

绪 论

第一节 学者型革命家瞿秋白在中国语言规划上成就斐然

自清末切音字运动、国语运动、白话文运动到当今面向经济全球化和"一带一路"建设的语言战略研究，汉语规划伴随中国现代化的全过程。正是语言规划引领着传统中国一步步走到现代化的今天。在中国现代语言规划史上，20世纪30年代是一个高峰期和重要节点。瞿秋白是这个时期汉语规划卓有影响的领袖和翘楚。他全面规划了现代化中国语文，并于1932年前后形成了他专业、完整、系统的汉语规划思想。此后，几乎每个时期都能窥见瞿秋白汉语规划思想的影响。30年代大众语运动的蓬勃开展、40年代新文字一度获得法律地位、50年代普通话推广的全面铺开与承续新文字的汉语拼音方案正式出台、60—70年代汉语拼音方案最终确定为全国中小学的必修课程、80年代汉语拼音方案走出国门成为汉语拼写的国际标准等，都能看到瞿秋白汉语规划思想的继承、创新和发展。因而，有学者情不自禁地高调宣称："任何一种关于中国现代语言学史的历史书写都绕不开瞿秋白。"[1]

（一）作为语言学家的瞿秋白研究成果

然而，有关瞿秋白作为语言学家的探讨一直没能引起学界的足够重视，瞿秋白汉语规划思想及其影响更难见有学者做特别的关注和研究。因为在中国现代历史舞台上瞿秋白首先是一位革命家、政治家和宣传家，其次是文学家、文艺理论家，其五六百万字著述包括二百万的翻译主要是政论写作和文艺写作。所以，据叶楠《瞿秋白研究资料索引》介绍，从1950年陈定明发表《瞿秋白对中国文字改革的贡献》开始到2012年冷玉健发表《瞿秋白对中国"汉字革命"的特别贡献》，52年间瞿秋白作为语言学家的研究论文仅有29篇文章，论著则暂告阙如。[2]近十年出现了新的气象。一些学者开始从"文化革命"视域对瞿秋白文字改革做集中讨论。比如，2008年后，胡明从文学革命、文腔革命到文字革命的过程，探讨了瞿秋白文化革命的"路线图"；杨慧从"普通话""口语"

及"汉字"等方面论述瞿秋白的文化革命思想。更有学者从"语文现代化"的高度来研究语言学家瞿秋白的历史贡献。例如，薛荣2010年开始发表论文，探寻瞿秋白文字改革思想的苏联渊源、苏联经验、苏联背景，同时强调了瞿秋白拉丁化中国字研制的"中国问题"意识，瞿秋白语文现代化方案的"中国特性"。赵贤德2016年出版《常州籍语言学家与中国语文现代化》一书，专题探讨了瞿秋白对中国语文现代化的贡献，指出《汉语拼音方案》凝聚了吴稚晖、赵元任、瞿秋白、周有光等常州籍四大语言学家的智慧，其中瞿秋白的贡献不可磨灭，他制定的新文字得到了跨党派的支持，曾一度在陕甘宁边区获得汉字同等法律地位，第一次在中国实现"一语双文"。笔者2012年起在瞿秋白汉语现代化研究方面陆续发表了《从"白话革命"到"文腔革命"》《汉语规划：瞿秋白的探索和方案》等十余篇系列论文，并出版了该研究领域的第一部专著《瞿秋白汉语现代化的探索》。这些成果贯穿了一个基本思想：出身俄专的瞿秋白，语言文字的探讨是他一辈子的坚守；其中最重要的贡献是他第一个明确提出现代化中国语文的建设主张，并完成"瞿氏方案"以及基于这个"拼写方案"而不断清晰起来的"现代普通话的新中国文"汉语规划建设蓝图，他因此成为首位全面规划建设现代化中国语文的语言学家。[3]

（二）瞿秋白汉语规划思想影响的研究意义

瞿秋白汉语规划思想影响研究是瞿秋白汉语现代化的探索研究的继续、深入和拓展。其理论意义在于：第一，为中国现代语言规划史的撰写准备条件。学界目前的研究水平距离写作一部中国语言规划通史还相当遥远，但写作中国语言规划断代史则是可以尝试的。就中国现代语言规划史的写作来说，"史实"比较清楚，"史论""史识"较难把握。瞿秋白汉语规划思想影响研究不仅可以帮助人们对中国现代语言规划史上"简化汉字""推广普通话""汉语拼音方案的研制"等重大规划事件及其相关语言学家的努力做深入剖析，更可以提高人们对于中国现代语言规划史的认识，找出中国语言规划的特有规律。第二，进一步丰富中国语言规划理论，推进中国社会语言学研究迈向国际学术前沿。中国是一个有着悠久语言规划历史的文明古国，但有关语言规划的理论探讨并不太多，其标志性成果还相当有限。瞿秋白汉语规划思想影响研究集中于20世纪百年中国语言规划实践的研究，梳理其中的规律，这将大大充实、丰富和提升中国语言规划理论建设。自然，这项研究对于社会语言学、应用语言学乃至语言经济学的研究也都将产生积极的促进作用。第三，提高当前现代汉语学科建设水平。现代汉语正式诞生若从1917年算起，整整一百年了。[4]然而其学科建设还在调整和改进中。目前虽有专著《现代汉语史》的出版，也有从文化视角来重构《现代汉语》课程的尝试，还有中国语言生活状况报告的年度发布，但这一学科与现代汉语的发展实际还有不少落差。瞿秋白汉语规划思想影响研究着眼语言规划于现实语言生活作用的考察和探讨，将有效促进现代汉语学科的调整、完善和整体建设。

瞿秋白汉语规划思想影响研究的实际应用价值也是相当明显的。首先，可有效改进和提高当前高校现代汉语、现代写作等相关学科的教学。比如"普通话教学"。很多教师能够就轻声、儿化等各种普通话现象进行讲授和训练，也能够展示全国各地普通话普及程度很不平衡的相关数据信息，但对这些现象和状况的形成原因则大多不甚了了。又比如"写作语言教学"。一股不老老实实锤炼现代白话、不认认真真探寻写作门径，而将本来不多的精力和时间放在文言诗文的写作、追求所谓文言的"文化"和"雅致"之风，正在大中小学写作课堂中有意无意地流行起来。瞿秋白汉语规划思想影响研究及其成果将有效廓清人们的思想认识，让广大师生走出这些茫然和混乱。其次，可进一步探析瞿秋白汉语规划思想的当代意义，深刻认识瞿秋白作为语言学家的历史贡献。20世纪80—90年代起，汉语拼音在计算机汉语信息处理技术上已开始大显身手。进入21世纪，汉语拼音又迅速成为汉语国际传播的主要手段。如何更为充分地发掘汉语拼音的应用价值，让汉语拼音完成汉字难以或是不便完成的工作，这应该是八九十年前瞿秋白勾画"现代普通话的新中国文"汉语规划建设蓝图的应有之义。

第二节 瞿秋白汉语规划思想影响是贯穿 50年中国现代语言规划的一条红线

（一）瞿秋白汉语规划思想的完整体系

瞿秋白以"现代普通话的新中国文"为基本内容的语言规划实践构想主要集中在三个方面：第一，强调并促进以"普通话"为基本形态的汉语各形态的全面发展，包括各主要方言的发展。第二，分近期和远期两个阶段，强调近期书面汉语的汉字形态现代化与远期字母形态的积极建设和协调发展。第三，倡导"普通话"书面形态在各领域应用的全覆盖，其中文艺领域率先实现"文腔革命"，引领它在其他领域的全面铺开。值得特别指出的是：瞿秋白汉语规划上的全部努力是他作为革命领袖"文化救国"思想的重要组成部分；同时，也显示出他强烈的汉语规划先锋意识与领导权意识。瞿秋白汉语规划的这些伟大实践构想初步形成了瞿秋白汉语规划思想的完整体系。自1923年首次明确提出"文字革命"，到1932年"现代普通话的新中国文"的系统阐述，整整十年时间，瞿秋白汉语规划思想体系逐渐完整、清晰起来。其汉语规划的"口语本位观""方言发展观""翻译输入观""发展阶段观""全面应用观""语文生活观""文化革命观""基层利益观"和"群众运动观"等论述专业、全面而系统。[5]可以这样说，这是一棵生机勃勃的大树。其中，"口语本位观"是核心，是这棵参天大树的树根，准确地说是主根；"方言发展观""翻译输入观"以及"古语转化观"也属于根系，是这棵繁茂苍翠大树的三大侧根。"发展阶段观"是这棵巍然屹立的大树的主干，也是瞿秋白汉语规划思想最深刻、最本质、最具理论魅力的地方。至于"全面应用观""语文生活观""文化革命观""基层利益观"和"群众运动观"，则显示出瞿秋白汉语规划思想确实是一棵枝繁叶茂的大树。

（二）贯穿50年中国语言规划的红线

1932—1982年的50年在中国现代语言规划史上成就辉煌。中国当代语文生活的面貌差不多就是由这50年的语言规划奠定基调的。然而，细细探寻，这50年的语言规划及其成就乃至不足等，都深受30年代瞿秋白汉语规划思想的影响。这条贯穿50年中国语言规划的红线是清晰的、明确的，也是重要的。第一，从口语形态看，作为民族共同语，普通话的规划从名称说，到使用族群，到普及需求，到与书面语的关系，甚至到与方言的关系，等等，差不多都与瞿秋白当年的普通话论述有着不同程度的一致性。第二，从书面形态看，现代写作在任何领域都强调使用现代汉语，当然并非绝对排斥古代文言元素；所选择的文字符号强调使用现代汉字，但却一直努力探寻拉丁字母的帮助，这与瞿秋白"现代普通话的新中国文"的勾画关系密切。人们越来越发现，汉语拼音能够做到汉字难做或不便做的许多事情。实际上，"一语双文"就是瞿秋白当年的基本构想，他曾明确谈到拼音文字不可能一蹴而就，汉字在中国还必须长期使用，只是要做科学管理和现代化改造。[6]而他的"新中国文"构想提出不到十年，这种"一语双文"制度就由吴玉章、林伯渠等瞿秋白当年的战友们在陕甘宁边区尝试推行了。第三，从汉字管理看，汉字现代化是中国现代语言规划的一项重要内容。整理传统汉字，走以定量为重要原则的汉字现代化道路是八九十年前瞿秋白在谋划汉语未来建设时曾专门探讨过的。今天现代汉语2500字常用字标准，与20世纪30年代瞿秋白的阐述惊人一致！他说："如果用口头上的白话做标准，那么，至多不过二千五百字就够用了。"[7]

对于1932—1982年50年中国语言规划来说，瞿秋白的影响几乎是全方位的。瞿秋白汉语规划思想渗透到中国现代语言规划的方方面面。从横向规划格局看，主要体现在七个方面：（1）顶层设计；（2）全面规划；（3）国际视野；（4）发展眼光；（5）群众参与；（6）分步实施；（7）基层关怀。而从纵向规划历史看，以下五个时期的影响都是那么显明：（1）20世纪30年代大众语运动。这是非文言力量的一次大联合，更是瞿秋白汉语规划思想的一次最好的传扬、践行和发展。（2）20世纪40年代的新文字运动。自1941年起，在陕甘宁边区政府的一切布告、法令，新文字与汉字并用，同具法律效力。[8] 不到十年就成功，进展如此之快这是瞿秋白生前可能没有想到的。（3）20世纪50年代的汉语拼音方案出台。这是第一个真正意义上的国家方案，是"注音字母""国语罗马字"和"拉丁化新文字"的集大成之作。其中，沿用拉丁化新文字的做法，如用zh、ch、sh等双字母表示ㄓ、ㄔ、ㄕ，相应的仍用z、c、s表示ㄗ、ㄘ、ㄙ等一直为各界所欣赏。（4）20世纪60—70年代汉语拼音方案最终确定为全国中小学的必修课程。汉语拼音方案进入全国中小学和师范院校课堂，可视为"现代普通话的新中国文"的研制初步完成。（5）20世纪80年代汉语拼音方案走出国门成为国际标准。就在1982年，国际标准化组织正式发表基于汉语拼音的汉语拼写国际标准，这可看作"现代普通话的新中国文"开始通行全球。至于对领衔汉语规划的语言学家们的影响更是毋庸讳言。瞿秋白汉语规划思想的影响鲜明地体现在众多语言学家们的语言规划理念中：（1）陈望道。倡导旨在壮大白话文力量的大众语运动，是瞿秋白汉语规划思想的一次大传播、大传扬。（2）吴玉章。"瞿氏方案"研制、修改和推行的核心成员，最终主持完成了汉语拼音方案作为国家标准的正式出台。（3）黎锦熙。国语罗马字的主要设计者和"发言人"，大众语运动之后成为主张"国语""国语罗马字"与"普通话""拉丁化新文字"两派融合的代表性人物。（4）王力。一辈子执着于汉字拼音化事业，积极评价"国语罗马字"与"拉丁化新文字"，并吸收它们的优点，研制出自己的"王氏方案"，即"类符新字"。[9]（5）周有光。瞿秋白"一语双文"构想的主要推进者，参与汉语拼音方案的研制，并在20世纪80年代主导汉语拼写的标准"国际化"。

（三）瞿秋白汉语规划思想影响的深入剖析

瞿秋白汉语规划思想影响是巨大的，也是深远的。首先，瞿秋白汉语规划实践为正确处理标准普通话与地方普通话的关系提供了经验。从今天的观念来看，瞿秋白汉语规划蓝图中的普通话实际上就是"地方普通话"。他特别强调语言规划应尊重实际、尊重中国语情、尊重地方普通话及其沟通功能。相对于标准普通话，地方普通话有两个重要特点：一是缺乏语音在内的语言规范而呈现其自然形态；二是除新闻文化宣传外，能满足各应用领域的实际沟通需要。前者凸显了标准普通话的全民标准意义，后者为标准普通话的推广增添了意想不到的难度。认清并尊重中国语情实际，理性而又科学地协调好标准普通话与地方普通话之间的关系，这是瞿秋白汉语规划思想的深刻之处。其次，瞿秋白汉语规划思想为实现汉语的汉字与字母书写协调发展做了系统的理论准备。为圆融应对汉语书写的千年难题，迎接汉语"一语双文"时代的到来，瞿秋白与他的战友们一道曾进行过艰苦卓绝的探索。汉语现在用汉字来书写，但也有需要采用其他符号书写，这是百年来中国语言规划史上最纠结的课题。瞿秋白曾感叹说非汉字的汉语书写是一件眼前根本无法预期的艰难工程，但又满怀豪情地宣告：启用拉丁字母书写汉语前景无限。正是这份执着和韧劲使得中国语言规划走在漫漫沙漠竟看到了绿洲：随着汉语拼音国际化程度的不断加深，瞿秋白"一语双文"构想自然柳暗花明起来。再次，瞿秋白自身的语言实践活动为后人正确认识、应对和处理现代白话的雅与俗树立了榜样、增添了信心。包括学界的中国社会总有一种声音在聒噪：白话文俗气，甚至粗鄙，几千年文言文的温婉、典雅、精致将因白话文一统天下而丧失殆尽。其实，白话文也完全可以写得庄重、优雅、优美，更可以做到准确、丰富和科学，从而实现现代汉语的雅俗交融、雅俗共济、化俗为雅。瞿秋白36岁的生命留下的500万字著述就是最好的证明。

第三节　瞿秋白汉语规划思想当代价值的深度挖掘

（一）瞿秋白汉语规划思想的当代化

语言规划是社会规划建设的一个重要方面。[10]自20世纪80年代末90年代起，中国现代化步伐明显加速，市场国际化程度日益加深，这给当代中国语言规划提出了一系列新课题。瞿秋白汉语规划思想对当今语言规划仍具有这样那样的启示意义乃至指导价值。所以，首先应对其进行系统梳理、科学研究与理论提升。比如，可进一步深化汉语"口语本位"的规划战略研究。当代汉语规划必须坚持"口语本位"的汉语发展观，注重普通话为主体、方言与外来语为重要辅助的发展格局建设；并以此为基础和根本，鼓励和促进包括汉字和字母在内的汉语各形态的协调、全面发展。其中，普通话的"通用语"形态和地方方言的"社区语"形态是汉语的两种主要"话语形态"，而汉字形态与字母形态是两种同具战略地位的"文字形态"。就话语形态的汉语来说，提升以农民工为代表的基层民众的普通话水平是当前工作的重点之一，这一工作将让数以亿计的基层农民工获得更强的现代社会适应能力以及更高的经济回报和社会地位。可以说，语言扶贫是最重要、最精准、最可靠的扶贫手段、扶贫方式。而就文字形态的汉语来看，"GB、RMB、JSTV、RW、HSK"等"字母词"是当代字母形态汉语发展的重要现象，是汉字环境下汉语字母形态发展的主要增长点。"字母词"一方面给汉语交流带来了很多便利，同时也增添了汉语的"国际通用性"。至于字母书写的"汉语拼音"，如今作为国际标准已受到越来越多地区和领域的欢迎和青睐，这是一些新的迹象，及时发现并瞄准这些新迹象，是开展好当代语言规划工作的前提。再比如，可进一步深化语言规划的"文化革命"性质研究。中国央视《中国诗词大会》节目的成功播出，激起了业界对于内地与香港两地"诗词大会"的比较，就连日本推特上也掀起了一场"斗诗大会"。这一语言生活现象当然是当代汉语发展的一大幸事。它不仅让国人在胡适白话革命整整一百年的今天重新拾起那份久违了的优雅情怀，而且更让很有可能滑向"粗糙""媚俗"和"洋泾浜"的当代汉语走得更加稳健、大方和自信。然而，从语言规划的角度来看，无论今人对"传统诗词"怎么痴狂，汉语也绝不会回到"文言时代"。也就是说，"传统诗词"的背诵和创作等活动再怎么被追捧也不可能让今天的知识分子整体恢复到诗词歌赋时代，充其量也只会是"个人爱好"或是在"现代娱乐"范畴内的"文字竞技"，大多是与公开写作相对应的"潜在写作""私性写作"。这一观察结论完全可以由瞿秋白汉语规划思想引申出来。因为汉语的现代化过程是一个深刻的文化更新、变革过程。"口语""白话"本质所代表的不是交流工具，而是不同文化意识的转换乃至话语权利的重新洗牌和分配。那种言必据典、语必圣贤的话语文化与言说者的个人意识、反叛意识和创新意识是格格不入的。

（二）瞿秋白汉语规划思想的当代价值挖掘

从当前情形来看，瞿秋白汉语规划思想的当代价值挖掘主要可从以下三个方面来深入：（1）坚守"口语本位"发展理念，推进学校口语课程的全面建设。肇始于清末的汉语现代化,直到瞿秋白这里才有一个明确的"口语"为基本点的整体发展规划。瞿秋白"用现代中国话来写一切东西"的汉语规划主张不仅彻底颠覆了中国语文的传统格局,也决定着中国当代语文的基本面貌。然而,如何坚持这一汉语规划思想,让汉语更好地走向未来、走向世界,这在学校口语课程建设中竟是一个瓶颈。十多年前就有学者感慨汉语口语方面的著述少得可怜,仅"只有一本"。[11]口语交际纳入中小学语文课程快20年了,但从教材到课堂差不多仍都是虚设性质,没有实质性进展。语文教育界也有有识之士试图为国人"艰难的言说"做破局式探讨和呐喊,[12]然而时至今日应者寥寥。这就是说,中小学语文课程实际上还是一种以书面语文化为底色的课程设置。原因不是别的,恰恰在于人们对于中国现代语言规划史的麻木,对于30年代瞿秋白"口语本位"汉语规划思想的不熟悉、不了解、少研究。(2)推进"汉语拼音"全方位应用,实现汉语国际传播的深度发展。作为瞿秋白汉语规划思想的重要继承,《汉语拼音方案》颁布60年来为现代汉语的建设和发展作出了极大的贡献,特别是为汉语口语主体形态"普通话"的推广、普及和广泛应用发挥着定海神针的作用。让人不禁惊喜无比的是,由汉语拼音拼写的当代汉语借词,如 qigong、wushu、jiaozi、guanxi、chunyun、gaokao、tuhao、putonghua、buzheteng 等,近20年来成为英语话语系统里的热词。这一现象不仅证明了1982年《汉语拼音方案》成为国际标准后的实际影响力,[13]而且也给今天的汉语国际传播增添了新的力量、信心和灵感。在国际汉语教学中,汉语拼音绝非英语教学中的国际音标,而应成为汉语学习的一个重要"补充"。作为一种补充形式,或者说辅助办法,汉语拼音的汉语书写不仅有明确的《国家通用语言文字法》的具体规定作为法律保障,更有越来越多的来自世界各地的外国人借此学好汉语的成功经验。所以有专家撰写明确建议"把拼音出版物提升到汉语国际传播的战略高度来认识"[14]。比如,办一些为外国人服务的"拼音报纸、刊物和网站",每天向世界发布中国新闻,讲述中国故事,介绍中国文化。这一做法实际上就是当年瞿秋白"现代普通话的新中国文"建设的题中之义。(3)提高"汉语写作"学术水平,提升汉语图书出版的国际地位。汉语写作的读者对象一直局限于中国读者,而且一般又锁定为基层大众,这是一个不争的事实。近几十年来,汉语写作的"国际化"进程在明显加快。2012年莫言获诺贝尔文学奖,这对于"汉语写作"来说具有里程碑意义。1917年胡适《文学改良刍议》发表整整一百年,汉语写作的实力得到了世界的认可。这在汉语写作史上应该是一件大书特书的历史性事件。然而,从汉语写作在世界上的地位来说,无论是文学写作,还是学术著述,还有不少的路要走。特别是学术写作,目前在学术领域，还很难找到多少汉语学术权威引领全球，这当然首先是一个学术问题，但与汉语写作本身也息息相关。汉语在其文言时代可能创造了世界其他民族难以企及的以诗词歌赋为主要载体的抒情艺术成就；但在文言退出历史舞台之后，汉语的能耐、汉语的力量、汉语的魅力如何呈现，这在中国文化走出去的今天自然成为一个不可忽视的突出问题。在瞿秋白汉语规划实践中有一个非常明确的思想，这就是现代化中国语文的建设是一个面向大众，服务大众，促进大众更好、更快地学习和从事现代科学、现代艺术的崇高事业和伟大工作。因而，汉语的学术写作、艺术创作是这一主题的自然延伸，值得今天每一个汉语写作者深思。从汉语建设和发展来看，汉语图书，特别是学术著述在世界图书市场上应取得自己应有的地位。

第四节　结语

瞿秋白汉语规划思想影响研究是语言规划研究领域里的一个崭新课题。该课题的推进有利于推动我国语言规划领域里的一些问题早日破解，促进当前中国语文生活的健康发展。在不久前江苏召开的由教育部语言文字应用研究所等单位主办的纪念《汉语拼音方案》颁布60周年学术研讨会上，与会专家一致呼吁尽快在中小学语文课程里落实"正词法"、建立"词意识"。可以说，20世纪30年代瞿秋白汉语规划实践中高调进行的"字眼"探讨在这方面就是一个极好的示范引导，[15]值得好好研究、承继和发展。

注释：

[1] 杨慧. 思想的行走——瞿秋白"文化革命"思想研究［M］. 北京：商务印书馆，2012：34-35.

[2] 易难. 瞿秋白研究资料索引［M］. 北京：中国文联出版社，2013：147-150.

[3] 汪禄应. 瞿秋白汉语现代化的探索［M］. 北京：中国文联出版社，2016：1.

[4] 刁晏斌. 现代汉语史［M］. 福州：福建人民出版社，2006：3-4.

[5] 汪禄应. 汉语规划：瞿秋白的探索和方案［J］. 档案与建设，2017（11）：41-42.

[6]［7]［15] 瞿秋白. 瞿秋白文集（文学编第三卷）［M］. 北京：人民

文学出版社，1985：249，249，240-250.

　　[8] 费锦昌. 中国语文现代化百年记事（1892-1995）[M]. 北京：语文出版社，1997：65-66.

　　[9] 王力. 汉字改革[M]. 太原：山西人民出版社，2014：94.

　　[10] 刘海涛. 语言规划和语言政策：从定义变迁看学科发展[M]//陈章太，等，主编. 语言规划的理论与实践. 北京：语文出版社，2006：55-57.

　　[11] 王荣生. 语文科课程论基础[M]. 上海：上海教育出版社，2005：207.

　　[12] 田良臣. 艰难的言说——汉语口语教学百年历程述评[J]. 课程·教材·教法，2005（3）：89-95.

　　[13] 冯志伟. 汉语拼音国际标准化的新进展[J]. 语言战略研究，2016（1）：94.

　　[14] 郭熙. 借力拼音，让汉语更快走向世界[N]. 光明日报，2016-06-12.

第一部分 01
思想体系篇

第一章

汉语本位口语观

瞿秋白是中国现代史上伟大的马克思主义政治家、思想家和宣传家，同时也是中国学术史上屈指可数的杰出语言规划学者。瞿秋白汉语规划思想的形成最早可以追溯到1920—1922年首次赴苏考察期间对苏俄民众识字状况的特别关注。[1]但公开倡导中国要有自己的文字改革和语言规划应该是1923年他在上海大学担任教务长和社会学系主任期间发表的《现代中国所当有的"上海大学"》一文。瞿秋白汉语规划思想体系的最终形成并完整呈现则可以锁定在1928—1932年这四五年时间里，也就是他主持完中共六大在苏俄担任中共代表团团长到回国在上海领导"左联"工作期间。

瞿秋白汉语规划思想体系完整，主要包括"口语本位观""接触发展观""发展阶段观"和"社会建设观"。如果将瞿秋白汉语规划思想体系比作是一棵大树，那么口语本位观就是其"主根"，其他则属于"侧根"（接触发展观）、"主干"（发展阶段观）和"枝叶"（社会建设观）。"口语本位"的表述来源于瞿秋白本人。1931年春至1932年6月，瞿秋白至少两次与友人谈到"白话本位"。一次是在《致伯新兄》的信中，一次是写给鲁迅的《再论翻译》。所谓"口语本位观"，是指在汉语这一特殊语境下不再盲目地将书面文字作为语言发展的根本，而强调口语发展的基础性、普遍性和重要性的一种语言规划建设发展观。也就是说，在瞿秋白看来，未来新型中国语文的发展首先是汉语口语的发展，然后是以口语为基础的汉语书面语的发展和整个汉语的全面发展。可以说，瞿秋白所倡导的这一清晰而先进的汉语发展路径一直影响到当今的汉语规划与汉语发展，值得学界认真探讨和研究。

第一节 解放"国人舌头"，
释放"四万万"全体国民的口语潜能

大力发展汉语口语，让"国人舌头"从原始而单一的进食功能中解放出来，从而将近"四万万"国民的"口语潜能"好好释放出来，这是瞿秋白汉语规划最为核心的思想主张。

瞿秋白汉语规划建设思想来源于他对中国语情的调查分析。在他看来，现代中国区别于其他国家特别是欧美发达国家最大、最基本、最重要的语情就是"言文分离"。在中国，汉语书面语与其口头语是两个迥然不同的言语系统，"言"是一套言语，"文"却是另一套言语。正如胡适所指出的，说的是"要"，写的却是"欲"；说的是"到"，写的却是"至"；说的是"坐轿"，写的却是"乘舆"。[2]这不仅导致书面语言、书面知识与占全国人口百分之八十以上的普通民众几乎没有任何关联，而且使得整个国民的口语停留在极其粗鄙、原始、狭隘的状态，以至于"普通的日常谈话几乎还离不开'手势戏'"。[3]这种语言生活质量和水平严重阻碍了中国革命的历史进程，同时也十分不利于中国社会未来的现代化建设。

然而，瞿秋白发现，中国的"言文分离"不仅因为几千年汉字的根深蒂固，解决起来难度大，而且其具体表现相当复杂。也就是说，汉语无论是"言"（口头语）还是"文"（书面语）都有多种形态。所以，在实现"言文统一"之前，先要完成"言的统一"和"文的统一"；或者说，在中国，"言文统一"的任务是与"言的统一"和"文的统一"工作紧密联系在一起的。

首先，从"言"来说。与世界上其他任何语言一样，汉语口语也有其全国普通话（国家通用语）、区域普通话和方言土语三种形态。其中，比较活跃的是区域普通话。"普通话"这个概念最早来自1902年吴汝纶《东游丛录》中的"普通语"和1906年朱文熊《江苏新字母》中的"普通话"。瞿秋白借助这一"术语"来构筑他的汉语规划理想，创造性地演绎出了"全国普通话""区域普通话"等概念，这既是对中国语情的忠实反映和客观描述，也是他汉语发展观的生动体现。"方言土语—区域普通话—全国普通话"清晰地描述了汉语"言的统一"这一历史进程。可以说，"普通话"是瞿秋白全部汉语规划论述的核心概念，也是"瞿氏方略"区别于其他语言学家汉语规划方略最鲜明的地方。高举"普通话"的大旗，对中国口语现状和发展以及整个汉语发展作"普通话"视域下的观察、分析和判断,这是瞿秋白汉语规划思想最迷人的地方。从历史和当今现实来看,着眼于"普通话"来实现"言的统一"是一条最现实、最可靠、最科学的汉语规划方略。这是瞿秋白汉语口语本位观第一个方面的表现。

从"普通话"这一视域出发,瞿秋白对20世纪30年代初的中国口语状况作过很好的调查分析。如表1-1"20世纪30年代'中国语族'体系构成"所示。

表1-1 20世纪30年代"中国语族"体系构成

序号	口语名称	基本特征	使用范围	文字类型	1931年瞿秋白作品举例
1	民族言语	苗、黎、西藏、蒙古等民族	民族地区	民族文字	——
2	全国普通话	一切政治学术文艺等文化生活,必然的只能够用这种话	全国范围	中国文	中国的普洛文学运动还在很幼稚的时期,它的许多弱点和错误正需要坚决的斗争和勇敢的自我批评来纠正。[4]
3	区域普通话	区域所用共同言语,文法部分是特别的,一切政治学术上的字眼与普通话相同	经济区域	方言文	说起出兵满洲格东洋人,先要问问为仔啥事情。(上海话)
4	小区域土话	只有日常的说话,无学术上的言语和复杂概念的字眼	县乡一带	无	——

面对表1所示的中国语情,瞿秋白的汉语规划主张是:第一,要重点推进"蓝青官话"走向"全国普通话"的现代转型,将这种原本只在官僚阶层流行的民族共通语加速转型为现代都市五方杂处的各色人等都能实现有效沟通的"全国普通话",即现代国家所必需的国家通用语。第二,要特别重视保护和发展以"经济区域"为标志发展起来的"区域普通话",它们是"全国普通话"

15

得以发展的重要基础；条件成熟的话，可先行发展一批"区域普通话"为基础的"方言文"，比如"上海文、北京文、广州文"等。第三，要努力将散落在各地、互不交流往来的各种小地方的方言土语引导到以"普通话"为重点的汉语口语建设轨道上来。这些主张一改国人汉语学习千年一贯的书面语学习惯习，是汉语规划史上的重要里程碑。从此之后，汉语开始走向比"五四"时期更为深刻的变革。如果说在胡适那里汉语白话还停留在往昔的书面作品里，那么在瞿秋白这里汉语普通话则日益活跃在当下中国亿万百姓的口头话语里。

其次，从"文"来看。瞿秋白当年对于"中国文"形态构成分析精细、准确而科学，可以说，是学界关于汉语书面语语情实事求是分析的典范。从表1-2"20世纪30年代'中国文族'体系构成"不难看到这一点。

表1-2 20世纪30年代"中国文族"体系构成

序号	文体名称	基本特征	代表作品	文腔特点	1931年5月报刊文章举例
1	古文文言	古代汉族儒士的符咒，一种特殊的念书腔调，根本就没有"活过"	林纾、严复的译作	书房里的文腔	而夫子之文传四海。德播千秋。可使余后生小子永不能忘者也。[5]
2	时文文言	现代儒士所造出的一种注重形体而不注重读音的特别文字。	梁启超的《时务报》《新民丛报》	小西崽的文腔	工部局之命令。乃在补救近年来香市之阻碍交通及公众不便。现表情于小贩代表。以为破坏彼等生计。[6]
3	旧式白话	17、18世纪旧小说上的白话，是一个时期某地的白话，特别是文法已经不用了	《水浒》《红楼梦》	戏台上的文腔	童二听了。点一点头道。我知道你是出于一片诚心。不是虚话。[7]
4	新式白话	容纳了欧美日本文的字眼和文法，但基本上还是文言的文法	外国文法的鲁迅"硬译"	洋翰林的文腔	一切人为的日常生活，其中必定有一种很简单很明白的信条，以资宣传。[8]

瞿秋白对"中国文族"的分析主要基于上海《申报》、上海《社会日报》等当年中国主流报刊文体使用状况的调查。[9]上表分析表明，在瞿秋白看来，20世纪30年代初"中国文"的"文腔"要么是"书房里的"，要么是"戏台上的"，要么是"小西崽的"，要么是"洋翰林的"，就是没有四万万基层民众的。它们本质上远离中国人日常的政治、经济、文化和学术生活，远离当时占人口绝大多数的民众的口语，远离"舌头说出来的话"，远离"活的言语"。一句话，"中国文"远离以"普通话"为主要发展取向的"中国话"。这就是瞿秋白所发现的问题症结所在。也就是说，在瞿秋白的眼中，20世纪30年代初的"中国文"总在"普通话"之外徘徊。这些"中国文"的作者或者继续"仿作"古文文言，做林纾、严复的"传人"；或者用文言句法生造一些表达法，让读者去"猜谜子"；或者直接搬用一些《红楼梦》《儒林外史》上的文言句子来写新闻故事；或者写些"五四式的假白话"，要么运用西文语法来组织中国句子，要么用文言句法来写当今白话。总之，这里的"中国文"总与"中国话"隔着一段距离。也就是说，"中国文"具体表现为什么样的形态都是次要的，问题的关键，或者说，目前各种形态的共同偏差在于大家对"中国话"的疏离感，只是程度不同而已。所以，让"中国文"走向"中国话"，特别是走向"中国话"的主导形态"普通话"，从而破解"言文分离"这一千年难题，这是瞿秋白汉语规划思想的精髓。

瞿秋白曾撰写《中国文和中国话的关系》《中国文和中国话的现状》和《汉字和中国的言语》等系列论文，对"中国文"与"中国话"的关系、现状与未来走向作专题探讨。这些论文可能也是中国学界最早关于"文"与"话"关系的专题讨论。这些讨论主要围绕中国人的语言观念来展开。也就是说，破解"文言分离"难题要从解放思想、改变观念做起。瞿秋白指出，西文中的"Language这个字是同时表示话和文的，而根本的意思正是话而不是文"[10]，正是"舌头所做的事情"。自柏拉图以来，西方就有以声音、言语来直接沟通思想的传统，这也是当今学界的基本共识。然而，在汉语语境中，人们一谈到"语言"，意念中就往往联想到运用各种视觉符号而书写出来的书面文字。对口头话语的忽视使得作为传统文字学的"小学"一直作为中华传统学术中的"显学"，很多事理人们都试图从"小学"中获得答案。有学者就明确指出，以"文字、音韵、训诂"为主要内容的"小学"在清代学者眼中就是"解释诸经子史的基础"。[11]这一语言观念与西方语言学乃至整个学术逻辑形成鲜明的对比。索绪尔就主张文字仅仅是语言的衍生物，他曾明确指出，"语言学的对象不是书写的词和口说的词的结合,而是由后者单独构成的"[12]。瞿秋白急切期待中国语言学能够从传统"小学"中走出来,从"文字""音韵""训诂"走向以"字母""口音""字眼""文法"和"文体"为基本架构的现代语言学。在他看来,舌头本来是语言的第一器具,可在中国人的心目中,舌头最主要的意义并非人际交流而是品尝美食。瞿秋白对这一国民认知、思维惯习和语言实践不无讽刺。他说,中国人"对付奴隶和贱民用得着皮鞭子和竹板子的时候多,而用得着舌头的时候很少"[13]。他又说,另一方面,中国"舌头文化"极其发达,"中国人辨别味道的能力比任何先进国家都要强得多。譬如'鲜'字,'鲜'字在欧美各国的文字里就找不着适当的译文"[14]。

当然,伴随着中国人的上述语言观念还有一个文字制度问题。瞿秋白认为,从学理上看,"'言文的分歧'——本来是中世纪一切民族的普通现象",不足为怪,没有什么特别的"不合理";然而,从实践来看,中国人必须学习最低限度两三千的复杂汉字,"经过长期的手工业式的学习所谓'中国文'的文法",才能"踏进所谓'文化生活'的门坎",而且是"勉强看得懂日常的报纸",而要成为一个科学家、艺术家"简直难上加难"![15]可见,汉字制度这一文化惯习也是横亘在"文言统一"前的一个巨大障碍。但相对来说,较次要一些。

瞿秋白的上述未来汉语口语本位规划思想最集中地体现在 1929 年 3 月到 1932 年 12 月写作的关于"文腔革命""文字改革""大众文艺""翻译原则"的系列论文、系列书信、系列杂文等三大系列文章和《中国拉丁化字母》《新中国文草案》两个新文字方案文稿中。详见下列表 1-3、表 1-4、表 1-5。

表 1-3　瞿秋白汉语规划系列论文

序号	写作时间	发表时间	刊名或书名	篇名	主要内容
1	1931.5.30	1938.5.5	乱弹及其他	鬼门关以外的战争	现代普通话的新中国文
2	1931.6.10	1938.5.5	乱弹及其他	学阀万岁!	非驴非马的骡子文学
3	1931.7.24	1938.5.5	乱弹及其他	罗马字的中国文还是肉麻字中国文?	南腔北调的普通话
4	1931.8.15	1938.5.5	乱弹及其他	哑巴文学	不是文学的言语,而是哑巴的言语

续表

序号	写作时间	发表时间	刊名或书名	篇名	主要内容
5	未详	1938.5.5	乱弹及其他	普通中国话的字眼的研究	一定要用这种真正口头上的白话作根据
6	未详	1938.5.5	乱弹及其他	中国文学的古物陈列馆	书房里的文腔
7	未详	1985	瞿秋白文集（文学编第三卷）	中国文和中国话的关系	一种真正用白话作基础的中国文
8	未详	1985	瞿秋白文集（文学编第三卷）	汉字和中国的言语	只用笔不用舌头的所谓"言语"
9	未详	1985	瞿秋白文集（文学编第三卷）	中国文和中国话的现状	中国话是所谓"中国语族"的意思
10	未详	1985	瞿秋白文集（文学编第三卷）	新中国的文字革命	口音上统一的普通话还没有形成，还没有固定
11	1931年秋	1991	瞿秋白文集（政治理论编第七卷）	苏维埃的文化革命	肃清一切文言的余孽以及五四式的假白话
12	1931.9	1931.9	文学导报	大众文艺和反对帝国主义的斗争	唱出来，念出来，写出来使大家懂得
13	1931.10.25	1932	《文学》（"左联"）	普洛大众文艺的现实问题	要用读出来可以听得懂的话来写
14	1932.3.5	1932.6	文学月报	大众文艺的问题	一切都用现代中国活人的白话来写

续表

序号	写作时间	发表时间	刊名或书名	篇名	主要内容
15	1932.5.4	1938.5.5	乱弹及其他	"我们"是谁？	打倒旧小说的死白话
16	1932.5.5	1938.5.5	乱弹及其他	欧化文艺和大众化	只要的确是用现代的白话做本位
17	1932.7	1932.9	文学月报	再谈大众文艺答止敬	根据新兴阶级的普通话写出来的文字

表1-4 瞿秋白汉语规划系列书信

序号	写作时间	发表时间	刊名或书名	篇名	主要内容
1	1929.3.18	1985	瞿秋白文集：文学编第三卷	致杨之华	使中国工农群众不要受汉字的苦
2	1929年间	1985	瞿秋白文集：文学编第三卷	致岚兄	尽可以用普通话的真正白话文写
3	1931.2.7	1982.4	新文学史料	致郭质生（一）	中国一定要有一个时期是"多种言语文字的"国家
4	1931.3.12	1982.4	新文学史料	致郭质生（二）	我就可以通过你提出我们主张的方案
5	1931年春	1985	瞿秋白文集：文学编第三卷	致迪兄（一）	其实正是"舌头所作的事情"
6	1931年春	1985	瞿秋白文集：文学编第三卷	致迪兄（二）	它始终是一种活人的言语
7	1931年春	1985	瞿秋白文集：文学编第三卷	致新兄	要根据中国活人口头上说话的文法习惯

续表

序号	写作时间	发表时间	刊名或书名	篇名	主要内容
8	1931年春	1985	瞿秋白文集：文学编第三卷	致伯新兄	主要是要用白话作本位
9	1931.12.5	1931.12	《十字街头》第一、二期	论翻译——给鲁迅的信	普通的日常谈话几乎还离不开"手势戏"
10	1932.6.10	1953	八卷本《瞿秋白文集》（第三卷）	关于整理中国文学史的问题（致鲁迅）	韵文的"民间文学"，很早就有了
11	1932.6.28	1932.7.10	文学月报	再论翻译——答鲁迅	没有着重的注意到绝对的白话本位的原则

表1-5 瞿秋白汉语规划系列杂文

序号	写作时间	发表时间	刊名或书名	篇名	主要内容
1	1931.9.7	1938.5	乱弹及其他	乱弹	弄得简直不象活人嗓子里唱出来的东西
2	1931.8.10	1931.9	北斗	画狗罢	是"人话"，很少文言的搀杂
3	1931.8.15	1931.9	北斗	哑巴文学	只看不听，只看不读
4	1931.9.3	1938.5	乱弹及其他	苦力的翻译	不是活人耳朵里听得懂的话
5	1931.9.8	1938.5	乱弹及其他	吉诃德的时代	你看不看见小茶馆里有人在听书？
6	1931.12.28	1932.1	北斗	水陆道场	一定能够创造出平民的诗的言语

续表

序号	写作时间	发表时间	刊名或书名	篇名	主要内容
7	1932.1.15	1932.7	北斗	财神还是反神？	开辟了"下等人国"的"国语"运动
8	1932.3.20	1932.5.20	北斗	新英雄	真正的民众的新英雄，他们的话是普通，明瞭，干脆
9	1932.4.22	1932	华汉著小说《地泉》	革命的浪漫谛克——评华汉的三部曲	事实上现代中国的活人嘴里并说不出这类的话

　　上述这些文字也集中体现了瞿秋白汉语接触发展观、汉语发展阶段观和汉语社会建设观。可以说，就在这近四年的时光里，瞿秋白汉语规划思想进入成熟期。所以，以上这三个表格中的三十四篇文稿与两个新文字方案文稿是研究瞿秋白汉语规划思想的第一手基本资料。其中，十四篇系列论文和十一篇系列书信是其核心文献。这当中，《鬼门关以外的战争》《新中国的文字革命》《普洛大众文艺的现实问题》《再谈大众文艺答止敬》《再论翻译——答鲁迅》等五篇文稿是瞿秋白阐述其汉语规划思想的经典文献。而表1-3中的《鬼门关以外的战争》，写于1931年5月，是瞿秋白全部汉语规划探讨的纲领性文献。而此前的著述，这方面的探讨相对比较集中的不多，1923年的《现代中国所当有的"上海大学"》《荒漠里——一九二三年之中国文学》可算是。

　　中国现代语言思想是在西方语言学的传播作用之下发展起来的，瞿秋白汉语口语本位观便是20世纪30年代西方现代语言思想在中国的重要影响。研究和发展活在基层百姓口头的"活态汉语"是瞿秋白留给当代中国汉语规划最大的经验财富。据何九盈《中国现代语言学史》介绍，20世纪10到30年代，中国语言学家相继出版了中国最早的一批接受西方理论的现代语言学著作，其中主要有章炳麟的《国故论衡》、胡以鲁的《国语学草创》、乐嗣炳的《语言学大意》、王古鲁的《言语学通论》、沈步洲的《言语学概论》、张世禄的《语言学原理》，还有雷通群的《言语学大纲》等。[16]中国人几千年的习惯都是"把文字放置在语言之上，甚至用文字来代替语言"[17]。《国故论衡》等这一系列现代语言学著作开始了中国人对语言的关注、对汉语口语的关注、对作为"国家通用语"的"普通话"和"国语"起源和发展的关注。

第二节　确立"口语本位"，建设"普通话"为基础的未来新型中国语文

相对于梁启超、胡适、赵元任等中国语言规划的先驱，瞿秋白是第一位全面规划现代化中国语文建设的现代学人。也就是说，瞿秋白的口语本位观既强调汉语口语发展是首位的、重点的、具有根本性质的，还有与之匹配的详备的汉语现代书面语——"现代普通话的新中国文"发展规划。这是瞿秋白汉语口语本位观值得关注的第二方面的表现。

在瞿秋白看来，从中国语情现实和中国未来现代化建设来看，汉语现代书面语，或者说"现代普通话的新中国文"的建设和发展应该有远期和近期两个阶段，或者说汉字版书面语、字母版书面语两个版本。从近期看，汉字版汉语书面语的发展无疑是重点，但必须在"五四"白话的基础上对白话文实行彻底的革新。其中，包括汉字字数的精减。他认为，汉字数量保持在两三千字足以书写全部的现代普通话。但他更多地强调汉字版汉语书面语要写普通话，写民众口语，不可继续"非驴非马"的、"五四式的假白话"。[18] "五四式的假白话"的泛滥和见怪不怪是瞿秋白观察到的汉语书面语最突出的特征。他在给友人的信中就曾这样写道："其实，现在随便拿一种所谓'白话'的刊物来看一看，到处可以发见夹杂着很多文言成分的'假白话'，而一般人却都认为这是白话文。"[19] 从远期来看，字母版汉语书面语也应该有长足发展，因为他设计的拉丁化中国字在书写现代普通话方面一定程度上相比汉字有其优势。对此，鲁迅当年的一段评述就极有意思：

比较，是最好的事情。当没有知道拼音字之前，就不会想到象形字的难；当没有看见拉丁化的新文字之前，就很难明确的断定以前的注音字母和罗马字拼法，也还是麻烦的，不合实用，也没有前途的文字。[20]

21世纪的今天，普通社会公众对近百年前瞿秋白拉丁化新文字的创制不甚理解。然而，专家们对当代英语话语体系中汉源词的调查表明，汉语拼音形式

的汉语音译词正以超过其他任何语言的速度走进英语世界。[21]这一事实揭示出汉语字母版书写的时代意义。

文字就是"写在纸上的说话",只是"比较的紧凑、比较的整齐、比较的有组织"。所以,不管是汉字版还是字母版,汉语书面语都必须源自汉语口语、源自普通话,这是瞿秋白最为重视、一贯坚持的汉语书写原则。为此,他曾经就汉语翻译问题与鲁迅做过深入的交流。从1931年12月到1932年7月半年多时间里,他与鲁迅有过两次相当集中的翻译讨论。

瞿秋白一开始就亮明自己的翻译主张,要做到"绝对的正确和绝对的中国白话文",强调翻译就是要"能够帮助现代中国文的发展",写的必须是"嘴上说的中国普通话",并明确指出鲁迅的译作《毁灭》做到了"绝对的正确",但却没有做到使用"绝对的中国白话文",没有"着重的注意到绝对的白话本位的原则"。[22]所以,他认为,鲁迅的"宁信而不顺"原则,"为了保存原作精神,多少的不顺,倒可以容忍"的态度,是"极不妥当"的,它至少剥夺了群众的言语容纳新字眼、新句法、新的表现方法的"可能"。[23]至于严复的"译须信雅达,文必夏殷周"实际上是用"雅"消解了"信",也遮蔽了通往"现在的将来的大众读者"的"达"。而赵景深的所谓"宁错而务顺,毋拗而仅信",不仅将"信"与"顺"对立了起来,而且将"顺"严重窄化了:他的所谓"顺"只是"半文半白"小西崽们眼中的"顺",而绝不是中国普罗大众口中的"顺",不是以"普通话"为标准的"顺"。[24]

瞿秋白认为,"用中国人口头上可以讲得出来的白话来写",不是简单地"实录",而是要克服很多困难,比如要能创造出"新的表现法",并使之获得"真实的生命","容纳到活的言语里去"。具体来说,要能吸收能够容纳到群众口头言语中的"新字眼",要能吸收遵守从一般人的普通谈话到大学教授的演讲都有的公律而创造出的"新句法"。[25]他说:

> 第一,如果写的的确是现代中国文(嘴上说的中国普通话),那么,自然而然不会有不顺的事情,所以根本不成问题。第二,如果写的不是现代中国文,而是远东拉丁文(汉文文言),或者是西崽式的半文言(例如赵老爷等的翻译),那么,即使顺得象严又陵那样的古文腔调,也和中国现在活着的三万万几千万的活人两不相干。[26]

可见,在瞿秋白看来,是否使用中国普罗大众"活的言语",是否使用他们"嘴上说的中国普通话",是检验翻译的"首要标准"。为此,他特别称赞"佛

经翻译",说它"在中国文化史上有相当的功劳"。他认为:

> 第一,佛经的翻译是中国第一次用自己的"最简单的言语"去翻译印度日耳曼语族之中最复杂的一种言语——梵文。第二,佛经的翻译事实上开始了白话的运用——宋儒以来的语录其实是模仿佛经而来的。不但如此,照现在已经发现的材料来说,中国最早的白话文学也是在佛经影响之下发生的。敦煌石室的唐五代俗文学,实在是最早的说书(讲经)的记录。[27]

所以,佛经翻译的白话运用是中国翻译的优良传统,更是现代中国文、汉语书面语建设的基本方向。瞿秋白认为,从历史来看,严复的翻译从《天演论》到《原富》的文体演进也能帮助翻译家找到前行的方向。

以"普通话"为标志的现代白话,现代口语,是汉语翻译的方向,翻译的标准,更是文学创作的"首要问题"。为此,瞿秋白与茅盾曾进行过公开的辩论,时间是在1931年春到1932年9月。瞿秋白最早是在《致迪兄(一)》《致迪兄(二)》《致新兄》《致伯新兄》四封书信里谈到茅盾的"误会"和"分歧"的。瞿秋白的态度极其明朗:

> "用什么话写"的问题——答案是用现代的普通话写。说一定要现代的白话,这就是不要古文,不要古代的文言,不要古代的白话,不要夹杂着古代的文言或者古代的白话的假白话文。茅盾既也承认要肃清文言的成分,那还有什么怀疑呢?现在通行的所谓"白话文",如果肃清了文言的成分,就要根本改变它的性质,就已经不是半死不活的非驴非马的骡子话,而是真正现代的白话文。[28]

应当说,瞿茅之间最大的"分歧"就是"中国有无普通话"。茅盾不承认中国有普通话,这一认识和观点引起了瞿秋白的警觉,他开始对此有了特别的关注,并酝酿倡导一场新的文学革命——"文腔革命"。所谓"文腔",就是书面语的话语腔调,"文腔革命"最初来自1929年刘大白《白屋文话》一书附录中的一篇论文《文腔革命和国民革命的关系》,该文作于1927年12月30日。在刘大白那里,"文腔革命"就是指的1917年开始的"白话文运动"。但刘大白又将它称之为"人话革命""今话革命",这给瞿秋白很多启发。于是,一场以书写"现代普通话"为根本诉求的新的"文腔革命"就在对"骡子话"的批判中倡导起来了。笔者深度怀疑,茅盾的上述"误会"与"分歧"很大程度上就是激发瞿秋白倡导"文腔革命"的一个重要契机。这有一点类似当年胡适与梅光迪在美国留学期间的那场"诗斗"。瞿秋白正式倡导"文腔革命"的《鬼门关以外的战争》写于1931年5月3日。而他与"迪兄""新兄"和"伯新兄"间的书信交流都在"1931年春"。从时间节点看，很是巧合。

所以，回到历史现场，很有可能就是这样一番情景：瞿秋白与茅盾，作为上海大学工作期间的同事和邻居，都是"左联"的主要领导。这里的"迪兄""新兄"和"伯新兄"，与他俩都是当时文艺界共同的好朋友。最初，可能是茅盾听到了瞿秋白发表的、后来也写到自己系列文章里的有关"用什么话写文章"的那些意见和主张，比如，新文学其实是"非驴非马的骡子文学"；比如，在五方杂处的都市里，在现代化的工厂里，"事实上已经产生一种中国的普通话"；比如，运用这种已经产生着的普通话"写一切东西"，等等。对于这些意见和主张，茅盾可能想了很长时间也没有想明白，于是就在给"迪兄"的书信中谈了自己的一些观点和看法。对于茅盾的观点和看法，"迪兄"很有可能并不赞同，于是将这信"转寄"给了瞿秋白。随后，瞿秋白连续写了两封信给"迪兄"，比较清楚地阐述自己的态度和看法。再后来，"迪兄"来到瞿秋白身边，又谈到"新兄"这时"对于'骡子话'的问题也很有兴趣"，还有"伯新兄"也写信给瞿秋白问起"骡子话"的问题，于是瞿秋白分别写信给"新兄"和"伯新兄"，进一步详细阐述他的上述"意见和主张"。以上是瞿茅"分歧"的第一阶段。待瞿秋白1931年10月以笔名"史铁儿"发表《普洛大众文艺的现实问题》，特别是1932年3月以笔名"宋阳"发表《大众文艺的问题》，倡导"要用读出来可以听得懂的话来写""一切都用现代中国活人的白话来写"后，茅盾1932年7月以笔名"止敬"发表《问题中的大众文艺》与瞿秋白正式交锋。瞿秋白迅即于同月完成《再论大众文艺答止敬》的写作回应茅盾。这便是瞿茅"分歧"的第二阶段，即正面交锋阶段。

瞿秋白发现，一方面，一些知识分子只需要"骡子话"，不需要真正的白话；另一方面，很多人又像茅盾这样并不清楚其实"凡是说得出来的白话文，都是'活人的话'，都是真正的白话文"，而误以为"真正的白话文"就是简单地全然摒弃文言和外文字眼、外文句法。后者对大众文艺的发展同样不利。在瞿秋白看来，"骡子话"绝对不是"真正的白话"，但从"骡子话"到"真正的白话"也很可能只是隔着一层窗户纸。以"文腔革命"为口号的汉语规划就是将这层"窗户纸"给捅破，从而实现汉语现代书面语的"真正的白话"。

我们应当根据言语文字现在已经有的发展趋势，把无意的不自觉的过程变成有意的自觉的革命。这就是要在口头上的言语方面形成一种全国公用的普通话,而在书面的文字方面形成一种全国公用的真正白话文"。[29]

茅盾当年明确地将这种规划及其实施看作是"美丽的想象"。[30]这一方面表明他对于"普通话""真正的白话文"的理解缺少一种发展观,另一方面,也是最根本的方面,茅盾与瞿秋白比较起来缺少一种革命家的豪情壮志与政治家的雄心胆略。在瞿秋白看来,现代中国文有其深浅的分别,也有从城市到乡村的推广过程,还有随着教育的普及,大众文化程度的提高,特别是"政治上的发展"而提高的演进过程。倡导"文腔革命"就是旨在推进这一过程的重要举措。

然而,茅盾也并非主张一定要保存"新式白话"里那些说不出听不懂的文言成分,甚至也认为要"肃清欧化的句法,日本化的句法,以及一些抽象的不常见于口头的名词,还有文言里的形容词和动词,等等"。[31]所以,茅盾与瞿秋白虽有不同的意见主张,但正如瞿秋白所指出的,两人的"意见并不是绝对相反的";其分别在于瞿秋白主张"应当是一个群众的革命运动",即一定要有"一个自觉的革命的斗争""一个攻击'新文言和死白话'的运动",而茅盾只要求作家"多下功夫修炼""和各种南腔北调的人多多接触,先使他自己的嘴巴练好"。[32]或者更具体地说,他们之间的分别在于瞿秋白强调"要把文言变成白话",而茅盾只主张"简单地采用文言"。[33]

也正是在这个意义上,瞿秋白还批评过沈从文等其他作家。他是这样说的:

> 因为没有自觉的文学革命的运动,所以好些比较好的作家,也马马虎虎的跟着乱写。例如沈从文,在文字方面讲,无论如何不能够算是不通的作家,可是,甚至于他的作品里都有时候发现这种新式文言的痕迹。我随手翻着《现代》第三期的三九〇至三九一页,就发现他不写"所以"而写一个"故"字,不写"时候"而写一个"时"字,还有"若"字"较"字等等,再加上"风仪的"等类的形容词。假使有人在巴黎写着一些夹杂着许多拉丁文文法的法文,人家一定要说他发疯。而在中国,古代的文法随随便便的乱写着。[34]

所以,瞿秋白寄希望于有这样一场群众运动。借助群众运动推进作家的进步,推进"现代真正白话文"的建立。关于这一点,瞿秋白在《我们是谁?》一文中讲得极其清楚。他说:

27

为什么弄成这个样子？两三年来除出空谈之外什么成绩也没有！最主要的原因，自然是普洛文学运动没有跳出知识分子的"研究会"的阶段，还只是知识分子的团体，而不是群众的运动。这些革命的知识分子——小资产阶级，还没有决心走进工人阶级的队伍，还自己以为是大众的教师，而根本不肯"向大众去学习"。因此，他们口头上赞成"大众化"，而事实上反对"大众化"，抵制"大众化"。[35]

第三节　倡导"文腔革命"，实行"普通话写作"在汉语写作各领域的全覆盖

瞿秋白不仅倡导"现代普通话的新中国文"的建立要由一场群众运动来推动，而且期待、主张并努力实行"真正的白话"写作，亦即"普通话写作"在汉语写作各个领域的渗透、贯彻和覆盖。这是他倡导"文腔革命"的终极目标，亦即瞿秋白汉语口语本位观第三方面表现。

熟悉、了解、研究瞿秋白的人们差不多都有这样一个共识：瞿秋白是以"文言"和"汉字"为主要载体的中国传统文化的传习者、研究者，他在这方面的造诣是同时代人中的佼佼者。据羊牧之回忆，瞿秋白在中学时代就说过，"我们做一个中国人，尤其是知识分子，起码要懂得中国的文学、史学、哲学。文学如孔子与《五经》，与汉代的辞赋，与建安、太康、南北朝文学的不同，以及唐诗、宋词、元曲、明清小说的特点。史学如太古、中古、近古，特别是近代史以及私人著述的野史笔记。哲学如先秦的诸子学，汉代的经学，魏晋南北朝的佛学，宋朝的理学等，都要有一个初步的认识，否则怎能算一个中国人呢？"[36]所以，瞿秋白古文功底相当深厚。他生前留下的最早的一篇文章《不签字后之办法》（1919）的末尾所附加的一段话就能让后人见识他在这方面的功底和造诣：

仆素昧于外交大势，兹就愚见所及，有所陈述，不觉所望于政府者太奢，即所望于国民者亦恐太过，然人患不能自立，苟有决心，何事不就，不甘轻而召侮，海内明达君子，其进而教之。[37]

瞿秋白近三十首早期和后期的旧体诗词所取得的创作成就也让后人无比钦

敬。[38]其中《卜算子·咏梅》是其代表作。这是他赠予福建长汀狱中唯一可以聊表心曲的人——广州医学院教授陈炎冰的题词。[39]该词这样写道：

寂寞此人间，且喜身无主。眼底云烟过尽时，正我逍遥处。
花落知春残，一任风和雨。信是明年春再来，应是香如故。[40]

瞿秋白古典诗词艺术的圆润纯熟令人叹为观止。然而，经过"五四运动"洗礼，瞿秋白迅即告别旧式文人生活，文言写作只在极其特殊的情况出现。在他全部的五六百万字著述中，"白话写作"，"普通话写作"，准确地说，他理想中的"现代普通话的新中国文"写作才是他执意追求和积极倡导的，自然也是花费心力最多的。他留下八十多篇诗作（含译诗、歌谣和散文诗），[41]主要是白话新诗。这些白话新诗具有实验和探索性质，时间可锁定在"五四运动"到苏俄采访期间。其他文体，比如随感录，比如社会评论，比如学术著作，当然还有新闻通讯等，这些新式文体的实验和探索也差不多开始于这段时间。所以说，是"五四运动"让瞿秋白成为一个全新的现代知识分子。也就是说，"五四"期间瞿秋白获得了白话写作的充分自信和足够的前期经验，这才开始他后续关于汉语规划建设的理论和实践探索。

其实，对于任何一个熟悉文言写作的知识分子来说，要进行这番语用转型都是相当不容易的事。姚鹏图在《谈白话小说》中就感慨道，白话"下笔之难，百倍于文话"。[42]然而，瞿秋白的这一转型完成得极其漂亮！当然，语用转型的痕迹依然可以寻觅。近30年前就有学者发现：瞿秋白早期白话写作中，生硬的文言语词、拗口的单音节词都有不少。比如，绝大多数的"红"都写成"赤"，"赤都""赤潮""赤俄""赤色""赤国""赤军"等写法随处可见；比如，口语中的"的"写成"之"，"还"写成"犹"，"就"写成"则""乃"；比如，口语中的"一个"写成"一"，"阻挡"写成"阻"，"呈现"写成"现"；[43]至于"饿乡""姮娥""兵燹""衣袂"等口语中难见的双音节词更是很普遍了。

有学者甚至怀疑，在对待中国传统文化的态度上，瞿秋白有些"心口不一"。[44]对今天的人们来说，这里确实存在理解上的难度。不过，如果对此有所分析的话，也就不再会有什么疑惑了。从特殊的文化情感来说，瞿秋白与所有熟悉传统生活的人们一样都有一种对文言的依赖；特别是写作时，思维方式一时总是文言的，转型还真需要些时间。然而，从社会进步和发展的理性角度来观察和判断，文言的思维和表达是与现代政治、经济、学术生活格格不入的，瞿秋白的这种文化和语用自觉有目共睹，而且他还特别强调先进知识分子要有这种社会引领作用。所以，如何更快、更好地完成这种转型，瞿秋白应该说具有标志性意义。

那么，瞿秋白的这种语用转型什么时候最终完成了呢？换句话说，瞿秋白的汉语写作什么时候才有严格依循口语做到"说得出、听得懂"的明确追求呢？这是很有意义也很有意思的一个问题。应该说，早在第一次从苏俄回国时的1923年瞿秋白就展露出对"五四"新文学强烈的批判意识。这年他陆续发表的《劳农俄国的新文学家》《荒漠里——一九二三年之中国文学》，热情称赞俄国文学"能充分地自由运用活的言语"和"极简单明白的俗语"，"充满了'平淡中的真艺术'之神味"，[45]同时明确指出，"说鼓书，唱滩黄"的话"却是中国话，听来流利"，"是中国活人说的"，[46]但其更早的原始出发点可以追溯到1920年3月所作的两篇序言——《序沈颖译〈驿站监察吏〉》《〈俄罗斯名家短篇小说集〉序》。也就是说，瞿秋白在俄专读书期间就认为，"中国现在所需要的文学"是"人人都看得懂"的文学，"中国社会里一般人都能感受都能懂得的文学"。[47]然而，真正意义上明确强调要用"活的言语"来写作，并第一次引入"普通话"的概念来阐述他的汉语规划思想是1929年《致岚兄》这封书信。[48]也正是在这封信里瞿秋白第一次谈到要实行"普通话写作"在现代写作各领域的全覆盖。他说，"大众文艺可以用普通话写，也可以用方言文写"，而"一切科学、哲学、政治的论文和著作当然现在并没有必要用方言文写"。[49]

自然，文学写作、大众文艺的创作是"普通话写作"首先要占领的领域。左联时期"大众文艺"建设的核心问题就是语言问题。文学史上的三次"文艺大众化"讨论主要都是围绕这一问题而展开的。第一次讨论在1930年3月之前就开始了，《大众文艺》收集到的书面意见中有鲁迅、郑伯奇、穆木天等一般性地谈到写作的语言问题，1932年3月"左联"《秘书处消息》所刊登的决议中更有"就是目前一般以知识分子和青年学生为主要对象的非大众化的文艺作品，也应该在文字……等各方面实行大众化，使其……也能为工农大众读者所接受"的明确表述。[50]瞿秋白没有直接参与这次讨论，但"他可以用其他间接方式介入和'影响'讨论"，甚至在整个讨论之前"瞿秋白已播下种子"，所以包括《大众文艺》两次座谈会的各种意见"源头都可能来自瞿秋白"。[51]第二次讨论，正如茅盾所说是由瞿秋白"引起"的，[52]瞿秋白是讨论的主角。正是他的系列文章，《大众文艺和反对帝国主义的斗争》《普洛大众文艺的现实问题》，特别是《大众文艺的问题》所提出的大众文艺写作的语言问题引发茅盾公开发表《问题中的大众文艺》一文予以争辩，也是他发表《再论大众文艺答止敬》将这次讨论引向了高潮。第三次讨论，也就是"大众语运动"，瞿秋白也没有参加,但"有明显的影响"。[53]对此,王瑶说得最明白。他说:"瞿秋白确实没有参加这次论争,但这次讨论中主张大众语的许多基本理论都是一九三二年瞿氏关于文艺大众化的论点的阐述和发挥。"[54]所以说,瞿秋白主张"普通话写作""活的言语"写作从文学领域开始探索,这是确定无疑的。

其次,是新闻传播领域。从职业来说,瞿秋白首先是一个新闻人。他的第一份正式工作是新闻记者,而新闻编辑工作更是伴随着他的整个革命生涯。从1919年在北京参与创办《新社会》到1935年在江西主编出版最后一期报纸《红色中华》,瞿秋白编辑的新闻报刊至少有上十种。[55]从某种意义上看,他在新闻领域里的耕耘花的气力比文艺工作可能还要多。瞿秋白对于"普通话写作"的倡导其实首先就是基于新闻报刊"新式文言"的调查。1931年秋他为中央文化工作委员会所起草的文件《苏维埃的文化革命》一文在谈到"要发动新的文字革命,主张绝对的白话文"时,首先强调的是"要发展工人报纸和劳动民众的报纸(普洛新闻学运动)",然后才说"要在大众之中,发展普洛的革命的文学、戏剧、美术、音乐等运动"。瞿秋白正式在新闻领域里倡导"普通话"写作也比较早,那是1932年3月。他在上海《红旗周报》发表《谈谈工人小报和群众报纸》一文中这样郑重地指出:

第一,工厂小报用什么话来写呢?用群众日常口头上讲的普通话来写呢,还是用知识分子的新式"白话"——不成其为白话的白话来写呢?答案是很清楚的。可是,现在一般同志差不多完全没有注意到这个问题,简直没有想到有这样一个问题!我们必须纠正这种错误。一定要用口头读出来普通工人可以懂得的话来写。[56]

可见,瞿秋白这方面的主张是极其明确的。与文艺领域很不一样,在新闻传媒领域实行"普通话写作"几乎没有听到什么不同意见。

再次,是学术研究领域。作为现代学者,瞿秋白不仅于五六百万字的著述中有大量学术著作,[57]而且他几乎所有的写作都具有相当强的学术写作品格。也就是说,瞿秋白自身的普通汉语写作基本上都有一般现代学术著述所强调的内容的客观性、结构的分析性和读者的广泛性,并集中表现于文字表述的通俗性、条理性、精确性和创造性上。且看他1933年写作而由鲁迅以"余铭"的笔名发表在《申报·自由谈》上的杂文《中国文与中国人》开头部分:

最近出版了一本很好的书:高本汉著的《中国语和中国文》。高本汉先生是个瑞典人,他的真姓是珂罗倔伦(Karlgren)。他为什么"贵姓"高?那无疑是因为中国化了。他的确是个了不起的"支那学家"——中国语文学的权威。

但是,他对于中国人,却似乎也有深刻的研究。[58]

这里的"中国化"一词是使用较早的"普通话写作"用例,很有可能是瞿秋白在一度经常使用"现代化""欧洲化"后的一个"新创"。上面这篇杂文的短短一百多个字不仅很好地介绍了高本汉的基本情况以及他与中国的特殊关系,而且特别指出这位著名汉学家除了"中国语""中国文"外,对于"中国人"也有"深刻的研究",并引出了全文重点。学术写作所要求的客观的调查、精准的判断、"大胆的假设"(胡适语)和表述的明确——展现在读者面前。至于正式的学术著述在这几个方面更是毫不含糊,其语言表述通俗、明确的"自觉"尤为后人惊叹。早在"五四"时期,瞿秋白的学术写作就展现出这种极为显明的"语用自觉"。[59]比较瞿秋白和鲁迅在1923年同一年出版的学术专著即可看出这一点:

表1-6 1923年鲁迅、瞿秋白学术著述的语用状况比较

出版时间	作者	书名	原文片段
1923	鲁迅	《中国小说史略》	宋一代文人之为志怪,既平实而乏文彩,其传奇,又多托往事而避近闻,拟古且远不逮,更无独创之可言矣。然在市井间,则别有艺文兴起。即以俚语著书,叙述故事,谓之"平话",即今所谓"白话小说"者是也。[60]
	瞿秋白	《社会哲学概论》	哲学的目的究竟何在?何以古代初民思想之中,已经能有所谓高深玄妙的哲学呢?实际上哲学并没有什么高深,最初不过是一切智识的总称。随后智识渐渐分类、综合、组织而各成系统,就发生种种科学……[61]

可见,瞿秋白早在"五四"时期就进行学术写作方面的探索,并为学术界做出了表率,其学术著作具有很强的示范意义。

最后,是实用文章写作。对于"普通话写作"来说,这一领域是最难攻克

的堡垒。不仅20世纪30年代"一般公文、广告及应酬文以至政府机关的各种考试和许多报刊文章,都还是使用文言文",就是20世纪50年代胡适还在台湾高分贝呼吁:"说的、写的、学的、用的、宪法、法律一切都是白话。然后,我们活的白话才可以有用处,才可以发生我们四十年前所期望的效果。"[62] 然而,胡适的期望、理想却在瞿秋白所领导、所代表的中国共产党和人民政府这里首先实现了。这当中,瞿秋白在实用写作上的探索、引领和垂范意义是毋庸置疑的。据程民的统计,从现有文献看,瞿秋白在其14年(从1921年入党到1935年就义)的职业革命家生涯中除书信类的"私人写作"外,至少写有演讲稿(含政治学术演讲稿)六篇,会议报告四篇,会议讲话十一篇,公文"决议"四件,公文"报告"三件,公文"指示"(含指示信)五件,公文"办法"(含条例、章程)三件,公文"计划"两件,调查报告两件;公文"意见"三件,另有汇报工作函、沟联问答函、学术争论函四十余件。[63] 通观这些实用文体写作,不仅可以感受到瞿秋白现代应用文体的规范化探索,更能充分领悟到瞿秋白对于"普通话"写作的执着。且看他1928年7月起草并修改的《中国共产党第六次代表大会政治决议案》的第二十一节:

第六次大会为加紧与各国兄弟党密切联系起见,认为必须:
(一)实行互相经常的报告自己工作及革命运动之发展。
(二)中央委员会派遣负责代表团赴主要的各国兄弟党,以便决定密切联系的具体办法,并决定共产国际其他支部赞助中国革命的实际问题。
(三)委托中国共产党出席共产国际第六次大会的代表团,对于各国兄弟党赞助和参加中国革命运动不充分的问题,严重地提出讨论。
(四)巩固与日本共产党的联络,与之共同一致地反对日本出兵干涉中国,共同进行破坏驻华的日本军队的工作,鼓动日本兵士转到革命方面来;并且共同决定实际办法以进行中国境内日本企业(南满路之类)的职工运动。
(五)要求英、法、美共产党加紧进行反对军国主义的工作,选择充分的工作人员,到中国实行破坏列强驻华军队的工作,加紧在各国宣传赞助中国革命,暴露各该国帝国主义政府的侵略阴谋。
(六)此外,关于安南的职工运动与法国安南共产党的关系,南洋群岛中国工人运动与马来群岛共产党(爪哇共产党)的关系,蒙古问题与蒙古的革命党关系等等——都应当要与各该国共产党讨论实际的互相联络的办法。

（七）经过赤职工国际与国际红色救济会，加紧与各国工会及世界一般的劳动群众联络，使他们能够加紧对于中国革命及群众组织的赞助，尤其要扩大反对中国空前的白色恐怖之宣传。[64]

　　决议是以务实为主的公文中最具理论性的一个文种，今天在党内公文的排序中它名列第一。瞿秋白这篇决议除了个别地方外，在语言上的纯正简直无可挑剔，充分显示出他在"普通话写作"方面的"语用意识"和"语用自觉"。虽然这个时候瞿秋白还没有明确的"普通话写作"表述，但早在1923年就有的"五四"批判意识使得他一直在寻觅"真正的白话"。找寻并写出那种以"说得出，听得懂"的"活的言语"，那种以"劳工之声"为基调的"中国话"，那种"适合于一般社会的新生活的文腔"，[65]并贯彻到包括实用公文写作在内的各个领域成为他这以后十多年的不懈追求。

第四节　结语

　　瞿秋白是从"五四运动"走上中国现代历史舞台的，也是由对"五四运动"的反思特别是对"五四"新文学、"五四"白话文运动的批判开始他"现代普通话的新中国文"为建设目标的汉语规划事业的。"一切东西要用现代的普通话写"，[66]他拒绝、唾弃和反对任何"詘詘之声音颜色拒人于千里之外"的汉语写作，而期待、拥抱和努力创建以口语方言特别是现代都市五方杂处的各色人等都能实现有效沟通的"普通话"为基础的"新中国文"，是其汉语规划思想的核心和根本。瞿秋白的这种"口语本位"观，类似于当代学者的"言本位"论，[67]是一种既有其现实意义又很有理论价值的探讨。这一思想最早的来源当然是西方语言学。索绪尔就说得再明白不过了："语言和文字是两种不同的符号系统，后者唯一的存在理由在于表现前者。"[68]

注释：

　　[1][59]汪禄应.瞿秋白汉语现代化的探索[M].北京：中国文联出版社，2016：41-43，286.

　　[2]胡适.胡适日记全编2[M]//曹伯言整理.合肥：安徽教育出版社，2001：438.

　　[3][22][23][24][25][26][27][35][45][46]瞿秋白.瞿秋

白文集：文学编第一卷［M］．北京：人民文学出版社，1985：505，506－516，517－518，505－507，508，516，523，486，273－274，312－313．

［4］［47］［58］瞿秋白．瞿秋白文集：文学编第二卷［M］．北京：人民文学出版社，1985：266，246－249，97．

［5］［6］［7］［8］［9］［10］［13］［14］［15］［19］［28］［29］［30］［32］［33］［34］［49］［65］［66］瞿秋白．瞿秋白文集：文学编第三卷［M］．北京：人民文学出版社，1985：251，251，252，253，251－256，261，263，263，273－279，339，332，342，342，52－53，338，46－47，323，138，348．

［11］时建国．清代"小学"的发展和成就［J］．图书与情报，1998（2）：42．

［12］葛红兵．人为与人言［M］．上海：上海三联书店，2003：84．

［16］何久盈．中国现代语言学史［M］．广州：广东教育出版社，1995：61－65．

［17］王希杰．略说胡以鲁对中国理论语言学的贡献［J］．淮北煤炭师范学院学报（哲学社会科学报），2003（6）：110．

［18］［56］瞿秋白．瞿秋白文集：政治理论编第七卷［M］．北京：人民出版社，1991：233，399．

［20］鲁迅．关于新文字［C］//倪海曙．中国语文的新生——拉丁化中国字运动二十年论文集．上海：时代出版社，1949：116．

［21］田源．汉语音译词走红海外［G］//国家语言文字工作委员会．中国语言生活状况报告（2019）．北京：商务印书馆，2019：201－210．

［31］止敬．问题中的大众文艺［G］//文振庭．文艺大众化问题讨论资料．上海：上海文艺出版社，1987：117－118．

［36］汪诚国．瞿秋白与先进文化［M］．北京：中央文献出版社，2006：35．

［37］瞿秋白．瞿秋白文集（政治理论编第一卷）［M］．北京：人民出版社，1987：3．

［38］张意薇．论瞿秋白旧体诗词蕴含的生命本体意义［J］．常州工学院学报（社科版），2008（6）：6．

［39］殷仪．人生的诗化，心路的历程——瞿秋白诗歌赏析［G］//瞿秋白纪念馆．瞿秋白研究：第6辑．上海：学林出版社，1994：220．

［40］瞿秋白．瞿秋白狱中诗词［G］//于仲良，季世昌．瞿秋白（大型文献画册）．北京：中央文献出版社，2003：217．

［41］朱净之．诗人瞿秋白［J］．江苏工业学院学报，2006（2）：46．

[42] 姚鹏图. 论白话小说 [N]. 广益丛报：第65号, 1905-03-05.

[43] 王国娟, 文虽弓. 瞿秋白散文语言风格论 [G] //瞿秋白纪念馆. 瞿秋白研究：第4辑. 上海：学林出版社, 1992：194-210.

[44] 孙郁. 瞿秋白对鲁迅的影响 [J]. 东吴学术, 2013 (4)：56.

[48] 程民. 论瞿秋白的早期文艺思想 [J]. 湖州师范学院学报, 2002 (1)：5.

[50] "左联"关于文艺大众化问题的几次决议（摘要）[G] //文振庭. 文艺大众化问题讨论资料. 上海：上海文艺出版社, 1987：5.

[51] [53] 张钊贻. 瞿秋白与"大众语"违背语文改革初衷的"文字革命"——兼论鲁迅之废除汉字乃为了"开窗"而主张"拆屋顶" [J]. 鲁迅研究月刊, 2019 (3)：50-52, 53.

[52] 茅盾. 回顾文艺大众化的讨论 [G] //文振庭. 文艺大众化问题讨论资料. 上海：上海文艺出版社, 1987：414.

[54] 王瑶. 三十年代的文艺大众化运动——纪念"左联"成立五十周年 [G] //文振庭. 文艺大众化问题讨论资料. 上海：上海文艺出版社, 1987：443.

[55] [57] [63] 程民. 瞿秋白写作艺术论 [M]. 南京：南京大学出版社, 2001：171-176, 265, 396-421.

[60] 鲁迅. 鲁迅全集：第九卷 [M]. 北京：人民文学出版社, 2005：115.

[61] 瞿秋白. 瞿秋白文集：政治理论编第二卷 [M]. 北京：人民出版社, 1988：310.

[62] 胡适. 胡适文集：第十二卷 [M]. 北京：北京大学出版社, 1998：83.

[64] 瞿秋白. 瞿秋白文集：政治理论编第五卷 [M]. 北京：人民出版社, 1995：689-690.

[67] 孟华, 杜彩霞. 索绪尔语言理论中的字本位思想初探 [J]. 汉字文化, 2005 (2)：18.

[68] 费尔迪南·德·索绪尔. 普通语言学教程 [M]. 高名凯, 译. 北京：商务印书馆, 1980：47.

第二章

汉语发展多元观

汉语是在发展着的，这是瞿秋白与其他很多语言学家最不一样的汉语观察。那么，汉语是如何发展的？在向什么方向发展？哪些因素在促进甚至决定汉语的发展？汉语发展的动力来源究竟有哪些？这些问题，瞿秋白都有自己的观察和回答。

与世界其他民族、国家和地区的语言发展相一致，至少有几千年文字记载的古老汉语在走向现代化征程上坚定不移地朝着"语同音"为基础的"言文一致"方向前行，具体来说，就是按照"现代普通话的新中国文"方向迈进，这是瞿秋白的特别观察和明确回答。很显然，这是基于汉语"口语本位"发展观的观察和回答。然而，正如瞿秋白在与茅盾讨论时所指出的，20世纪30年代的中国"普通话"虽然是存在的，但尚未完全成熟，需要人们进一步的认可、呵护、培育和发展。他所倡导的"文腔革命"这一广义的"新的文学革命"就是推进"普通话"加快发展的重要举措。主张并力促"普通话"健康发展，实现"普通话写作"在汉语写作各领域的全覆盖就是瞿秋白汉语规划的总目标。

那么，这种尚未完全成熟的"普通话"的发展究竟需要利用哪些语言资源来"辅助"？这些语言资源如何安排才能更好地服务于"普通话"的健康发展？要想回答这些问题，必须首先回答好下面两个更为现实、更为根本的问题。这就是：汉语"普通话"发展到20世纪30—40年代，与之接触的主要语言究竟有哪些？这些语言与汉语"普通话"及其书面语的接触应当怎样科学引导、正确把握？应当说，在现代接触语言学还很不发达的时代，瞿秋白对这些问题的思考和回答也是相当清楚和明确的。

第一节　积极发展方言，
力促"区域普通话"融汇成"全国普通话"

从汉语"口语本位"发展观出发，瞿秋白的观察、思考和回答首先是积极发展方言，并期待和力促各地方言，亦即"区域普通话"融汇为"普通话"，也就是"全国普通话"。可以说，在瞿秋白的汉语发展观察中，方言是"普通话"接触得最频繁的语言，也是汉语"普通话"发展的第一资源。

"普通话"是瞿秋白汉语规划论述的核心概念。"普通话"一词之名最早应该来源于1902年吴汝纶的"普通语"及其解释"东京语也"和1906年朱文熊的"普通话"及其解释"各省通行之话"。较近一些的来源可能是1921年胡适的"普通话"及其阐释：基本特征是"大同小异"；活跃程度为全国"最通行"的一种话语；成长时间有七八百年；通行范围已"从东三省到四川、云南、贵州，从长城到长江流域"；文学成就不俗，"从《水浒传》《西游记》，到《老残游记》"都是由它创作的。[1]此外，钱玄同等很多学者在"五四"前后都谈到过"普通话"。[2]清末以来学者们的这些探讨无疑都是瞿秋白以普通话为核心的"口语本位"发展观的思想来源。但是，"普通话"之实，瞿秋白则明确为中国明清几百年的"官话"或者说"蓝青官话"。瞿秋白当年这样分析道：

> 事实上仅仅因为北京曾经是好几百年的政治中心，所以他的言语成为所谓官话，这种官话在各省人的运用过程之中产生了事实上的普通话——文法上的"形式部分"大致相同，读音上仿佛相同，这是在互相让步的原则上形成的新的言语，这是各地土话和官话的互相让步而混合的过程。[3]

"普通话"形成的过程就是一个"互相让步而混合的过程"。这话说得太好了，简直就是当今接触语言学论者的观点和表述。与此同时，瞿秋白又这样感慨道：

> 我们用"蓝青官话"做普通话的大致标准，岂不是叫人笑话么？让那些人笑话好了！第一，这些人是新式的学究——学院主义派的学者，他们尽管跟着旗人笑，大多数的普通人还是仍旧说他们的"蓝青官话"。第二，过二三十年，这些学者不知道怎样——死了呢，活着呢，而这种"南腔北

调的普通话"一定通行得更广泛了！[4]

可见，在瞿秋白看来，"蓝青官话"与"官话"其实是一个意思。"官话"一词最早见于明代文献，作为通行语主要流行于南直隶（苏、皖等地），亦即清代江南行省一带，且一直到晚清主要以"南京音"为"正音"。对此，李葆嘉在其《中国语言文化史》一书中曾用大量的史料予以考证。他指出：学界通常认为《水浒传》《西游记》《儒林外史》和《红楼梦》等明清白话小说都是用"北方方言"写成的，但这是不够确切的认识和表述。其实它们是用"官话"或者说"江淮方言"来写的。《水浒传》作者施耐庵，江苏兴化人。《西游记》作者吴承恩，江苏淮安人。《儒林外史》作者吴敬梓，安徽全椒人，且久寓南京。《红楼梦》作者曹雪芹，幼居南京。另外，《金瓶梅》总体行文上也是用明末官话写就，而不是一部土语小说。[5]武春野在其博士论文《"北京官话"与书面语的近代转变》里也具体探讨了《官话问答便语》等明清时期日本人中国语学习课本保留大量"南京话"语词的现象。[6]但他们都认为，19世纪中期以后，官话正音逐渐被"北京音"取代。1867年，威妥玛《语言自迩集》就明确记载，书中所记"官话"为"通行于中国首都及各大都会的"的"北京话"。1874年，日本首任驻华公使柳原前光来到北京也发现北京官员所说的官话并非"南京话"，而是"北京话"。可见，历史上的"官话"总在演进中。因此，其标准一直比较模糊，所谓"正音"其实只是文人学士心目中的标准音，是一个抽象的概念，没有任何语音实体与之对应。耿振生就认为："历史上的官话没有形成一个规范的标准音系，不同的人对官话的理解各有不同，而这就意味着不同的地方所说的官话必然互有出入。"[7]对于"官话"的这一特质，钱玄同1925年说得更加明白，且带有当今浓厚的接触语言学思想。他说：

> 普通话就是官话。官话本出于元朝的北京话。它凭借着文学跟政治的势力，渐渐推行到各地去，行到哪儿，便把那边的方言添加些进去，它原来的面目也免不了改变了些；添加复添加，改变复改变，结果便成了所谓官话。[8]

可见，"官话"与"蓝青官话"说法不同，"品相"和"本质"都是一致的。或者说，在瞿秋白汉语规划论述中，"普通话""官话""蓝青官话"还有很多时候的"中国话"等四种表述，内涵相同，它们指的都是鲁迅先生当年所说的"乡调普通话"，或者说周有光先生所说的"方言普通话"，但与瞿秋白在特别谈到"全国普通话"时所说的"区域普通话"有别。《现代汉语词典》(第6版)将"官话"解释为"普通话的旧称",这是一种非常漂亮的注释;但将"蓝青官话"说成是"方言地区的人说的普通话",这就不太确切了。朱永锴1998年曾按"当代普通话"的标准将说汉语的人划分为五类,[9]如表2-1所示:

表2-1 20世纪90年代"汉语使用者"基本构成

类别	所操语别	基本特征	使用范围	表达效果
第一类	普通话	能说很标准的普通话	全国范围	不言而喻
第二类	方言土语	只会说也只能说自己的方言	全国范围	如果不是北方方言,那就很难懂,有时要请人翻译或通过笔谈来解决
第三类	蓝青官话	能流利地说普通话,但时有方言腔调出现	几乎活跃在不同地区、不同性别、不同年龄层次、不同文化水平的各种不同人群中	普通话达到及格水平,偶尔理论露出方言痕迹
第四类		说的是半生不熟的普通话		方言腔调很重,土语很多
第五类		在环境的逼迫下只好说一点普通话		自己说得很费劲,别人听起来也很吃力

由上表不难看出,"蓝青官话"现象普遍流行于当代中国的实际语言生活,哪个地区都有。国家语言工作委员会2010年对河北、江苏、广西的抽样调查表明,能熟练使用普通话与人交流,但音准不达标的比例分别高达37.14%、40.56%和41.11%。[10]如果将朱永锴关于"蓝青官话"现象的考察与21世纪今天的"推普"普查数据作进一步比照,便能深切体察到,瞿秋白汉语规划论述中的"普通话"一词是一个既有历史渊源又与现实中国语情极为匹配的术语和概念。因为哪怕就是在当代语言生活中,即使是广播电视主播,他们在正式工作场合之外的日常交流恐怕都会时不时地露出一些乡音乡调。今天,人们都有这样一个观察:无论是会议演讲,还是商务谈判,还是课堂教学,大量的普通话交流其实都是"南腔北调"的;那种纯而又纯的"标准普通话"除了新闻广播和文艺创作等大众传媒需要外是不多见的。自1913年"读音统一会""国音"标准统一工作开展以来,一百多年的"汉语正音史"也充分证明,"普通话"与"蓝青官话"很难彻底"撇

清"关系。[11]至于1983年开始提出并制定普通话水平三级六等标准,截至2015年底全国范围内共有15641人通过复审被认定为达到一级甲等水平,[12]这些情况更能证实瞿秋白汉语规划实践中所强调的"现实普通话"的模糊和粗略性质与"理论普通话"的人工和建构性质。

所以,在瞿秋白的汉语规划构想中,作为未来国家通用语的"普通话"建设不仅不排斥"方言",允许"方言"的存在,而且还在欢迎和引导方言的发展。也就是说,瞿秋白积极主张要促进各地方言的进步,并为"普通话"的发展提供"补给"和"营养"。在瞿秋白看来,带有"方言"成分和气质的"普通话"才是真正"活的言语";同时,唯有"方言"这潭活水,"普通话"才有更好的未来。瞿秋白对方言或者说"区域普通话"的探讨比较多,其中较为集中的研究文章就有《中国文和中国话的现状》《新中国的文字革命》等。其主要观点有:

第一,方言资源极其丰富。中国各地的方言差别比欧洲各国语言的差距"还要大",散落在各地的方言土语有"几百几千种"。任何一个方言区的人都可以将属于当地的方言且外地人也能明白的"字眼"吸纳到"普通话"中。所以,在规避方言弱点的同时,各地方言的优点都可以吸纳到"普通话"中,只是有的多有的少。比如,"普通话"从"北京话"采纳的"文法""字眼"和"语音"比一般方言都多。1923年陈望道所介绍的一例上海方言"要么……要么……"如今在普通话里就很常见。[13]"普通话"也就是在这样不断的方言优点吸纳过程中丰富、细腻和鲜活起来的。

第二,方言同化趋势明显。瞿秋白认为,虽然距离达到统一"还很远",过程"不会很快",中国各地的言语显然没有分化趋势,而只有日益同化的趋势。方言的这种向"普通话"靠拢的趋势将随着中国经济文化的发展不断增强。在他看来,"普通话"在语法上的统一已基本实现,北京人一般都把"这儿,那儿"写成"这里,那里",上海人也一般将"啥物事"写成"什么"。但"普通话"语音上的统一"还没有形成",没有"确定"和"固定"的发音规范。那种简单地按"纯粹北京话"作为发音规范的做法很不现实,因为不仅全国人都去北京"学习"不可能,而且即使是在北京生活了多少年的大学教授绝大多数说的都是"蓝青官话"!

第三,方言书面形态的发展需要强化。瞿秋白认为,在20世纪30年代的中国,除一些特殊方言的口头文学外,几乎一切政治、学术和文艺活动所使用的话语都是用汉字书写的普通话和文言;即使是普通话,也只是字眼上相同,字音上却只有大致相近的趋势。因此,方言书面文学的发展可以探讨,运用拉丁字母拼写以"区域普通话"为基础的"方言文"也可尝试。在瞿秋白的汉语规划方案中，这种"方言文"是字母版"新中国文"的先导。

第四，统一经济体的形成是中国言语统一的基础。瞿秋白强调，围绕各大城市的发展而形成的"区域普通话"有望在经济统一过程中同化为"全国普通话"，这个时间不短也不长，大约需要"二三十年"。[14] 而决定统一进程的是中国社会经济、政治和文化的发展，尤其是统一经济体的形成和发展。这种统一经济体一旦真正形成，方言的必要性就会减少，最终方言也就将走向消亡。这一方言发展观与当今接触语言学的观点何其相似。

第五，某些方言的地位较为强势。的确，瞿秋白没有明说"普通话是以一种方言为基础而发展起来的"，这是瞿秋白普通话定义与20世纪50年代普通话定义的最大区别，但瞿秋白还是强调指出了，受经济等社会条件的影响和制约，各地方言发展很不平衡——相对来说，北京、上海、广州、苏州和扬州等城市的方言影响较大，有的还出现了自己的方言文学。所以，瞿秋白虽然坚决反对直接用纯粹的北京话来作为国家通用语的"国语"，但还是看好"北京话"，认为它是中国最发达、最成熟的方言。他说：

> 各大城市的言语之中，北京话当然处于最优越的地位——因为北京话有了好几百年京城话的资格，因为北京话和绝大多数的北方话，长江上游，淮河流域，以及两湖、江西的大部分，云南、贵州、广西的一部分的言语大致是相同的；因为北京话从元朝以来就用来写文艺作品（虽然这些作品之中有些是写的北方的另外几个地方的方言，而习惯上早就用北京话去读的）；因为"五四"以来的许多政治上学术上文艺上的白话著作都是用"北京话"写的——其实只是书面上的北京话。[15]

瞿秋白认为，"北京话"的政治声誉高、流行地域广、参与的文艺创作多，另外它还是"五四"后文化事业上的最大贡献者，这些都是其他方言望尘莫及的；这使它比任何其他方言更有资格胜任"普通话"的角色，有"极大的发展前途"。但这也改变不了"普通话"的中立性质，"普通话"必须对"北京话"保持一定距离。

上述这些观点，不仅为方言和普通话的协调发展提供了极其重要的理论基础，而且从现代语言学的观点来看，有其很强的理论前瞻性。当代接触语言学就认为，语言接触后会有两种结果，先是语言兼用，后是语言转用。方言与普通话的接触必然发生的现象就是，各种方言进入普通话，为普通话的发展和进步提供源源不断的资源,方言也因为普通话的进入不断提升自己的表达;另一方面,一部分人开始远离作为弱势语言的方言,甚至最终放弃他们的母语方言,即使他们在思想情感上永远不会割断其方言母语的文化脐带。

从汉语规划史角度看,瞿秋白的上述这些观点与胡适的思想具有相当的一致性。胡适曾这样指出:

> 现在把这种已很通行又已产生文学的普通话认为国语,推行出去,使它成为全国学校教科书的用语,使它成为全国报纸杂志的文字,使它成为将来的文学用语——这是建立国语的唯一方法。[16]

可见,瞿秋白汉语规划思想具有很强的承继性。可以说,在很大程度上,瞿秋白是胡适领衔的汉语革新的坚定继任者与最终实现者。[17]

第二节　正视外语吸纳,力促"欧化汉语"转变为"新型中国语文"

但瞿秋白的汉语规划和改革实践又是从对"五四"白话文运动的批评开始的。据笔者考证,这种批评开始于1923年,也就是他从苏俄回国对中国文学发展状况做完初步考察的时候。瞿秋白对于"欧化汉语"的批评也就是从这时开始的。他在《荒漠里——一九二三年之中国文学》这篇著名文论中明确指出:"为这件"等这种没有"丝毫现实性和民族性"、简直不成话的汉语表达是"翻译过来"的。[18]1931年后,他的这种批评更为尖锐,且走向系统化和理论化。他用"现代文言"来指斥这种"欧化"文腔的"落后"性质,并用"大西崽"和"小西崽"来概括"欧化"文腔的两种特征。前者是一些"'深奥'到不可思议的恶劣翻译";后者虽然"竭力地对白话让步",但里面充斥着从"西洋东洋运来"的种种"新术语"和"新文法",相对来说,其势力更大。它们的共同特征都是"只能够看,不能够读"。为什么不能读?因为这是一种"中国文言文法,欧洲文法,日本文法和现代白话以及古代白话杂凑起来"的文字。[19]可以说,瞿秋白从一开始就发现"欧化汉语"源于"汉语翻译",其中最突出的问题就是"抄袭欧洲日本的文法",同时"违反中国文法的一切习惯"。[20]对于这种所谓的"外古典主义",他那时就立誓"必定备盛宴"为它"送行"。[21]

对"欧化汉语"的批评一直都有,但人们的出发点有很大不同。瞿秋白赞同欧化、支持欧化，甚至积极主张"汉语欧化"，他对于"欧化汉语"的批评是期待汉语能够正确的欧化，从而更好地改造汉语、重塑汉语、建设汉语，是其汉语规划思想的重要组成部分。这与浦江清等其他批评论者形成鲜明的对比：前者是积极的、建设性的，出于对未来汉语的健康发展；后者明显是消极的、保守性的，完全是为了保存所谓的"汉语古韵"。浦江清说：

> 彼等不能用中国之格律，于是用西洋之格律以补足之；不能用中国之修辞，于是用西洋之修辞以补足之；甚至不能用中国之典故，而用西洋之典故以代之。……今日流行之欧化文学，与中国固有之文学，断然不相衔接，为中国文学上之一大遗憾。[22]

中国语文的"欧化问题"，本质上说，也就是汉语"普通话"与"外语"的接触问题。这是伴随西方文化传入中国之后的必然现象。它当然有其某种意义上的破坏性，汉语的稳定性也随之受到冲击，然而更有其不可忽视的建设作用，是汉语发展的一个重要契机。对此，瞿秋白一直在观察、探索和思考，也一直坚持他的批评态度。1930年代初，他这方面的思考开始走向成熟，并成为他倡导"文腔革命"、探索未来汉语规划建设的主要动机和思想来源。在《鬼门关以外的战争》这篇未来汉语规划发展纲领性文章中，[23]瞿秋白对"欧化汉语"曾做过集中探讨，其基本主张是非常明确的，对问题的分析、认识和把握也是相当精准的。他说：

> 中国言语的欧化是可以的，是需要的，是不可避免的。现在的普通话里面，事实上也有些欧化的成分。但是，必须有正确的方法。为什么"政府""法律"……等等新名词——三十年前的新名词，现在很通行了，大家都不觉得这是东洋化的中国字眼了！因为这些新字眼的制造方法，是合于中国言语自己的规律的。当初也有许多"硬译"的名词，他们自然淘汰了。现在许多翻译的书，甚至于自己"创作"的书，为什么象外国文那样难懂？因为欧化的方法不正确。[24]

在瞿秋白看来，中国语文的"欧化"是汉语现代化的必由之路，但应当掌握好"欧化方法"，使这些汉语新句式、新结构、新表达"合于中国言语自己的规律"。瞿秋白从"字法""句法"和"章法"三个方面详细地分析了中国语文的"欧化方法"。[25]如表2-2"瞿秋白中国语文'欧化方法'介绍"所示：

表2-2 瞿秋白中国语文"欧化方法"介绍

欧化类别	方法描述	错误的方法或用例	正确的方法或用例
字法	据中国字法来采用欧洲文法,如副词、形容词后并非一定有标志性的"的"或"地"	一概加上"的"和"地"的语尾,甚至写出"幽默的地"	一张红桌子
句法	主句外加上一些用来形容和修饰的辅助句子	她是有两个女儿一个儿子的寡妇;有着两个一个儿子而做着寡妇的她	她是一个寡妇,有两个女儿一个儿子
章法	叙事写景的顺序可以适当调整,甚至可以颠倒过来	尽是要读者猜谜子	在每一段说明前后事实的联系,引导中国读者深入到一些复杂的章法中去

在这里,瞿秋白不仅明确赞同汉语欧化,而且给出了汉语欧化的基本原则和根本方法。遵循"口语本位"原则,以"说得出,听得懂"为标准,一切按现代中国"活人的话"来写,是瞿秋白汉语规划建设,亦即改造汉语、重塑汉语的根本指导思想。

然而,"说得出,听得懂"的标准和追求即使瞿秋白本人也是在首次采访苏俄回国之后逐渐清晰和明确起来的。所以,在20世纪20—30年代的中国出版物中,各种汉语欧化语法、日化语法,比如"底的""底地""地的"和"的地"等结构助词重叠结构都相当流行。有学者统计,鲁迅在翻译作品与创作作品中使用'底的'与'底地'共达2589次;其中,在译作中使用"底的"1819次,使用"底地"630次。[26]为什么会有这种情况?这当然与鲁迅的翻译汉语建设观有关,与其"据为己有"的"拿来主义"文化建设观有关。从1903年到1936年,鲁迅33年译笔不辍,译著三百多万字,超过著作文字。所以,鲁迅弃医从文之后是首先成为翻译家,后来才成为文学家的。鲁迅谈到新文学发展时自己就说道:"翻译并不比随便创作容易,然而于新文学的发展却更有功,于大家更有益。"[27]但"底的""底地"等结构助词重叠结构的大量使用更是他一直坚持的"直译"翻译观使然。鲁迅的"直译"表现为"逐字逐句","大抵连语句前后次序也不甚颠倒",[28]甚至"很有不合轨范的句子"[29]。但为"保存原文的口

45

吻",保持"原来的精悍的语气",鲁迅明确表示看到译本"晦涩"也无奈而"束手",只希望"读者还肯硬着头皮看下去"。[30] 1929年,他为坚持"直译"而提出的"硬译"主张招致不少异议,并引发1930年代中国翻译界一场大讨论。讨论吸引了梁实秋、赵景深、林语堂、陈西滢、茅盾等名流的参与。也就是在这场讨论中,鲁迅结识了瞿秋白,并就"直译"与"意译","顺"与"不顺"等问题进行了相当深入的交流。

瞿秋白高度称赞鲁迅译文的"忠实","决不欺骗读者",且在"进行着中国现代的新的言语的斗争",同时明确指出鲁迅的译作,比如《毁灭》是"做到了'正确'"但"没有做到'绝对的白话'"。[31] 他特别强调说:

> 要创造新的表现方法,就必须顾到口头上"能够说得出来"的条件。这意思是说,虽然一些新的字眼和句法,本来是中国话里所没有的,群众最初是听不惯的,可是,这些字眼和句法既然在口头上说得出来,那就有可能使群众的言语渐渐地容纳它们。假使存心可以"不顺"些,那就是预先剥夺了这种可能,以致于新的表现方法不能够从书面变成口头的。[32]

可见,在瞿秋白看来,听起来不习惯不是问题,关键是要口头上"能够说得出来"。为什么瞿秋白特别强调新表现法的"口语表达"?这当然因为他所坚持的汉语"口语本位"发展观,但也因为他作为革命领袖寄希望于新的汉语作品能够更好地服务群众、宣传群众、动员群众、引导群众和组织群众。就是因为这一现实需要,他无法赞同鲁迅对"不顺"的"容忍",并在与鲁迅的讨论中多次强调要"着重地注意""坚定地清楚地认定"他所主张的"白话本位"原则。不过,1930年左右的鲁迅依然特别申明自己译作的读者对象不是普通的"大众读者",不是那些"略能识字"和"识字无几"的群众,而是一些"很受了教育"的知识分子,[33] 特别是那些"以无产阶级批评家自居的人,和一部分不图'爽快',不怕艰难,多少要明白一些这理论的读者"[34]。鲁迅的这一主张在1934年大众语运动之后发生了明显的改变,这一改变的深层次原因后人完全可以从鲁迅与瞿秋白有一段较长时间的亲密交往来推断。

对于"汉语欧化"这个问题,瞿秋白的观察和思考是持续的、认真的,也是相当深入的。他曾这样指出:

> 现在不但翻译,甚至于一般欧化文艺和所谓"语体文",都有这种病根,——就因为这种不负责任的态度,所以不但不能够帮助中国现代白话

文的发展,反而造成一种非驴非马的骡子话,半文半白的新文言。要举出实际的例子来说,那简直是举不胜举。[35]

瞿秋白看到了"欧化问题"的严重性,而且这种"欧化汉语"还会因为鲁迅等文章大家的"示范"和"引领"将越走越远,所以在1930年代他郑重地倡导起一场旨在消解"欧化汉语"影响、建设"真正的白话文"的新的汉语革新运动——"文腔革命"。

其实,汉语现代化史在很大程度上就是一部"汉语欧化史"。李春阳观察到,学界甚至有人认定,以普通话为基础的现代汉语本质上就是一种"欧化语言"。[36]对于"汉语欧化"的面貌,刁晏斌的描述相当全面:

就现代汉语而言,它的三大要素(语音、词汇、语法)和五大内容(在三要素的基础上再加上文字和修辞)都有欧化的问题,虽然表现有多有少,但是均未"置身事外",所以在讨论欧化的问题的时候都应加以考虑。此外,……标点符号、文字横排等,自然也是欧化的表现。所以,今天我们看欧化,应该是一个"全方位""全要素"的概念。[37]

到21世纪的今天,汉语的"欧化"已由书面语进入到口语。[38]在汉语"全方位""全要素"欧化的历史演进中,瞿秋白无疑是对于"欧化汉语"现象的批评最为尖锐、最为全面也最为深刻的汉语现代化论者之一。朱一凡(2009)在讨论"翻译与汉语变迁"时曾集中描述了"汉语欧化"的这一历史进程中的三个重要时期。应该说,这三个时期的描述和定义极大地彰显了瞿秋白在汉语现代化历史进程中的突出地位和重要影响。请看表2-3:

表2-3 汉语欧化进程的三个时期

序号	时间	欧化进程	基本特征	标志性事件
1	1905—1917	自发的欧化	以浅近文言和白话为主;有大量直译现象,但非有意为之;译述风气不减	1905年科举被废,旧式文字没有出路;1905—1918翻译小说出版1000种,是以前的总和

续表

序号	时间	欧化进程	基本特征	标志性事件
2	1918—1928	自觉的欧化	白话为正统翻译语言，直译渐成风气；译者外语水平高，名著意识强，重视译文质量	1918年4月胡适作《建设的文学革命论》、1918年12月傅斯年作《怎样做白话文？》；1924年黎锦熙出版《新著国文语法》赋予欧化语法合法身份
3	1929—1936	欧化的反思	对欧化的批评声越来越大，梁实秋指出"欧化文"与"硬译"关系密切，瞿秋白批评"欧化文"是"不人不鬼的新文言""非驴非马的骡子话"	1929年梁实秋发表《论鲁迅先生的"硬译"》；1937年日本全面侵华，全国上下文化重心转移；1943年王力《中国现代语法》出版，欧化现象得到系统描述[39]

"自发的欧化"当然不只是从1915年的民国时期开始，袁进（2007）就指出："欧化白话文在中国已经存在了一个漫长的时段，到五四时期，它至少存在了半个多世纪。"[40]周作人1920年就谈到西方传教士在这方面的工作，他说："《马太福音》的确是中国最早的欧化的文学的国语。"[41]这充分说明，"汉语欧化"是东西方文化碰撞、交汇过程中汉语与外语的语言接触现象。但在1918年之前完全处在自发状态，没有人来积极倡导，更没有多少明确的、具体的理论指导。"五四"新文化运动之后，西方文化的学习思潮引发一些知识分子中的有识之士自觉倡导吸纳他族语言来弥补中国语文的不足。最早提出引入外语元素来改造汉语的是傅斯年。他1918年在《怎样做白话文？》中就这样指出：

要是想成独到的白话文，超于说话的白话文，有创造精神的白话文，与西洋文同流的白话文，还要在乞灵说话之外，再找出一宗高等凭借物。

这高等凭借物是什么，照我回答，就是直用西洋文的款式文法，词法，句法，章法，词枝（Figure of Speech）……一切修辞学上的方法，造成一种超于现在的国语，欧化的国语，因而成就一种欧化国语的文学。[42]

在这篇文章里,傅斯年特别谈到了词枝,也就是"修辞格"的引进和吸纳。他说:

> 现在我们使用白话做文,第一件感觉苦痛的事情,就是我们的国语,异常质直,异常干枯。要想弄得它活泼泼的,须得用西洋修辞学上各种词枝。这各种的词枝,中国文里,原来也有几种,只是不如西洋那么多,那么精致。据近代修辞学家讲起,词枝一种东西,最能刺激心上的觉性;所以文章的情趣,一半靠住它。中国历来的文人,都被"古典""藻饰"埋没了,不注意词枝。况且白话文学,从来没有发展,词枝对于白话的效用,也少得见。到了现在,我们使用的白话,仍然是浑身赤条条的,没有美术的培养。所以觉得非常干枯,少有余味,不适用于文学。想把它培养一番。惟有修辞学上的利器,惟有借重词枝的效用,惟有使国语文学含西洋文的趣味——惟有欧化中国语。[43]

傅斯年甚至还谈到"理想的白话文"。在他看来,"理想的白话文"某种意义上就是"欧化的白话文"。[44]

这样看来,新文学里出现太多太多的欧化现象是再自然不过的事。然而,不仅是因为物极必反,更主要是由于"欧化方法"不对,更准确地说,人们在语言接触时所持的立场、态度出现了偏差,"现代白话"并没有得到健康发展,而出现很多"非驴非马的骡子话,不文不白的新文言"。也就是说,"现代白话"一开始并没有遵循"口语本位"原则,还是在"书面语"里兜圈子,脱离了口语。于是,瞿秋白持续观察了近十年后,集中对这种与口语无关的欧化趋向予以抨击,努力将现代汉语引向"口语本位"的健康发展道路,从而保证亿万基层百姓有可能成为这一未来国家通用语的最大受益者。

第三节 学习古代汉语,
力促"传统形式"转化为"现代表达"

中国古文有不少问题。首先是文章的语言缺乏口语的"任才使气""兴到神来"。傅斯年曾谈道:

语言里所不能有的质素，用在文章上，便成就了不正道的文章。中国的"古文"，所以弄得愈趋愈坏，只因为把语言里不能有的质素，当做文章的主素。第一流的文章，定然是纯粹的语言，没有丝毫掺杂；任凭我们眼里看进，或是耳里听进，总起同样的感想。若是用眼看或用耳听，效果不同，便落在第二流以下去了。……（中略）那宗懂得七八国语言，熟悉几千年经典的古董博士，做的文章，永远坏的，正为着他们只知道说话外的质素，忘记了说话内的质素。[45]

中国古代文章的逻辑架构也显得比较粗浅，不够精密。傅斯年指出：

中国文最大的毛病，是面积惟求铺张。六朝人做文，只知铺排，不肯一层一层的剥进。唐宋散文家的制作，比较的好得一点，但是依然不能有很多的层次，依然是横里伸张。以至于清朝的八股文、八家文……都是"其直如矢，其平如底"，只多单句，很少复句；层次极深，一本多枝的句调，尤其没有了。这确是中国人思想简单的表现。[46]

然而，这一切都不是后人与古代汉语告别的理由，新文化建设绝不可与中国传统文化全面分割。瞿秋白"诗（文）、书、画、印、棋、琴，无一不精"[47]。他古文功底深厚，对中国传统语文的学习、吸纳、转化和创新也是相当重视的。对瞿秋白来说，这种文化自觉非常明确。虽然他早在首次赴俄时就宣称自己"自幼混恰世界史上几种文化的色彩"，已经"编入世界的文化运动先锋队"，"不能确切地证明自己纯粹的'中国性'"，"不是旧时代的孝子顺孙"，[48]"不是完全中国文化的产物"，[49]但是他一生情系中国传统文化，学习、研究和传播中国文化从未间断。他把通晓传统文化作为中国知识分子最起码的条件。在就义前写的《多余的话》中，他这样说道："中国的旧书，十三经、二十四史、子书、笔记、丛书、诗词曲等，……我是抓到就看，忽然想起来就看。"[50]早年受父亲的影响，他对佛学和道家还"特殊有研究"。[51]所以，他1923年在为上海大学文学系所编拟的课程计划里就特别安排有"文（群经诸子）""诗词""戏曲""小说"和"历代文评""古籍校读法"等必修科目以及"中国金石学及书画史"等选修课。而社会学系学生则要求能"整理中国社会史料"，包括"所谓'乙部'（子书——作者注）的国故——直至于志书等"，艺术系学生的要求是将"中国金石学或书画史"作为主要科目学习。[52]1932年，他在写给鲁迅的信中强调，"文腔革命"将是"五四"白话革命之后的一场

50

"大暴动",它将彻底肃清文言;但将来的中国还要设立和国外"古代梵文、希腊文、拉丁文等"同等的"古代汉文系",用以专门研究古代文化、古代语文遗产。在他看来,对于中国来说,从《诗经》《书经》到康有为的《大同书》、严复的翻译文章,这些古文既有其"批判价值",也有其"传承价值"。[53]

瞿秋白本人的写作对古代汉语的传承是非常明显的。茅盾晚年在谈到瞿秋白给他的最初印象时就说,瞿秋白两本散文集《饿乡纪程》《赤都心史》的名字就是一副很古雅的对联。[54]更重要的是,"饿乡"在古代汉语里还有一个很有来历的说法。由清代初年蓝鼎元和晚清管异之两篇《饿乡记》可以看出,"饿乡"其实是一个虽然路途艰险但可求贤成圣的理想境地。[55]瞿秋白在这里化用这个说话有着特殊的含义,它不仅深刻表达了青年瞿秋白对于新俄的炽烈向往之情,而且清楚表明苏俄之旅在他心中有着强烈的神圣感和使命感。其"沉痛而坚决的毅力",其"伟大而热烈的精神",[56]都可从"饿乡"等词语的运用中充分感受到。

如果说旅俄时期的瞿秋白还处在从文言到白话的语用转型期,其写作保留较多传统语文的痕迹,那么十年后的左联时期其白话写作则走向稳定和成熟。如何将"传统文言"转化为"现代表达",瞿秋白表现得更加自觉、明确和灵活。这里,笔者依据瞿秋白的相关论述和写作实践作一个粗略的归纳。

第一,音韵传统的自觉传承和现代转化。瞿秋白认为,比较文法等其他方面,中国音韵学要发达得多,经典文献差不多都要"编成韵文",好"教大家唱着",就是像《汤头歌诀》等这些普及性的实用文章通常也都用韵文写成。[57]这给瞿秋白很多启发。所以,他不仅写过谱有谱曲的歌词《赤潮曲》和分别用上海话和北方话来写的"乱来腔"《东洋人出兵》,还写过仿孟姜女调、泗州调、无锡景调等形式的说唱作品《救国十二月花名》《大流血》《国民团结歌》《上海打仗景致》等。[58]写于1925年五卅运动期间的《群众歌》可以说是这方面的代表作。全诗如下:

> 世间一切靠不住,靠得住的是群众。
> 罢市要取大规模,坚持到底勿为动。
> 大家不纳巡捕捐,外国钞票不要用。
> 中国人帮中国人,热度不要五分钟。
> 南京路上杀同胞,大家听了都心痛。
> 外人砰砰几排枪,我们流血染地红。
> 倘然死一外国人,割地赔款负担重。

> 我们华人不值钱,难道个个是饭桶。
> 奉劝诸君自救自,不然就是亡国种。
> 大家起来大家醒,全靠我们是群众。[59]

作者在题目下方特地写下一句说明"大家都要唱熟"。作品写作的这种目的性非常明确了。这些诗歌和说唱作品,因为押韵,读起来,唱起来,朗朗上口,人们觉得好听,容易接受,也容易记住,能够收到很好的传播和鼓动效果。

"打油诗"是一种从唐代就开始流行的趣味性、讽刺性极佳的小巧诗体,这以后历代都有创作。作为诗体,打油诗不讲究格律,不注重对偶和平仄,但强调押韵。它有七言绝句,也有五言律诗和四言古体等形式。瞿秋白不仅作了七言绝句打油诗《读〈自由谈〉有感》,还作了新体打油诗《"向光明"》。后者的下列诗句既押韵好读,又具有很好的讽刺和教育意义:

> 伟大的艺术之宫在黑暗里显露。
> 人家摸摸索索地倒找着了道路,
> 你们打着"纸灯笼",
> 还未必走得上这条唯一的生路。[60]

第二,对偶、引用等传统修辞方式的传承和创新。对偶,"与华夏民族语言文字之特性有密切关系",[61]可以说是汉语文区别于世界其他语文,特别是印欧语系语言文字最重要的修辞方式。1932年,陈寅恪为清华大学入学考试命题就是选择"对对子"为"主要考题"的。[62]瞿秋白自身的汉语写作实践就体现了他对中国语文这种特质的重视和把握。比如,《荒漠里——一九二三年之中国文学》有这样的句子:"且沉心静气地听,听荒漠里的天籁;且凝神壹志地看,看荒漠里的云影。……(中略)云影里的太阳,可以定我的方向;天籁里的声音,可以测我的行程。"[63]又如,写于1933年的《最艺术的国家》有这样的句子:"一面交涉,一面抵抗:从这一面看过去是抵抗,从那一面看过来是交涉。"[64]其实,他《狱中题照》的两句话"如果人有灵魂的话,何必要这个躯壳!但是,如果没有的话,这个躯壳又有什么用处?"[65]也很有"对仗"的味道。

引用,也是汉语文的一种独特修辞方式,目的就像刘勰《文心雕龙·事类》里所说的,"据事以类义,援古以证今"。这种修辞可能是由先秦时期盛行的"引《诗》之风"演变而成的。有学者统计,《孟子》"引《诗》"26次,《荀子》"引《诗》"70次,《左传》一书"引《诗》"达154次。[66]"引《诗》"一开始是在外交场合。据杨伯峻先生考证,在鲁定公前,各国君臣相见,一般不直接把自己想说的话说出来,而是"引《诗》"来表达自己的态度、意愿,以示含蓄、文雅和有礼。[67]"引《诗》"当然也可以用来证明自己的观点,因为《诗》中的许多诗句具有格言警句作用。这后来,引用成为古汉语一种典型的修辞方式,不仅见于经书典籍的精彩文字、历史故事常常被引用,而且那些不见于书本的格言、俗语、谚语、歌谣也都可以引来增强表达说服力。比如,范仲淹《岳阳楼记》的"商旅不行"引自《易经·复卦》中的"先王以至日闭关,商旅不行,后不省方";比如,陆游《诉衷情》的"关河梦断何处?尘暗旧貂裘"暗引苏秦的故事。《战国策·秦策》记载,苏秦到秦国游说不成,钱花光了,黑貂裘也破了,只得"辞秦而归";又如,司马迁《史记·季布列传》就有这样的句子:"楚人谚曰:'得黄金百,不如得季布一诺。'"瞿秋白在写作中比较多地引用古语。据不完全统计,仅《乱弹及其他》一书"上篇"就有各类引用。比如,"民可使由之,不可使知之""三月不知肉味",这是《论语》中的句子;比如,"天下谁能一之?曰:唯有嗜杀人者能一之""人之患,在好为人师"是引用《孟子》中的话;比如,"主上所戏弄,倡优所畜,流俗之所轻也"是司马迁《报任安书》中的话。至于"欲知后事如何?""请听来生分解"则是引用和点化古代章回小说中的套话,"凡是必需的,都是合理的"是引用西方哲学家黑格尔的话。此外,还直接引用法国的一句俗话"Le mort saisit le vif"(死人抓住了活人)。

第三,作为传统文化的成语典故在写作中的广泛使用。成语典故,特别是四字格成语差不多都来自古汉语。现代白话运用文言成语来表达是汉语的一大文化景观。历史上流传下来的成语数量极大,商务印书馆《新华成语大词典》2013年版收成语26000余条,上海辞书出版社《中国成语大辞典》2007年版收成语18000余条,如今活跃在现代汉语中的成语至少有三四千条。成语在瞿秋白的著述中随处可见,有学者就明确指出:"瞿秋白运用成语不但数量大、密度大,而且时代色彩鲜明,运用技巧娴熟,手法多变。"[68]据笔者统计,《乱弹及其他》一书"上篇"所用到的成语就有几十条,如"发扬光大、一字之差、牛听弹琴、一窍不通、轻歌曼舞、俗不可耐、珠圆玉润、大吹大擂、半死不活、空前绝后、自欺欺人、不可救药、无穷无尽、惊天动地、温文尔雅、劫富济贫、贪官污吏、一盘散沙、花言巧语、青面獠牙、成群结队、生吞活剥、耀武扬威、天罗地网、乌烟瘴气、独一无二、咬牙切齿、空中楼阁、千锤百炼、勾心斗角、铜墙铁壁、飞禽走兽、无边无际、不可思议、不期而然、岂有此理、九牛二虎之力、不登大雅之堂、如入无人之境、牛头不对马嘴"等;此外,还有"放下屠刀,立地成佛""不入虎穴,焉得虎子"等成对使用的成语。

在瞿秋白笔下,这些出自各种古代典籍的成语极其有力地表达了作者对旧世界、旧文化和一切腐朽势力的揭露、讽刺和批判,对亿万劳工民众生存状况的深切同情,对无产阶级革命事业的热情颂扬。比如,"珠圆玉润",本义是像珠子一样圆,像玉石一样光润,比喻歌声的婉转优美,出自唐人张文琮《咏水》里的两句"方流涵玉润,圆折动珠光";但瞿秋白在《乱弹》一文里是褒词贬用,用来讽刺"皮簧"等"乱弹"形式在"绅商阶级"手中走上"雅化"道路,它和"昆曲"一样不再是平民阶层的艺术。比如,"空中楼阁"指悬于空的城郭楼台,比喻虚幻的事物,语出唐代宋之问《游法华寺》中的两句诗"空中结楼殿,意表出云霞"。瞿秋白在其作品《"忏悔"》中用来表现他所期待的左翼文学"切实"的进步,虽然距离成熟还有很长的路要走。又比如,"不入虎穴,焉得虎子",最早见于《后汉书·班超传》中的"超曰'不入虎穴,不得虎子'",瞿秋白在《小白龙》一文中是说左翼文学只有在文字技术上像"武侠小说"一样"运用下等人容易懂得的话"来写作才能最终挫败这类"毒害和蒙蔽群众意识"的"群众读物"。[69]

此外,瞿秋白还比较早地使用源自古代典籍的一个双音节词,这些词在当代汉语中已成为很多领域里的"热词"。比如"国情",出自《战国策·秦策一》中的"陈轸为常以国情输楚";比如"本位",语出《左传·昭公二十七年》中"复位而待"和晋代杜预的注释"复本位待光命"。

然而,"传统文言"转化为"现代表达"要有"标准意识"。在瞿秋白看来,这个标准非常明确,这就是"口头上的说话""活人的话"。[70]那种无视白话的"口语本位"原则,可能因为省字将文言中的虚词等直接写到白话作品里的做法是瞿秋白极其反对的。

对此,朱自清、叶圣陶他们也发表过与瞿秋白极为一致的观点。他们在1947年合著的《理想的白话文——以"上口不上口"做标准》一文中就这样说道:

> 这是有办法的,只要把握住一个标准,就是"上口不上口"。一些字眼与语调,凡是上口的,说话中间有这个说法的,都可以写进白话文,都不至于破坏白话文的纯粹。如果是不上口的,说话中间没有这种说法的(这里并不指独撰的字眼与不合语文法的话句而言),那便是文言成分,不宜用入纯粹的白话文。[71]

第四节　结语

综上所述，在瞿秋白汉语规划视域中，以普通话为主体的现代汉语发展实际上是由三个向度的力相互作用的结果。如下图2-1"瞿秋白汉语规划中的普通话发展模型"所示。其中，各地方言（含古代官话）是最基本的力量，它决定着汉语发展的本质面貌。以英语为核心要素的外文（含日语）是汉语现代化的一股重要力量，给汉语发展注入了无穷的活力。而古老的中国文言也从来没有闲着，一直参与汉语现代化的全过程从不懈怠。瞿秋白的上述汉语的多方接触发展观极大地影响了后世语言学家们的汉语规划思想。[72]

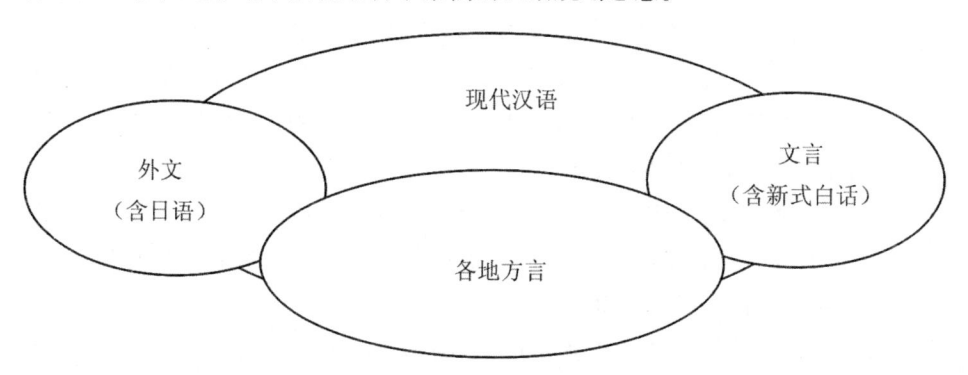

图2-1：瞿秋白汉语规划中的普通话发展模型

注释：

［1］［16］胡适.胡适文集：第二卷［M］.北京：北京大学出版社，1998：165，165.

［2］［8］钱玄同.钱玄同文集：第三卷［M］.北京：中国人民大学文学出版社，1999：226，226-227.

［3］［4］［14］［15］［19］［20］［24］［25］［57］［70］瞿秋白.瞿秋白文集：文学编第三卷［M］.北京：人民文学出版社，1985：214，229，276-278，296，16，17，166-167，167-168，155，346-347.

［5］李葆嘉.中国语言文化史［M］.南京：江苏教育出版社，2003：279-280.

［6］武春野."北京官话"与书面语的近代转变［D］.上海：复旦大学，2011：31.

[7] 耿振生. 明清音韵学通论 [M]. 北京：语文出版社，1992：120.

[9] 朱永锴. "蓝青官话"说略 [J]. 语文研究，1998（2）：56-60.

[10] 谢俊英. 普通话普及情况调查分析 [J]. 语言文字应用，2011（3）：7.

[11] [12] 韩玉华. 普通话语音研究百年 [J]. 语言战略研究，2016（4）：32-39.

[13] 陈望道. 陈望道文集：第三卷 [M]. 上海：上海人民出版社，1981：56.

[17] 汪禄应. 从"白话革命"到"文腔革命"——瞿秋白与胡适汉语革新比较研究 [J]. 求索，2013（8）：142.

[18] [21] [31] [32] [35] [48] [49] [53] [60] [63] 瞿秋白. 瞿秋白文集：文学编第一卷 [M]. 北京：人民文学出版社，1985：312，313，504-507，517-518，520，212-213，23，524，549-550，311-312.

[22] 浦江清. 王静安先生之文学批评 [G] //浦汉明. 浦江清文史杂文集. 北京：清华大学出版社，1993：11.

[23] 李陀. 汪曾祺与现代汉语写作 [J]. 花城，1998（5）：128.

[26] 陈彪. 现代汉语"日化"现象研究——以鲁迅译著为例 [D]. 上海：华东师范大学，2017：190.

[27] [33] [34] 鲁迅. 鲁迅全集：第四卷 [M]. 北京：人民文学出版社，2005：140，391，213.

[28] [29] [30] 鲁迅. 鲁迅全集：第十卷 [M]. 北京：人民文学出版社，2005：271，257，329-330.

[36] 李春阳. 汉语欧化的百年功过 [J]. 社会科学论坛，2014（12）：80.

[37] 刁晏斌. 汉语的欧化与欧化的汉语——百年汉语历史回顾之一 [J]. 云南师范大学学报（哲学社会科学版），2019（1）：30-31.

[38] [39] 朱一凡. 翻译与现代汉语的变迁 [D]. 上海：华东师范大学，2009：43-44，9-56.

[40] 袁进. 重新审视欧化白话文的起源——试论近代西方传教士对中国文学的影响 [J]. 文学评论，2007（1）：123.

[41] 周作人. 艺术与生活 [M]. 长沙：岳麓书社，1989：45.

[42] [43] [44] [45] [46] 傅斯年. 傅斯年全集：第一卷 [M]. 长沙：湖南教育出版社，2003：132，131-132，132，129-130，133.

[47] 任俊. 瞿秋白的山水画与他散文的绘画美[C] //唐淑敏, 蒋兆年, 叶楠. 瞿秋白研究新探. 南京: 南京大学出版社, 2003: 418.

[50] 瞿秋白. 瞿秋白文集: 政治理论编第七卷[M]. 北京: 人民出版社, 1991: 233, 399.

[51] 郑振铎. 记瞿秋白同志的二三事[G] //忆秋白. 《忆秋白》编辑小组编. 北京: 人民文学出版社, 1980: 107.

[52] 瞿秋白. 瞿秋白文集: 政治理论编第二卷[M]. 北京: 人民出版社, 1988: 132 - 137.

[54] 茅盾. 文学与政治的交错——回忆录(六)[J]. 新文学史料, 1980(1): 168.

[55] 商金林. 瞿秋白与文学研究会[J]. 北京大学学报(哲学社会科学版), 2003 (6): 121.

[56] 剑三. 新俄国游记[G] //瞿秋白研究会, 瞿秋白研究: 第一辑. 瞿秋白纪念馆. 1989, 27.

[58] 成寅. 不以诗名, 别具诗心——试论瞿秋白诗歌的创作个性[J]. 上海大学学报(社科版), 1990 (4): 41.

[59][64][65][69] 瞿秋白. 瞿秋白文集: 文学编第二卷[M]. 北京: 人民文学出版社, 1985: 65, 409, 415 - 416.

[61] 陈寅恪. 陈寅恪集·金明馆丛稿二编[M]. 北京: 生活·读书·新知三联书店, 2001: 249.

[62] 陆扬. 陈寅恪的文史之学——从1932年清华大学国文入学考试试题谈起[J]. 文史哲, 2015 (3): 33.

[66][67] 范进军. 从《左传》引《诗》看引用的修辞作用[J]. 当代修辞学, 1993 (4): 27, 28.

[68] 杨建生. 瞿秋白的成语运用艺术[J]. 常州工学院学报(社科版), 2010 (2): 33.

[71] 朱自清. 朱自清全集: 第八卷[M]. 北京: 江苏教育出版社, 1993: 360.

[72] 周有光. 周有光文集: 第三卷[M]. 北京: 中央编译出版社, 2013: 263.

第三章

汉语进步阶段观

汉语的发展和进步是长期的，永恒的。不过，在瞿秋白看来，就目前的情势来讲，在可展望的未来有两点是可以肯定的：第一，眼下与"普通话"配套的汉语书写形式仍是以"象形"为基本原则的"表意文字"——汉字，这个时间不太长但也不会太短；第二，未来汉语书写形式由"表意"转为"表音"是一条最有前途的发展道路，应当积极推动。所以，从瞿秋白的相关论述可以清楚地看到，就书面语建设来说，汉语规划必须同时做两个方面的努力：一方面要在汉字条件下准备一种实用、简洁而可行的"汉字书写方案"，主要是要减少汉字数量，绝不可继续增加形声字；另一方面要积极筹划研制和推广以拉丁字母为书写手段的"字母书写方案"，这是一项当下就可以做的很有意义的工作。也就是说，"汉语书写方式"的系统改造和规划建设分阶段推进。如果将之前几千年从未动摇过的以增加汉字数量为基本途径的汉语书写阶段称之为"传统汉字阶段"，那么，瞿秋白所策划的两个阶段可称之为"现代汉字阶段"和"字母汉字阶段"。"现代汉字"这一术语虽然最早见于1952年8月丁西林发表的《现代汉字及其改革的途径》一文，[1]但现代汉字的研究则"播种于清末，萌芽于'五四'"[2]，到20世纪50—60年代达到高潮并让现代汉字基本确定下来。"字母汉字"就是指用拉丁字母来书写的汉语书面形式，含整套符号及其书写规则。这方面的探索和研究，应当说，与"现代汉字"的创建几乎是同步启动也是同步推进的。直到今天，这项工作人们依然还在努力中。

第一节　瞿秋白对"传统汉字"的观察、思考和批判

何谓"传统汉字"？这是以书写为正统呈现方式、以书写文言为主要言语对象、以增加字种数量（亦无笔画繁简意识）为基本路径来满足汉语书面表达需要的汉字体系。到"五四"新文化运动，"传统汉字"的黄金时期就过去了，周有光称之为"文言古语用字"。这是一个与"现代汉字"相对的术语，是"现代汉字"概念建立起来后必然要树立的观念。很明显，在"现代汉字"已经完全建立起来的今天，那种笼统地讨论汉字的做法，非但不能正确理解瞿秋白对于汉字的观察、思考和批判，而且对于"汉语书写方式"和"汉语书面语"的进步和发展也是不利的。

瞿秋白讨论汉字的时候"现代汉字"还没有建立起来，所以，他对于汉字的批判都是基于"传统汉字"的观察、思考而作的批判。这些批判是瞿秋白研制汉语书写拉丁化方案的思想基础，也是1892年汉语现代化运动以来人们对于"传统汉字"最尖锐、最系统、最深刻的批判。

首先，汉字是一种古老的文字。世界各地原始文字的发现一再证实文字的"象形起源说"。瞿秋白强调，与其他古老文字，比如腓尼基文字一样，汉字是象形文字，以象形为基础的文字生成机制（简称"象形机制"）产生于"太古时代"，是这个远古时代的人们"结绳而治"记忆方式的演化形态。传统文字学上所谓"指事""会意""转注""假借"等造字方法，其实都是"象形机制"的变化形式。至于"谐声"，亦即"形声"，也没有从"象形机制"中解放出来。[3]当代学者孟华就认为，"形声字是褪了颜色的会意字"，表音的声符本质上还是"意符"；比如，声符"非"在"排、斐、诽"中表分背义，"皮"在"被、帔"中表蒙覆义，"农"在"浓、脓"中表浓厚义。[4]古文字学家唐兰说得更明白："每一个形声字的声符，在原则上，总有它的意义，不过有些语言，因年代久远，意义已茫昧，所以，有些形声字的声符也不好解释。"[5]实际上，这是从许慎开始就一直有学者在研究的形声字中普遍存在的"声符表意"现象。这方面研究的结论最为明确的学者当推李圃，他说："验诸甲骨文字，绝大多数通常所说的'形声字'的声素首先是表义的，而只表音不表义的单纯声素却是寥寥。"[6]而殷寄明的分析则最为明晰，他认为声符在参与形声字的构成中，有可能携带来各种类型的词义——本义、引申义、假借义、语源义等多种类型，并认为声符所承载的语义以语源义为最多。[7]由此可见，汉字目前已达到"意音

兼表"这一较高水平，但依然还是一种以"形"和"形的组合"为基本特征的"表意文字"。

与瞿秋白对汉字的观察和批判很是相近，周有光也认为，"汉字的本质属于古典文字"[8]，虽然它可能有五六千年的历史。在周有光看来，"古典文字"就是用较少数量的"形"（有些属于"音符"）这样的"基本符号"，组合为数量庞大的"复合符号"，也就是"字"。汉字与钉头字、圣书字、玛雅文还有中国境内的彝文一样属于"古典文字"。其中，两河流域的钉头字、尼罗河流域的圣书字和黄河流域的汉字被称为"三大圣书文字"，代表了三种高度发达的文化。在钉头字和圣书字等相继退出历史舞台后，汉字成为当今独一无二有世界影响的"古典文字"。目前，现代汉字的基本符号为734个，远低于古代汉字的1161个，所以，其作为"古典文字"的特征更为明显。用当今学者彭泽润的话来说就是："现代汉字在表意体制中已经几乎优化到了极限。如果要进一步提高效率，必须改革体制，走现代文字共同发展的方向，在汉语拼音得到广泛应用和普通话得到广泛推广的基础上，实现用音素文字记录汉语的目标。"[9]

其次，汉字在发展道路上只走到半路。语言学界一般认为，"表意、意音、表音是文字制度的三大分野"[10]。而从"表意"到"意音"再到"表音"是世界文字发展的基本方向。从原始的"表意文字"到古典的"意音文字"，是文字历史上的第一次飞跃。象形的钉头字、圣书字有"意音兼表"的"形声"这样一个过渡阶段，中国汉字在过去的三四千年里更是将"形声"作为主要增长方式。在已识别的两千多个甲骨文中，形声字的比重不到三成。但汉代以后，80%以上的汉字都是形声字了。瞿秋白就分析道，《说文解字》9353字中，真正的象形字仅264字，指事字更少，只有129字，会意字多一些，有1254字，其余7000多字主要都是"形声字"；不仅如此，20世纪后科学技术上的新字，诸如镍、锌、锑、镁、镭、氧、氩等等也都是采用"意音兼表"办法创造出来的。[11]然而，形声不仅不是"表音文字"，而且从造字方法上说本质上还是"会意"，所谓"形声"只是静态、共时的结构分析。[12]"形声字"中"意音兼表"的"声符"有效表音率仅为39%。[13]为什么有这么低的有效表音率？因为从形声字的产生情况来看，"声符"主要不是用来准确标音的"记音"符号，而是用来区别意义、区分信息的"谐音"构件。也就是表示这是从所谓"源词""根词"中孳乳分化出的新的"孳乳词""派生词"。例如，"交"在《说文解字》中的解释是"交胫"，也就是"腿胫相交"。由此派生出的"绞、筊、校、铰、炗"等是形声字。作为"声符"，"交"在这里当然有"示音"功能，但更重要的功能还是"示源"，表明这些字都有"相交"的意义。比如，在《说文解字》中,"绞"是"缢",段玉裁注为"两绳相交而紧";"筊"在《说文解字》中解作"竹索",也就是竹篾相交而编成的绳索;"校"在《说文解字》中解作"木囚",也就是木头相交而制成的刑具;"铰"在南宋戴侗《六书故·地理一》中解作"交刃刀",也就是两刃相交的剪刀;"烄"在《说文解字》中解作"交木然也",也就是木柴交错堆放在一起焚烧以祭祀天神。可见,"声符"表面"示音",本质上还是"表意""示源"。所以,许慎最初称形声字为"亦声字",也就是今人所说"借音表义"[14]。

　　来自比较文字学的研究表明,包括所有"古典文字"都有数量相当大的"形声字"。"形声字"更是整个汉字系统的主体。所以,就汉字的学习来说,其全部优势和不足差不多都集中表现在"形声字"上。中国社会在急速发展,汉语也在迅速演进。很明显,汉字那种主要依靠增加"形声字"数量的方式再也维持不下去了。因为超过7000字的话,就有可能超过人的记忆"心理极限",正如周有光所说"语词无限,汉字无法无限"[15]。更不用说,在瞿秋白看来,处于社会底层的劳动群众根本没有可能有那么多的时间和精力去专门学习这样无限增多的汉字。所以,汉字虽然在过去2000多年里有过叫人怀想的黄金时代,但在20世纪上半叶走到了它的十字路口。

　　再次,象形机制束缚了汉语的发展。《尚书·序疏》正义"书者言之记"。黄侃《论学杂著》:"文字根于言语。"确实,文字是语言的记录,字跟着话走。然而,作为"表意"的象形汉字在语言记录方面是"极不完全"的。即使在"形声"阶段,有"假借"等手段的参与,表意汉字对于语言记录也"还是不完全的",文字与语言之间的距离依然很大。瞿秋白就明确指出,在象形机制条件下,"读音的复杂化,多音节字眼的发展,文法部分的精密化"等一切活的言语的新变化,"都因为没有适应的拼音方法而大部分仍旧消灭了,使得每一个时代的人都要为着适应当前的复杂的社会现象而重新想出一些幼稚的原始的方法,去'改良'文字,'规定'读音"[16]。这样一种状况,让他清楚地看到,在中国,"不是文字受言语的影响而进化,反而是文字阻碍言语的进化"。比如,多音节字眼不够发达,文法幼稚和原始,很少使用口语中的"虚字眼",最终使得"真正的白话文"很不容易产生。[17]因此,汉语的进步极为迟缓。在瞿秋白看来,改变汉语落后面貌的一个重要举措,就是改变汉语书写体系的象形机制,"实行彻底的文字革命"[18]。

　　当代学者孟华就指出:"从汉字与汉语的关系看,除了汉语对汉字的支配以外,存在着一种汉字决定汉语、汉语模仿汉字的反向力量。这种方向力量即汉字的结构原则或意指方式在汉语结构的投射。"[19]这种"投射"不仅表现在"发酵"读成"发笑","莘莘学子"读成"新新学子","鸿鹄之志"读成"鸿浩之志"等"个体投射"上,更表现在"汉字约束了汉语的分化""汉字影响了汉语的构词法和组句方式(如语序)""汉字的别义性使得汉语的语音别义下降""汉字使汉语音节趋减"等"系统投射"方面。[20]比如,"汉字使汉语音节趋减"这种现象就很明显。瞿秋白就认为,汉字不仅阻碍着汉语文法上的进步,阻碍着汉语接受欧美先进国家科学技术上新的字眼、新的概念,更重要的是阻碍了汉语字眼的多音节化进程。在他看来,中国人口头上的言语原本是多音节的,但因为书面上不用拼音制度而用单音节的汉字,一个汉字代表一个意义,使得口头上的说话也不能够充分地发展出更多的多音节字眼。[21]有学者从计量语言学角度考察发现,尽管汉语的词长在过去2000年呈增长趋势,但现代汉语仍约有80%是单音节和双音节的词,[22]而印欧语系中的英语、德语则有更多的词长类。为什么汉语词长类增长如此缓慢?他做出了如下分析,见解殊为精辟。

当古代汉语遇到表达大量新概念需求而原有词语不够用情形时,人们选择或者被迫创造大量形声字来用,而不是将原有的汉字(音节)进行组合造词。这样的主要结果就是汉语中的单音词大量增加,而汉语词汇多音节化的进程就被阻碍了。[23]

从次,汉字一直记录的是作为口语加工形态的文言。传统汉字很少记录口语。瞿秋白认为,那种"两千几百年前一般人口头上流行的言语",也就是"周朝人的白话"被汉字记录下来的观点是"很错误的见解"。[24]因为《诗经》《书经》《易经》等中国的上古文大半都是"韵文"。所谓"韵文",虽然朗朗上口,但却是一种明显加工过了的言语,与实际口语有相当大距离,是"书房里的哼哼调"。后世用来解释"经"的所谓"传""注""疏"也都仍旧是书本上的言语,而不是"嘴里讲的言语"。[25]也就是说,在传统汉字时代,任何口语反映到书面上都成为这样那样的文言作品,哪怕就是在外工作的子女写给家乡的爸妈的家书都要转换为文言表达。另一方面,写成文言的作品再要读出来的话,也要按照书房里老师所教授的朗读方式来读,否则就不符合规范,这就是几千年中国读书人的语文生活。

正因为传统汉字很少记录口语,所以口语里的很多话,很多句子,很多词语在汉语书面语里是看不到的。这种"有音无字"的现象人们在文言一统天下的时代是司空见惯的,时至今日也没有太多的警觉。陈独秀1929年曾写有《中国拼音文字草案》一书的书稿,但一直没有正式出版,现有1946年抄稿藏于中共中央党史研究室。就在这部书的"自序及说明"里,他强调,因为汉字主要记录文言,所以中国有时候简直就是一个"有语言而无文字的国家"。他说,在全国,"无字的语音,最少最少总在一千个以上。这许许多多的字,在洋八股家看来,不过是些土音俗字无关重要,其实都是平民日常生活所必需,而且其中大部分还是形容特别的动作状态,不是现有的字所能够代替的。文字只是语言的符号,中国有许多语言只能说出不能写出……"[26]传统汉字主要记录文言,这不仅让平民日常口语中的语言不能在书面语中得到充分的反映,而且也让书面语生活局限在一部分人。张中行在《文言和白话》一书里就说,文言不仅助长了口语与书面语的分家,压制着白话作为书面语的发展,而且将自己局限在取得秀才、明经等头衔的极少数文人群体中,"同广大人民群众几乎不发生关系"[27]。

最后,汉字的繁难无形中压制了亿万百姓的文化学习权利。在瞿秋白看来,汉字的象形"画符"办法,与脱离口语的文言"念咒"办法两相配合,共同让中国文字成为一种为一些儒士所垄断的"密码文书",加深了社会阶层的分割和隔离。对此,瞿秋白特别指出:"儒士的威权使得群众感觉到:只要稍微深刻一些的情感、思想、概念、感想,就必须用儒士等级的文言去表示,就不是白话的能力所做得到的了。"[28]这是观念上的难,还有技术上、经济上的难。汉字这种极端繁杂的"鬼画符似的符号"要想学会,比如看得懂当天的报纸,写得出自己要说的话,那是至少要花十年八年工夫的事情。这对于那时一般的群众来讲几乎是不可能办到的事,更不用说还有那么多哲学、科学、艺术和技术方面的知识要学。至于要成长为一个科学家、艺术家,那"简直是难上加难的事情"[29]!

第二节 瞿秋白"现代汉字"规划思想举要

瞿秋白的汉语规划是一种囊括汉语言文字的全方位语言规划。这一规划的最基础的工作当然是确立口语普通话作为整个汉语发展的基石,这是非常明确的。为此,瞿秋白对于什么是普通话,怎样建设和发展普通话,普通话与现代写作之间的关系等重要问题作了全面而系统的阐述。然而,整个中国语言规划最关键的工作、最难攻克的堡垒却是要为汉语普通话建立新型"汉语书写方式"。这是一项改变中国文化传承方式的千年宏大工程,其工作难度可想而知。它首先要求在技术上要攻克一个个难关,而且还要在思想观念上、文化惯习上赢得突破。为此，瞿秋白设计了分阶段、两步走的总体思路。第一步，不改变现行汉字制度，对"象形汉字"书写方式实行保守型改良；第二步，在研制和完善一部可行的"字母汉字书写方案"的基础上，全力推动"字母汉字"的书写改革。

从上述这一情况的分析不难看出，瞿秋白在"现代汉字"建设方面有一整套相当系统和成熟的规划思想。具体来说，它主要表现在以下几个方面。

第一，要有"长期斗争"的思想准备。

要在全国范围内，让全社会各个阶层、各种思想观念的人们都能认识到并且切实地做到，汉字不再是记录几千年的文言，而是记录口语，记录正在逐步形成的普通话，这本身就不是一件容易的事。而要将现行的"象形汉字"的改革引向"字母汉字"，没有长期斗争的思想准备那一定会半途而废的。所以，瞿秋白特别强调，"字母汉字"的真正实行，"不是立刻就可以办到的"，就是进展得顺利的话那也是将来的事，若干年以后的事，"或许要到五十年一百年之后"[30]。也就是说，从"传统汉字阶段"到"字母汉字阶段"有一个相当长的过渡时期，这个过渡时期所占用的时间是难以确定的，有来自社会思潮、文化力量、国际环境和"字母汉字书写方案"及其"书写规范"的成熟度等各种因素的制约。"在这个过渡时期，必须还要利用汉字。"[31]这是确定无疑的。

为了顺利地将"传统汉字"过渡到"字母汉字"，必须做好大量"有系统有组织的工作"，其中包括筹划、设计和建设好"现代汉字"，完善好"现代汉字"制度。首先是要树立"当用汉字"观念。也就是说，并不是世界上、历史上所出现的任何汉字都是一般民众的"学习对象"，只有那些今天的语文生活特别是写作活动必需的汉字才是当今社会所强调和重视的"识字任务"。"当用汉字"的观念一旦建立起来，不仅《康熙字典》47035字中的绝大多数是"用不着"了，《说文解字》9353字也需要按照"当用"标准一一筛选。这一现代文字观念的建立是"现代汉字"建设全部工作的起点。可以说，积极倡导建立"当用汉字"观念，也是瞿秋白汉语规划思想的一大亮点，是他对中国语言规划事业的一个重要贡献。

第二，要为写出"真正的白话文"而规划设计。

那么，"当用汉字"的"当用"标准是什么？瞿秋白的回答非常明确，这就是"口头上的白话"，也就是以书写"普通话"的应用需要，写出"真正的白话文"的实际需要作为"现代汉字"的遴选标准。瞿秋白对此作了一个初步的估算，按照这个标准，"现代汉字"的字种总量其实并不特别大，大约只有《康熙字典》所收字种的5%多一点，即2500字，甚至还要少一些。

对于这样的字种规模，瞿秋白有这样一个明确的说明：这个标准，这个规模，这个字种总量，"并不是对不识字的人说的，并不是说他们只要来学这几个字就够了。不是这个意思！"这就是说，这"2500字"可不是一般人们所理解的"扫盲识字量"，而是类似今天所说的"通用字字量"，也就是包括"一般知识分子"在内全社会人汉语写作用字量。这个字量主要是基于汉语普通话写作的考量，但也有阅读方面的意义。现代字频统计数据表明，先秦一些主要典籍字种数都在2000字以下。其中，《论语》1512字，《孟子》1959字，《尚书》1938字，《老子》1072字，《易经》1595字。现代一些主要文献的字种量也不高。如《毛泽东选集》第一卷至第四卷2891字，老舍《骆驼祥子》2413字。[32]当年瞿秋白差不多完全是根据自己的写作经验，凭借自己的直觉判断提出这个字种总量的。这一直觉判断得到了后来周有光所发现的"汉字效用递减率"的支持。现代字频统计所揭示的"汉字效用递减率"表明，"现代汉字"最高频1000字的覆盖率大约是90%，以后每增加1400字大约提高覆盖率十分之一；即2400字的覆盖率为99%，3800字的覆盖率为99.9%，5200字的覆盖率为99.99%，覆盖率要是要求99.999%也不到7000字。[33]1988年中国大陆公布的《现代汉语常用字表》收字3500字（其中常用字2500字，次常用字1000字）、《现代汉语通用字表》收字7000字就是依据"汉字效用递减率"和相关字频统计数据信息。这就是说，瞿秋白基于普通话写作用字所提出的"2500字"的"现代汉字"字种、字量规划建设是一种相当科学的语言规划。

瞿秋白2500字"现代汉字"的规划很有可能是受到我国梁朝周兴嗣《千字文》，特别是近现代日本汉字规划的启发。在日本，1873年，大思想家福泽谕吉在《文字之教》一书的"绪言"中，提出不用生僻汉字的主张，并将所用汉字限制在两三千字。这一主张得到了政府的响应。1923年，日本出台了第一个限制汉字的官方文件《常用汉字表》，该表收汉字1962字。1931年日本又公布了修正版的《常用汉字表》，收汉字1856字，比原表减少116字。[34]所以，瞿秋白的汉字规划并非只是一种基于民众学习的特别设计，而是打造一种"全中国公用的文字"。[35]因而与1935年洪深在"大众语讨论"背景下出版的《一千一百个基本汉字教学使用法》还是有区别的。尽管洪深的目的也不仅仅是为大众扫盲，但他的基本出发点还是为了那些不识字的普通百姓，期望他们借此能够看报、读书，了解政治、经济、社会和"世界大势"，进而开始简单的文艺创作，"做成一个我们所期望他做成的国民"。[36]。

第三，要为未来"字母汉字"的实现准备好条件。

首先是要建立"词意识"。这就是要为掌握汉语口语，准确地说就是现代普通话中的"词",也就是瞿秋白所说的"字眼"来规划设计现代汉字。不可为学字而学字。在瞿秋白看来,"字眼"的学习比字的学习更具有本体价值,因为人们学习语言、运用分析语言本质上都是以"字眼"为单位而不是以"字"为单位。所以,瞿秋白特别指出:一般地讲,汉字已经只有音节作用,就是在单音节字眼里,大多数汉字也早已丧失了原来的"象形会意制度"中的意思。而"多音节词"中的汉字,就像德语、英语一样,有的是"词"的核心要素"字根",有的只有"字头"或"字尾"的作用。[37]也正是这一重要原因,瞿秋白明确主张"采用最小限度的汉字来做字根",再运用这些"字根",根据口语普通话的习惯创造出新字眼、新文法以满足表达的新需要。现代白话文与传统文言的一个重要区别就是多音节词语多了起来。因此"单音节字"的学习一定要纳入到"多音节词"的学习中。举例来说,"丽"这个汉字没有单独学习的价值,只是因为汉语普通话中有"美丽""秀丽""壮丽"等词,它便成为"现代汉字"。又比如,"非"这个汉字,因为有"是非""非常""非资本主义"等普通话里的词语要学、要用,自然也属于"现代汉字"的范畴。相反,"缄默"的"缄","狂飙"的"飙",在瞿秋白看来,应该属于"传统汉字"。

确实如此,这"缄""飙"两个汉字因为它们所在的词不属于普通话常用词,所以都没有进今天的《现代汉语常用字表》,而"丽""非"二字都是该表中的"常用字"。这也就是说,今天的汉字规划政策虽然不完全照抄当年瞿秋白的相关论述,但对于瞿秋白汉字规划思想的吸收是非常明显的。

关于汉字与汉语的辩证关系,王宁的意见值得特别关注。她认为,汉字与汉语起源时间不同,背景不同,汉字不是汉语的结构单位。因而,字义与词义是有差别的:字义是根据构形特征和与之相关的历史文化推测出来的,而词义则需要从特定的言语语境中概括出来,不能简单地用汉字字义直接阐释汉语词义。[38]

但是,由于几千年"字本位"意识的强势投射,今天仍有不少人将"字的学习"放在比"词的学习"更重要的位置,"词意识"的普及进展缓慢。不仅"分词连写"成为某种"异端",不愿意接受,而且人们普遍地只有"字意识",汉语母语学习的基础是学字而不是学词。所以,《新华字典》比《现代汉语词典》要畅销得多。就是《现代汉语词典》的编纂本身都存在"词意识"不强的问题。有学者就很有感慨地谈道:"遗憾的是《现代汉语词典》在整个20世纪,没有全面解决字和词的区别问题。因为它把单字记录的词和不成词语素混合在'字'的条目中解释,人们只能看到几个字构成的字组记录的词语。"[39]此外,笔者也注意到《现代汉语词典》从1958年开始编写,且一直在修订中;但整个编纂过程可能也没有认真参考《汉语拼音词汇》。《汉语拼音词汇》1958年出版初稿,收词20100多条;1963年出版增订稿,收词59100多条,其中,35000多条,三音词15000多条;1989年出版"重修版";2015年出版"专名部分",收词30000多条。

然而,《新华字典》所收的字量不断攀升,已由1953年初版的6700字增加到13000字,整整两倍。这当然有该字典一直有小百科全书性质的原因,也有汉语迅速发展方面的原因,但民众特别是"在使用汉字方面有较大影响的人"不注意"限制字量"可能是一个不容忽视的方面。有学者就认为有三种人对汉字字量的变化有较大影响。第一种是写文章正式发表的人,第二种是书报刊物的编辑人员,第三种是字典词典的编纂人员。这三种人相互影响,推波助澜,使今天的字量不能确定,而且不断扩大。[40]

瞿秋白"现代汉字"规划思想主要表现在以上三个方面。这些思想对后世的影响是深刻的,也是多方面的。

首先,"词意识"第一次让国人认真关注起来。学界较早区分"字"和"词"两个概念应该是1924年黎锦熙《新著国语文法》一书,但作者并"没有深入讨论"。[41]瞿秋白在讨论汉语发展时特别看重汉语"字眼"的发展。关于普通话"字眼",瞿秋白在相关论文中几乎篇篇都有论述或涉及,并且写有《普通中国话的字眼的研究》一文作专题探讨。文中就"字眼"与"字"的关系作了详细分析,指出"字"是"字眼"中的"字根""字头"或"字尾",现在"大多数汉字单独不发生意义,只剩下了字根、字头、字尾的作用。中国人运用这些汉字造成新的多音节的字眼,这和法国人运用拉丁文的字根、字尾、字头,而造成新的法文字眼一样"[42]。此外,瞿秋白还在1929年正式出版的《中国拉丁化的字母》和1932年完稿的《新中国文草案》中特别强调或详细介绍了"分词连写"的汉语书写办法。

虽然中国全社会"词意识"的建立尚待时日,但如今的《汉语拼音方案》是"汉语拼音"而不是"汉字拼音",[43]《现代汉语词典》在人们语文生活中的地位也正在逐步提升。人们逐渐意识到,汉语母语的学习绝不可以靠三千多个常用字包打天下,《现代汉语词典》近七万个词的学习和掌握显得更为重要。除此之外,1988年,作为汉语正词法的《汉语拼音正词法基本规则》正式颁布出来了,一些学者据此探索现代汉字条件下的"词式书写"办法,并取得了可喜的成绩。[44]

其次,现代汉字学也从此逐步建立起来。瞿秋白关于"现代汉字"的讨论实际上开启了"现代汉字学"相关课题的研究,并在"现代汉字"的"标准"

"字量"以及"字与词的关系"等问题的研究上取得了不少经验和成果。这之后，语言学家们在此基础上做过很多努力，取得了很多成果，最终由周有光正式建立起以"定量、定形、定音、定序"为主要内容的"现代汉字学"。学界较早明确界定"现代汉字"的是王尔康，他1961年在《试论现代汉字的结构及其简化规律》一文中明确指出："现代汉字是记录现代汉语的工具。"[45] 1980年周有光给出的定义更接近瞿秋白的观点："经过严格审查，书写现代汉语所必须用到的汉字才是现代汉字。"[46]

随着"现代汉字"观念的全面确立，社会各界的汉字字量控制意识一度比较强，其中地名用字出现大幅度缩减的好现象。从1955年到1964年，中国的不少生僻字地名用"同音代替"方法简化了，比如"盩厔"改为"周至"，"鬱林"改为"玉林"，"酆都"改为"丰都"。[47] 这些做法如果看作是瞿秋白"现代汉字"规划思想的影响应该是有其道理的。

第三节　瞿秋白"字母汉字"的研制及其对"汉语拼音"的贡献

在瞿秋白看来，"现代汉字"尽管有其字量控制，但与其他拼音文字比较起来，它在表达现代科学、现代艺术方面仍有其笨重的地方，不利于广大群众更快、更充分地参与现代政治、经济、文化和学术生活。所以，在主张对"传统汉字"改良的同时，积极准备了"字母汉字"的研制和推广工作。

早在首次旅俄期间，瞿秋白就与他的俄国挚友郭质生着手这个方面的调研，积累了两大本第一手资料。[48] 1929年，他再次来到苏俄后，在郭质生的协助下，与中国同事吴玉章等人一道，研制出了他的《中国拉丁化字母草案》。1930年，该草案的修改稿《中国拉丁化的字母》正式出版。1932年，"字母汉字"的"瞿氏方案"第三版《新中国文草案》完稿。这样，瞿秋白历时四年完成了三个版本的"字母汉字"设计方案。其中，第二个版本的影响最大，拉丁化新文字运动期间各地的汉语拉丁化方案都是以这个版本为"母本"编制出来的。而属于第三版的《新中国文草案》因为各种原因直到1953年《瞿秋白文集》（全四册）出版才正式面世，这是非常遗憾的一件事。

今天看来，瞿秋白"字母汉字"的研制和推广至少有以下几个方面的特点。

一、吸纳了《国语罗马字拼音法式》经验，是清末以来拉丁化运动的重要成果

瞿秋白在《中国拉丁化的字母》中明确地说道：他的"瞿氏方案"是根据1926年国民政府教育部颁布的、赵元任主持研制的《国语罗马字拼音法式》（简称"赵氏方案"）"加以相当的修改"设计出来的。

这两套方案最大的共同点有两个：一是都采用拉丁字母来拼写汉语；二是都强调只拼写口语，包括普通话（国语）和方言。在具体的"设计技术"上，"瞿氏方案"也延续了"赵氏方案"的许多先进做法。（1）奉行"全字母拼写原则"。两个方案都在全力挖掘拉丁字母在书写汉语方面的潜力。不再像 Wade（通称"威妥玛式方案"或"威氏方案"）那样使用阿拉伯数字、连接号（－）和撇号"'"等其他多种符号作为辅助手段。其实，26 个拉丁字母书写汉语绰绰有余。"威氏方案"剩六个，"b、d、g、q、v、x"；"赵氏方案"剩三个，"q、v、x"；"瞿氏方案"剩两个，"q、v"，到第三版里只剩一个"v"；《汉语拼音方案》1955 年的"初稿"也未用"q、v、x"，1958 年颁布的"定稿"也还剩了一个，即"v"。当年赵元任甚至说过这样的话，"照理论上说起来国语罗马字就是去掉了 w、y、x、v、j 也有法子把什么字都拼出来"[49]。这里赵元任所说的"什么字"既指国语（普通话），也指各地方言。这表明汉语语音其实并不复杂，汉语好学。（2）明确"分词连写原则"。"赵氏方案"开始表现出一定的"词意识"，有"词类连书"方面的探讨和做法，而"瞿氏方案"更有详尽的"词儿连写"规则要求。在 Wade 那里，一个词的几个音节通常都用连接号（－）连接，比如"er－tzu（儿子）"，但在"赵氏方案"中写成"erltz"，而"瞿氏方案"中写成"rz"。瞿秋白在其《新中国文草案》的"书法大纲"一节里强调指出："一切原本是多音节的字眼，永久连写。"他还特别指出："一切白话里可以应用的文言成语，只要是当作一个字眼用的，都应当连写。"[50]

可以说，"瞿氏方案"在"赵氏方案"基础上作了相当多的技术改进。

首先是书写规则"整齐化"。主要是让两组辅音舌尖后音（ㄓ、ㄔ、ㄕ）和舌尖前音（ㄗ、ㄘ、ㄙ）的书写方法变得简单而有系统。这应该是"瞿氏方案"在书写技术上最大的创造、进步和贡献，因而被《汉语拼音方案》完整地继承了下来。如表 3－1"四方案舌尖前音、舌尖后音音节拼法比较"所示。

表 3-1　四方案舌尖前音、舌尖后音音节拼法比较

声母		业	彳	尸	卩	ㄘ	ㄙ
辅音拼法	威氏方案	ch	ch'	sh	tz	ts'	s（ss）
					ts	tz'	sz
	赵氏方案	j	ch	sh	tz	ts	s
	瞿氏方案	zh	ch	sh	z	c	s
	汉语拼音方案						

其次是字母书写的"中国化"。"瞿氏方案"特别重视音节分界。它不仅将"赵氏方案"的担任连写任务的隔音符号短横线"-"改成专职隔音符号"'"，而且还将"赵氏方案"具有拼调作用的"y（j）、w"独立出来专司隔音。这给后来的《汉语拼音方案》将半元音字母"y、w"设置为辅音字母作了很好的技术准备。

再次就是一般的人们常常误解的声调"淡化"。在瞿秋白看来，汉语声调只是一种特别的"重音"，这是无论哪一国文字都有的，在拼写上无须像"赵氏方案"那样特别突出它们。在这个问题上，周有光与瞿秋白的意见基本一致。周有光说："声调的重要性决不能与元音辅音等量齐观。声调仅是次要的语言特征而已。"[51]但"瞿氏方案"并非完全没有声调方面的设计。它有一些"特殊拼法"以防因为声调差异而出现读音上的模糊。这些"特殊拼法"通过重复元音、辅音或后鼻音字母"n"来显示声调种类。它只涉及 227 个"字根"，如"daa（打）""ffu（富）""donn（冻）"等。

"瞿氏方案"以上几个方面的修改当然主要是基于方案简明化的考量，但它们都有其学理依据，特别是吸取了不少欧洲经验。

二、影响海内外，极大地提振了中国人研制汉语"字母书写方案"的信心

"瞿氏方案"是《汉语拼音方案》出台前中国近现代拉丁化运动中影响最大的一套汉语书写方案。由它而掀起的拉丁化新文字运动从苏俄远东华侨工人开始，波及中国内地上海、北京、广州等广大区域，并延展到东南亚和欧美国家，是"中国历史上一次规模最大的群众性的文字改革运动"，并成为 1949 年后"文字改革运动的先导"。[52]它从 1931 年开始，前后跨越二十余年，[53]曾一度在中国共产党所领导的陕甘宁边区确认为法定文字，这极大地提振了中国人自己研制汉语"字母书写方案"的信心。

1931—1932 年，在苏俄海参崴曾召开两次中国文字拉丁化代表大会。其中，第一次会议明确制定的中国字拉丁化"行动方案"，就是由瞿秋白《中国拉丁化的字母》转化而来的拉丁化新文字运动中具有法定效力的两份重要文件，《中国汉字拉丁化的原则和规则》和汉语《拉丁化新文字的写法》。[54]

从 1934 年到 1955 年的 21 年中，海内外的中国拉丁化新文字团体总共有 300 多个。[55] 1936 年，陶行知代表新成立的"中国新文字研究会"主持起草了推行新文字意见书《我们对于推行新文字的意见》，吸引了蔡元培、郭沫若、茅盾、柳亚子、邹韬奋、艾思奇、蔡若虹、汪达之等社会各界 688 人参加签字活动。[56]

1940 年，在延安，"陕甘宁边区新文字协会"召开成立大会，出席的有 1000 多人。大会推举毛泽东、朱德、张一麟、沈钧儒、郭沫若、黄炎培等为名誉理事，选举林伯渠、吴玉章、徐特立、董必武、谢觉哉、李维汉、胡乔木、周扬、萧三、吕骥等 45 人为理事。同年，边区政府颁发布告，规定从 1941 年 1 月 1 日起，新文字和汉字一样具有同等法律地位。[57]

不难看出，"瞿氏方案"在拉丁化新文字运动中得到了相当充分的实施。这是一个由外到内、由点到面、由"规则"到"本质"的演进过程。"由外到内"，就是从海外到国内，从苏联远东地区到中国内地；"由点到面"，是指 1933 年拉丁化新文字介绍到国内之后，由上海推广到北京、广州等全国其他城市乃至东南亚、欧美的过程；所谓由"规则"到"本质"指的是拉丁化新文字的传播过程从表象上看是"瞿氏方案"具体规则的推演、培训、学习过程，而本质上是瞿秋白汉语规划思想不断吸收和演化的过程。从这个意义上说，当年苏俄远东地区旅苏华工中间传播拉丁化新文字是汉语革新与建设的"星星之火"，其汉语现代化的里程碑意义不容小觑。

三、《汉语拼音方案》的重要贡献者

"瞿氏方案"与"赵氏方案"和"注音字母"一道成为《汉语拼音方案》研制最有力的技术贡献者。早在"大众语运动"期间，鲁迅就这样称赞"瞿氏方案"：

> 比较，是最好的事情。当没有知道拼音字之前，就不会想到象形字的难；当没有看见拉丁化的新文字之前，就很难明确的断定注音字母和罗马字拼法，也还是麻烦的，不合实用，也没有前途的文字。[58]

根据倪海曙的记述，1940年代林汉达对"瞿氏方案"也有极高的评价和期许：

> 凭我过去研究语文的经验，中国三种拼音方案中，只有拉丁化是最有前途的。注音符号、国语罗马字和拉丁化都有缺点，但是拉丁化在本质上没有致命的缺点，反而在现阶段的缺点上可以看出它生长和发展的可能性和活力。[59]

周有光对"瞿氏方案"的评价一直非常高。他在1950年代初在探讨"字母汉字"的书写技术时指出，世界上所有汉语拼写方案中最有比较研究价值的是"威氏方案""赵氏方案"和"瞿氏方案"。对于后者他曾有这样一番深情地论述：

> 这是产生最后而最进步的方案。它一方面采取国际尤其苏联革命后无文字及非拼音文字民族间创造文字的经验，另一方面在中国人民大众的实际语文工作中加以实验和改进。这一方案已无可争辩地成了中国拼音文字运动的指南针。[60]

因此，周有光强调，要了解中国的拼音文字运动，第一件事情就是精细地了解"瞿氏方案"。[61]也许可以这样说，他当年与他的团队研制"汉语拼音方案"就是从深入研究"瞿氏方案"开始的。

"瞿氏方案"对于"汉语拼音方案"在设计技术上的贡献大致可概括为四个方面。

第一，声调拼写简明化。这很有可能就是"汉语拼音方案"在声调拼写方面基本上否定"赵氏方案"的重要原因。1918年起，学界就有"取消声调"的讨论，甚至还有"教授国音，不必拘泥四声"的"议决"。[62]"瞿氏方案"没有取消声调，只是淡化声调。因为在瞿秋白看来，汉语已经相当地多音节化了，跟世界其他语言没有什么区别；因此，汉语拼写不是一个音节一个音节地来拼写，汉语文章应该是以一个词一个词的形式呈现出来的篇章。也就是说，瞿秋白在坚持一种新的书写方式，即"词式书写"。而"淡化声调"也就是"词式书写"带来的好处。周有光也认为，"声调仅是次要的语言特征而已"，其重要性"决不能与元音辅音等量齐观"。[63]他在1951年还发文分析道："能说地道北京话的，全国只不过3万人，能说普通话而不能说准北京四声的，全国有300

万（包括北方、西南和江淮方言区及其他方言区的大部知识分子）。一与百之比，说明了声调拼写的困难。"[64]如今流行于英语书面语中的"汉语拼音"形式汉源词一律不带声调标识就充分表明了声调的这种"次要性"，如"Hukou（户口）""Changjiang（长江）""Heping（和平）""Hongbao（红包）"等。

　　第二，拼写形式整齐化。瞿秋白采用复合字母让舌尖后音（zh、ch、sh）和舌尖前音（z、c、s）这两组辅音字母对称整齐起来，这是瞿秋白借鉴欧洲拼法而进行的创造，更是他当年和吴玉章等战友一道坚持和争取下来的成果。[65]很显然，拼写形式在不违反语音学原理的基础上作这样的技术处理，一下子让方案简便起来了。这给学习者带来了极大的便利。它是"拉丁化新文字"拥有极高的社会美誉度的重要原因。所以，这一技术被后来的"汉语拼音方案"全部继承了下来。所以，周有光曾深有感慨地说："拉丁化方案的声母表的确是最进步的格式。"[66]

　　第三，隔音字母专职化。周有光说："国语罗马字的 y 和 w，拉丁化新文字的 j 和 w，除了代表语音以外，都有分隔音节的作用。"[67]也就是说，这两个方案都有"隔音字母"的拼写设计。但是，在"赵氏方案"里，隔音字母"y、w"还用作变化拼调形式的工具。例如"in"为阴平调，"yn"就作为阳平调，"ua"为阴平调，"wa"为阳平调；又如："ey"为去声调，"ei"为其他调，"ow"为去声调，而"ou"为其他调。而在"瞿氏方案"中，"j、w"就是专职的隔音字母了。这就是说，瞿秋白在其方案中突出了隔音拼法。有一点值得说明的是，"瞿氏方案"以"j"为"i"的辅音，是和拉丁文一致的，如"耶稣"作"Jesu"。德文和意大利文也是这样一种做法。

　　第四，就是拉丁字母的中国化。在《鬼门关以外的战争》这篇纲领性文献中，瞿秋白旗帜鲜明地指出："现代普通话的新中国文必须罗马化。罗马化或者拉丁化，就是改用罗马字母的意思。"《汉语拼音方案》之所以最终选择拉丁字母，可能有许多必然和偶然的原因，但是过去20多年以"瞿氏方案"为基础的拉丁化新文字在各地群众中曾经产生过那么大的学习热潮，应该是一个重要原因。1956年毛泽东在全国知识分子问题会议上所发表的讲话精神也充分证明了这一点。他指出，采用拉丁字母，在知识分子里头有些问题，但在广大群众里头问题不大。拉丁字母与阿拉伯数字一样虽不是中国原产的，但只要拿来学习，认真消化，终究会变成中国人自己的东西。[68]这方面的文化自觉和努力过去是很不够的。最早倡导拼音化运动的卢戆章所设计的切音新字不仅没有整套采用拉丁字母，而且后来改为"汉字式字母"。[69]清朝末年影响最大的一套字母是王照的官话字母，是"汉字式字母"。注音字母是国家正式颁布并一直在使用的，还是"汉字式字母"。"赵氏方案"第一次全面采用拉丁字母，但国语罗马字在中国基层百姓中几乎没有产生任何影响。

如今，集"瞿氏方案"等设计之大成的《汉语拼音方案》已颁布 61 年了。它不仅是中国拼写汉语的"国家标准"，而且成为"世界标准"帮助各国了解中国、走向中国。

2018 年，中国外文局所属当代中国与世界研究院发布的《中国话语海外认知度调研报告》显示，"汉语拼音"形式的"汉源词"已开始走红美国、英国、澳大利亚等英语圈国家。"Dama（大妈）""Zhifubao（支付宝）""Wanggou（网购）""Gaotie（高铁）"等汉语新词与"Shaolin（少林）""Yinyang（阴阳）""Majiang（麻将）"等传统文化词语一道在英语世界拥有非常高的使用频率，甚至"孔子"直接称"Kongzi"，"饺子"直接叫"Jiaozi"，"普通话"就说"Putonghua"，"针灸"就说"Zhenjiu"，而英语词汇中的原对应词"Confucius""dumpling""mandarin""acupuncture"都不大说了。至于根据"汉语拼音"而产生的音译词"niubility（牛）""jiujielity（纠结）""huaweians（华为员工）"等也都开始进入英语的权威词典。[70] 英语圈"汉语拼音"形式汉源词借入情势的这一变化，当然首先昭示了全球一体化程度日益加深背景下中国日益走近世界舞台的中央，中国话语的国际关注度、接受度日益增强，但也充分表明瞿秋白等所开创的以"字母汉语拼写"为重要内容的汉语规划事业前景广阔。可以预见，在不久的将来，"汉语拼音"形式汉源词在英语圈流行不仅是常态，而且更加壮观。

周有光 20 世纪 80 年代曾为"汉语拼音"能否成为"正式文字"给出了一个"公式"：技术性（方案 + 正词法）+ 流通性 + 法定性 = 拼音文字。[71] 这是在瞿秋白汉语规划基础上为中国"拼音文字"的发展所描述的一个更为具体的建设"路线图"。

第四节 结语

对于中国来说，汉语发展的一个重要标志就是书面语的进步。从"传统汉字"到"现代汉字"再到"字母汉字"应该是汉语书面语发展的基本路径，是瞿秋白汉语规划的基本思想。"字母汉字"在哪儿？"汉语拼音"的意义究竟何在？这些问题一直萦绕在国人心头。"尽管我们还要继续使用汉字，但是在科学技术的某些领域、某些范围内，如果在使用汉字的同时，也使用汉语拼音方案作为辅助文字,借以取长补短,互相配合,我们许多方面的工作效率就会大大改观。"[72] 这是 20 世纪 80 年代中国学者的认识。周有光对此表述得更富于智慧,他说:"拼音化有广义和狭义的区分。广义的拼音化我们已经有了,狭义的拼音化我们不走。"也就是说,"我们已经进入广义的汉语拼音时代"[73]。后人从中不难体会当年瞿秋白在给杨之华的信中所表达的那份信念:"字母汉字"的研制"是很重要的","将来有许多人会跟着我们的发端,逐渐的改良,以致于可以通用到实际上去。"[74] 应当说,从目前来看,这方面的阻力还是很多的。尤其在知识界,其反对声一直不断,有时还是相当刺耳的。比如,1993 年《文学评论》上就有学者评论说:"若想抛弃汉语的根本象形、指事、会意等以视、形为基础的本质,将其强改为以听、声为基础的西方拼音文字,无异于一次对母语的弑母行为。"[75]

注释:

[1] 苏培成. 现代汉字学的学科建设 [J]. 语言文字应用, 2007 (2): 10.

[2] [13] 周有光. 周有光文集:第八卷 [M]. 北京:中央编译出版社, 2013: 110, 113, 139.

[3] [11] [16] [17] [18] [21] [24] [25] [28] [29] [30] [31] [35] [37] [42] [50] [74] 瞿秋白. 瞿秋白文集:文学编第三卷 [M]. 北京:人民文学出版社, 1985: 154-155, 257-259, 260, 261, 263, 241, 154, 156, 262, 279, 319, 249, 424, 243, 244, 437-439, 319.

[4] [12] 孟华. 汉字两书论 [J]. 东方论坛, 2006 (5): 57-59, 59.

[5] 唐兰. 中国文字学 [M]. 上海:上海古籍出版社, 2000: 92-93.

[6] 李圃. 甲骨文文字学 [M]. 上海:学林出版社, 1995: 214.

[7] 殷寄明. 声符义概说 [J]. 黄山高等专科学校学报, 2000 (1): 49.

[8] 周有光. 周有光文集:第四卷 [M]. 北京:中央编译出版社, 2013: 518.

[9] 彭泽润. 形声字不是"意音文字"——部件和字的相关文字理论问题 [J]. 湖南师范大学社会科学学报, 2004 (6): 124.

[10] 曹伯韩. 文字和文字学 [G] //王振昆,谢文庆,刘振铎编. 语言学资料选编:下册. 北京:中央广播电视大学出版社, 1983: 567.

[14] 殷寄明. 论形声字的一种重要构成方式 [J]. 南京师大学报(社会科学版), 1992 (2): 77.

[15] [33] [47] 周有光. 周有光文集:第六卷 [M]. 北京:中央编译出

版社, 2013: 405, 176 - 177, 398.

[19] [20] 孟华. "字本位" 理论与汉语的能指投射原则 [J]. 语言教学与研究, 2001 (6): 70. 70.

[22] [23] 陈衡. 汉语词长的计量研究 [D]. 杭州: 浙江大学, 2016: 105, 105.

[26] 王爱云. 当代中国文字改革研究 [D]. 武汉: 武汉大学, 2016: 36 - 37.

[27] 张中行. 文言和白话 [M]. 哈尔滨: 黑龙江人民出版社, 1988: 41 - 44.

[32] 刘旭. 常用汉字字量、字种研究 [D]. 保定: 河北大学, 2011: 20 - 21.

[34] 陈月娥. 近现代日本汉字命运流变探究 [J]. 日本学刊, 2013 (5): 120 - 121.

[36] 洪深. 一千一百个基本汉字教学使用法 [M]. 上海: 上海生活书店, 1935: 1.

[38] 王宁. 论汉字与汉语的辩证关系——兼论现代字本位理论的得失 [J]. 北京师范大学学报 (社会科学版), 2014 (1): 87.

[39] 彭泽润, 李葆嘉. 语言理论 [M]. 长沙: 中南大学出版社, 2002: 273.

[40] 罗振乾. 略论对现代汉字的字量限制 [J]. 广西师院学报, 1988 (4): 88.

[41] [44] 关彦庆. 汉语词意识问题研究的新突破——评《彭泽润〈词和字的研究〉》[J]. 湖南社会科学, 2007 (5): 219, 210 - 220.

[43] [67] [69] [71] 周有光. 周有光文集: 第十四卷 [M]. 北京: 中央编译出版社, 2013: 147 - 149, 157, 164, 390.

[45] 王尔康. 试论现代汉字的结构及其简化规律 [J]. 厦门大学学报, 1961 (2): 74.

[46] 周有光. 周有光文集 (第三卷) [M]. 北京: 中央编译出版社, 2013: 5.

[48] 杨之华. 忆秋白 [G] //忆秋白.《忆秋白》编辑小组, 编. 北京: 人民文学出版社, 1980: 213.

[49] 赵元任. 赵元任语言学论文集 [M]. 北京: 商务印书馆, 2002: 73.

[51] [60] [61] [63] [64] [66] 周有光. 周有光文集 (第二卷) [M]. 北京: 中央编译出版社, 2013: 78, 29, 29, 78, 79, 38.

[52] 叶籁士. 叶籁士文集 [M]. 北京: 中国世界语出版社, 1995: 92 - 93.

[53] [59] 倪海曙. 倪海曙语文论集 [M]. 上海: 上海教育出版社,

1991：106，39．

[54] 汪禄应．瞿秋白汉语现代化的探索［M］．北京：中国文联出版社，2016：93-94．

[55] 冯志伟．汉语拼音运动的历史功绩——纪念《汉语拼音方案》公布50周年［J］．北华大学学报（社会科学版），2008（2）：20．

[56][68] 费锦昌．中国语文现代化百年记事（1892—1995）［M］．北京：语文出版社，1997：65-66，219．

[57] 倪海曙．拉丁化新文字运动的始末和编年纪事［M］．上海：知识出版社，1987：159-166．

[58] 鲁迅．鲁迅全集：第六卷［M］．北京：人民文学出版社，2005：165．

[62] 于锦恩．民国注音字母政策史论［M］．北京：中华书局，2007：112-115．

[65] 史萍青．关于中国新文字历史的一章（1928—1931）（下）［J］．吴友根，译．文字改革，1962（10）：19．

[70] 田源．汉语音译词走红海外［G］//国家语委．中国语言生活状况报告（2019）．北京：商务印书馆，2019：208-214．

[72] 刘泽先．谈谈文字现代化［J］．中国语文，1980（2）：155．

[73] 周有光．我们已经进入广义的汉语拼音时代［J］．湖南师范大学社会科学学报，2014（4）：117．

[75] 郑敏．世纪末的回顾：汉语语言变革与中国新诗创作［J］．文学评论，1993（3）：17．

第四章

汉语建设人民观

　　汉语是发展的,但在现代社会这种发展不应该是一种自发的演进,而应该有某种人为的力量来自觉地推动。关于这一点,瞿秋白的意见极为明确。他1931年与友人这样说道:"我们应当根据言语文字现在已经有的发展趋势,把无意的不自觉的过程变成有意的自觉的革命。这就是要在口头上的言语方面形成一种全国公用的普通话,而在书面的文字方面形成一种全国公用的真正白话文。"[1]胡适早些时候也表达过类似的观点和主张。他在1928年《白话文学史》的"引子"中说:"其实革命不过是人力在那自然演进的缓步徐行的历程上,有意地加上一鞭。白话文学的历史也是如此。"[2]应该说,这"有意的自觉的革命",这"有意地加上一鞭",就是语言规划的本质和意义。然而,语言规划虽然可以有个人的作为,有研究团队的努力,更需要有政府以及整个社会力量的推动。20世纪20—30年代瞿秋白汉语规划建设实践在这方面的基本特征就是人民本位:一切为了人民,一切服务人民,一切依靠人民。也就是说,在尚未执政之前,在根本没有行政资源甚至受到国民党政府打压的特殊境遇下,以瞿秋白为代表的中国共产党人对未来新中国语言建设的规划与实施主要是从三个方面着手:一是创造以几万万基层百姓为主体的全社会新的文化生活是根本出发点;二是切实改变占总人口百分之八九十的基层百姓没有书面语生活的状况,从而改造其传统、单一、落后的语文生活;三是动员最广泛基层群众的积极参与,共同建设和打造人民群众也能成为其演说和写作主体的现代新型汉语。

第一节　创造"全体人民"共享的"新型中国文化"是根本出发点

瞿秋白在大学读书期间就有"以文化救中国"的信念。[3]而中国本就是一个文明古国，有着近五千年灿烂辉煌的历史，不缺文化。那么，为什么还是要"以文化救中国"？这是一个很有意思的问题。五四时期的瞿秋白就强烈地感觉到，中国的落后主要是文化的落后。这具体表现在两大方面：一是传统中国与现代科学、现代艺术的隔绝；二是几万万中国基层百姓与整个现代文明世界的隔膜。无疑，前者要求中国文化的"现代转型"，后者则要求人民大众要成为创造"新型中国文化"的主人。所以，1920 年，五四运动后奔赴苏俄之际，便明确地表达了自己的人生志向是要研究"共产主义"，研究"俄罗斯文化"，"改造"和"重兴"那"东方古文化国的文化"，[4]从而"为大家辟一条光明的路"[5]。这就是要为自己几万万同胞寻找到一条崭新的中国文化所铺就的光明大道。因此，瞿秋白探索汉语规划建设是他"文化救国"思想的重要体现，也是他主张"文化革命"、创建"新型中国文化"的具体实践。

瞿秋白的汉语规划思想萌芽于他首次赴苏期间对于苏俄民众识字和文化教育状况的调查。可以说，正是这方面的深切感触使他在异国他乡萌发了这颗为中国亿万民众带来光明誓做"仓颉"的"菩萨"初心。1920 年的《赤都心史》里记载了他对于这一状况及其"剧变"的调查分析：

> 革命前俄国人民有百分之七八十不识字，如今识字者的数目一跃而至百分之五十。最大的原因有两个：（一）二月革命后政局上不断的起非常巨大的剧变，虽然沉寂的乡僻地方也渐渐有得政治消息的兴趣，各党宣传者多四处散给报纸。（二）退伍兵士，从战线回家，思想已大改变。[6]、

有关专家所掌握的具体统计数据更清楚地表明十月革命前俄国特别是少数民族地区文化的落后。资料表明：当时吉尔吉斯人中的文盲占 98%，乌兹别克人占 98.4%，压库特和土库曼人中占 99.3%，塔吉克人中占 99.5%。[7]此外，还有 48 个民族没有自己的文字。[8]而能识字，就意味着能读报、见识广、思想进步，文化生活丰富。在瞿秋白看来，1917 年发生的两次革命，二月革命和十月革命，着实给苏俄民众的文化生活带来了"剧变"。列宁关于"扫盲"的指

示、苏维埃政府1919年《扫盲法令》的颁布以及各地扫盲工作的迅速开展，苏俄语言规划的这一系列重要举措极大地推动了他们基层百姓文化生活的改善。十月革命胜利的第二天，列宁就指示要发展教育，尤其是要重视扫盲问题，特别是党员文化水平的提升。因为"谁领导谁"是革命和建设的原则问题。[9]新经济政策时期，列宁更是将"文盲"与"贪污受贿""党员的狂妄自大"作为革命和建设的"三大敌人"来抓。[10]党的领袖在苏俄语言规划中发挥了极其重要的动员和领导作用。苏俄语言规划的这些经验，应该说，都是瞿秋白汉语规划建设的思想来源。苏俄语言规划的成功，特别是它所带来的广大民众文化生活的"剧变"给瞿秋白以巨大的惊喜、启发和信心；但他心中也不乏忧愁："字母俄罗斯"这样的"剧变"在"汉字中国"恐怕不容易产生。然而，在对苏俄社会两年"考察"的过程中，他还是收集了厚厚的两本文字改革资料。这两本资料中很有可能记录有倪海曙所说的瞿秋白这个时期写成的"最早的一份'拉丁化中国字'的草稿"。[11]

苏联扫盲运动从1919年到1939年持续了整整20年。1928年瞿秋白第二次来到苏联正值他们扫盲高潮期。就在这一年，瞿秋白在苏俄筹备、组织召开了中共"六大"。作为党的最高领导人他在大会的"政治报告"中明确指出，党的中心工作是"争取群众"。他说：

> "八七"会议之前我们是背向着群众的，"八七"会议之后才转到群众一方面来。现在我们应该更进一步，要深入到群众中去。
> 在工人群众之中，我们要用新的方式去团聚组织群众。[12]

党如何"争取群众""团聚组织群众""深入到群众中去"越来越成为萦绕在他心头的核心问题。这是他在中国革命斗争中所遭遇到的核心问题，也是他"文化救国"理想中的核心问题。作为瞿秋白汉语规划的标志性成果，"拉丁化中国字"就是在这一指导思想引领下成功研制出来的。瞿秋白《中国拉丁化的字母》导言中的第一句话就这样写道：

> 中国的"汉字"，对于群众实在是太困难，只有绅士阶级能够有这许多时候去学它，所以它是政治上文化上很大的障碍。[13]

革命事业的成功，离不开广大群众政治觉悟和整个文化水平的提高。所以，改造和提升全社会的文化生活是瞿秋白汉语规划的根本出发点。而要提高包括基层群众在内的全社会文化水平、思想水平，"技术"很多时候是一个"瓶颈"。在瞿秋白看来，就近现代中国来说，汉语"书写技术"的严重落后就是阻碍整个社会进步和发展的一个极大"瓶颈"。汉字也好，文言文也好，其实都可以视为汉语的"传统书写技术"。这就是说，瞿秋白汉语规划的两大主体内容，拉丁化新文字的研制，真正的白话文写作，都是对汉语"传统书写技术"的变革和改造。

然而，"技术"一旦积淀了时日，就很可能与文化、思想紧密融合在一起。对于中国的文言文和汉字来说，尤其如此。作为汉语的"经典书写技术"，文言文至少有三千年历史，汉字的时间更长。所以，时至今日，当代中国知识人还在振臂高呼"文言是中国文化的根"[14]，还在深情歌唱"文言是我们的家"[15]；至于"汉字是中国文化的标志"这样的声音在汉字拉丁化的一百年里更是不绝于耳。所以，要想对汉语"传统书写技术"作深度改造，中国的语言规划举步维艰。但是，为了更好地学习、借鉴和创造现代新文化，为了让几万万基层百姓也能成为新文化的主人、新文化的创造者，人们不得不痛下决心。陈独秀在五四新文化运动期间发出的誓言斩钉截铁，至今还是那样余音绕梁：

　　吾宁忍过去国粹之消亡，而不忍现在及将来之民族，不适世界之生存而归消灭也。

　　呜呼！巴比伦人往矣，其文明尚有何等之效用焉？"皮之不存，毛将焉附？"世界进化，骎骎未有已焉。其不能善变而与之俱进者，将见其不适环境之争存，而退归天然淘汰已耳，保守云乎哉！[16]

"五四"之后，"文言书写技术"开始逐步退出中国文坛，这是白话文运动的成绩。然而，在瞿秋白看来，胡适白话革命的成绩是有限的，"传统书写技术"的"流风余韵"不仅"保存在新文学里面"，而且表现在新闻报道等各个方面，最终阻碍了新文化的创造、建设和发展，特别是亿万群众的参与。所以，从1923—1932年的十年时间里，瞿秋白的文章花了大量篇幅和气力对"五四白话"这种"新式书写技术"作极其严肃的批判。他说，在这"五四白话"里非但听不到"劳作之声"[17]，而且"大半是听不懂的鬼话"[18]，听不到"活人嘴里讲的话"[19]。他认为，"五四白话"这种"书写技术"的"假白话"性质使得作者与广大群众终究"没有共同的言语"，整个社会的文化建设和文明进步进展缓慢。瞿秋白曾这样分析道：

这个文化革命也和一九二七的革命一样，是失败了，是没有完成它的任务，是产生了一个非驴非马的新式白话。这五四式的白话仍旧是士大夫的专利，和以前的文言一样。现在新式士大夫和平民小百姓之间仍旧"没有共同的言语"。革命党里的"学生先生"和欧化的绅商用的书面上的话是一种，而市侩小百姓用的书面上的话，是另外一种，这两种话的区别，简直等于两个民族的言语之间的区别。[20]

正因为群众与这种"五四书写技术"的隔膜，所以瞿秋白认为中国需要"再来一次文字革命"，一次像俄国罗蒙诺索夫到普希金时代的文字革命。[21]

如果说，瞿秋白1923年刚从苏联回国就明确表达了中国要有一次新的"文字上的革命"的坚定决心，[22]那么，他在1932年就已经拥有一整套关于"文字革命"的系统规划、建设蓝图和实施步骤了。可以说，欧洲国家，特别是俄国语言革新的成功是瞿秋白汉语规划建设的重要"参照系"。俄国文化大师罗蒙诺索夫、普希金等在俄语革新、俄语标准语建设方面的巨大成就给瞿秋白以很多启发。俄语在历史上与汉语一样，不仅存在口语与书面语分离的状况，同时也存在所谓"读者社会"的明显分别和隔阂。在十七八世纪，他们"交谈用俄语，而书写用斯拉夫语"，[23]与此同时，他们的"贵族只读斯拉夫文的典籍和法国的小说，而平民读俄文"。[24]然而，俄语在"罗蒙诺索夫到普希金时代"，也就是18世纪中叶到19世纪上半叶的约七八十年时间里基本上完成了这样的革命。由罗蒙诺索夫开启的以书面语为主要内容的俄语标准语建设给俄国文化建设带来了崭新气象。首次旅苏期间所撰写的《俄国文学史》一书是瞿秋白学习俄罗斯文化的成果之一。在这部小型著作中，瞿秋白曾这样评述道，18世纪还是俄国文学的"学生时代"，而从普希金开始，俄国文学就开始成为"真正俄罗斯的"，并展露出其"对于世界文化的价值"了。[25]在俄国乃至世界读者眼里，俄语在普希金笔下不再粗鄙、混乱、华而不实，而是那样清晰、朴实、雅洁和富有诗意。[26]

在俄语标准语规划建设上，罗蒙诺索夫不仅明确地反对教会斯拉夫语居统治地位，在自己的写作中有意识地使用纯正、人所皆知的俄语，剔除那些古旧的、听起来不是很惬意的词汇，而且撰写出版了作为现代俄语规范的《俄语语法》一书。普希金更是明确强调要摆脱外来语的桎梏还俄语以自由，使现代俄语更接近民间语言，自然而朴素。他曾经这样论述道：

科学、政治、哲学尚未用俄语来进行阐述——抽象玄奥的语言在我们这里根本不存在；我们的散文如此粗糙，即使在普通的书信中，我们也不得不创造词组来表达一些最普通的概念；由于我们疏懒成性，我们更乐于用异族语言来表达思想。[27]

从这些文字，人们不难看到，在普希金之前俄语书写技术还是很不成熟的。然而，普希金之后，"俄罗斯文化"却开始逐步展现出为世人景仰的气象。这不能不让抱"文化救国"之志的瞿秋白有这样一个明确的判断：由"文字革命"为发端的"文学革命"，不仅让文学获益，而且是"一般文化革命的任务"。[28]可以说，瞿秋白实际上期待有三个领域的革命。它们之间的关系大致可作这样的描述："文字革命"是"文学革命"的前提和基本内容；"文字革命"所带来的"文学革命"与政治、经济、哲学、科学和艺术等方面的进步一道，构成"文化革命"的主体内容。瞿秋白期待、倡导和组织的"文字革命"如果可以作这种理解的话，那么，其汉语规划建设实践的一些相关问题就都很好理解了。

第一，"新型中国文化"的创造亟需"新型书写技术"。

显而易见，瞿秋白的"文字革命"是对包括汉字和文言在内的汉语"传统书写技术"作"五四"新文化运动后进一步的深度改造。这意味着不仅文言的书写、表达和思维将继续退出人们的文化生活，几千年的"象形汉字"也面临着一定程度上一定范围内被"字母汉字"逐步"替换"或"代表"甚至"取代"的可能。然而，必须郑重指出的是，这绝不表明，瞿秋白等改革家不爱中国文化，要摒弃中国文化，要去做中国文化的"逆子贰臣"；相反，他是要在世界文化大发展的情势下创造"新型中国文化"！面对"新型中国文化"建设的困难、急迫和必要他们不得不实施汉语"书写技术"的改造、变革和创新。可以说，瞿秋白本人对中国传统文化极有研究，对文言、对汉字都饱含深情。正因为如此，瞿秋白"文字革命"的态度是坚定的，但他的措施又是相当稳妥的。这种稳妥具体表现在他根本没有"毕其功于一役"的想法，而是分阶段进行，并将"革命"的整个过程拉长到"一百年"之后。所以，由"瞿氏方案"而制定的拉丁化新文字并没有在他担任"教育人民委员"和"苏维埃大学校长"的中央苏区作实质性的推广。从1934年2月入驻瑞金沙洲坝到1935年2月离开瑞金的整整一年时间里，瞿秋白在中央苏区主持教育文化事业，制定了涵盖小学、中学、大学、师范和社会教育的24个教育规章的《苏维埃教育法规》，[29]这些规章里面没有这方面的阐述和要求。这就是说，瞿秋白汉语规划的内容有轻重缓急之分。他最急于倡导实施的是"普通话"观念的广泛建立和汉字书写条件下"真正的白话文"的全面推行。因为这两个方面工作如果能够顺利做好，"汉语现代标准语"也能基本建立起来。一旦"汉语现代标准语"建立了起来,"新型中国文化"建设也就有了必不可少的汉语"新型书写技术"。届时,不仅胡适在五四时期所向往的"国语的文学和文学的国语"就有"着落",就能"实现",而且汉语也会像俄语一样促进整个民族文化的大提升、大发展、大繁荣。

第二,写作"真正的白话文"是创造"新型中国文化"的重要抓手。

对于"新型中国文化"建设瞿秋白讨论得最多的应该是"大众文艺",但在讨论"大众文艺"中瞿秋白又将问题的重心放在"真正的白话文"写作上。这当然有客观方面的原因。然而,从瞿秋白主观方面看,他本人也特别看好"大众文艺"在"新型中国文化"建设中的意义,尤其是它的"社会动员能力"。也就是说,"大众文艺"一旦实行了"真正的白话文"写作,就会像普希金的诗歌那样成为一种唤醒人民的强大启蒙手段,一种能够促进文化建设和社会进步的伟大政治力量。[30] 瞿秋白迫切期待"大众文艺"能写作"真正的白话文",创造出列宁所称赞的"可爱的屠格涅夫的言语"——"可爱的中国话"。这样的"中国话"建设,瞿秋白认为,应该由无产阶级的文化运动来领导。

20世纪30年代的中国普洛大众文艺运动就是这样的文化运动,是"无产阶级的'五四'"。所以,瞿秋白在1931—1932年撰写了《大众文艺和反对帝国主义的斗争》《普洛大众文艺的现实问题》《大众文艺的问题》《再论大众文艺答止敬》等系列专题论文和《致伯新兄》等书信,重点阐述了"大众文艺"的特点。在瞿秋白看来,"大众文艺"最重要的特点就是要用大众能够领会和掌握的"新型书写技术"来写。这是作品能够成为"大众文艺"的"先决条件",舍此便不称其为"大众文艺"。也正是在这个问题上,"大众文艺"同仁有分歧、有争辩,当然也有误解。然而,正是从这一分歧的争辩中展现出瞿秋白对汉语"书写技术"及其改造的认真与执着。有了这个保证之后,"大众文艺"才是真正意义上的"鼓动作品""为组织斗争而写的作品",或者"为理解人生而写的作品"。那些"劳动民众的私人生活的故事,恋爱的故事,宗法社会的牺牲,成家立业幻想的破产……以及无产阶级的理想(社会主义)的解说",[31] 才能真正做到团结群众、争取群众、组织群众和武装群众。有了这个保证之后,大众在这些作品的熏染中有自己充分的荣誉感、获得感、成就感和主体自觉,最终他们自己也成为这类作品的创造者。那些"移动剧场,新式滩簧,说书,唱诗……"等大众文艺作品发生的地方也会产生一些"意料之外的天才"。[32] 一句话,"新型书写技术"是"新型中国文化"创造的基本保证。

第二节 改造和提升"中国基层百姓"的"语文生活"是中心任务

变革汉语"书写技术",实行"大众文艺"为标志的"新型中国文化"建设,从而改造中国全社会的文化生活是瞿秋白汉语规划的根本出发点。然而,这中间实际上有一个很不为人注意的重要环节,这就是中国广大基层百姓语文生活的改造和大幅度改善。也就是说,"新型书写技术"并不必然带来"新型中国文化"的创造;中间还要有"创造主体"的"语文生活"的普遍提升作为"充分条件"。对此,瞿秋白实际上有很多思考和探索。可以说,改造和提升中国基层百姓的语文生活是瞿秋白汉语规划的中心任务。如图4-1所示。

书写技术变革 ⇨ 语文生活改造 ⇨ 新型文化改造

图4-1 瞿秋白"新型文化创造"三环节构成

在中国,"语文生活",也称"语言生活",这是20世纪80年代末学界才出现的一个术语概念。它指的是学习、运用和研究语言文字的各种活动,[33]更准确地说,它指的是人们在学习语言文字相关知识、掌握其关键技术(发音、书写、电脑输入)之后运用语言文字的各种活动及其性质、水平、活跃状况,属于宏观社会语言学的研究范畴。西方与"语言生活"对应的概念主要是"language use""language survey"等。日本是最早使用"语言生活"概念并展开研究的国家,1948年就开始运用科学方法调查研究国语和国民语言生活。[34]

瞿秋白这方面的调查、研究和探讨最初开始于他对他的"东方同胞"苏俄华工生活状况的特别关注。华工在苏俄总共有约四万多人,他们有的是从第一次世界大战的法国、德国战场试图逃回国内而流落苏俄的,有的则是从家乡专程来苏俄经商做工的。[35]瞿秋白来到莫斯科的第十天,正值"全俄华工大会"。他在《饿乡纪程》中曾这样描述道:

现在呢,工作的物质生活条件很窘,往往迫得营私舞弊。一百多代表中"识字知书"的很少,可是穿着倒还不错,——真可佩服中国人的"天才"！然而他们听说我们来了，异常之高兴欢迎。长久不听见中国国内的消息，他们也正如渴得饮。我们随便谈谈国内的学潮，却也只激出几句爱国的论调。陈领事不敢出席，——不知因为什么，——各代表都不满意。会议中的要案，因为当时还禁止经商，大家都想回国，所以最重要的就是"回国问题"。——结果都推在领事身上。至于其余的组织问题，乱七八糟，不用说是中国式的组织！大会之中我因此得认识些中国侨工，后来也常往来。只可怜饿乡里的同胞未必认所居住地为饿乡呵。[36]

应当说，中国侨工就是中国社会的一个缩影，这一百多名代表无疑就是他们的"精英分子"。对于中国侨工的语文生活状况，瞿秋白这次作为海外新闻记者有其深切的感触。首先，他们基本上没有什么书面语生活，即使认识一些汉字也一般不可能有自己独立的读写生活。所以，他们不仅没有将苏俄作为"饿乡"来"磨炼自己心志"的可能，[37]而且就是新近发生的国内外大事要事等信息也都不可能通过报刊阅读来获得，道听途说的较多。因此，他们来到苏俄都带有很大的盲目性和不自主性，甚至完全是受制于外在力量的结果——就好比大海中漂流的小船，他们是随着惊涛骇浪漂泊到苏俄来的。他们现在想经商却被"禁止"，想回国也困难重重。虽然"物质生活条件很窘"但通过"营私舞弊"等不正当手段竟然也能"显摆"出还算不错的"穿着"，但整个精神状态是茫然的；他们不知道明天在哪里，更不用奢谈有像样的自我组织能力。其次，他们的口语交流也存在不少问题。他们所操的语言应该不再是家乡的土语，而是瞿秋白所说的五方杂处人所操的"蓝青官话"或"地方普通话"。虽然他们可能得到过一定的培训或通过自学能够在中国人之间进行一般基本生活范畴内的简单交流，其他方面的对话和交往也就很难指望有什么能耐了。所以，尽管这一百多名代表在这四万华工中很有可能还是交涉能力的佼佼者，但不难看出他们作为一个整体与当时中国北洋政府的"陈领事"的对话交流存在严重障碍。

这次与中国华工的交流和接触，可以说，是瞿秋白对于中国基层社会语文生活十余年持续关注、思考和研究的重要开端。这之后，他对中国基层百姓特别是城市劳工生活状况考察的一项基本内容就是他们的"语文生活"。"中国的几万万民众，差不多有极大多数是不识字的，即使识得几个字，也还有许多人仍旧不能够自由运用自己的言语和文字。"[38]这是瞿秋白1932年《新中国文草案》导言中的第一句话，它明确地表达了瞿秋白以及以他为代表的汉语"书写技术"革新者们对中国基层百姓"语文生活"的基本判断。

为什么瞿秋白如此关注百姓的"语文生活"？这与瞿秋白对于人和人类社会

发展的研究有着密切的关系。在瞿秋白看来，"有无"掌握工具以及"实际"掌握工具的多少、水平等是统治者与被统治者、富人与穷人产生的重要原因；独占和垄断工具是人类社会最大的不平等，未来的共产主义社会就是要"使全社会一切工具都能共同享有、共同使用"。[39]因此，平等地享有和使用人类所创造的各种工具是无产阶级革命的基本任务。那么，人类所创造的工具都有哪些呢？按瞿秋白在其1924年所撰写的《社会科学概论》一书中的论述，人除了会制造和使用"物质的工具"，还创造了一系列"精神的工具"；而"言语"，也就是语言文字，准确地说，即语言的"书写技术"，是"最低限度的文化工具"[40]，也就是人类的第一种也是最重要的一种"精神的工具"[41]。对于"精神的工具"，人们一般不仅不太关注，而且更不明白，它们与"物质的工具"一样在人类发展的某些阶段被一部分人所独占、所垄断。所以，瞿秋白特别重点阐述道：

> 从最简单的工具，进步到较复杂或完美的工具；从物质的工具进步到精神的工具：言语、智识、艺术、习惯都是组织劳动的方法，辅助共同劳作的手段。精神的工具不但是个人劳动时所需要的一种手段，而且必定是团体劳动或社会劳动的产物——同时亦就是维持当时社会共同生活和分工协作所必需的方法。所以，精神的劳动工具必定是社会的。可是等到社会里发现了阶级，这些"社会的工具"便成了治者阶级剥削受治阶级的种种手段：于是发现宗教、政治、法律、道德等现象。甚至智识、艺术、风俗、习惯亦变成治者阶级压迫受治阶级的工具。[42]

正是在这个意义上，瞿秋白在1929—1932年反复强调"象形汉字"和"古代文言"作为汉语的"传统书写技术"是"绅商阶级"垄断的工具。他说："他们（绅士）靠着汉字可以独占知识，压迫平民群众。"[43]他说："中国文的读音也是脱离了中国话，而自成其为一种的念咒方法。道士画的符只有他自己懂得，他念的咒，也只有他自己懂得。他画符念咒的目的，本来并不要使人懂得，而只要使鬼神懂得！这种中国文不是几万万人所需要的文字，而只是极少数的一些儒士的江湖切口和密码文书。"[44]

也正是在这个意义上，瞿秋白极力反对"五四白话"，认为这种"新式书写技术"只是"欧化的智识阶级"一部分人的"工具"。他说：

> 新文学所用的新式白话，不但牛马奴隶看不懂，就是识字的高等人也

有大半看不懂。这仿佛是另外一个国家的文字和言语。因为这个缘故，新文学的市场，几乎完全只限于新式智识阶级——欧化的智识阶级。这种情形，对于高等人的新文学，还有可说，而对于下等人的新文学，那真是不可思议的现象！[45]

也正是在这个意义上，瞿秋白坚决反对"国语"而主张"普通话"。在瞿秋白看来，"国语"，或者说，"北京话"本身没有问题，而且"北京话"在很多地方尤其是文学创作方面比其他任何方言都要强势，确实属于"权威地方方言"；但是，若要全中国人特别是中国基层百姓都来说"北京话"，这在20世纪20—30年代的中国不但很不现实，而且还将剥夺其他地区方言参与"汉语现代标准语"建设的权利。也就是说，如果执意将"北京话"，或人们所说的"国语"，就这样直接认定为"汉语现代标准语"，那占全国总人口绝大多数的其他方言地区的人们，特别是基层百姓就很有可能进一步丧失"汉语现代标准语"这一极其重要的交际"工具"。自然，这是一种没有全局意识、民众意识、权利意识因而不够明智的语言规划。瞿秋白所倡导的"普通话"，强调"汉语现代标准语"建设对所有方言的"中立性"，肯定和维护了所有方言在民族共通语建设中的权利和作用，极大地保证了所有地方方言的人们在这一建设中的主体地位。瞿秋白所坚持的"普通话"的这种"中立性""融通性""集成性"和"全民性"是"国语"望尘莫及的，它有力地保证了亿万中国基层百姓走出方言区的闭塞、参与全民交流的可能。所以，如果说"国语"二字也有"中国的普通话"的意思，那瞿秋白是赞成的。

也正是因为这个缘故，他写《学阀万岁！》这篇长文，揭露中国历史上的"学阀"罪恶，号召人们打倒新老"学阀"。他指出：

> 学阀是什么？阀就是阀阅，阀阅是和阶级不同的。阀阅仿佛是行会，同行就是同阀。……一个方块汉字，仿佛一个精致的金丝笼，四五万个字，就是四五万个金丝笼，这可以范围住维持住学阀。学阀因此可以垄断住独占住文字的智识。所以不论文言也好，白话也好，都得请教文字专家的学阀。现在添上外国文，懂的人更少，学阀之中又有新学阀了。
>
> 中国的"文坛"因为学阀独占的缘故，截然地分成三个城池，中间隔着两堵万里长城，一堵城墙是汉字的深奥古文和上古文，一堵城墙是外国文和中外合璧的欧化汉字文。[46]

中国文的"书写技术"作为人的发展第一工具就是这样被"学阀"和"绅商阶级"独占着、垄断着。所以，占人口总数百分之八九十的中国基层百姓就这样世世代代生活在这由几堵长城阻隔了的远离汉语书面语生活的"荒漠里"，看不到"光明"，找不到出路。他们的见识、他们的情感、他们的思想、他们的智慧、他们改造自身生活的能力都因此而受到限制，因而他们作为个体的人的整体发展水平也就可想而知了。因为人的活动，无论是以"谋生"为基本目的的功利性的生产活动、交往活动、经济活动、政治活动还是以"享受"为根本诉求的非功利性的文化活动、宗教活动、艺术活动、审美活动、学术活动都离不开他们的语文活动。而且，一般来讲，人们语文活动、语文实践的"水平"在很大程度上决定着其他活动的水平。

人类学家马凌诺斯基说得好："人是一个制造工具、使用工具的动物，一个在团体中能够传达交通的社员、一个传统绵续的保证者、一个充为合作团体中的劳作单位、一个留恋着过去和希望着将来的怪物。最后，靠着分工合作和预先准备所获得的闲暇和机会，他又享受着色、形、声等所造成的美感。"[47]在马凌诺斯基所作的如此丰富多样的人的特征描述中，人们不难看出，"制造和使用工具"，或者准确地说，"借助于工具从事各种个体或社会活动"是人最基础的"本质特征"。或者说，人有其"社会性、精神性"，但更为本质的还是他能够制造和使用工具而表现出"创造性"。

所以，瞿秋白特别关注中国基层百姓的"语文生活"，期待他们能够在最短的时间、以最小的成本和最容易的方式掌握"普通话"和"真正的白话"为主体内容的交际"工具"。正是在这个意义上，他积极主张"普通话"，倡导"文腔革命"来推动"真正的白话文"建设。也正是在这个意义上，他特别重视"文艺大众化"，强调"大众文艺"首先必须明确"用什么话来写"。他说：

> 大众文艺的问题应当用什么话来写，虽然不是最重要的问题，却是一切问题的先决问题。譬如说，英国工人不能够读中世纪的英文和拉丁文杂凑起写的小说，中国工人也不能够读中国古文和欧化文法杂凑起来写的作品。[48]

今天看来，瞿秋白这些话说得实在太明白了！为了保证中国工人，保证中国的基层百姓拥有最起码的语文生活、书面语生活，"大众文艺"作家们不仅必须具备最一般的读者意识，还必须建立其语言服务意识。瞿秋白甚至批评"大众文艺"作家的传播意识、服务意识还没有达到一般通俗小说的水平。也就是说，中国基层百姓如果说有他们的书面语生活，那么这主要表现在他们在读这些通俗小说。但是，问题是，这样的小说作品不能带来现代意识、科学精神，中国基层百姓的生活趣味和人生观还停留在过去。瞿秋白对此分析指出：

  中国的大众是有文艺生活的。当然，工人和贫民并不念徐志摩等类的新诗，他们也不看新式白话的小说，以及俏皮的幽雅的新式独幕剧……城市的贫民工人看的是《火烧红莲寺》等类的"大戏"和影戏，如此之类的连环图画，《七侠五义》，《说岳》，《征东》，《征西》，他们听得到的是茶馆里的说书，旷场上的猢狲戏，变戏法，西洋镜……小唱，宣卷。这些东西，这些"文艺"培养着他们的"趣味"，养成他们的人生观。豪绅资产阶级所需要的，正是这样的民众的文艺生活！[49]

  可见，"大众文艺"作家对此不仅要有足够的警觉，而且还要能够从徐志摩的新诗中吸取教训，从《七侠五义》等旧小说中获得启发，自觉地写出"真正的白话文"来，让中国基层百姓的语文生活得到切实的改善和提升。

  也许有人认为，瞿秋白这种中国基础百姓的特别考量带有太强的政治倾向性；然而，文艺或者说文学的这种意识形态性质是谁也无法回避和否认的。20世纪80年代英国当代马克思主义批评家伊格尔顿就曾明确阐述道：

  从某种意义上说，大可不必把"文学和意识形态"作为两个可以被互相联系起来的独立现象来谈论。文学，就我们所继承的这一词的含义来说，就是一种意识形态。它与社会权力问题有着最密切的关系。[50]

第三节 动员"最广泛基层群众"的"积极参与"是规划成功的关键

  在1940年出版的《汉字改革》一书中，王力指出："语言文字都是社会的产品，只有社会的大力量才能改造它们。"[51]这揭示了语言规划的普遍规律，有关汉语言文字的任何改革都要争取社会的广泛参与，否则只是改革家自己的一厢情愿。王力又进一步分析道："没有'五四'运动，白话文的宣传将成为徒劳无功；若不是西洋思想不断地输入，白话文的势力也不会膨胀到现在这种程度。……由汉字到拼音文字，比之由文言文到白话文更难成功，自然需要比

'五四'时代更大的潮流,然后能促其实现。"[52]可见,越是困难的变革越需要民众的支持。这就是说,瞿秋白所期待和规划的更彻底的"真正的白话文"建设和"拉丁化新中国文"的诞生一定要有中国基层百姓最广泛的支持和参与,一定要有一场代表历史潮流的有广大民众参加的社会运动。

那么,瞿秋白汉语规划是怎样实现这一点的呢?换句话说,瞿秋白汉语规划为什么能够得到广大人民群众的拥护和支持呢?这主要有以下三大方面。

第一,规划方案的鲜明"人民性"。

语言规划具有政治性,语言规划"最好",更准确地说"必须"由政治家来作最好的证明。因为"语言规划"很大意义上必须转化为语言政策,要有"语言政策"和"政治影响力""政治倾向性"来保证其实施。瞿秋白汉语规划的"人民倾向性"就非常鲜明。

首先是在口语方面选择了"普通话"。将"汉语现代标准语"确定为"普通话",这无疑是人民的立场,基于人民利益的选择。不少人所谓的"国语"其实是原始状态的"北京话";这种"北京话"正如瞿秋白所说,那是生活在北京的北京大学教授们都难以在短时期内学会的。[53]对中国基层百姓来说,在电影、广播等现代传媒还在起步阶段的20世纪20—30年代,学习"北京话"几乎是不可能的事。所以,选择活在广大群众生活中的"普通话"作为标准语,是群众愿意接受、容易掌握的,更是切实可行的。"普通话"是广大人民群众当下所说的话。每一个说方言土语的"乡下人"来到城市都有一个融入城市的过程;而融入城市最好的凭借,就是能说一口漂亮的"城里话",也就是城里开始流行的"普通话"。"普通话"也就是这样一天天壮大起来、丰富起来、强势起来的。这就是瞿秋白所说的,随着城市经济的增长,越来越多的"乡下人"来到城里经商做工,原先那种只在"绅商阶级"中流行的"蓝青官话"现在也逐渐在工人群众以及中下层知识分子中流传开来了。[54]"普通话"也是每一个中国百姓都可参与建设的话,来到城市里的人,都带着各自的乡音,为了融入城市,他们努力摈弃乡音土语中那些异于"普通话"的成分;但又不自觉地将自己的乡音土语带到"普通话"里来,久而久之,一些新鲜的、有生命力的成分自然而然地融入"普通话"中。方言土语与"普通话"的这种接触和融合是不分地域、不分方言的。到21世纪的今天,这一过程一直在持续着;在那些"乡下人"涌往城市的"高峰期"显得尤为突出。

其次是在书面语方面明确指出要写"真正的白话文"。瞿秋白不仅第一个积极主张"普通话"、反对"国语",而且也是第一个倡导"真正的白话文"的改革家和现代学人。他率先揭示并批判了"五四白话"的不彻底性和"学阀独占

91

特征"，而将包括城市工人平民都在参与建设的、五方杂处的现代活人所说的话作为"真正的白话"而确定为"汉语标准书面语"。因为这样的"真正的白话文"广大人民群众说得出、听得懂，这样"真正的白话文"也是中国基层百姓可以学习和掌握的"书写技术"。

　　瞿秋白认为，"大众文艺"不仅要让自己的专业作家写出"真正的白话文"，还要"立刻切实地实行工农通讯运动"。工农通讯员是一些群众文艺团体中的骨干分子。他们虽然是工人农民，但在文艺团体中能够学到运用自己的语言来写作的能力，甚至还会产生自己成熟的作品。[55]这就是说，以大众文艺运动为重要起点的文学革命是要继续"五四"文学革命，真正创建一种"可以做几万万人的工具，被几万万人使用，使几万万人都能够有学习艺术的可能"的"现代中国文"。[56]瞿秋白这样的规划、这样的倡导、这样的期待，在后来的革命文艺运动中和进步作家们的文学创作实践中都不同程度地实现了。所以，当年瞿秋白在与茅盾的讨论中说得实在太好了："文艺作品对于群众的作用，不单是艺术上的'感动的力量'，而且更广泛地是给群众一种学习文字的模范。普希金、托尔斯泰、屠格涅夫的'优美的可爱的语言'到现在还'有用'，还采取到学校的教科书里去。"[57]因此，对于那种"不肯走到群众中去，同着群众一块来创造新的文艺"的态度，对于那种"不肯承认自己的文字的艰难"，"在文艺的形式方面和言语方面不肯向群众学习"的现象，瞿秋白当年曾进行过严肃而坚决的批判和斗争。[58]

　　再次是改造"赵氏方案"，创新"瞿氏方案"。瞿秋白早在首次赴苏期间就有尝试汉字拉丁化的努力，这是确凿无疑的。但"赵氏方案"已由相关机构于1926年、1928年先后两次正式颁布最终成为政府批准的官方方案之后，为什么还要继续研制自己的"瞿氏方案"？"瞿氏方案"为什么不完全是重起炉灶而主要是"赵氏方案"的修改版？这些问题的追问让后人不难看到瞿秋白对于汉语规划"人民性"的执着。也就是说，"瞿氏方案"是站在人民的立场上来设计、实实在在为人民服务的先进方案，同时，也是基于现代语音学理论的一种实践创新。

　　瞿秋白具体地批判了"赵氏方案"的"学院派"做法，从中国基层百姓语文生活实际出发对"赵氏方案"声母、韵母和声调的拼写规则作了系统改造，是汉语拼写方案的一个全新版。因此，"瞿氏方案"甫一面世就得到了苏俄专家和相关机构的高度重视。尽管瞿秋白已经回国，但随着中国文字拉丁化代表大会第一、二次会议在苏联的召开，"拉丁化新文字"的学习、推广工作迅速开展起来。由"瞿氏方案"修改而成的"拉丁化新文字"不仅得到了旅俄华工的普遍欢迎，而且不久也传入国内，并在中国内地掀起一场声势浩大的"拉丁化新文字运动"，波及东南亚和欧美地区。"拉丁化新文字"还得到了陕甘宁边区政府和人民群众的热烈拥护，并一度推举它成为与汉字一样具有法律效力的"法定文字"，从而开始了中国最早的"一语双文"制度尝试工作。这与"赵氏方案"的推行一再受阻，社会大众对此漠不关心，虽曾"在学者群中引起一些讨论"但"民间几乎一点影响也没有"形成鲜明的对比。[59]

第二，文腔革命的空前"彻底性"。

"文腔革命"一词最初是由刘大白提出的。刘大白（1880—1932），诗人，学者，曾是瞿秋白在上海大学的同事。1927年底他发表《告怀疑于第三中大令小学校勿用古话文的潘光旦君》《文腔革命和国民革命底关系》等文，1929年又出版《白屋文话》，被胡适称赞为"痛恨死文学而提倡活文学的急先锋"[60]。然而，在刘大白的论述中，"文腔革命"虽然是对胡适"白话革命"的一种新概括，认为是"不用古人说话的腔调而用今人说话的腔调的革命"[61]，也就是主张"完全用白话"来写作，但其立场和态度与胡适"白话革命"并没有本质的差异，都只是对"古话文"的否定，没有对"白话革命"的异议，更没有全面规划现代化中国语文的企图或意向。瞿秋白借用刘大白"文腔革命"这一表述，试图表达其汉语规划要想成为现实，必须来一场有别于"白话革命"的新的文学革命；它是"白话革命"的继续和深入，其主张在于革命不能只满足于"新文学界"——充其量也不过一万人的小圈子、小团体的活动，而应该是几万万人的共同革命；[62]革命的对象，既有"旧式文言"，又有"新式白话"。

1931年，瞿秋白在《鬼门关以外的战争》第一次明确提出和倡导他的"文腔革命"。也是在这篇纲领性的文章中，瞿秋白第一次全面而系统地阐述了他的汉语规划思想，包括"普通话"作为"汉语现代标准语"的论述，"真正的白话文"写作的重大意义和"拉丁化新中国文"建设的远大构想。一句话，就是要建设"现代普通话的新中国文"。"文腔革命"就是为了实现这一规划而必须实行的一场社会运动。

瞿秋白"文腔革命"的"彻底性"首先表现在对"五四"新文学的激烈批判。瞿秋白认为"五四"新文学的影响有限：

> 从"五四"到现在……鬼话（文言）还占着统治的地位，白话文不过在所谓的"新文学"里面通行罢了。咱们好好的"人的世界"，还有一大半被鬼话占据着，鬼话还没有被驱逐到鬼门关里面去！[63]

在随后写作的《学阀万岁!》一文中,瞿秋白更加尖锐地指出"新文学"本身也就是"一只骡子","非驴非马":

> 既然不是对于旧文学宣战,又已经不敢对于旧文学讲和;既然不是完全讲"人话",又已经不会真正讲"鬼话";既然创造不出现代普通话的"新中国文",又已经不能够运用汉字的"旧中国文"。这叫做"不战不和,不人不鬼,不今不古——非驴非马"的骡子文学。[64]

这样激烈、尖锐的批判,最初用"文腔革命"来概括胡适"白话革命"的刘大白没有;与瞿秋白就"大众文艺"有过专题讨论的茅盾没有;就是后来参加"大众语运动"的鲁迅也没有。对于"五四"新文学的这种看似"过激"的批判,茅盾认为:"他自己也未尝不觉得'五四'以后十二年间的新文学不应估价太低,不过要给大众化这口号打出一条路来,而不惜矫枉过正。"[65]因为瞿秋白曾说"不用猛烈的泻药,大众化这口号就喊不响"[66]。然而,这些批判绝不是没有实际根据的"妄评",它指出了"新文学"与中国基层百姓隔膜这一"硬伤"和"严重不足",第一次明确揭示了"五四"的"资产阶级性质",而且也为"新文学"提出了新的任务,开辟了新的境界,指明了新的方向——这就是要将亿万基层百姓及其"文艺生活"纳入"新文学"的创造中!"新文学"由此迈入一个新的发展阶段,即瞿秋白所倡导的"无产阶级的'五四'"新阶段。

其次,"文腔革命"的这种"彻底性"表现在,不仅文艺创作、新闻报道,而且学术著作、机关公文等一切书面文章,都应该用"现代的'人话'",写成"真正的白话文"。以机关公文为例,瞿秋白在这方面的努力及其成果极为显著。郭熙在其《中国社会语言学》一书中就明确指出,早在1927年,也就是瞿秋白主持中共中央工作的时候,中国共产党就与国民党当局在语言运用上表现出明显差异。[67]同是"宣言",《中国共产党、中国共产主义青年团反对军阀战争的宣言》用语朴实,完全是地道的白话,而《南京国民政府成立宣言》则语言古拙,近乎文言。如表4-1"1927年'国共宣言'语言比较"所示。

表4-1　1927年"国共宣言"语言比较

宣言名称	发表时间	公文片段举例	语言特征
南京国民政府成立宣言	1927年9月20日	本政府今后当恪遵总理建国大纲、建国方略中之计划，权衡情势，次第实施，期使训政期内之民生问题，获得相当之解决……吾国政治恶劣，强半由于官吏贪污，贿赂公行……[68]	现代汉语早已看不到的"恪遵、期使、强半、吾国、公行"的语词，这里却频繁出现。
中国共产党、中国共产主义青年团反对军阀战争宣言	1927年10月23日	我们应当将工人阶级的先锋——共产党，组织得更好，扩大到工农群众之中去，吸取一切优秀的革命分子。我们的党——中国共产党，应当更加和工农群众密切联系，努力地反对国民党军阀的统治，反对一切军阀及帝国主义。[69]	该宣告首次刊登在瞿秋白任编委会主任兼总编辑的中共中央机关刊物《布尔什维克》。文章快一百年了，但其表达方式并没有怎么过时。

毋庸置疑，"文腔革命"这种"彻底性"的本质就是要让中国基层百姓成为中国语文的主人。因为是语文的主人，也就是文化创造的主人，社会进步的主人。

第三，大众文艺的强烈"鼓动性"。

中国东汉王充早就说过，"文人之笔，劝善惩恶"。瞿秋白在他的大众文艺论述中更是特别强调：文艺不只"表现生活"，而且"影响生活"，在相当的程度内"促进或者阻碍"社会发展和人的进步。[70]他说："文艺——广泛地说起来——都是煽动和宣传，有意的无意的都是宣传。文艺也永远是，到处是政治的'留声机'。问题是在于做哪一个阶级的'留声机'。并且做得巧妙不巧妙。总之，文艺只是煽动之中的一种，而并不是一切煽动都是文艺。……新兴阶级不但要普通的煽动，而且要文艺的煽动。"[71]承认并重视文艺的这种政治鼓动性和社会动员性，承认并重视"文艺的积极作用"，[72]是瞿秋白与胡秋原、苏汶为代表的"艺术自由主义者"的最大区别，也是他对于大众文艺作家最根本的意见。

在《再论大众文艺答止敬》一文中，瞿秋白明确指出：

> 我所着重的，就是一些先进的作家不要只顾自己写得出真正的白话文，而且要发动一个社会上的运动——去推翻新文言的统治，使那些多数的随随便便乱写新式文言的作家和一切刊物，受到民众方面的"舆论的惩罚"。像当年的林琴南等类的"威权"一样。[73]

在这里，瞿秋白首先强调的是大众文艺作家在整个知识界的动员。也就是说，在瞿秋白看来，大众文艺不应该是作家的"个人行为"，而应该是一个团体的"集体行动"。大众文艺作家要能将自己的个人率先意识和掌握到的汉语"新型书写技术"转换为一种"社会风潮"、一种旨在改变全社会语文生活的"文化革命"。瞿秋白认为，这样的文化革命"五四"新文化运动期间有过一次，清末戊戌变法之后梁启超的"文体革命"也能算一次，但中国还需要一次。[74]为此，瞿秋白不仅批判了胡秋原、苏汶等人的"自由主义"，还批评过一些作家、剧作家的错误认识和做法，比如何大白、沈从文、洪深等，甚至包括学者潘光旦，并与茅盾做过相当深入的专题讨论。也正是在这个意义上，瞿秋白再一次盛赞鲁迅。他说：

> 鲁迅的思想反映着一般被踩躏被侮辱被欺骗的人们的彷徨和愤激，他才从进化论最终地走到了阶级论，从进取的争求解放的个性主义进到了战斗的改造世界的集体主义。[75]

其次，瞿秋白强调大众文艺运动还应该动员作家以外的工农群众的广泛参与。瞿秋白反对"文学和艺术是专门家的"文艺主张，[76]积极倡导工农通讯运动。这既来源于苏联经验，也因为中国革命的实际需要。工农通讯运动最初是在新闻宣传领域开展的，瞿秋白主张在大众文艺运动中也要融入这种机制。瞿秋白认为，大众文艺所追求的文艺大众化绝非简单的文艺通俗化，更不是"站在大众之上去教训大众"的"化大众"，而是语言文字的大众化、读者的大众化、作品内容和形式的大众化和创作主体的大众化。[77]其中创作主体的大众化最能够体现工农通讯运动的本质。

在近现代中国，看好并重视发挥文艺作品的政治鼓动性和社会动员性的最早应该是梁启超的"文体革命"。梁启超的"文体革命"让中国"下等人"第一次比较容易地接触到扑面而来的新思想、新鲜空气，这无形之中就让他们因此"不大安分"起来，并逐渐成为一种"重要的社会力量"。正因为如此，瞿秋白说梁启超的新文体里"伏着文腔革命的种子"[78]。

第四节 结语

自觉的汉语规划建设与国民语文生活的改造肇始于晚清。1905年王国维在《论新学语之输入》一文中指出：

夫言语者，代表国民之思想也，思想之精细广狭，视言语之精细广狭为准，观其言语，而其国民之思想可知矣……言语者，思想之代表也，故新思想之输入，即新言语输入之意味也。[79]

很显然，瞿秋白"真正的白话文"的汉语规划是在王国维"国民言语"建设等前人成果基础上对于"中国基层百姓"语文生活的自觉探讨。可以说，立足于"中国基层百姓"的实际生活来讨论和研究汉语建设和发展所表现出的"人民本位"思想是瞿秋白对于中国语言规划最大的贡献，其影响一直延续到21世纪的今天。

注释：

[1] [13] [38] [40] [43] [44] [45] [46] [48] [49] [53] [56] [57] [62] [63] [64] [70] [71] [72] [73] [74] [75] [76] [78] 瞿秋白．瞿秋白文集：文学编第三卷［M］．北京：人民文学出版社，1985：342，351，423，274，351，261-262，147，199-200，15，3，228，50，50，152，137，177，59，67-68，58，46，152，110，20，139．

[2] 胡适．胡适文集：第八卷［M］．北京：北京大学出版社，1998：152．

[3] [4] [5] [6] [17] [18] [19] [20] [21] [24] [28] [31] [32] [35] [36] [37] [54] [55] [58] 瞿秋白．瞿秋白文集：文学编第一卷［M］．北京：人民文学出版社，1985：25，57，5，142，314，360，380，465，465，465，465，475，482，103，103，103，468，482，489．

[7] [9] 于沛．苏联的扫盲运动（1919—1939）［J］．华东师范大学学报（教育科学版），1984（1）：66，66．

[8] 列宁．列宁全集：第三十四卷［M］．北京：人民出版社，1972：119．

[10] 列宁. 列宁全集: 第四十三卷 [M]. 北京: 人民出版社, 1960: 199.

[11] 倪海曙. 中国拼音文字运动史简编 [M]. 上海: 时代书报出版社, 1948: 114.

[12] 瞿秋白. 瞿秋白文集: 政治理论编第五卷 [M]. 北京: 人民出版社, 1995: 579.

[14] 王丽. 文言是中国文化的根 [J]. 天天爱学习 (六年级), 2016 (13): 37.

[15] 韩军. 没有文言: 我们找不到回家的路 [N]. 中国教育报, 2004-04-22 (5).

[16] 陈独秀. 独秀文存 [M]. 合肥: 安徽人民出版社, 1986: 6.

[22][39][41][42] 瞿秋白. 瞿秋白文集 (政治理论编第二卷) [M]. 北京: 人民出版社, 1988: 127, 554, 554, 554-555.

[23] 王翠. 现代俄罗斯标准语的形成历史 [J]. 俄语学习, 2011 (5): 35.

[25] 瞿秋白. 瞿秋白文学史及其他 [M]. 上海: 复旦大学出版社, 2004: 17-71.

[26] 王彬彬. 欣赏文学就是欣赏语言 [J]. 当代作家评论, 2018 (4): 23.

[27] 普希金. 普希金文集: 第七集 [M]. 张铁夫, 黄弗同, 刘文娟, 刘敦健, 何茂正, 译. 北京: 人民文学出版社, 1995: 137.

[29] 肖红. 试述中央苏区"法治教育"的实践经验与启示 [J]. 赣南师范学院学报, 2005 (4): 38.

[30] 李建军. 俄罗斯文学的太阳——论普希金及其文学经验 [J]. 文艺争鸣, 2018 (11): 111.

[33] 李宇明. 语言生活与语言生活研究 [J]. 语言战略研究, 2016 (3): 22.

[34] 郭熙, 祝晓宏. 语言生活研究十年 [J]. 语言战略研究, 2016 (3): 25.

[47] 马凌诺斯基. 文化论 [M]. 费孝通, 译. 北京: 华夏出版社, 2002: 100.

[50] 特雷·伊格尔顿. 20世纪西方文学理论 [M]. 武晓明, 译. 北京: 陕西师范大学出版社, 1986: 27.

[51][52] 王力. 汉字改革 [M]. 太原: 山西人民出版社, 2014:

19，21．

[59] 倪海曙．中国拼音文字运动史简编［M］．上海：时代书报出版社，1948：109-110．

[60][61] 刘大白．白屋文话［M］．上海：岳麓书社，2013：87，62．

[65][66] 茅盾．瞿秋白在文学上的贡献［N］．人民日报，1949-06-18．

[67] 郭熙．中国社会语言学［M］．北京：商务印书馆，2013：117．

[68] 南京国民政府成立宣言［G］//彭明，主编．中国现代史资料选辑：第三册．北京：中国人民大学出版社，1988：10．

[69] 中国共产党、中国共产主义青年团反对军阀战争宣言［G］//彭明，主编．中国现代史资料选辑：第三册．北京：中国人民大学出版社，1988：167．

[77] 徐涛．新民主主义文化："大众""大众化"的起源语境和发展向度［J］．青海社会科学，2017（4）：190-191．

[79] 王国维．论新语之输入［C］//周锡山，编校．王国维文学美学论著集．太原：北岳文艺出版社，1987：111-112．

第二部分 02

| 事件影响篇 |

第五章

大众语运动与瞿秋白

"大众语运动",指的是1934年6—12月,[1]由陈望道、乐嗣炳、陈子展、胡愈之、陶行知等上海学者和进步文化界人士发起的一场旨在创造一种"比'白话文'还要接近大众的口头语"的全国性汉语革新运动。从文学上来看,"这是继'文白之争'之后的又一次重要的文学语言论争"[2],也是中国现代文学史上第三次"文艺大众化"论争。这次论争的直接起因是,1932年4月,蒋介石发起一场内容为生活符合"礼义廉耻"而旨在控制人们思想和言论的"新生活运动"。紧接着,1934年5—6月,汪懋祖、许梦因等在国民党政府的《时代公论》《中央日报》等报刊上连续发表了《禁习文言与强令读经》《中小学文言运动》《文言复兴之自然性与必然性》《告白话派青年》等文章,明确否定"白话"、主张"尊孔读经",发动"中小学文言运动",这是一股不折不扣的复古逆流。所以,短短半年时间,《申报》《中华日报》《社会月报》《独立评论》《现代》《太白》等约30多种刊物参加了这场关于"大众语"的讨论;讨论将上海、南京还有北平的各派知识分子以及百余名社会普通人士都吸引了过来,发表文章500多篇。[3]胡适也介入进来,发表了《所谓〈中小学文言运动〉》一文;茅盾也发表了《对于所谓"文言复兴运动"的估价》《白话文的洗清和充实》《不要阉割的大众语》《大众语运动的多面性》等系列论文。鲁迅更是这场运动的主角,其《门外文谈》一书成为"大众语运动"的标志性成果,"是大众语运动中最有力量的文字"[4]。

瞿秋白这个时间在中央苏区的江西,由于通讯等各方面原因没有参加这次讨论。然而,"大众语运动"是"五四"白话文运动的继续和深入,在相当大的意义上更是瞿秋白"文腔革命"、"文艺大众化"、建设"现代普通话的新中国文"等主张的具体实践与展开。对此,王瑶(1914—1989)1980年的一段话阐述得极其明白。他说:

瞿秋白确实没有参加这次论争，大众语这一个词也是在这次论争中提出来的，但这都不能说明它与瞿秋白没有关系。这次讨论中主张大众语的许多基本理论都是一九三二年瞿氏关于文艺大众化的论点的阐述和发挥；关于汉语拉丁化的主张也是瞿氏于一九三二年首倡的，现在的《瞿秋白文集》中就收有他写的《新中国文草案》。这一事实当时许多参加讨论的人都是清楚的，例如魏猛克在《普通话与"大众语"》一文中就慨叹一九三二年宋阳的文章发表以后，由于《文学月报》停刊而未能深入讨论，以为必须重新"成为一个新的运动"。这种情况反对派也是知道的，国民党反动文人李焰生就说："所谓大众语文，意义是模糊的，提倡不是始自现在，那时文艺的政治宣传员如宋阳之流，数年前已经很热闹的讨论过——这是继普洛文艺而来的"。[5]

从这段阐述中，人们不难看出，瞿秋白对于"大众语运动"的影响不仅是极其明显的，而且是多方面的。第一，理论来源。"大众语"的基本理论，特别是汉语拉丁化的主张都来自瞿秋白的首倡。第二，讨论缘起。"大众语"讨论是对因左联机关刊物《文学月报》停刊而中断了宋阳（瞿秋白——作者注）"大众文艺"语言问题讨论的深入。第三，思想权威。当年"大众语"讨论的各派当事人都认定这次"大众语"讨论的主要思想来源于"普洛大众文艺"中瞿秋白关于"普通话"等问题的论述。所以，瞿秋白与"大众语运动"的关系值得进一步深入讨论。

第一节　"大众语"与瞿秋白所主张的"普通话"

明确提出"大众语"一词的是作为发起人之一的陈子展（1898—1990）。他在"大众语"讨论的第一篇文章《文言——白话——大众语》里率先提出"大众语"概念，并对"大众""大众语"一一做了界定。他认为，"大众语"就是"大众说得出，听得懂，看得明白的语言文字"[6]。很显然，"大众语"是继"文言"和"白话"之后的汉语新型样态。如果说，"白话"曾让国人新鲜过一阵，那么"大众语"则更叫人感到新奇，不易理解。最关键的是，在汉语语境中，"大众"一词很模糊。陈子展在这篇文章里给"大众"做的界定是：

这里所谓大众，固然不妨广泛的说是国民的全体，可是主要的分子还是占全民百分之八十以上的农民,以及手工业者,新式产业工人,店员,小商人,小贩等。[7]

也就是说,"大众"有广义和狭义两个概念,但讨论主要还是指狭义的"中国基层百姓"。很明显,这样的"大众"和"大众语"界定与瞿秋白在"文艺大众化"中对"大众"和"普通话"的讨论是基本一致的。

历时整整半年的"大众语"的讨论,在"文言""白话"和"大众语"三方展开。一开始,"白话"与"大众语"联手,一举击退了"文言"的进攻;紧接着,"白话"成为"大众语"的批驳对象,并很快形成"存""废"和"改良"等几派别;[8]最后,"大众语"的建设成为讨论的重心。

如何建设"大众语"? 各种意见都有。然而,最核心的问题还是"大众语"的"标准"究竟应该怎样来把握。

讨论下来,"大众语"的"基本样貌"描述得最为全面的是陈望道(1891—1977)。他说:"大众语便是大众说得出、听得懂、写得顺手、看得明白的语言。"[9]而对其"本质特征",署名"闻心"的论者论述得相当透彻。他说:

> 大众语必然是现代的,富有流动性的,而且必然是在形式和内容上一致,即在用语,写法,思想上全部抛弃陈腐的尸骸的。因此宋代的评话等并不能和现代的大众语没有差别地看待。在另一方面,街头巷尾供给大家以低级趣味的说本,唱本,旧的小说(如《薛仁贵征东》《罗通扫北》等)以及各地印行的土话《圣经》,也不是大众语文。[10]

这里,"闻心"对"大众语"的"现代性"把握得极为准确。这种对大众语"基本样貌""本质特征"的认识,使人一下子联想起瞿秋白对"普通话"的相关论述,以致于绝大多数"大众语"论者有意无意地将眼下的"大众语"与瞿秋白前期所倡导的"普通话"联系并等同起来。直接将"大众语"与"普通话"等同起来的首先是担任"左联"秘书长的任白戈(1906—1986)。他在《"大众语"的建设问题》一文中大段引用了1932年瞿秋白《大众文艺的问题》对于普通话的论述。他说:

> "大众语"的建设是可能的吗? ……有的说,这是可能的,而且大众自己早已开始建设起来了,例如"在五方杂处的大都市里面,在现代化的工厂里面,他们的言语,事实上已经产生着一种中国的普通话(不是官僚的

所谓国语)。它容纳许多地方的土话,消磨各种土话的偏僻性质,并且接受外国的字眼,创造着现代政治技术等新的术语。这种大都市里,各省人用来互相谈话,演讲,说书的普通话,才是真正现代中国话,这和知识分子的新文言不同"。有的说……[11]

任白戈文章中的这段引文尽管与瞿秋白的原文有些出入,但也是基于瞿秋白的论述所做的修改,比如"知识分子的新文言"等说法。可见,在很多"大众语"论者那里,瞿秋白所倡导的"普通话"就是他们心目中的"大众语"。最早明确地将"大众语"与"普通话"联系并等同起来的是"左联"的魏猛克(1911—1984),他在《申报·自由谈》上发表了《普通话与"大众语"》一文。文章这样写道:

看现在的议论,是已经同意话和文不能分开。但"用什么话来写",大众有不有一种普遍的语言,我们可不可采取一种语言来做"大众语"呢?这些问题,却似乎还少有具体的意见。但从前宋阳先生是提出过了:他以为只有"现代中国普通话"才是"大众语",才是大众中间的普遍的语言。[12]

瞿秋白当然没有直接说"现代中国普通话"就是"大众语",但当年魏猛克对"大众语"的理解从今天来看还是相当有眼力的。可以说,从第二次"文艺大众化"讨论中瞿秋白关于"现代中国普通话"的论述里,魏猛克似乎找到了"大众语"的基本特征和建设方向。所以,他这样明确地论述道:

自然,"现代中国普通话"还没有达到完善之境地,有时还夹杂些所谓"南腔北调"(零碎的土话),但它必然会随着交通发达而进步,随着社会意识的转变而转变。中国处在现在世界的狂潮之下,语言的统一当然不是久远的事……所以我想,采取有普遍性的"现代中国普通话"作为建设"大众语"的基准,是可以的。[13]

魏猛克的这一"大众语"建设主张得到了不少人的积极回应。"左联"当时党团成员周文(1907—1952)就以笔名司马疵发表《内容与形式》一文表示赞同魏猛克的观点。他说:

说到"大众语",这是大家热烈地提出,而是大众所迫切地要求的问题。从前在《文学月报》上宋阳先生和止敬先生(茅盾——笔者注)曾经提起热烈的讨论。这次魏猛克先生又重新把它引出来作为参考,而且把这问题引到注意的中心点,我认为是很对的。[14]

对魏猛克的观点表示赞赏并有深入分析的是作为"语联"负责人之一的叶籁士(1911—1994)。"语联",全称是"中国左翼世界语者联盟",与"左联"还有"社联""剧联""美联"等一样,同属于20世纪30年代中国左翼文化总同盟(简称"文总"),并接受1929年成立的中共中央文化委员会(简称"文委")的领导。他说:

大众语应该就是"现代中国普通话",这个见解是对的。但是这种普通话现在还只是种胚胎,它的具体的面貌尚未形成。中国最大多数文盲大众,至今还用着各别的土话。所以,我们当前的急务,就是首先要给与最大多数的各地文盲大众一种简明容易的各别的"土话文字"(以土话为标准的书写文字)。"土话文字"的发展,不但绝不阻碍大众语(普通话)的形成,而是提高各地大众的文化水准,给予他们直接参加创造大众语的可能,促进了统一全国的大众语的完成……[15]

这里,叶籁士不但表示"现代中国普通话"的建设目标就是"大众语",而且具体阐述了目前"胚胎式"的"普通话"条件下"大众语"建设的基本思路,这就是必须勇于铺设一座过渡性的"桥梁",也就是"土话文字"。所谓"土话文字",就是在"全国通用语"尚未完全建立的条件下的"言文一致"训练。叶籁士的这番论述至少有两个基本点值得认真考察:第一,在他看来,理想中的"大众语"是"全国通用语","全国通用语"是"大众语"的"成熟形态";第二,即使是还处在"胚胎"状态下,"全国通用语"也应该是"言文一致"的,"言文一致"是"大众语"的"基本性质"或者说"初级形态"。

赞同"大众语"就是"普通话"的还有作为瞿秋白"知己"和"同怀"的鲁迅。在鲁迅看来,眼前的"普通话"已有很好基础;如果引导得当,"普通话"或许就是未来中国的"大众语""全国通用语"。他说:

现在在码头上,公共机关中,大学校里,确已有着一种好像普通话模样的东西,大家说话,既非"国语",又不是京话,各各带着乡音,乡调,却又不是方言,即使说的吃力,听的也吃力,然而总归说得出,听得懂。如果加以整理,帮它发达,也是大众语的一支,说不定还简直是主力。我说要在方言里"加入新的去",那"新的"的来源就在这地方。待到这一种出于自然,又加人工的话一普遍,我们的大众语文就算大致统一了。[16]

在"大众语"的讨论中,还有一些主张与瞿秋白不谋而合的人。这其中,表现最突出的当推陶行知(1891—1946)。陶行知连"左联"都没有参加,所以,与瞿秋白的人生更没有什么"交集"。可是,对于"大众语"的建设标准,陶行知在《大众语文运动之路》等系列文章里讲述得异常清晰,且与瞿秋白以"普通话"为标准的"全国通用语"建设思想相当一致。他说:

大众语与大众文必须合一:在程度上合一,在需要上合一,在意识上合一。

……

大众得到符号便能将自己的生活,深刻地描写出来。大众的队伍里自有文艺的天才。他们自然而然地会产生出第一流的大众文。

……

我想指出大众语必以一种活的语言为基础。中国四分之三的人能懂的活的语言便是滤过的北平话。北平话又最好听,好听,人就愿意学。因此,北平话实有成为大众语之主要成分之资格。但大众语应该胆量大。凡与大众前进生活有亲切关系之各地土语,甚至于外国话都可尽量吸收。我们也不必悬一抽象的主观的标准,勉强加以去取。让大众自己去选择好了。[17]

这里,陶行知实际上谈到了"大众语"建设,也就是"全国通用语"建设三个方面的"统一"问题:(1)地域方言的统一。"大众语"绝不可以完全仰仗各地零碎的方言来建设,1913年"国音"拟制的失败已经证明了这一点。"大众语"必须"以一种活的语言为基础",以它为"主要成分"来做各方面的吸纳,包括其他地区的方言和外国语。很显然,这与瞿秋白所强调的"普通话"建设的方言"中立性"是基本一致的。(2)语言形态的统一。即"语文统一",口语与书面语两种形态的统一。陶行知认为:"大众的符号和大饼一样贫乏。剥削大众的大饼的人是同时独占了大众生活所需要的符号。"[18]所以,大众掌握全套书面符号,这是形态统一的难点,也是大众语统一的根本保证。为此,他在不了解拉丁化新文字之前就提出"用注音字母拼成大众文"的主张。[19](3)阶层意识的统一。在陶行知看来,"语文统一",口语与书面语的"统一","大众语"与"大众文"的"统一",具体就是"程度上的统一""需要上的统一"和"意识上的统一"。他说:"写大众就是写自己,写自己就是写大众。"他认为,"大众语"代表的是"大众前进生活";"白话文"虽然没有了文言文的"之乎者也"而换了"的吗啊呀",但它代表的不是"大众前进意识",而是"一些少爷小姐新士大夫的意识",所以,不能与"大众语"实现"合一"。[20]这与瞿秋白批判白话革命、倡导文腔革命的精神是一致的。

作为"大众语运动"的发起者和领导者,陈望道对"大众语"标准的阐述极为全面而精当。他虽然没有采用"普通话"一词来阐释"大众语",但实际上对"大众语"的"普通话"性质,汉语"标准语"性质,或者说"全国通用语"性质做了极其精准的分析和论述。在陈望道看来,"大众语"应当具有以下三方面的语言特质:(1)表达的"精确性"。现有的汉语在精确表达方面是有其很大的不足和缺陷的。然而,现代社会对表达精确性的要求越来越高,特别是在学术等领域。所以,"大众语"必须有"创造性"和"人工特性",而不该"听凭它自然发生和进展"。(2)语词的"活现性"。这是"土话方言"最大的优势。那种带有"特别情味"的"说法"是造不出来的。(3)使用的"普遍性"。这既不是一时可以人工创造出来的,也不是一般原生态的方言具有的品格。陈望道明确指出,满足上述三个条件的语言"似乎现在实际还没有",但却是可追寻和建设的。[21]这与瞿秋白对于"普通话"的论述完全一致。陈望道1923年就与瞿秋白在上海大学共事,1935年瞿秋白在福建长汀被捕,陈望道奔走营救比鲁迅还要积极。[22]

"大众语"的"标准"有了,那么如何建设"大众语"呢?对此,当年的"大众语"论者们也进行过认真的探索,给出了不少很好的答案和建议。对于这些答案和建议进行梳理,后人不难发现,他们主要强调要有以下两个方面的努力:

第一,建设的主体。

(1)专门家。叶圣陶(1894—1988)认为,"教育家、语言学家、文学家"当然是"大众语"建设所期待的重要力量,但是他们中间只能期望那些"不要鹅毛扇的那一批"。[23]对此,任白戈谈得比较具体。他认为,教育家等专门家们不仅要有"肯为大众服务"的"态度",还得有"走入当中"的行动。他说:

> 目前的大众还没能力建设自己的语言,这种工作便留在一般进步的肯为大众服务的知识分子身上。……一般进步的肯为大众服务的知识分子,

必须走入大众当中去体验他们的生活，通晓他们的语言，学得他们的视听，采取他们的有最大的同一性的语言来分析，扬弃，研究，组织，建设成为一种最低限度的"大众语"，然后再对它加以充实，提高，使其发展到标准的"大众语"的境地。[24]

对于这些"非大众"出身的"特殊群体"，比如"提出大众语文学的作家们"，王任叔（1901—1972）在讨论中也分析道，他们是比较"便于运用五四式（或买办式）的白话"的，然而他们却担负着"现阶段的大众语文学建设任务"。所以，他特别指出：

> 要解决这矛盾，方法是有的，那就是作家的实践问题。就是一句老口号，"到民间去"的问题，就是参加到生产大众中去一同生活的问题。只有在实践中，能增加作品里大众的语汇；只有在实践中，能削弱大众间对于封建残余观念的拥护。[25]

可见，到大众生活中去，与大众一同生活、一同实践，是论者强调的这些"特殊群体"建设"大众语"的基本途径。

（2）大众。叶圣陶最早强调大众语"须由大众的努力，才得建立起来"。傅东华在这方面谈得极其透彻。他说：

> "大众语"一面要向大众去学习，一面也要大众来学习……例如"肺病"，最落后的大众叫做"野猫迷"（神话的），次落后的大众叫做"虚病"（玄学的），标准之大众语，语汇里就应该不容有后面这两个名词的存在，不管它们怎样的"白"，怎样的"活"。（至于描写大众知识的落后的小说，当然在例外。）[26]

不难看出，在傅东华看来，从"落后的大众"到"次落后的大众"，再到"标准的大众"，"大众"的这一成长过程需要学习，这之后他们才能真正成为"大众语"与"大众语"建设的主人。

第二，建设的凭借。

（1）文学。"大众语"论者的主帅们首先指出的就是文学的建设，也就是"大众语文学"的建设。对于"大众语文学"建设，陈子展一开始就这样说："倘若语言文字上有欧化的必要，不妨欧化，可是不要只为了个人摆出留学生或懂得洋文的架子。有采用文言字汇的必要不妨采用，可是不要为了个人摆出国学家或懂得古文的架子。"[27]陈望道也这样强调："将来大众语的语汇里头一定不免有外路语输入，但必须用本国文字写它的音，让大家说得出。照过去的经验看来输入些外路语或起用些古典语，在大众也并不觉得十分不便，只要确实是当时大众需要的。"[28]

（2）反白话。就是"自身的扬弃与调整"，[29]也就是"改造白话"。《读书问答》编者认为："白话运动并没有完成它自身的任务，达到'言文一致'的成功，反之，它已走上投降'文言'的危机，成为语言文字发达的障碍。"[30]在夏丏尊（1886—1946）看来，"现在的白话文，简直太不成话了。用词应尽量采取大众所使用的活话，在可能的范围以内尽量使用方言"。比如上海话中的"揩油""像煞有介事"等就有特别的情味。相反，白话文里不说"爸爸""妈妈"，也不说"爹""娘"，而要说"父亲""母亲"，"就很可笑"。[31]

（3）大众意识。胡愈之（1896—1986）强调，大众语是"代表大众意识的语言"[32]。陶行知、叶圣陶、任白戈也都持这样的观点。任白戈就分析道：

> 文言是贵族阶级的语言，白话是市民社会的语言，这是在"五四"时代的"文学革命"当中分划得很清楚的。那么，"现在的所谓'大众语'，自然是市民社会以下的成千累万的大众的语言了。这种语言，必然是为大众所有，为大众所需，为大众所用。……"[33]

（4）拼音字。胡愈之还应该是最早倡导拼音字的"大众语"论者。他说："中国语言最后成为大家用的最理想的工具，必须废弃象形字，而成为拼音字。"[34]《读书问答》编者也主张"拼音字"。[35]但第一个明确将"大众语"建设与"拉丁化新文字"联系在一起的还是张庚（1911—2003）。他在《大众语的记录问答》一文中说："方块字……实在记录不了大众语这丰富活泼的语言，否则必会把大众拖回僵死的路上去。……苏俄创行了一种中国话拉丁化，推广也很广，而且出版了很多书报，这我们可以拿来研究的。"[36]

第二节　"大众语运动"与瞿秋白所研制的"拉丁化新文字"

在"大众语"建设讨论中，对于作为"拼音字"的"拉丁化新文字"介绍最为有力、倡导也最积极的当推叶籁士。正是因为有叶籁士等人的倾力介绍，还有鲁迅的特别支持,"大众语"论者才把更多的兴致投入到"拉丁化新文字"上来。最终,"拉丁化新文字"的研习和宣传成为"大众语运动"后期的重头戏,并最终发展为规模更大、影响更广、持续时间更长的"拉丁化新文字运动"(简称"新文字运动")。所以,这两场运动不是"此兴彼伏"的简单"递代"。"新文字运动"既可以理解为从"大众语运动"顺势延展出来的另一场语文革新运动,也可以看作是"大众语运动"的一个新阶段。而且后面这种理解从某种意义上说更能够看出"新文字运动"的意义以及整个现代中国语文的发展脉络。然而无论怎样理解,后人都能看出瞿秋白汉语规划思想的重要影响。因此,说瞿秋白是"大众语运动"以及"新文字运动"事实上的奠基人,这是很有道理的。

因为瞿秋白的影响,"左联"作家在这场"大众语运动"中普遍积极踊跃,思想也格外激进和统一。然而,以叶籁士为代表的"语联"人士也是一支重要的斗争力量;在"大众语"建设方面,他们一致主张创建"拼音字",并认为"只有实行新文字,才是大众语问题的正确解决"[37]。所以,在"新文字"的宣传、推广方面,他们的表现尤其令人瞩目。

《中国语书法拉丁化方案之介绍》是国内全面介绍和宣传拉丁化新文字方案的第一篇文章,就是发表在1934年6—7月合刊的"语联"杂志《世界》副刊《言语科学》上。作者霍应人(1912—1971),1933年加入"语联"。文章其实应该是由"语联"组织撰写的,因为它实际上是根据《世界》杂志社所收到的苏俄专家寄来的一批有关新文字的文件、方案、课本、字典、报纸和普及读物等资料编写而成。而之前的一篇介绍新文字的文章《中国语书法之拉丁化》(原文作者萧三)也是由"语联"人士焦风从世界语转译为中文寄到"左联"的《文学月报》,再由"语联"的叶籁士转寄到《国际每日文选》才发表出来的,时间是1933年8月12日。而焦风作为世界语者之所以有此兴致、热情和决心将这篇文章从世界语转译为中文发表也正是得到瞿秋白文章的启发和激励。据叶籁士回忆,当时《文学月报》正在组织大众文艺大讨论,看到宋阳在其《再论大众文艺答止敬》一文中提出"中国的普通话,上海话,广东话,福建话……将来一定要采用罗马字母而废除汉字,变成新的中国文,上海文,广东文,……"这样的主张,焦风感到很受鼓舞,于是就开始了这篇文章的翻译。[38]以上两篇文章,鲁迅不但自己都看到了,而且还在《门外文谈》第八节里特别做了介绍,期待有更多的读者从"大众语"建设出发,认真学习新文字,竭力推广新文字。鲁迅介绍说:

它只有二十八个字母（原文如此——笔者注），拼法也容易学。"人"就是 Rhen，"房子"就是 Fangz，"我吃果子"就是 Wo ch goz，"他是工人"就是 Ta sh gungrhen。现在在华侨里实验，见了成绩的，还只是北方话。但我想，中国究竟还是讲北方话——不是北京话——的人们多，将来如果真有一种到处通行的大众语，那主力也恐怕还是北方话罢。[39]

鲁迅的这篇文章一发表就惊动了"大众语运动"的主帅陈望道。叶籁士回忆道，文章在《申报·自由谈》发表的第二天，陈望道就找到了《世界》杂志编辑部，要买《世界》学习新文字。[40]这以后他写了《纪念拉丁化的解禁》《拉丁化汉字拼音表》《中国语文的演进和新文字》和《中国拼音文字的演进——明末以来中国语文的新潮》等一系列研究、推介和宣传新文字的文章，成为新文字的积极推动者。

鲁迅还曾将一份瞿秋白的拉丁化手稿转交给叶籁士，并请叶籁士撰稿介绍新文字到国外去。鲁迅的信任和对新文字的"热烈支持"给叶籁士以及"语联"同人以巨大的精神鼓舞。叶籁士本人一口气编了三本书介绍推广新文字。(1) 介绍新文字理论和方案的《中国话写法拉丁化——理论·原则·方法》。这本书很受读者欢迎，仅上海一地就印过六版，北平、广西等地也有大量翻印，成为新文字运动在国内推行初期印数最多、影响最大的一本书（倪, 97）。(2)《工人用拉丁化课本》。与第一本一样受到国民党查禁，不能公开销售，但鲁迅委托日本友人内山完造秘密代售。(3)《拉丁化论文集》，字数太多，未能出版。紧接着，"语联"又公开发行了一批图书。主要有，叶籁士编《拉丁化概论》《拉丁化课本》，霍应人编《拉丁化检字》，胡绳编《上海话新文字概论》等。叶籁士还征得鲁迅的同意，将他有关拉丁化新文字的所有文章编成一个集子，书名就叫《门外文谈》。也就是说，《门外文谈》单行本中除了 1934 年 8 月 24 日到 9 月 10 日在《申报·自由谈》连载的 12 篇短文外，还收入了《答曹聚仁论大众语》《中国语文的新生》《关于新文字》和《从"别字"说开去》等 4 篇文章。出版后，鲁迅又将这本书的稿费捐给了"语联"作为出版新文字书刊的经费。

与此同时，除了《言语科学》副刊外，"语联"为宣传推广新文字还出版了其他不少刊物。一开始，1935 年 8 月，他们出的是《Sin Wenz 月刊》，属于半公开刊物，一共出了七期；1936 年 5 月，他们改出《中国语言半月刊》，也只出了几期。最后，1937 年 1 月，他们主持了一份大型公开刊物《语文月刊》的创刊出版工作，宣传、讨论汉字改革，也只出了八期。

虽然持续时间不长，但这些刊物的影响都很大。《Sin Wenz 月刊》，叶籁士主编，除了刊登短论、新文字读物、新文字写法讨论、问题解答等文章外，还在头两期里分别转载了鲁迅和茅盾写的同名文章《关于新文字》。鲁迅在文章中说：

> 比较，是最好的事情。当没有知道拼音字之前，就不会想到象形字的难；当没有看见拉丁化的新文字之前，就很难明确的断定以前的注音字母和罗马字拼法，也还是麻烦的，不合实用，也没有前途的文字。[41]

茅盾在文章中也明确表示："我读了《第一次拉丁化中国字代表大会决议案》《新文字的教授法指南》以及用拉丁化编的各种教科书以后，非常满意。要赶快地提高大众的文化，……就'学习'一点而言，拉丁化也比简笔字、注音字母等等要方便了许多呢！"[42]

《中国语言半月刊》，胡绳主编，不仅刊登了"中国新文字研究"公布的"各地分会组织条例"等重要文件，提出了"建立语文统一战线"的主张，还在创刊号上发表了有蔡元培、鲁迅、郭沫若、茅盾、陈望道等 688 位中国最有名望的文化人签名的《我们对于推行新文字的意见》。该"意见书"提出了"创制新文字打字机""继续少数民族方言的调查以着手少数民族方案的建立"等六个方面的"建议"。从这份"意见书"的叙述中还可以看到，"新文字运动"的缘起不仅有"大众语运动"所要解决的"大众文化"问题，还有更为急迫的"民族解放"的"大众动员"问题。"意见书"里说道：

> 中国已经到了生死关头，我们必须教育大众，组织起来解决困难。但这教育大众的工作，开始就遇着一个绝大难关。这个难关就是方块汉字。方块汉字难认、难识、难学。……手头字、简字是方块字的化身，不是根本的解决。注音字母是为方块字注音的工具，不是根本的解决。国语罗马字……几乎是和学外国话一样的难。……中国大众所需要的新文字……现在是出现了……我们深望大家一齐来研究它、推行它，使它成为推进大众文化和民族解放运动的重要工具。[43]

《语文月刊》，叶籁士主编，有来自各方面的"特约撰稿人"，发表过各种语文改革主张，特别是大众语建设在实践层面的主张。创刊号刊登了焦风的《重提大众语运动》和胡绳等人的一组通俗化问题的讨论文章。第 2 期发表了茅盾的《"通俗化"及其他》、叶圣陶《语体文要写得纯粹》。第3期发表了周辨明《携手—同走向拼音文字的大路》。第4期正式发起"通俗化问题讨论",公开征文讨论通俗化问题。第5期为"国语罗马字和新文字问题特辑",发表了李应的《希望大家放弃成见》等文章,还发表了《一个小店员对于通俗化的几点意见》。第6期继续讨论国语罗马字和新文字的携手合作,发表了周辨明的《拼音路上的里程碑》等文章。最后两期,除发表了姚居华的《通俗化和新文字》,继续讨论国语罗马字和新文字的合作外,还第一次刊登了陕北苏区新文字运动的动态消息。消息表明,叶籁士他们介绍、宣传的新文字已经在共产党所领导的延安地区迅速推广开来。消息中说:

> 据说新文字在陕北的历史,还不过一年多。……现在那边扫除文盲的工作中,新文字已成为顶主要的工具。……陕北各地的党政机关,以及军队的"读书室"中,每天或每隔一天的早晨都开班教授新文字。……还有专授新文字的学校——"鲁迅师范学校"。[44]

"新文字运动"从1934年"语联"推介新文字开始,一直延续到1955年全国文字改革会议召开、全国最后一个新文字团体"上海新文字工作者协会"完成历史任务结束协会工作,历时21年。据倪海曙统计,21年中,全国有20余万人学习过新文字,成立团体不下300个,出版图书170多种,创刊80多种。[45]所以,叶籁士说,新文字运动是"中国历史上一次规模最大的群众性的文字改革运动"。[46]

从上文的介绍不难看出,《语文月刊》不仅在"国语罗马字"与"新文字"的携手共进方面做出过贡献,而且还发动了一场颇有声势的"通俗化运动"。

"通俗化"一开始就是《语文月刊》的办刊目标,更是他们追求的语文改革目标。其"发刊词"中就明确表示,应当对"中国语文的改进和通俗化"等问题"加以更具体的讨论"。[47]《语文月刊》所发起的这场"通俗化运动",是"新文字运动"条件下"文艺大众化"讨论特别是"大众语"讨论的"深入和发展"。[48]当年论者们的一次"集体讨论"所形成的《我们对通俗化问题的意见》最能说明这一点。该"意见书"明确说道:

> 可是通俗化问题的主要方面还在于形式和方法。我们以为通俗化可以有广狭二义的。广义的通俗化就是用新文字写大众语。这是唯一彻底的办法。可是在新文字运动方始发动不久的今日,它的普及的力量还没有长

成——它将来一定会长成——所以还得有过渡的办法,就是用汉字来写大众语,这是狭义的通俗化。我们目前要讨论的也就是这个问题。[49]

所以,"通俗化运动"虽然学界目前还没有引起"足够的重视",但正如刘进才等人所指出的,"通俗化运动是在汉字还没有完全转变为拼音文字的情况下,汉字自身寻求改革、走向通俗的一种努力。……如何在所谓'汉字的镣铐'中跳出'通俗的舞蹈',这是之前的大众化运动、大众语运动力图解决的问题"[50]。

"通俗化运动"最直接的成果,除了上述八期《语文月刊》上刊登的一系列文章外,还有因刊物版面限制而于1937年7月结集出版的《通俗化问题讨论集》。这部"讨论集"收集了四十多位作家的讨论意见,分第一集、第二集两集出版。《语文月刊》这次组织了一百位左右的作家参与讨论,围绕着活动主办方准备的十多个问题,作家们进行了极其认真、严肃的讨论,并给出了很好的思考和答案。他们认为,"五四白话文以至文言文"的吸收是必要的,特别是在口头语的词汇和语法不够用的时候,还有借重文言的必要;即使不借重它,也不免要向它去学习。[51]而"欧化和东洋化的句法"自然有采用的必要;但必得加以调整,使其能够融入中国文法的体系。[52]"旧形式的利用"所要利用的是它的优点,而不是它的滥调。否则,不但不是利用旧形式反倒给旧形式利用了。[53]他们强调,通俗化并不是一种临时的应急办法,而是文化运动上的一个重要原则。初级读物,固然应该求其通俗,就是专门著作也需要用通俗的方法来表现出来。通俗化是打倒知识"垄断""神秘"的利器。[54]

"通俗化运动"的成果当然远不止这些。刘进才他们认为,它是1938年所开启的"民族形式"的先声。[55]这是毋庸置疑的。然而,"通俗化"讨论中还提出了"大众写作运动"的提议。当年论者们说:

知识分子和大众,无论在认识或习惯用语上总难免有些隔膜。要是大众能把自己身感实受的经验感想写出来,则给另一个大众看去也必觉得分外亲切。而知识分子也可以从此学得不少本事了。所以我们提议发动一个"大众写作运动",竭力敦促大众自己动手。表现工具呢?一方面尽量利用已会用的汉字、注音符号、教会方音罗马字等来写作,一方面教授新文字,使能随心任手地表现自己,这样产生的文章才最有通俗化的意义,也最能将通俗化运动推动向实际工作里去。[56]

虽然这个提议可能没有得到及时、有力的反馈，但是这种"群众写作运动"实际上已在当时的中国各地开展起来。1936年，邹韬奋、茅盾组织的"中国的一日：1936年5月21日"是这一活动的滥觞。这之后，《苏区的一日》（1937）、《上海的一日》（1938）、《新四军一日》（1940）、《冀中一日》（1941）、《边区抗战一日》（1946）、《渡江一日》（1949）等征文活动持续不断。他们都是实实在在的大众写作。茅盾在为《中国的一日》一书而写的"编辑感想"里这样写道：

> 值得特别指出来的是大多数向不写稿（非文字生活者）的店员，小商人，公务员，兵士，警察，宪兵，小学教员等等，他们的来稿即在描写技巧方面讲，也是水平线以上的。他们中间也有些文字不流利的，然而朴质得可爱。反之，大部分学生来稿乃至少数的文字生活者的来稿，却不免太多了所谓"新文学的滥调"。[57]

可以说，1930年代是中国历史上从未有过的大众的发现、大众的觉醒、大众的文化主体意识迅速提升的大时代。在这个过程中，"大众语运动"及其引发和孳生出的"新文字运动""通俗化运动"以及随后兴起的"民族形式讨论"和"大众写作运动"等发挥着重要作用。无疑，在此之前瞿秋白所倡导的"文艺大众化"及其汉语规划思想的影响是深刻的，也是极为显著的。

第三节　"大众语运动"与瞿秋白倡导的"文艺大众化"

在瞿秋白全部新文学建设论述中，有关"文艺大众化"的讨论"关注最早、研究最力、著述数量最多"。[58]然而，文学史上的三次"文艺大众化"讨论，瞿秋白实际只参加过一次，也就是1932年他与茅盾围绕"用什么话写"而展开的那场"公开激辩"。第一次开始于1930年"左联"成立之际，由"左联"的《大众文艺》发起，瞿秋白在苏俄没有参加；第三次是1934年，瞿秋白在中央苏区，也没有参加。但它们与瞿秋白都有关联。[59]对于第三次讨论，也就是"大众语运动"来讲，瞿秋白的影响非常明显："在'大众语'的讨论中，瞿秋白的主张得到包括鲁迅在内的左翼文化人的普遍支持。"[60]这具体表现在以下三个主要方面。

第一，对"白话革命"的批判。

瞿秋白最早在1923年就开始了"白话革命"的批判。他在《荒漠里——一九二三年之中国文学》里深刻剖析了新文学的最大短板——与基层百姓的疏离。那时，他就在感叹、呼唤和规劝：

> 唉，中国的新文学，我的好妹妹，你什么时候才能从云端下落，脚踏实地呢？这样空阔冷寂的荒漠里，这许多奋发热烈的群众，正等着普通的文字工具和情感的导师，然而文学家却只……[61]

到30年代，瞿秋白对"白话革命"的批判走向深入和具体。首先是新文学的"小团体"局限。这是他最早的发现。瞿秋白从苏俄一回国就看到，他曾引以自豪的新文学与底层大众关联不大，主要还是"绅商阶级"的酬唱；用后来茅盾的话说，新文学差不多都是"文字生活者"的事情，不仅作者而且情感都仅限于这一特定的社会阶层。其次，新文学的现代腔调"很不彻底"。瞿秋白毫不客气地指出新文学的语言绝不是现代中国"一般社会日常所用的说话腔调"，并斥之为"非驴非马"的"骡子话"。这更是瞿秋白的一大发现。这一发现成为他倡导"文腔革命"的理论基础。第三就是新文学与旧文学的"妥协"。新文学因为没有与旧文学的文言作彻底的决裂，因而它与旧文学的界限是模糊的、不清晰的。

这期间，瞿秋白还有对"国语"的批判。他说，"国语"在汉语语境中有三重意义。一是"全国的普通话"，也就是今天的"国家通用语"的意思；二是"本国的言语"，它既有别于"地方方言"，也不是外国语，即英文 national language 的原义。三是"国定的言语"，即众多民族组成的国家里指定某种语言作为"国语"来同化其他民族的语言。其中，第一个意义"全国的普通话"，他是承认和赞同的。但因为意义繁复，而且还含有"国定的言语"的意义，所以，瞿秋白明确表示不赞同"国语"，"应当排斥国语"。[62]其实，看好"普通话"而贬抑"国语"的更深层次的原因还是因为"国语"与"白话"一样狭隘，而"普通话"与广泛的基层百姓结合在一起。

对于白话和国语的这些反思和批判，"大众语运动"中的大众语论者也有不少。

胡愈之在这个方面的探讨比较早。他1934年6月在《关于大众语文》一文中这样说道：

"五四"的文学革命,本来就没有干个彻底,只是把"文言"和"白话"对立起来,对于文字接近口语这一点,尽了一点力量,却把中国文字主要的病根——代表古代的封建意识——轻轻放过,同时对于新的大众语言的建设,还缺少努力。[63]

胡绳也认为,"五四"白话革命虽然在理论上战胜了文言,而稍缓白话立刻与文言结合成了"新文言"。[64]闻心的阐述比较具体,他说:"所谓白话文不光是和大众的需要距离太远,只能通行于少数的读书人与官僚绅商中间,而且因为它继承了文言遗毒(如用语上,意识上,写法上),极易变成为跟时代背反的陈死文(如新鸳鸯蝴蝶派,语录派等的文字);同时所谓白话文不一定是现代的,象提倡白话文的老将们就常从旧书堆里去寻找历代的白话文学,作为文章模范,拼命抱住几部《水浒》《红楼梦》《西游记》,表示自己提倡的白话文是有来历的。"[65]所以,从今天来看,茅盾这方面的分析是相当深刻的。他指出,将白话文学"历史化"是完全错误的,因为这样做就是将新文学与旧文学混为一谈,这也就在不知不觉中让"白话文学运动"失去了反封建的"文化使命"。所以,他特别强调"大众语文学现在还没有历史"[66]。

与此同时,大众语论者也反对"国语"。闻心就指出:"我们暂不论国语在理论上的不妥,在事实上国语这东西不过是官话的变相,它并不是大众自己通行的话语,用官僚的绅士买办的官话与文话来征服大众的意识,并由少数人造成一些文绉绉的交际话,这就是国语所要做到的;至于国语所用的话语,乃是凝固化了的,和自然的继续发展的大众语也不好比拟。"[67]在这里,国语的这种"狭隘性"和"凝滞性"与大众语的"广泛性"和"发展性"形成鲜明的对比。叶籁士也因此批评注音符号和国语罗马字:"它们最大的缺点,就是都以北平话强迫作为标准,而要学象这种'京腔',即在知识分子也是非常困难的。我们只要看自政府发表以来直到现在,可曾得到几分效力?"[68]

第二,对"大众立场"的肯定。

对白话、国语的否定,就是对普通话、大众语的肯定,对普通话、大众语的肯定就是对新文学建设"大众立场"的肯定。

瞿秋白新文学建设的"大众立场"源于俄罗斯文学的启示。其中,来自高尔基的影响最为明显。在瞿秋白500多万字的著述中,1921—1922年旅俄期间所写的《饿乡纪程》《赤都心史》《俄国文学史》三部著作是他最早的系统写作。相比之下,《俄国文学史》的学术性最为突出,其思想探索的力度和强度也是一般游记类作品难以比拟的。大约就是这个原因,其篇幅很短;也大约因为这个原因，这部著作迟迟没有出版，直到 1927 年才作为蒋光慈著《俄罗斯文学》的一部分正式发表出来。然而，正是这部著作让后人更清晰地看到，俄罗斯文学给予瞿秋白的决非仅仅是文学欣赏，更重要的还有包括新文学创造在内的中国社会改造的启示和借鉴！在《俄国文学史》一书中，他赞颂俄罗斯文学因为普希金、别林斯基、托尔斯泰等一系列作家的努力而拥有了"世界文化价值"，从西欧文学的"我，我，我！"迈向开始追求"非我，非我，非我！"的新时代。也是在写作这部著作的过程中，瞿秋白开始密切关注高尔基，热情称赞高尔基"一变文学的风气，从农民生活转入城市劳工生活"，是"反对市侩主义的健将"，并引用高尔基的名言"将来的世运在无产阶级的手里了！"来彰显自己全新的世界观。[69]《海上述林》目录显示，瞿秋白翻译的高尔基论文占他全部马列文论翻译几乎一半的篇幅，瞿秋白的高尔基译作更是占他全部俄罗斯文学作品翻译近三分之二的比重。此外，瞿秋白还翻译了两篇高尔基的专论，一篇是 V. 吉尔珀汀的《高尔基——伟大的普洛艺术家》，一篇是 A. S. 布勃诺夫的《高尔基的文化论》。可见，高尔基在瞿秋白心中的分量。有学者认为，瞿秋白的高尔基崇拜是样板化与大众化的合一。[70]也就是说，以高尔基为标志的俄罗斯文学的外域经验是瞿秋白孜孜以求的中国新文学理想，而高尔基文学世界最鲜明的地方就是瞿秋白所崇敬的"出脚汉"（赤脚汉——笔者注）文学特质。这是很中肯的立论。在瞿秋白看来，出身社会底层的"出脚汉""贫民栖流所里的人""游民的无产阶级"，在高尔基文学世界里，"他们正是当时社会的对症药"！[71]在高尔基笔下，"出脚汉"们不仅"显示了平民的人性"，更喊出了抗议这个世界的最强音，展现出足以颠覆这个恶浊社会的"平民的威力"！[72]瞿秋白还看到，高尔基"非常之注意，并且极端的赞赏着"平民大众还担负着"文化苦力"的工作。瞿秋白翻译的 A. S. 布勃诺夫关于高尔基的专论中，引用了高尔基的一段话：

"我们时代的英雄，"他（高尔基——笔者注）写着，"是'群众'之中的人，是文化的苦力，普通的党员，工农通信员，兵士通信员，在乡村之中工作的读书室职员，选拔的工人，乡村教员，青年医生和农学专家，以及农民的'实验家'，积极分子，工人发明家，总之——是群众的人！最应当注意的，就是群众，就是在他们之中去教育出这样的英雄来。"[73]

可见，瞿秋白与苏俄专家、与高尔基一样，将群众中的文化工作者推举为"我们时代的英雄"！受高尔基和俄国文学的影响，瞿秋白在探讨中国新文学建设时，特别强调平民大众、城市无产阶级大众的作用和地位。早在1923年，他就感叹"劳作之声还远着呢"，1928年中共"六大"之后，特别是1931年日本侵华战争爆发之后，他对新文学的讨论差不多都聚焦于作为读者社会的"平民大众"，并高调倡导新文学建设的"大众立场"。1931年9月，他在文章中说：

> 革命文艺必须向着大众！
> 　　现在反帝国主义的斗争，和反对中国一切反革命派奉送中国给帝国主义的阴谋，——这些斗争正在一天天高涨起来，破破烂烂龌里龌龊的贫民区域正沸腾着，在等着自己的诗人！[74]

面向"大众"，做"大众"的诗人，这一文学思想很快成为"左联"无产阶级革命文学建设的指导思想。1931年11月，由冯雪峰执笔的"左联"决议明确指出，文学大众化是无产阶级革命文学"首先第一个重大的问题"[75]。该决议还强调说：

> 必须立即开始组织工农兵贫民通信员运动，壁报运动，组织工农兵大众的文艺研究会读书班等等，使广大工农劳苦群众成为无产阶级革命文学的主要读者和拥护者，并且从中产生无产阶级的作家及指导者。[76]

所以，1934年"大众语运动"中，大众能否"说得出、听得懂、写得顺手、看得明白"成为文学建设的唯一标准。大众语论者还特别指出：

> 大众是非有自己的文化不可的，而且，大众的文化是非有自己创造不可的，大众语这种语文，也只有大众自己的文化工作者才能建立起来……
> 　　……
> 　　首先第一，是要从大众中间训练出他们自己的文化工作者出来。给予文化的养成以最好的援助的，有两种势力，一种是科学，一种是艺术。高尔基曾经论及这件事，他以为"和自然科学相并，虽然不在它之上，然而也不在它之下的，给予人类的智力和意志以感化的强有力的手段者，是艺术的文学"。但是对于中国的大众来说，自然科学的力量其实还远在艺术的文学之下。为什么呢？因为中国的大众，受过科学之赐的非常少，大多数人对于科学是毫无信仰的……连在大学里专学科工的学生也感到一离书本便无所谓科工……

121

所以，对于中国的大众，还是文学的感化力较大。[77]

可见，大众语论者的"大众立场"不仅是明确的、坚定的、强烈的，其立场的形成过程也是相当清晰的，即从高尔基到瞿秋白再到他们自己。

然而，从19世纪40年代至20世纪初的"外国学习热"中，中国"很少人想学俄国"，因为"在那时的中国人看来，俄国是落后的"[78]。但是，十月革命之后，"谁都不能否认，19世纪和20世纪初的俄罗斯文学和现代的苏联文学，所给予现代中国文学的影响和帮助，可是超过任何其他的世界文学，为任何近代和现代的其他外国文学所不及的"[79]。这其中，后人可以看出瞿秋白的眼力、努力与影响。冯雪峰曾强调说，鲁迅"翻译的外国作品一半以上是俄罗斯和苏联文学"[80]；然而，鲁迅还是由衷钦佩瞿秋白在这方面的贡献。《海上述林》一书的出版是最好的明证。

第三，对"语言价值"的重视。

可以说，在同时代人中，瞿秋白率先强调语言在整个中国文化事业中特别是新文学事业中的重要性。这在他与止敬（茅盾）围绕"大众文艺"的讨论中表现得格外突出。实际上，也就是这次讨论一下子引起了当时新文学圈内外知识分子对于文学语言建设的普遍关注。宋阳（瞿秋白）的名字也常被人们所提起。

语言在新文学建设中的作用究竟有多大？瞿秋白与茅盾的立场几乎是针锋相对。茅盾更多地强调文学创作成就，所以特别看重语言之外的文学技法，即文学艺术的创新和突破。对此，瞿秋白持否定态度。他强调文学要有读者及其实际影响，因此他把用"什么话来写"作为作品的首要评价标准。在瞿秋白看来，文学技法再高，文学艺术创造再多，如果作品的语言让读者望而生畏，作品与广大基层百姓的实际语言生活没有任何关联，那也绝不是新文学！从文学语言建设出发，将一批又一批的作品引入基层百姓为主体的读者社会，丰富他们的语言文化生活，培养和造就一代又一代的平民作家、劳工诗人，这才是无产阶级文学的奋斗目标。1932年，瞿秋白在《"我们"是谁？》一文中对何大白（郑伯奇）的批评也是基于这一文学主张：

> 他（郑伯奇——笔者注）说并不是"我们"的文字太难了。这句话明明白白是错误的。现在的许多创作，文字都是很难的，不但对于群众是难懂的文字，而且对于一切读者都是难懂的言语。这种文字是五四式的所谓白话文，其实是一种半文言，读出来并不像活人嘴里说的话，而是一种半

死不活的话。所以,问题还不仅在于难不难,而且还在于所用的文字是不是中国话——中国活人的话,中国大众的话。[81]

对华汉(阳翰笙)《地泉》三部曲也有这样的批评:"文字是五四式的假白话。例如农民老罗伯的对话里,会说出'挨饥受辱'那样的字眼,而事实上现代中国的活人嘴里并说不出这类的话。"[82]其实,郑伯奇早在1930年"左联"成立之际就发表过这样的意见:"文学——就连一切艺术——应该是属于大众的,应该属于从事生产的大多数的民众。可是从来这大多数的民众,因为生活条件所限没有和文学接近的机会。……所以大众化的问题的核心是怎样使大众能整个地获得他们自己的文学。"郑伯奇在《关于文学大众化的问题》这篇征文里甚至还谈到语言和文字改造。他说:"关于言语,大众当然爱好自己所惯用的言语。修饰雕琢的文章,为他们只是一种头疼膏。……像中国这样象形文字的国家……普罗文学应该将这些问题重新提起寻出一个解决。"[83]在后来的《大众化的核心》一文中,郑伯奇还强调说作者对大众要有"充分的理解和同情",为此,作者必须实行"生活的大众化"[84]。对此,瞿秋白认为,普罗文艺"依然不能够影响大多数的群众"的根本原因在于作者作为知识分子"脱离群众""蔑视群众",他们"不肯承认自己的文字的艰难","在文艺的形式方面和言语方面不肯向群众学习"。[85]

建立起以"大众的话"为基准的文学语言,这是瞿秋白新文学建设的根本主张。这一主张逐渐被新文学普遍接受下来。受瞿秋白和第二次"文艺大众化"讨论的影响,"大众语运动"很快就由一般性的大众语性质的讨论转入"大众语文学"建设的讨论。黎锦熙、陈望道等语言学家都加入到这项文学讨论中。陈望道最早,1934年6—10月,陈望道先后发表《关于大众语文学建设》《建立大众语文学》《大众语论》《文学与大众语》等系列论文。在陈望道看来,"单单躲在书房里头不同大众接近,或同大众接近不去注意他们的语言,都难以成就大众语文学作家。"[86]陈望道对此曾具体分析道:"一篇文章一定声调铿锵,一首诗一定要对仗工整,步步陷入对于声调铿锵、对仗工整发生了强烈的溺爱。溺爱到后来,只要声调铿锵便算文,只要对仗工整便算诗。……这种文字自然不是我们现在通常社会所需要的。但它所以不能讨得大众的欢迎,却不止在乎难。难固然是一个原因,却不是大原因;大原因还在离开大众的社会意识太远。"[87]陈望道还特别强调:

> 现在中国大多数大众还是过着地狱一样的生活，没有受过现代教育，没有接触到现代文明。……
>
> ……要能用艺术的深刻的感动力克服落后大众的低质……大众语文学的"大众"概念，我们可以规定作为具有多数又是高质的属性，去和那只能获得多数而质不高的通俗作品，如礼拜六派之类立别。现在有些人暗暗之中把大众语当作通俗语理解（着重号为笔者所加），我想这要算是很不轻微的错误。[88]

黎锦熙也不甘示弱，1934年8月为他即将出版的《国语运动史纲》写作了《建设的"大众语"文学》这篇长序（1936年商务印书馆出版单行本）。黎锦熙将"上古歌谣"到徐志摩的《残诗》都作为"大众语文学"，写出了"三千年'大众语文学'小史"。然而，他的"大众就是众人"的"大众观"与"普罗文学"的"大众观"终究有不少距离，所以，他的这些意见影响有限。

最值得观察的则是茅盾。两年前，在与瞿秋白讨论时，他不仅不承认"普通话"的存在，而且强调对新文学建设来说，"技术"比"语言"更重要。然而，1934年11月，他不仅发表了《大众语文学有历史吗?》一文，还这样强调：

> 然而我们却偏要称这文学为"大众语文学"，不止称"大众文学"，这是因为我们深信这种文学的意识和用语两个成分整个不能分离，而且到发展的最后阶段要用真正的大众语写作之故。[89]

正因为越来越看重新文学建设中的"语言价值"，茅盾在"大众语运动"结束后的若干年还常常提起"文艺大众化"，并写有《关于大众文艺》《文艺大众化问题——二月十四日在汉口量才图书馆的讲演》和《大众化与利用旧形式》等论文。

第四节　结语

1934年的"大众语运动"是继"白话文运动"之后中国语文现代化史上又一场具有重大影响和深远意义的语文运动。"大众语运动"的宗旨、成效及后续影响在相当大程度上兑现了瞿秋白在两年前所提出了"文腔革命"的基本目标。虽然因社会历史的综合力量而形成的结果与瞿秋白所勾画的"现代普通话的新中国文"建设蓝图不可能机械地吻合，但"大众语运动"参与者们的种种努力与瞿秋白的期待是完全一致的。他们要建设的"大众语"，就是瞿秋白曾经描画过的"普通话"；他们紧接着全力以赴的"拉丁化新文字运动"，基本方案就是瞿秋白的《新中国文草案》及其母版《中国拉丁化的字母》；他们要建设的"大众语文学"，其基本理念就是瞿秋白的"文艺大众化"思想。所以说，"大众语运动"不仅是瞿秋白的一场"身体缺席"但"精神在场"的文化运动，更是一场瞿秋白汉语规划建设思想直接引领的语文运动。从某种意义上，"大众语运动"也可称之为"普通话运动"，或者说是当代中国国家通用语言"普通话"的第一次大讨论、大普及。参见下图5-1：瞿秋白与三次运动的关系。

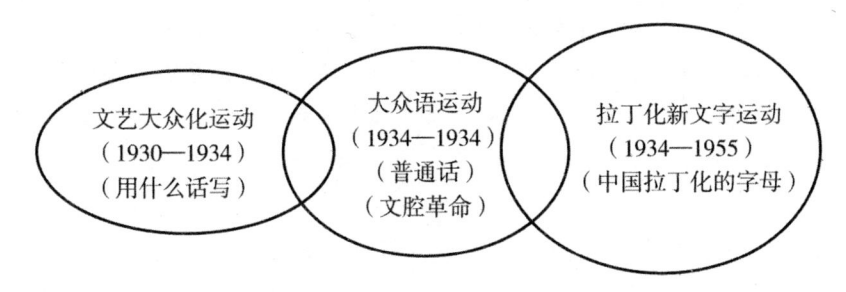

文艺大众化运动（1930—1934）（用什么话写） 大众语运动（1934—1934）（普通话）（文腔革命） 拉丁化新文字运动（1934—1955）（中国拉丁化的字母）

图5-1：瞿秋白与三次运动的关系

注释：

[1] 1934年大众语问题讨论文章篇目索引[G]//文振庭. 文艺大众化问题讨论资料. 上海：上海文艺出版社，1987：452-479.

[2] 朱栋霖，丁帆，朱晓进. 中国现代文学史1917~1997（上册）[M]. 北京：高等教育出版社，1999：143.

[3][8] 马友平. 1934年的"大众语"问题讨论研究[D]. 四川大学博士学位论文，2009：44，90.

[4] 曹聚仁. 鲁迅评传[M]. 上海：复旦大学出版社，2006：102.

[5] 王瑶. 三十年代的文艺大众化运动——纪念"左联"成立五十周年[G]//文振庭. 文艺大众化问题讨论资料. 上海：上海文艺出版社，1987：443.

[6][7][27] 陈子展. 文言——白话——大众语[G]//文振庭. 文艺大众化问题讨论资料. 上海：上海文艺出版社，1987：209，209，209.

[9] [21] [28] 陈望道. 大众语论 [G] //文振庭. 文艺大众化问题讨论资料. 上海：上海文艺出版社，1987：288，294 - 296.

[10] [65] [67] 闻心. 大众语运动的几个问题 [G] //文振庭. 文艺大众化问题讨论资料. 上海：上海文艺出版社，1987：279，279，279.

[11] [24] [33] 任白戈. "大众语"的建设问题 [G] //文振庭. 文艺大众化问题讨论资料. 上海：上海文艺出版社，1987：233 - 234，237，232.

[12] [13] 魏猛克. 普通话与"大众语" [G] //文振庭. 文艺大众化问题讨论资料. 上海：上海文艺出版社，1987：239，240.

[14] 司马疵. 内容与形式 [G] //文振庭. 文艺大众化问题讨论资料. 上海：上海文艺出版社，1987：261.

[15] [68] 叶籁士. 大众语·土话·拉丁化 [G] //文振庭. 文艺大众化问题讨论资料. 上海：上海文艺出版社，1987：271，272.

[16] 鲁迅. 鲁迅全集：第6卷 [M]. 北京：人民文学出版社，2005：100 - 101.

[17] [18] [19] [20] 陶行知. 大众语文运动之路 [G] //文振庭. 文艺大众化问题讨论资料. 上海：上海文艺出版社，1987：255 - 258，256，257，255 - 256.

[22] 刘肃勇. 瞿秋白拒绝宋希濂劝降就义始末 [J]. 党史纵横，2005 (7)：36.

[23] 叶圣陶. 杂谈读书作文和大众语文学 [G] //文振庭. 文艺大众化问题讨论资料. 上海：上海文艺出版社，1987：219.

[25] [29] 王任叔. 关于大众语文学的建设 [G] //文振庭. 文艺大众化问题讨论资料. 上海：上海文艺出版社，1987：253，253.

[26] 傅东华. 大众语问题讨论的现阶段及以后 [G] //文振庭. 文艺大众化问题讨论资料. 上海：上海文艺出版社，1987：228.

[28] 陈望道. 关于大众语文学的建设 [G] //文振庭. 文艺大众化问题讨论资料. 上海：上海文艺出版社，1987：212.

[30] [35]《读书问答》编者. 再谈建设大众语文学——答王省三君 [G] //文振庭. 文艺大众化问题讨论资料. 上海：上海文艺出版社，1987：220 - 221，222.

[31] 夏丏尊. 先使白话文成话 [G] //文振庭. 文艺大众化问题讨论资料. 上海：上海文艺出版社，1987：223 - 224.

[32] [34] [63] 胡愈之. 关于大众语文 [G] //文振庭. 文艺大众化问题讨论资料. 上海：上海文艺出版社，1987：216，216，214 - 215.

[36][43][44][45]倪海曙. 拉丁化新文字运动的始末和编年纪事[M]. 上海：知识出版社，1987：89，102-103，128，37.

[37][38][40][46]叶籁士. 回忆语联——三十年代的世界语和新文字运动[J]. 新文学史料，1982（2）：199，198，199，201.

[39][41]鲁迅. 鲁迅全集：第六卷[M]. 北京：人民文学出版社，2005：98-99，165.

[42]茅盾. 关于新文字[C]//倪海曙. 中国语文的新生——拉丁化中国字运动二十年论文集. 上海：时代出版社，1949：117-118.

[47][48][50][55]刘进才，魏春吉. 文章，应该如何"通俗"？——论1930年代《语文》月刊发动的语言通俗化运动[J]. 现代中文学刊，2016（4）：28，27，29，27.

[49][51][52][53][54][56]语文社. 通俗化问题讨论集：第一集[M]. 上海：新知书店，1937：8，29-30，50，47-48，17，15-16.

[57]茅盾. 茅盾全集：第21卷[M]. 北京：人民文学出版社，1991：174-175.

[58]王铁仙. 大众·革命·现实——瞿秋白的左翼文学理论[J]. 上海鲁迅研究，2005（夏）：2.

[59][60]张钊贻. 瞿秋白与"大众语"违背语文改革初衷的"文字革命"——兼论鲁迅之废除汉字乃为了"开窗"而主张"拆屋顶"[J]. 鲁迅研究月刊，2019（3）：53，50.

[61][81][82][84][85]瞿秋白. 瞿秋白文集：文学编第一卷[M]. 北京：人民文学出版社，1985：314，487，459，488，489.

[62][74]瞿秋白. 瞿秋白文集：文学编第三卷[M]. 北京：人民文学出版社，1985：169-170，5-6.

[64]胡绳. 文言与新文言[G]//文振庭. 文艺大众化问题讨论资料. 上海：上海文艺出版社，1987：250-251.

[66][89]茅盾. 茅盾全集：第20卷[M]. 北京：人民文学出版社，1990：289-291，292.

[69][71][72]瞿秋白. 瞿秋白文集：文学编第二卷[M]. 北京：人民文学出版社，1985：205-206，205-206，206.

[70]刘中望. 样板化和大众化的合一——瞿秋白的高尔基崇拜[J]. 湖南大学学报（社会科学版），2012（4）：100.

[73]瞿秋白. 瞿秋白文集：文学编第四卷[M]. 北京：人民文学出版社，

1986：326.

[75][76] 冯雪峰. 冯雪峰论文集：上卷 [M]. 北京：人民文学出版社，1981：63，63.

[77] 徐懋庸. 大众语简论 [G] //文振庭. 文艺大众化问题讨论资料. 上海：上海文艺出版社，1987：342-344.

[78] 毛泽东. 毛泽东选集：第四卷 [M]. 北京：人民出版社，1991：1470.

[79][80] 冯雪峰. 冯雪峰论文集：中卷 [M]. 北京：人民文学出版社，1981：180-181，190.

[83] 郑伯奇. 关于大众化的问题 [G] //文振庭. 文艺大众化问题讨论资料. 上海：上海文艺出版社，1987：14-15.

[86][87][88] 陈望道. 陈望道文集：第三卷 [M]. 上海：上海人民出版社，1981：74，84，89-90.

第六章

拉丁化新文字运动与瞿秋白

"大众语运动"瞿秋白是缺席的,"拉丁化新文字运动"更是"不在场"的,甚至可以说是他可能一开始根本意想不到的。1929年他在给夫人杨之华的信中说字母"通行到实际上去",这或许是"五十年一百年之后"的事情。[1]可以说,他没有想到自己设计的"汉语拼写方案"(后简称"瞿氏方案")会这么快就在苏俄华工那里实施起来,也没有想到新文字这么快就传到国内大江南北并一度成为法定文字,[2]更没有想到他的"瞿氏方案"问世刚刚十年就由国内传到日本、东南亚、法国和美国。[3]笔者每当谈及此事,总有一个心结郁积在此。这就是,瞿秋白是1935年6月就义的;从1930年7月离开莫斯科回国近五年时间里,新文字运动有了长足的发展,新文字传播到苏俄和中国国内很多地区,但却没能找到一丁点儿有关瞿秋白对于这些信息的掌握和反馈情况。查检1935年2月他离开中央苏区瑞金之前新文字运动在苏俄与中国国内的进展情况,不难发现,这段时间里,苏俄不仅召开过两次"中国文字拉丁化代表大会",出版了《Latinhuadi Zhungwen Duben(Beifang Koujin)》(《拉丁化的中文读本(北方口音)》)、《Latinhuadi Zhungwen Cdian》(《拉丁化中文词典》)以及《Liening di Jzhu》(《列宁的遗嘱》)、《Weigdadi Lingsiu Karl Marks》(《伟大的领袖卡尔·马克思》)和小说《Ta Sh Zenmajang S Di?》(《他是怎么样死的?》)等新文字书籍,而且举办了一期又一期新文字补习班,从补习学校里毕业的中国工人、中国干部仅1934年苏俄远东地区就有5200多人;[4]而在中国国内,1932年6月就有《苏俄成功之中国语拉丁文》的消息在刊物发表,1933年8月就有杂志刊登《中国语书法之拉丁化》一文对新文字作初步介绍,1934年1—11月就有《苏联各民族文字的拉丁化与汉字书法拉丁化》《我对于拉丁化的意见》《中国语书法拉丁化方案之介绍》《中国语拉丁化运动之本质和意义》《新的文字革命——重读宋阳先生的〈再论大众文艺答止敬〉后》《我读了〈我对于拉丁化的意见〉后》《宁波话拉丁化草案》等论文和材料在上海《世界》副刊《言语科学》发表,1934年6—8月就有《大众语的记录问题》《大众语·土语·拉丁化》《从土话文学说到文字拉丁化》《一个拉丁化论者对于汉字拜物主义的驳斥》《读中国语书法拉丁化后》《为中国语书法拉丁化答云渺君》等介绍和讨论文章在上海《中华日报》副刊《动向》发表,鲁迅在1934年8—12月在《申报》副刊《自由谈》等报刊上先后发表《门外文谈》《汉字和拉丁化》《中国语文的新生》《关于新文字》等系列论文,黎锦熙在1934年12月出版的《国语运动史纲》中也有一节题目是《国际影响——苏俄之拉丁化的中国字母》。[5]此外,1934年8月起,在上海等地还成立了"中文拉丁化研究会"等一系列新文字团体。国内外这么多关于新文字的信息,瞿秋白竟然全不知晓!瞿秋白曾是那样渴望得到这些信息,1931年2—3月他至少先后两次给自己的苏俄挚友、"瞿氏方案"研制合作人、汉学家郭质生(B. C. Konokonob,1896—1979)写过信,请他寄来"一切好的关于拉丁化问题的小册、著作、杂志","有关阿拉伯文拉丁化的材料",并用"千万的拜托,费神费神""再次三跪九叩首地请求"等语句来表达自己对这些材料和信息的渴求。[6]然而,郭质生一定是不曾收到这些信!即使收到这些信,也无法将这些材料和信息送到瞿秋白手中。

——原来,瞿秋白就是在这样新闻封锁、消息闭塞的环境和条件下坚持他的"瞿氏方案"研制和汉语拉丁化工作的。

第一节　瞿秋白与拉丁字母的中国第一次全国大普及

瞿秋白的"汉字生活"开始早,而且投入深。他1904年5岁入庄氏塾馆读书,6岁转入常州觅渡桥冠英两等小学堂,11岁考进常州府中学堂。而入塾馆前,熟读诗书还能填词作文的母亲金衡玉就已经教他识字。瞿秋白悟性高,塾馆时,先生常常大加赞赏他;小学时,他的作文常作为范文在同学间传阅;到了中学,他对古诗文的喜爱几乎到了迷恋的程度,课余曾作诗"二三百首,抄录成帙",同学中也仅他还"间或作词"。[7]后来朋友结婚,总是第一个向瞿秋白求"印"。[8]可见,其"汉字生活"的丰富多彩超出一般同龄人。

那么,什么时候瞿秋白又开始他的"字母生活"的呢?

瞿秋白是从中学时代开始与字母打交道的,而且非常频繁。他是1910年读常州府中学堂本科的。该校除了一年级就开始外语(英语)学习外,外国历史、外国地理、几何和三角、物理、化学全都是英文教科书,且直接采用英美各国的原版教材。[9]1916年12月,瞿秋白进入湖北省立外语专门学校学习。该校开设英语、法语、德语、俄语、日语等科；各科除学习该语种的专业课外，还开设语言学和世界语等公共课程。[10]瞿秋白在该校攻读英语专业，但只学习三四个月时间，于1917年9月进入北京俄文专修馆学习。在俄专，他除了主修俄语，课外还自修了英语和法语。[11]可见，从11岁开始，瞿秋白整个学生时代的"字母生活"就相当丰富。考察后续瞿秋白的语言生活，不难发现，除了英语特别是俄语水平很高外，他对法语、德语、世界语也都有相当深入的观察和研究。

1920年与1928年，瞿秋白先后两次奔赴苏俄，在苏俄共度过四年时光。与苏俄同事的广泛接触，特别是与汉学家郭质生等苏俄朋友的亲密交往，让瞿秋白在"汉字生活"与"字母生活"之间来回穿梭，且日益频繁。"字母生活"的快捷，与现代文明的零距离交流和沟通，让瞿秋白切身感觉到"汉字生活"的累赘、"汉字生活"的"中世纪"特性，切身体会到中国广大基层百姓对世界文化、现代文明的迷茫。这些生活感受和体验不知不觉让瞿秋白内心产生一种强烈的冲动，要努力变中国人几千年的"汉字生活"为世界人民的"字母生活"。于是，在郭质生等朋友的鼓励之下，萌动了他研制"汉语拼写方案"的设想，应当说，第一次在苏俄大约仅有一些朋友间的讨论，但也收集了不少第一手的材料，还留下了两本"研究拉丁字母的笔记"[12]；本子里可能有他"瞿氏方案"最初的雏形。第二次在苏俄，时间稍长一些，且正赶上赵元任主创的《国语罗马字拼音法式》（简称"赵氏方案"）出台。瞿秋白是早有自己的一套设计理念。所以，看到"赵氏方案"作为"准国家方案"（所谓"国音字母第二式"）正式推出，欢喜、兴奋之余仍有不少感慨和看法，最大的不满就在于"赵氏方案"的"学院"做派，这也是这一方案长期被"束之高阁"的根本原因。于是，他根据"赵氏方案"的基本原则，以"赵氏方案"作为新方案设计的基础，并对"赵氏方案"作了"相当的修改"，形成了自己的"瞿氏方案"，并署名"Ky Cioube（瞿秋白）"在苏俄高调出版了。[13]时间是1930年春，书名为《中国拉丁化的字母》。

"瞿氏方案"的问世一下子改变了"汉语拼写方案"自1867年"威氏方案"（即"威妥玛式拼音法"）流行以来中国人乃至汉学家们对于拉丁字母的基本认知。

首先引来的是知识界的一大震动。"瞿氏方案"的公开出版，对郭质生、龙果夫、莱赫捷、史萍青等苏俄专家是一个极大的鼓舞。他们很快组织了关于"瞿氏方案"的专题探讨，后来还与萧三等中国同志组成了"中国文字拉丁化"工作队。[14]同时，莫斯科、列宁格勒、海参崴等地的中文和俄文报纸上刊登了很多讨论文章。他们甚至断言："汉字产生了向拼音文字发展的趋向。"[15]"全苏新字母中央委员会"科学会议在"审查"这个方案时,坚持用"带尾巴的字母"(z̦、ç、ş、ŋ)来替代方案中的双字母(ch、sh、zh、ng)。主持修订"瞿氏方案"的"中文拉丁化委员会"代表对此明确表示,"这是按照中国同志的意见决定的,因为这个方案不仅要给在苏联的中国工人使用,还要在中国国内推广。"[16]因为中国国内条件有限,所使用的打印机只能打印一般的拉丁字母,使用其他字母无形之中就增加了打印难度了,所以,"全苏新字母中央委员会"最终放弃了他们的主张。这样,拉丁化新文字就全部使用拉丁字母而不再添加其他字母了。周有光曾清晰地描述过拉丁字母拼写汉语三组辅音的历史演进过程。[17]如表6-1所示。

表6-1 拉丁字母拼写汉语三组辅音的历史演进过程

汉语拼写方案	面世时间	汉语三组辅音拼写办法					
威氏方案	1867	ch	ch'	sh	ts	ts'	s(ss)
					tz	tz'	sz
赵氏方案	1928	j	ch	sh	tz	ts	s
瞿氏方案	1930	zh	ch	sh	z	c	s

上表显示,瞿秋白统一使用双字母,不添加其他符号和字母,使拉丁字母表音对称化、整齐化和简便化,大大增强了拉丁字母在中国的适应能力、普及能力。

以"瞿氏方案"为基本内容的新文字传到中国国内,正值"大众语运动"的高潮。大众语论者首先发现并倡导新文字是记录和书写大众语的有效工具。张庚曾发表《论大众语的记录问题》,明确指出:

(汉字)记录不了大众语这丰富活跃的语言。……苏俄创行了一种中国话拉丁化,推行也很广,而且出版了很多书报,这我们是可以拿来研究的。[18]

可以肯定地说,正是在"大众语运动"的有力推动下,拉丁化新文字运动迅速在各地开展起来。这期间,中国知识分子对于拉丁字母的热情得到了极大的释放。最初是以叶籁士为代表的一批世界语者,他们从"新文字"与"大众语"的"融合"中看到了我们民族"新语文"的希望,于是将世界语暂时放到一旁,而专门研究和宣传起新文字来。这一宣传迅速得到鲁迅的鼎力支持!他不仅帮助世界语者让上海的日本内山书店作为收件人安全收到了苏俄朋友寄来的大量新文字材料,同时将瞿秋白之前留在他身边的"瞿氏方案"的最新修改稿《新中国文草案》转交给世界语者叶籁士,而且撰写了一系列文章介绍和宣传新文字,还参加了"中国新文字研究会"组织的有蔡元培、陈望道、陶行知等688位文化人士参与的《我们对于推行新文字的意见》签名活动,积极支持新文字运动在全国的发展。语言学家黎锦熙、王力也都以不同的方式投入到新文字的讨论中。王力1940年出版的《汉字改革》,不仅对新文字有很好的分析,还提出了自己"考虑了三四年"的拉丁字母"类符新字"建设构想。[19]

蔡元培、鲁迅等文化人士的签名活动赢得了毛泽东的高度称赞。1936年9月,毛泽东写信夸赞蔡元培说:

> 读《新文字意见书》,赫然列名于首位者,先生也。20年忽见我敬爱之孑民先生,发表了崭然不同于一般新旧顽固党之簇新议论,先生当知见之而欢跃者绝不止我一人,绝不止共产党,必为无数量人也![20]

整个中共高层都表达了对新文字的积极支持。1940年陕甘宁边区新文字协会成立,毛泽东、朱德、王稼祥、任弼时等一大批中央领导在《成立缘起》上署名表示赞助、支持。也正因为此,陕甘宁边区成为国内继上海之后新文字运动的重镇,并于1941年在全国第一个赋予新文字法律地位。一切上下公文、买卖账目、文书单据等,用新文字写与用汉字写同样有效。主持这项工作的陕甘宁边区政府主席林伯渠、陕甘宁边区新文字运动委员会主任吴玉章,正是瞿秋白在苏俄研制"瞿氏方案"的核心成员。从这个意义上说,他们二人的这番努力就是为了实现瞿秋白生前所立下的宏愿。

正如毛泽东所指出的,支持、拥护新文字的必为"无数量"的中国广大基层百姓。在苏俄,以王湘宝(刘长胜)为代表的中国工人,积极参与到拉丁化新文字运动中,曾与萧三、吴玉章、林伯渠以及苏俄专家龙果夫、郭质生、莱赫捷、史萍青等一道以"瞿氏方案"为基础拟制出《中国汉字拉丁化的原则和规则》这一实施方案。刘长胜(1903—1967)还曾担任"远东边区新字母委员会"主席团中国部主席,并与苏俄专家史萍青合作编写出版了《新文字——中国工人识字课本》。因为中国工人的积极响应和热情参与,截至1933年11月,在苏俄出版的中国拉丁化新文字的课本、读本、文法和字典等印数已达10万册以上。[21]在中国国内,从上海到延安,从北平到广州,1935年起到处都有新文字的学习者及其指导者。1935年4月,中文拉丁化研究会编印的小册子《中国话写法拉丁化——理论·原则·方案》，1935—1938年间在上海再版6次，印有9000册，在北平翻印几千册，在广西翻印上万册。然而，这本小册子竟然是由参加"职工新文字讲习班"学习的上海生活书店的十几位青年工人"用他们的血汗换来的仅有的工钱"捐来出版的。[22]

在国内，新文字曾遭到不少人反对，包括来自国语罗马字支持者的压制。国民党中央宣传部还曾于1936、1938年两度查禁新文字，新文字运动很多时间只能不公开或半公开开展。然而，知识界中的有识之士一直在坚持，即使处于低潮期，他们也不妥协。

首先是陶行知。1935年12月，他发起组织全国性新文字团体"中国新文字研究会"，负责领导整个新文字运动活动的开展。他主持起草推行新文字的意见书《我们对于推行新文字的意见》，并组织签名活动。他积极推动新文字北方话方案以外其他方案的出台。面对"国罗派"的反对，陶行知发表了《新文字和国语罗马字——答复黎锦熙先生》一文，明确指出：新文字是中国人自己研制出来的方案，新文字有北方话方案但没有将北方话当作国语的意图，新文字与国语罗马字虽各自关注点不同但都注重技术进步，新文字是"中华民族大众"争取自由解放的重要工具因而也由"整个民族的大力量"来推动。[23]可见，民族解放运动是新文字推广的另一个重要背景。关于这一点，陶行知在上述意见书中说得最清楚：

> 汉字好比是独轮车，国语罗马字好比是火轮船，新文字好比是飞机。坐上新文字的飞机来传播民族自救的教育的时候，就可以知道新文字是不但不阻碍中国统一，而且确有力量帮助唤起大众挽救我们的垂危的祖国。[24]

但是，拉丁化新文字绝不仅仅是为了眼前的民族解放运动，其终极目的是求得大众自身的解放。所以，陶行知强调："新文字是大众的文字。它要讲大众的真心话。它要写大众的心中事。认也不费事，写也不费事，学也不费事。……要教人人都识字，创造大众的文化，提高大众的位置，完成现代第一件大事。"[25]很显然，陶行知是以中国"现代第一件大事"来看待大众获得新文字以及文化地位的。

其次是陈鹤琴。从1938年1月真正接触新文字到1940年10月离开上海避难宁波等地不到三年的时间里，陈鹤琴以上海租界"华人教育处"处长兼"国际救济会难民教育股"主任的身份，积极帮助"上海新文字研究会"，并满腔热忧投身新文字的宣传和教育事业。他不仅前去租界当局说项担任担保人让该研究会登记为"合法团体"开展工作,而且亲自编辑出版难民用的新文字课本和新文字系列读物,亲自教授难民新文字,亲自设计新文字徽章颁发给每一个通过新文字学习的难民。他曾接受记者采访,明确表示"国际救济会难民教育股"不但已将新文字列为难民教育的必修课,而且决定将"以三万五千难民作试教对象"大规模实验新文字。[26]他曾在《难民特刊》上发表文章强调指出,新文字可"使一般人不致因文字上的难关而阻塞知识的门径,更不使他们把一生光阴大部分浪费在文字本身方面"[27]。

他亲手编辑出版的新文字系列读物包括《Yofei》(《岳飞》)、《Xua Mulan》(《花木兰》)、《zhungshan Siansheng》(《中山先生》)、《Wu Xyn》(《武训》)、《Wen Tiansiang》(《文天祥》)、《Ban Chao》(《班超》)、《Edison》(《爱迪生》)、《Lincoln》(《林肯》)、《Franklin》(《富兰克林》)、《Watt》(《瓦特》)、《Fulton》(《富尔顿》)、《Stevenson》(《史蒂文生》)等十多本新文字与汉字对照阅读连环画。他主管的"国际救济会难民教育股"举办有"收容所工作人员新文字培训班",培训了众多收容所新文字师资。"国际救济会难民教育股"还曾专门设立"新文字组",负责各收容所的新文字教学工作。在此期间,他还担任"上海语文学会"理事长,与陈望道先生一道主持上海地区的语文改革和教育工作。他们曾举办过新文字教师培训班,举行过新文字教师鉴定考试,陈鹤琴曾亲临考场监考,亲自给合格教师颁发证书。面对工部局英国人的质询,"你们为什么要这种文字?这种文字是宣传共产主义的,在租界里是不允许宣传共产主义的",陈鹤琴予以驳斥:"马克思的许多著作都是用贵国的英文出版的,那么英文能够说是宣传马克思主义的吗?"[28]

还有蔡元培。蔡元培在五四时期就主张"用拉丁字母"来改革中国汉字,曾在《国语月刊》的"汉字改革号"上发表《汉字改革说》。他说:

为什么要废现行的楷书,另用拼音字?
(甲)楷书没有线索,要一个一个的硬记,很不易学!
(乙)楷书是下行的,读时很费目力!各行又是自右到左,写时很不方便!
(丙)楷书的打字机,很不易造;现在通行日本人所造的,字数还是不足,面积已经太大。
若改用拼音字,这三种困难都没有了![29]

1928年,就在他执意辞去"中华民国"大学院院长之际,仍主持正式发布了《国语罗马字拼音法式》，期待"拉丁字母"能够为更多国人接受。1935年，他第一个在意见书上签字，支持新文字，支持拉丁字母在全国的普及。1939年春，"香港新文字协会"协会成立，71岁高龄的蔡元培仍被推为名誉理事长，并为学会题词："扫除文盲，愈速愈妙，其所用之工具，愈简愈妙。"[30]在蔡元培的支持下，香港成为新文字运动的南方重镇。

倪海曙在《拉丁字新文字的始末和编年纪事》一书中有一个权威统计：新文字运动21年中，全国有20多万人学习了拉丁化新文字，成立团体不下300个，出版图书170多种，创刊刊物80多种。[31]无疑，拉丁化新文字扩大了文字改革运动的影响，是拉丁字母在特殊战争年代的一次大宣传、大普及。

第二节　"新文字"的拉丁字母使用演变情况

准确地说，"新文字方案"是以《中国文字拉丁化的原则和规则》的形式在1931年中国文字拉丁化第一次代表大会上确立下来的。"新文字方案"又是由"瞿氏方案"修改而成的。"瞿氏方案"其实又有三个版本，即1929年问世的《中国拉丁化字母草案》、1930年正式出版的《中国拉丁化的字母》和1932年完成的《新中国文草案》。《中国拉丁化字母方案》与《中国拉丁化的字母》均由莫斯科"中国劳动者共产主义出版社"出版，前者仅印行200册，样本保存在列宁格勒（今圣彼得堡）国立公共图书馆东方部，后者用汉文、俄文和拉丁化汉文印刷，印数达3000册。[32]"新文字方案"是由第二个版本，亦即《中国拉丁化的字母》修改而来的。

《中国文字拉丁化的原则和规则》（以下简称《规则》）分十三条原则和"字母""拼音的规则""写法的规则"等几项内容。将这些内容与瞿秋白《中国拉丁化的字母》（以下简称《字母》）作比较，很能够发现一些情况。

1. 字母的数量

《规则》中的第一段表述几乎与《字母》完全一样。这表明它与《字母》持完全一致的方案研制理念。第一，悉数采用现行拉丁字母；第二，一般不使用其他符号。如果将"zh、ch、sh、rh、ng"算作单一字母的话，《规则》为28个字母。也就是说，《规则》通过周有光先生所说的"合拼"改造，用分别表示28个音素（含22个辅音、6个元音）的字母和字母组合来书写汉语。但实际上，现行拉丁字母表中仍有"q、v"两个字母《规则》没有用到，这比《字母》多用一个字母"x"。此外，《字母》增加了两个字母"é、ń"，而《规则》

没有增加。这样看来,《字母》《规则》以及今天的汉语拼音所使用的字母数分别为 23、24、25 个。从通行拉丁字母表看,它们没有用上的字母如表 6-2 所示。

表 6-2 三个汉语拼写版本拉丁字母表剩余字母一览表

汉语拼写方案	面世时间	拉丁字母表剩余字母
中国拉丁化的字母	1929	q、v、x
中国文字拉丁化的原则和规则	1931	q、v
汉语拼音方案	1958	v

如今通行键盘上的"v"已在代替汉语拼音元音"ü"的使用了。虽然这有点不合语音学原理,因为"v"在实际语言中通常是辅音而不是元音,但目前国内学界主张这样来改善《汉语拼音方案》的呼声越来越高。[33] 其实,根据周有光先生的"假借说",即"字音变通"原理,这样处理是有其道理的。[34]

2. 使用基本一致的字母

主要有三组。

第一组是"j、w"。这是两个所谓的"半元音"字母。"j"一般只跟"i"或"y"相连,"w"也只会跟"u"在一起。《规则》《字母》都认为,这两个音既可以视为辅音,也可以看作元音。当元音"i、u、y"在第二个音节开头的时候,特别是前一个音节末尾是辅音的时候,要分别用"j、w"放在前面表示它们是有辅音存在的,如"原因"要写成"yanjin"不能写作"yanin","队伍"应写成"duiwu"而不能写作"duiu"。[35] 这是它们二者基本一致的拼写规则。

第二组是"g、k"。它们既可以做"不爆破音",又可以做"爆破音"。当然是在"a、o、e、u"为"爆破音",在"i、y"前是"不爆破音"。如"几个"拼写为"gigo","穷困"拼写为"kionkun"。

第三组是"z、c、s、r、zh、ch、sh、rh(《字母》作'jh')"这八个辅音的元音都比较特别,具有"中国特色"。《字母》统一拼作"e",而《规则》一律省去。[36]

最后,就是声调。二者都强调"只保存必要"的字母拼写。如"买"与"卖"分别写作"maai"和"mai","哪儿"与"那儿"分别拼作"naar"和"nar","山西"与"陕西"分别拼作"shansi"和"shaansi"。

3. 使用很不相同的字母

除了声母"日"的写法分别为"rh"和"jh"外,《规则》与《字母》的字母用法还有一些明显不同。

（1）"h"和"x"

在《字母》中，"h"表示辅音"ㄏ"，但在《规则》里，辅音"ㄏ"由"x"来拼写，同时"x"还表示辅音"ㄒ"，如"喜欢"拼作"xixuan"。也就是说，在这里《规则》中的"x"取代了《字母》中的"h"，这是很有意思的一种现象。

（2）"ń"和"ng"

在《字母》中，后鼻韵母"ń"用新增加的字母"ń"表示，而在《规则》里，则用双字母"ng"来拼写，这也值得注意。

以上是"新文字"从《字母》到《规则》的演变情况。

然而，瞿秋白的《字母》又是从赵元任的"赵氏方案"，也就是《国语罗马字拼音法式》（以下简称《法式》）改编而来的。所以，这里再将《字母》与《法式》作一简单对比。

1. 字母使用数量的对比

在《字母》里，拉丁字母表中的26个字母使用了23个，而在《法式》里，包括"q、v、x"在内的26个字母全用上了。不过，《法式》中的这三个字母不是为了拼写，而主要用来标注一些特别情况。比如，"q"放在音节末尾用来表示入声音，如"tie"（铁）；"x"表示音节连续重复，如"pianx"（偏偏）；"v"表示音节间隔重复，如"kan i v（看一看）"等。[37]应该说，这种悉数全用的理念是很好的。

2. 字母使用一致的地方

首先，"ㄅ、ㄆ、ㄇ、ㄈ"和"ㄉ、ㄊ、ㄋ、ㄌ"这8个声母是完全相同的，分别用"b、p、m、f"和"d、t、n、l"这8个拉丁字母来拼写。不难看出，《字母》对于《法式》的继承是非常明显的。

其次，声母"ㄍ、ㄎ、ㄏ"都用字母"g、k、h"来拼写，这也是非常清楚和明确的。

再次，韵母"ㄚ、ㄛ、ㄜ"完全一致，都用拉丁字母"a、o、e"来拼写，"ㄧ、ㄨ、ㄩ"也基本相同，都用"i、u、y"表示。只是"ㄧ、ㄨ、ㄩ"作为声韵兼用的半元音，《字母》和《法式》在具体拼写上有些差别。

3. 字母使用很不相同的地方

（1）声母"ㄐ、ㄑ、ㄒ"在《字母》里分别是用拉丁字母"gi、ki、hi"等三个"双字母"表示，而在《法式》里分别由"j、ch、sh"来拼写。很明显，《法式》的做法很接近英文，容易为大家接受。但是，这样处理也不是很妙，其中一个最大的问题是"j、ch、sh"又同时来拼写声母"ㄓ、ㄔ、ㄕ"。这很不好，甚至可以说是方案不够成熟的一个重要表现。一般来说，字母与音素的关系应该是一一对应的。

（2）声母"ㄗ、ㄘ"在《字母》里用"z、c"来拼写，而在《法式》里则分别是用拉丁字母"双字母"，即"tz、ts"表示。瞿秋白在《罗马字的中国文还是肉麻字中国文》一文讨论《法式》中的声母问题时明确指出，从语音学的学理来看，"ㄗ、ㄘ"确实分别是复合音"t＋z""t＋s"，但它们却是中国普通话中极常见的，所以应从字母表中择取"一个"拉丁字母来拼写。德文、意大利文就是用"z"来拼写"ts"这个音的，因为它们的这个音比较多。而英文、法文中这两个音比较少，所以使用双字母"tz、ts"影响不大。不难看出，《字母》中"z、c"的设计是从德文、意大利文中得到启发，获得灵感的。

（3）声调在《法式》里是作为一个特别的重点来详细规定各种拼写规则的，而《字母》里只保留极特殊的情况，这是二者最大的不同。

《法式》的声调拼写规则具体分为九个大项。概括起来，它重点强调了以下四个方面：

第一，阴平音节的拼写为"基本形式"，但声母为m、n、l、r（日）的音节在拼写时，声母后要增加字母"h"，如"mhau（猫）""lha（拉）"等。

第二，阳平音节声母为m、n、l、r（日）的用"基本形式"。如"min（民）""neng（能）""lian（连）""ren（人）"等。开口呼音节在元音后加"r"，如"char（茶）""torng（同）"等；而齐口呼、合口呼音节要将字母"i、u"分别改为"y、w"，如"chyn（琴）""hwang（黄）"。

第三，上声音节的拼写手段主要是元音双写，如"faan（反）""meei（美）"。另外，复韵母首末字母为"i、u"的音节，"i、u"分别改为"e、o"，如"hae（海）""goai（拐）"。

第四，去声音节拼写的主要办法是在音节的尾部增加或改换字母。情况有些复杂，现列表6-3说明如下：

表6-3 《国语罗马字拼音法式》去声音节拼写办法一览表

汉语拼写方案	汉语三组辅音拼写办法					
最初形式	－i	－u	－n	－ng	－l	－（无）
去声形式拼写办法	－y	－w	－nn	－nq	－ll	－h
举例	tzay 在	yaw 要	bann 半	jenq 正	ell 二	chih 器

从以上的叙述可以看出，《法式》的声调拼写办法主要是以下三个：（1）增加拉丁字母；（2）拉丁字母双写；（3）拉丁字母改写。用来增加的字母也只有三个，即 q、h、r。

如果进一步将《字母》与威妥玛的《语言自迩集》（以下简称《自迩》）作比较，则更能看出不少有趣的情况。

1. 字母使用数量的对比

《自迩》可能是现有汉语拼写方案中使用拉丁字母最少的一个方案，只有 21 个字母。拉丁字母表中的字母没有用上的有 5 个，即"b、d、q、x、v"。这是因为《自迩》使用了符号"'"，爆破音和不爆破音成对出现，省略了"b、d"，"p、t"两个字母拼写出了 4 个辅音"ㄅ、ㄆ"和"ㄉ、ㄊ"。《字母》不使用符号"'"，"b、d"就用上了。

2. 字母使用一致的地方

（1）声母方面

主要有"f、l、m、n、sh"5 个。这些字母和字母组合在《自迩》和《字母》里分别用来拼写声母"ㄈ、ㄌ、ㄇ、ㄋ、ㄕ"。

此外，字母"w、y（《字母》里为'j'）"所表示的两个声母，《自迩》和《字母》的看法相当一致。《自迩》里强调说："w，同于英语的 w，但在 u 前非常弱——假设它真的存在。"又说，"y，同于英语的 y，但在 i 或 ü 前非常弱。"[38]《字母》里说："w 是 u 的半母音，j 是 i 半母音。"[39]

（2）韵母方面

主要有"a、ao、e、ei"和"i、ia、iao、ie、io、iu、o、ou、u、ua、uo"两组。它们在《自迩》和《字母》里都分别表示"ㄚ、ㄠ、ㄜ、ㄟ"和"ㄧ、ㄧㄚ、ㄧㄠ、ㄧㄝ、ㄧㄛ、ㄧㄡ、ㄛ、ㄡ、ㄨ、ㄨㄚ、ㄨㄛ"等 15 个韵母。

另外，在《自迩》和《字母》里，还有"ㄢ、ㄣ、ㄧㄣ"三个前鼻韵母也是基本相同的，都用字母组合"an、en、in"来拼写。

3. 字母使用不相同的地方

（1）《自迩》有 6 个声母带有符号"'"，《字母》没有。

"ch'、k'、p'、t'、ts'、tz'"等带有符号"'"的声母是《自迩》里才有的特殊拼法。符号"'"《字母》里没有，《法式》里也没有。

（2）《自迩》"hs"表示声母"ㄒ"，"j"表示声母"ㄖ"，这是很特别的。但《字母》与它们还是比较接近的，分别是用"h"和"jh"拼写"ㄒ"和"ㄖ"。

此外，《自迩》里"ts（tz）"和"ts'（tz'）"两组字母组合用来拼写

"ㄗ、ㄘ"，这远远不如《字母》使用"z、c"来得简便。

（3）《自迩》最早将"w、y"两个字母正式作为声母来拼写，如"wang（往）""ying（迎）"等。

其实，瞿秋白《中国拉丁化的字母》一书在写作时对世界上的主要拼写办法都做过很深入的研究。其中有一节内容叫作"新拉丁化字母的一览表"，就是《字母》《法式》《自迩》还有俄语全部元音、辅音拼写办法的"对照"。[40]不难看出，"瞿氏方案"的研制有其鲜明的科学性、专业性和探索性。自然，《字母》对于《法式》《自迩》等拼音技术的多方吸收也能窥见一斑。

上述"一览表"中，没有看到"声调"拼写办法的比较，这是耐人寻味的。因为正如瞿秋白所言，无论是外国学者还是中国语言学家在其方案研制中都曾"费了很多的精力"。[41]威妥玛就说："没有什么题目比声调更重要、更值得论述了，也没有什么题目在讨论时比这个题目更难重复别人的话了。"[42]因为他在研究北京话时就发现，"如果声调正确，即使我们将 nan 念成 lan，也不会被误解。相反，如果将声调搞错，把 nan^1 发成 nan^2，虽然声韵都对，却很有可能被理解错"。[43]赵元任也认为，声调这种东西就是一种音位，[44]而国语罗马字实行"音位标音"，[45]所以有那么多的规则参与了声调拼写。关于声调，他还曾特别强调：

不光是中国语言所独有的咯，并且也不是亚洲、东南亚语言里所独有的，非洲也有，美洲有一部分的红印度语言也有，中美洲、南美洲有的红印度语言，也有声调的分别。[46]

然而，瞿秋白既没有像威妥玛那样用"上标"的阿拉伯数字"1，2，3，4"来标识北京话的阴平、阳平、上声、去声，也没有像赵元任这样花那么多心思动用那么多的字母来拟订声调拼写规则。在他看来，前者可能根本不是拼音文字的书写办法，而后者也实在太繁杂，几万万中国基层民众学不来。他认为，应该从"理论"和"实用"两个层面来把握声调。他曾明确指出，"理论上的'五声'也可以用字母表示出来"，他的《中国拉丁化字母草案》就是用来说明这"'五声'的理论"的；而他的《字母》作为一个可以推行的拼写方案，则主要从"实用"的角度来处理"声调"，也就是不再强调"五声"中那些"很细微的分别"，而将"声调"视为外文中的"重音"。[47]

据周有光介绍，从 1605 年意大利传教士利玛窦方案《西字奇迹》到 1958年的《汉语拼音方案》，350 多年里使用拉丁字母来书写的汉语拼写方案主要有

35 种。其中，17 种是外国人拟定和应用的，18 种是中国个人与集体拟订的。[48] 可见，使用拉丁字母拼写汉语有很深的历史积淀，中外学者一直为此在做长期的努力。

然而，具有深远影响的主要还是这里重点比较的《自迩》《法式》《字母》还有今天的《汉语拼音方案》。其中《自迩》在国外曾得到广泛的应用。《法式》曾是我国正式颁布的拼写方案。《字母》则在中国各地基层百姓中间赢得过普遍的欢迎，曾是《汉语拼音方案》之前一大批中国知识分子汉字改革的希望所在。笔者在此对《字母》《法式》《自迩》三个方案做出以上进一步的具体梳理，目的在于深入探寻"瞿氏方案"的研制在学术上所做出的探索。

第三节 "瞿氏方案"对"正词法"的重要探索

《汉语拼音方案》如今已有 60 多年的历史了，但不曾修改过一处；近十多年来，虽然学界有这样那样的修改呼声，但是它也依然如故。从中可以看出其非同寻常的科学性、先进性和学术定力。然而，《汉语拼音方案》毕竟是作为"拼音方案"而不是"拼音文字方案"颁布的。所以，对于普通话中一个一个汉字"字音"的拼写，它是完全可以胜任的，没有问题的，但对于普通话"词"的书写，可以说专家们还没有来得及作更充分的专门研究。自然，关于"词"的书写规则《汉语拼音方案》没有多少明确规定。这与其说是《汉语拼音方案》的一个重要缺憾，不如说是拉丁字母书写现代汉语必定要经历一个适应过程，此其一。其二，一个带有根本性的问题是，在汉语语境中，语言学中的"词"是一个非常非常"年轻"的概念。什么是词，不仅一般人闹不明白，就是语言学专家们有时也是各执一词。词汇学是一门新学科。

然而，汉语遇到字母必须走"正词"这条路。所以，几乎每一个汉语拼写方案的研制者们都曾有过"正词法"方面的研究。《汉语拼音方案》研制过程中，周有光他们研究过，《字母》《法式》《自迩》的编创者们也都研究过。

《自迩》与其他传教士方案一样，在拼写多音节词的时候用短横线将两三个音节连接起来，如"pang‐yang（榜样）""hsing‐cho（醒着）""jên‐mên（人们）""ta‐jên‐mên（大人们）""K'ê‐shang‐mên 客商们"，等等。[49]

《法式》通常是直接将几个音节连写在一起，如"huooche（火车）""jinyu（金鱼）""charie（茶叶）""wanqyeuanjinq（望远镜）"等。但在第二个音节为

"零声母"的时候,《法式》引入短横线作为隔音符号来拼写词,如"chin－ay(亲爱)""shen－aw(深奥)""dan－iou(担忧)""dih－ell(第二)",这是必要的。下面这两个词最能说明这一点:在"fanann(发难)"中无需加短横线"－",但在"fan－ann(翻案)"中短横线"－"就少不了。[50]

《字母》是第一个引入了隔音符号"'"的拼写方案。对此,瞿秋白列举了最典型的两个例子予以说明,一个是"pin'an(平安)",一个是"hee'an(黑暗)"。[51]但《字母》也还是保留了短横线。但其短横线主要只在一个特殊情况下使用,即词在分行的时候要用到它。比如,在通常情况下,"因此""入声""完全"等词拼为"ince""jhushen""wancyan",但在"另起一行写"的时候,就要加上短横线"－",拼成"in－ce""jhu－shen""wan－cyan"。[52]这也就是周有光在《汉字改革概论》一书里所特别讨论的"移行法"。

《字母》除了用"拉丁化汉文"全文翻译介绍了自己的方案外,还特别选用了《谁是靠着什么生活的?》《汪精卫反对蒋介石》等短文具体展示了这套汉语拼写方案的"正词"规则和分词连写办法。这是瞿秋白非常在意、非常用心的一些做法。1932年,他修改完成的第三个版本《新中国文草案》对"正词法"的介绍更为具体、详尽。其中有"拼音规则""书法大纲""文法规则""拼音和书法的说明"等章节内容都是"正词法"的相关内容的介绍。可以说,瞿秋白对三四个音节以上的多音节词,包括成语、专业术语的连写办法,做出了最早的探讨。

1. 专业术语的连写

专业术语,包括一切抽象名词,都按照它们的意义等来确定是否连写或分写。比如:"剩余价值"拼作"sennjy giazze","资产阶级"拼作"zecaengaigi"。

2. 文言成语的连写

文言成语只要是当作一个字眼用的都连写。比如:"岂有此理"拼作"ci-juceli","无缘无故"拼作"wuyenwugu"。

3. 词头、词尾的连写

词头有两种形式,一是直接连写,一是加短横线这种"连接号",但没有特别的要求。如:"小资产阶级"可拼写为"siao－zecaengaigi","半殖民地"可拼为"baenzemindi"。词尾,无论是意义上的,还是语法上的,一律连写。比如:"资本家"拼作"zebengia","民族主义"拼作"minzuzuj","资本主义的"拼作"zebenzujd","哲学上的"拼作"zeisiosand",等等。[53]

如果说,正是中外学者的汉语书写字母化、拉丁化的努力促进了汉语语境中"词"的研究,这是没有什么问题的。

周有光1959年在写作《汉字改革概论》时，他还说，"词"是现代汉语的一个新名词，"还没有完全定形"，"有'词，语，词语，语词，词儿'等种种说法"[54]。确实如此，"词"最早写作"辞"，汉代以后逐渐写作"词"；在汉语语境中，几千年里都是指的语言的"言语成品"，所谓"义正词严"[55]。所以，直到现代语言学的确立，才有语言的"结构单位"这一新概念。瞿秋白在汉语书写拉丁化探索中所撰写的9篇系列语言文字研究论文几乎篇篇都有"词"的讨论，也就是"字眼"的讨论。其中还有一篇是研究"字眼"的专论《普通中国话的字眼的研究》。值得特别强调的是，瞿秋白的这些"字眼"讨论基本上都是在1932年之前完成的。

可以说，在语言学界，瞿秋白有关"词"的讨论达到了相当高的学术水准。其中，有不少值得特别珍视、对后世影响较大的关于汉语"词"的学术观察、理论探讨和语言规划设想。

第一，词的发展。

汉语语汇已呈现重大转型，词已完全走向多音节化。在瞿秋白看来，现代汉语，或者说，现在的普通中国话已发展成为一种越来越多的字眼为两个音节以上的"多音节词"语言。他具体分析道，汉语的多音节化从明清之际就开始了；进入现代之后，中国社会一切新的变化、新的关系、新的东西、新的概念都要一一落实到汉语表达中，于是新的字眼、新的句法、新的表达方式迅速被中国人一一创造出来。特别是那些意义比较复杂、表达比较精确的词汇绝大多数都是多音节词了。瞿秋白的这一判断在后来学者那里得到反复论证。20世纪50年代末，王力在其《汉语史稿》一书中也这样强调说：

> 现代汉语新词的产生，比任何时期都多得多。佛教词汇的输入中国，在历史上算是一件大事，但是，比起西洋词汇的输入，那就要差千百倍。
>
> 从鸦片战争到戊戌变法，新词的产生是有限的。从戊戌变法到五四运动，新词增加得比较快。五四运动以后，一方面把已经通行的新词巩固了下来，另一方面还不断地创造新词，以应不断增长的文化需要。现在在一篇政治论文里，新词往往达到百分之七十以上。从词汇的角度来看，最近50年来汉语发展的速度超过以前的几千年。[56]

不久，刘世儒、徐仲华等主持编著的《五四以来汉语书面语言的变迁和发展》一书更明确指出，从戊戌变法到辛亥革命是汉语双音节词大量产生的时间，而五四以后则是三音节成批出现的新时代了！[57]

正是敏锐地发现并准确地把握了汉语语汇这一重大转型和变化，瞿秋白指出，赵元任的《法式》"没有脱离汉字的束缚"，所以"声调在每一个字眼，每一个音节都拼出来"[58]。因此，在谈到汉语拉丁化拼写时，瞿秋白强调，"骂"作为单音节词拼作"mma"，但双音节词"辱骂"中的"骂"这个音节在连写中就没有必要特别标明声调，拼作"jhuma"即可。[59]可见，瞿秋白的"词意识"明显强于同时代其他学者。

从这个意义上说，拉丁化新文字运动也是一次极好的"词意识"的普及和宣传活动。倪海曙就是在这个运动中成长起来的著名学者。他1950年所撰写的《中国拉丁化拼音文字的写法》一书极好地展现了作为新文字推广者鲜明的"词意识"。该书整个拉丁化新文字的写法介绍都是围绕"词"的讨论展开的。首先，词有名词、代词、数词、量词、动词、形容词、副词、介词、后置词、连接词、语气词、呼叹词、声响词以及外来语等十余种，其次，名词中又有普通名词、专有名词，专有名词中还有地名、人名、绰号、别号、外号、艺名、店名、厂名、公司名、机构名等。这些不同的词都有不同的拼写规则，更不用说，由词组合而成的所谓"词团"和组成词的语言单位"词素"都是影响拼法的重要因素。[60]1949年，在《拉丁化新文字概论》一书中，倪海曙就曾高调宣称："中国的语文改革，不只是文字符号的改朝换代，而是语言（包括'口头语'和'笔头语'）从单音节汉字束缚下的解放和发展。"[61]

第二，词的研究。

"字"观念在消解，"词根"成为分析"词"的主要手段。在瞿秋白看来，现代汉字不等于"词"，大多数汉字单独不发生意义，只剩下字眼中的字根、字头或字尾的作用。

倪海曙（1950）在介绍拉丁化新文字的写法时，特别介绍和阐述了"词素"这个新概念，强调"词"的结构单位是音节不定的"词素"而不是单音节"字"。[62]可以说，"词素"概念的建立进一步消解了人们长期以来形成的根深蒂固的"字"观念。其实，"词素"概念在瞿秋白语言文字系列论文中论述得相当充分了。在瞿秋白看来，欧洲语言的多音节字眼是由"字根"联络起来的，"字根"的前面是"字头"，后面是"字尾"。随着汉语发展的不断深入，汉语的多音节字眼也呈现出类似欧洲语言的结构特征。他举例说，"国家主义者"不是五个汉字的组合，而是"国、家、主、义、者"五个"字根"和"字尾"的组合。[63]也就是说，汉语多音节词看上去是一个个汉字的组合，本质上是"字根"与"字头""字尾"的组合。可见，瞿秋白这里的"字根""字头""字尾"就是倪海曙书中的"词素""词头""词尾"。

中国现代语言学史的研究表明，20世纪30年代初前语言学界对汉语白话"词"的研究成果很少。从1912年到1932年20年间仅有几部相关著作面世，即胡以鲁1913年出版的《国语学草创》、胡适1922年的《国语文法概论》、刘复1918年出版的《中国文法通论》、金兆梓1922年出版的《国文法之研究》、黎锦熙1924年出版的《新著国语文法》。[64]其中，《新著国语文法》最为系统，在之后二三十年里影响最大。然而，黎锦熙虽然在书中强调说"不可把一切'单字'都当作'词'"[65]，还辟有专门章节讨论"字与词"，甚至在分析汉语"词类变更"时还多次谈到"西洋文字有词头（Prefix）或词尾（Suffix）的变化"[66]，但其全部"词"的讨论不见"词"的结构分析，更没有阐述汉语"词素"，或者说"字根"在"词"的构成中的意义。

笔者这里还有一个重要发现：据孙银新（2003）介绍，"词素"一词来源于北美结构主义语言学的先驱布龙菲尔德《语言学》对于"morpheme"的探讨。[67]而布龙菲尔德《语言学》一书1933年才出版。这就是说，瞿秋白是最早开始对于"词"的重要构成"词素"（即"字根"）的探讨。假如可以这样推断的话，那么中国语言学界的词法理论应该可以说是由瞿秋白开创的。

孙银新在其《现代汉语词素研究》一书中，还特别强调说，"词素"概念的引进得益于1938—1943年中国语言学界的"文法革新"大讨论。[68]正是在这一大讨论中，傅东华第一个引进了布龙菲尔德最有影响的著作《语言学》中的概念"morpheme"，陈望道对此作了积极回应，并在第二年发表的《六书和六法》一文中用到"辞素"一词。陈望道（1940）指出，汉语词语因为"辞素"的关系形成两大类："假使用以配合的辞素各个可以独立成语的，便是'合成语'；假使用以配合的辞素有一可以独立成语，又有一个不能独立成语的，便是'推出语'。"[69]陈望道晚年在其《文法简论》中有专门一节讨论"辞素"，这时他把"辞素"写成"词素"了。[70]

第三，词与字的规划。

汉字只是汉语语词"词素""词头""词尾"的记录符号，现代汉字应走"定量"之路。在瞿秋白看来，汉字作为汉语"字眼"的记录符号，本质上记录的是汉语"字眼"的"字根""字头""字尾"。从现代汉语"字根""字头""字尾"的记录需要看，汉字数量无需太多。因为面对汉语"字眼"前所未有的增长速度，再像过去那样仰仗"字"的新造已经难以为继了。因为人的记忆力是有其阈限的，超过一定的阈值一般人都无能为力。在中国传统社会，识字量大确实是可以拿来夸耀的本领。如今，现代科学技术的发展落实到语言上是"字眼"数量的增长，而不应该是其记录符号本身的机械增加，这是一方面。另一方面，也是最根本的一点，新词的创造必须重点倚赖"词素"，也即"字根"组词潜力的深度挖掘。瞿秋白就认为，从现代普通话记录的实际需要来看，汉字至多两千五百字就够了，甚至有可能不要两千字。[71]他坚信，识字的人们完全可以用这不足两千的汉字做"字根"来创造几万、几十万新的字眼，表达那些"最复杂""最精细"的意义。[72]自然，这两千字左右的用字标准还不是针对文盲来说的。

所以，从这个意义上说，瞿秋白应该是最早讨论现代汉字要走"定量"之路的语言学家。他对汉字数量与字眼数量关系的辩证分析和科学展望，是我国现代汉字规划的重要思想。而且，瞿秋白提出这个定量之后20年，语言学界还没有一个人作"汉字定量"方面的探讨。直到50年代初才由曹伯韩、余学文、周有光等再次提出汉字整理必须做到"字有定数"这一问题。[73]其中，周有光这方面的研究最为深入。他曾明确指出："词的增加应当是无限的，字的数目应当是有限的，而且越少越好。添加新词就添造新字（依词造字）的时代应当赶快彻底结束。"[74]他强调，应当"到适当时候宣布停止再造新字"[75]。他期待能够"产生一份现代汉语用字全表"。他说：

> 有一天，我们能够告诉人家现代汉语究竟要用多少个汉字，把"不可知数"，变成"可知数"，这将是汉字史上的一件大事。[76]

这样的期待和努力，终于以2012年颁布的《通用规范汉字表》的形式落实下来了。虽然该表字种总量已达8105个，远远超出瞿秋白、周有光的预期，也远远超出日本的汉字定量，但"字有定数"的汉字观念已经开始在中国人心目中逐步建立起来。

第四节　结语

为了让亿万基层百姓都能参与现代科学、政治和艺术生活，瞿秋白在极其困难的环境下研制出汉语拼写的"瞿氏方案"，并很快在国内掀起了一场波澜壮阔的拉丁化新文字运动。这是拉丁字母在传统汉字社会的一次大宣传、大普及。"瞿氏方案"赢得了中国广大知识分子的热情支持，更得到了几十万众基层百姓的拥护，成为《汉语拼音方案》最直接的先导力量，是因为方案本身所具有的科学性、先进性和群众基础。瞿秋白不仅在字母设计上做出过很多学术探索，而且在"正词法"方面取得了很高的成就。在中国现代语言学史上,瞿秋白第一个提出"字根"的概念,也就是"词素"的概念,比美国布龙菲尔德在其《语言论》中专题探讨"morpheme"还要早,可以说是中国现代语言词法学的创立者。然而,因为环境条件的限制,《普通中国话的字眼的研究》等"词"的讨论系列论文没有及时发表,直到他作为烈士牺牲后才收到1938年5月出版的文艺论文集《乱弹及其他》中,这对中国语言学界的来说,不能不说是非常大非常大的损失。《乱弹及其他》最初由他的房东、挚友谢澹如(1904—1962)以"霞社"的名义在上海出版。

注释:

[1][6][13][39][40][41][47][51][52][53][58][59][63][71][72]瞿秋白.瞿秋白文集:文学编第三卷[M].北京:人民文学出版社,1985:319,325-329,352-362,354,369-372,352,352,354,358,439-440,227,227,243-244,249,249.

[2][3][4][5][14][15][16][18][21][22][26][27][31]倪海曙.拉丁化新文字运动的始末和编年纪事[M].上海:知识出版社,1987:165,119-161,72-96,81-96,76,73,73-74,7,86,97,139,135,37.

[7][9]李奇雅.瞿秋白在常州府中学堂[G]//瞿秋白纪念馆.瞿秋白研究:第4辑.上海:学林出版社,1992:260,256.

[8]茅盾.我走过的道路:上[M].北京:人民文学出版社,1981:226.

[10]汪诚国.瞿秋白与湖北省立外语专门学校[G]//江苏省瞿秋白研究会.瞿秋白研究文丛:第1辑.北京:中央文献出版社,2007:259.

[11]王铁仙,刘福勤.瞿秋白传[M].北京:人民出版社,2011:40.

[12]杨之华.忆秋白[G]//忆秋白.《忆秋白》编辑小组,编.北京:人民文学出版社,1980:213.

[17]周有光.周有光文集:第一卷[M].北京:中央编译出版社,2013:131.

[19]王力.汉字改革[M].太原:山西人民出版社,2013:93-94.

[20]毛泽东.致蔡元培[G]//中共中央文献研究室,编.北京:人民出版社,2003:57.

[23][24][25]陶行知.陶行知文集:第三卷[M].长沙:湖南教育出版社,1985:39-41,50,63.

［28］柯小卫. 陈鹤琴传［M］. 南京：江苏教育出版社，2008：217.

［29］蔡元培. 蔡元培全集：第四卷［M］. 北京：中华书局，1984：238.

［30］费锦昌. 中国语文现代化百年记事（1892－1995）［M］. 北京：语文出版社，1997：81.

［32］钟嘉陵. 瞿秋白在汉字改革方面的实践活动［J］. 上海师范大学学报（哲学社会科学版），1982（4）：47－48.

［33］玄玥. "ü"偏误调查与"v"替代的拼音策略［J］. 语言与翻译，2015（3）：91.

［34］周有光. 周有光文集：第二卷［M］. 北京：中央编译出版社，2013：254－255.

［35］［36］［37］［48］［54］［73］［74］［75］［76］周有光. 周有光文集：第一卷［M］. 北京：中央编译出版社，2013：98，99，91，202，287，375－376，376，375，375－376.

［38］［42］［43］［49］威妥玛. 语言自迩集［M］. 张卫东，译. 北京：北京大学出版社，2002：28，28，25，411－421.

［44］［46］赵元任. 语言问题［M］. 北京：商务印书馆，1980：66，60.

［45］袁毓林. 中国现代语言学的开拓和发展——赵元任语言学论文选［M］. 北京：清华大学出版社，1992：27.

［50］赵元任. G.R.连书词读法和"-"号的用法（1935）［G］//拼音文字写法资料选辑. 文字改革出版社编. 北京：文字改革出版社，1957：29－30.

［55］《古汉语常用字字典》编写组. 古汉语常用字字典［M］. 北京：商务印书馆，1979：40.

［56］王力. 王力文集：第九卷［M］. 济南：山东教育出版社，1985：680.

［57］北京师范学院中文系汉语教研室. 五四以来汉语书面语言的变迁和发展［M］. 北京：商务印书馆，1959：116.

［60］［62］倪海曙. 中国拉丁化拼音文字的写法（1950）［G］//拼音文字写法资料选辑. 文字改革出版社编. 北京：文字改革出版社，1957：131－133，131.

［61］倪海曙. 拉丁化新文字概论［M］. 上海：时代出版社，1949：39.

［64］何久盈. 中国现代语言学史［M］. 广州：广东教育出版社，1995：188－195.

［65］［66］黎锦熙. 新著国语文法影印本［M］. 上海：商务印书馆，1947：6，8.

[67][68] 孙银新. 现代汉语词素研究[M]. 北京：中国文史出版社，2003：14，14.

[69] 陈望道. 陈望道文集：第三卷[M]. 上海：上海人民出版社，1981：404.

[70] 陈望道. 文法简论[M]. 上海：上海教育出版社，1997：20.

第七章

延安文艺运动与瞿秋白

"延安文艺运动",指的是1937—1948年间以延安为中心的陕甘宁边区和全国其他革命根据地、解放区所开展的一场声势浩大的革命文艺运动。这场运动发展迅猛、影响巨大,是中国现代文化史上重要篇章。它不但在"空间"上超越了延安,在"时间"上也超越了延安,早已作为一种文化现象、文化传统和文化精神写入中国现代史,写进每一个中国文化人的心中。瞿秋白汉语规划思想与实践不仅影响到延安的拉丁化新文字运动,让延安第一个给予新文字与汉字同等的法律地位,同时也与延安文艺运动有着密切的关系。有关这方面的研究,之前学界就有不少,主要有毛泽东文艺思想的来源、延安文艺运动与左翼文艺运动的关联。笔者拟在此基础上做些新的探讨。

第一节 文艺视域下的瞿秋白与毛泽东

瞿秋白是从文艺活动,特别是俄罗斯文学的研究、翻译和介绍开始走上对苏俄革命实践的探索的。苏俄经验探索也是瞿秋白汉语规划思想的重要来源。所以,革命文艺事业是其汉语规划的特殊动力和重要目标。他看到,一方面,中国革命文艺事业亟需越来越多的基层群众来参与;另一方面,愈来愈多向往进步、追求光明的基层群众一旦掌握了语言工具也就必将成为中国革命文艺事业的重要力量。甚至在他看来,中国革命文艺运动本身就是革命时代基层百姓生活的一个重要组成部分。因此,国内外学者,包括当年瞿秋白的很多朋友都认为,瞿秋白是一位杰出的马克思主义文艺领袖,他不仅有不少文艺创作和翻译实践,还有很多文艺理论著述,直接参加了"左联"革命文艺工作。谢澹如主编的《乱弹及其他》就是瞿秋白最有代表性的文艺著述,鲁迅主编的《海上述林》就是瞿秋白的经典文艺译著。

1920年秋，《人道》月刊停办后，瞿秋白就同郑振铎、耿济之、许地山等友人发起筹建中国现代文学史上第一个影响最大的文学组织"文学研究会"。[1] 在苏俄期间，瞿秋白作为该会成员与"文学研究会"一直保持密切联系，其《饿乡纪程》《赤都心史》两部书都是作为"文学研究会丛书"出版的。从苏俄一回国他就与"文学研究会"成员等好友聚会，感叹"中国文学园地太贫瘠"，鼓励他们做"引水送肥的'农夫'"[2]。

1923年5月，瞿秋白回国四个月即任在广州新创刊的中共中央机关理论刊物《新青年》主编。在其新的发刊词《〈新青年〉之新宣言》一文中，瞿秋白不仅谈到了文学，而且具体论述到"中国革命文学"的建设问题。他说：

> 现时中国文学思想，——资产阶级的"诗思"，往往有颓废派的倾向，此旧社会的反映，与劳动阶级的心声同时并呈，很可以排比并观，考察此中的动象；亦可以借外国文学相当的各时期之社会的侧影，旁衬出此中的因果。尤其要收集革命的文学作品，予中国麻木不仁的社会以悲壮庄严的兴感。[3]

可见，直接反映"劳动阶级的心声"、以外国文学的"社会侧影"来旁衬中国文学、不断累积"中国革命文学"的创作成果，是瞿秋白为代表的中共中央的基本文艺政策。这年年底，回国才一年，年仅24岁的瞿秋白就有一篇重量级的文学评论《荒漠里——一九二三年之中国文学》发表，引起文坛广泛关注。在这篇文章里，瞿秋白不仅"对当时的一些新文学作品进行批评，阐述革命文学的观点"，而且"还特别强调革命文学的语言要大众化"[4]。文章还对中西精神文化生活，特别是基层百姓文化生活做了这样一段发人深省的描述：

> 好个荒凉的沙漠，无边无际的……俞平伯先生说，到过洋鬼子那里去的人回到礼仪之邦来，便觉得葬身荒漠里似的；哪里有精神生活！"物质臭"熏天的西方反而是艺术世界，你道奇不奇？那里……那里亿万重压迫之下的工会里，尚且有自己的俱乐部，有文学晚会；工人出厂洗洗油手，带上领带便上剧院去。[5]

可以说，中国基层百姓"精神生活"的"荒芜"，瞿秋白的这一中国社会观察是他全部汉语规划思想的源头所在，也是他革命文艺建设的根本出发点。

1924年，瞿秋白在《社会科学概论》这部讲稿中，又对"无产阶级革命艺术"曾做过精彩的论述。他说,这种艺术"能舒畅无产阶级刻苦斗争的精神,增长群众的协作习惯及能力,振作创作的情绪,以达改造目的"[6]。在瞿秋白的影响下,1923年起,"革命文学"的提倡渐渐进入高潮,共青团中央的《中国青年》和国共合作条件下的国民党机关报《民国日报》副刊《觉悟》成为其主要阵地。[7]

不难看出,瞿秋白是早期中国革命文学的倡导者。虽然"革命文学"一词最早见于1903杨守仁(1903—1911)在日本留学期间的一个小册子《新湖南》,[8]但清末的所谓"文学"还只是指一般性的文章,现代"文学"概念的建立则是辛亥革命到新文化运动间现代民族国家建立后的事。[9]而无论是革命的内容还是革命的主体,瞿秋白这里所谈的"革命文学"与1928年后"创造社""太阳社"成员受日本普罗文学影响所倡导及随后所争论的"革命文学"基本上是趋于一致的。瞿秋白一直关注党的文艺工作,即使担任党的最高领导,依然与各种文艺社团有着广泛的联系。"文学研究会"之后的创造社、太阳社都曾得到瞿秋白这样那样的帮助和指导。

1931年夏之后,瞿秋白退出中央高层潜居上海,与鲁迅一道共同领导左翼文艺运动,翻译、写作和发表了大量"明犀锐利的理论批评文字"。这些文字,正如王统照所指出的:

给十几年来的文学改革运动以明白正确的结算;给大众化的工农的文艺奠下了初步的良基;给那些迷离、动荡的小资产阶级的文艺论者一种清醒分析的指示;给右倾于封建势力与资产阶级的学者以严正的批判。[10]

今天看来,王统照1950年所作的这番评价不仅没有过时,而且值得后人特别重视和珍爱。第一,五四白话文运动的成就和不足在瞿秋白的这些评论文字中得到了"明白"而又"正确"的总结;第二,瞿秋白这些文艺论述给文艺大众化,文艺走与工农相结合的道路做好了极为基础、明确和坚实的思想准备;第三,这些文字指引着一批又一批小资产阶级的作家和文艺工作者走出迷茫、困惑和情感纠结,让他们心中变得亮堂起来;第四,瞿秋白对于很多与无产阶级对立的作家、文艺评论家有过很多极为严正的批判,既澄清了是非,也指明了中国文学前进的方向。

中国现代文学史上不少史实都能证明王统照的这些评判是准确的、恰切的。左翼文艺运动期间,瞿秋白除了与鲁迅、茅盾有很多亲密的交往,一起领导过革命文艺,还与其他文艺界人士有非常广泛的接触,对他们的文艺创作都有不同程度的影响甚至具体的指导。

首先是蒋光慈（1901—1931）。早在苏俄莫斯科东方大学留学期间，蒋光慈就与瞿秋白相识相知、亦师亦友、彼此唱和；回国之后，瞿秋白介绍他到上海大学任中文系教授，两人一见面就在一起谈文学，情投意合。蒋光慈常常情不自禁地感谢时代，说时代给了他许多可歌可泣的材料。其代表作，1927年出版的《短裤党》就是中国现代文学史上第一部描写工人阶级大规模革命斗争的小说，是作家用革命文艺直接为革命斗争服务的一种积极且大胆的尝试。瞿秋白不仅给该小说写作提供了很多素材，与作者共同拟定了书名和写作大纲，还特别指导蒋光慈要深切地了解革命和革命群众，克服艺术上粗糙等缺点。书中史兆炎的原型就是上海第三次工人起义的领导人赵世炎，而党中央委员杨直夫这一栩栩如生、光彩照人的艺术形象的原型就是瞿秋白——杨之华的丈夫。《咆哮的土地》是蒋光慈的一部长篇小说，作品以南方各省的农民运动特别是蒋光慈家乡鄂豫皖边区的农民运动为题材，讴歌党领导下的如火如荼的农民运动。小说的这一主题也深受瞿秋白农民运动主张的影响。瞿秋白在给毛泽东《湖南农民运动考察报告》的序言里这样写道："中国农民要的是政权是土地。……中国革命家都要代表三万万九千万农民说话做事。……中国的革命者都应该读一读毛泽东这本书……"[11]1928年1月，蒋光慈与钱杏邨（1900—1977）、孟超（1902—1976）等成立了倡导无产阶级革命文学的太阳社，瞿秋白不仅参加了成立会议，还提出过一些具体意见，并通过蒋光慈与太阳社保持联系。

其次有丁玲（1904—1986）。丁玲是王剑虹的闺蜜、挚友。因为瞿秋白的介绍，她们俩都来到上海大学读书。在上大众多著名教授中，瞿秋白给丁玲的印象极深，他是"最好的教员"[12]。瞿秋白对于丁玲也是非常了解的，他曾说过这样的话："冰之（丁玲原名——作者注）是飞蛾扑火，非死不止。"丁玲的成名作《莎菲女士的日记》以及早期的许多作品都写到瞿秋白、王剑虹。最典型的还是《韦护》，这篇经典的"革命加恋爱"小说主要写的就是瞿秋白。韦护是瞿秋白的一个别名，他曾经告诉丁玲，韦护是韦陀菩萨的名字，他嫉恶如仇，见到人间不平事就要下凡惩恶。在丁玲看来，瞿秋白是酷爱文学的，若叫他在文学道路任意驰骋那一定是另一种人生；然而他走向了政治，为人间不平事奔走操劳，他是韦护，是韦陀菩萨。《韦护》虽然没有能够展现出韦护牺牲自我、献身革命的社会整体性，但却是丁玲从女性浪漫情爱主题描写转向革命文学写作的首篇。后来的丁玲不仅走上了"韦护"的道路，而且在延安的革命文艺工作中实践了瞿秋白提倡的"文艺大众化"等文艺主张。1980年，她还写有一篇题为《韦护精神》的短文，指出瞿秋白"是人间的真正的韦陀菩萨，是真正的共产党员",并表示:"面对这样的现实,我们就是应该效法韦陀菩萨,我们要有更多的韦陀菩萨,人人关心国家大事,大胆干预生活。"[13]

此外,还有夏衍(1900—1995)、郑伯奇(1895—1979)、钱杏邨(1900—1977)、田汉(1898—1968)等一大批文艺界人士。夏衍与瞿秋白接触较晚,但从1931年开始还是有近两年的工作联系。1930年8月,"左联"成立不久,夏衍和田汉等又成立了"剧联"。作为"文委"领导,瞿秋白了解到"剧联"在"南国剧社""艺术剧社"被禁和解散之后组织了"蓝衫剧社"等小剧社,分散到学校、工厂去演出"活报剧",在文艺大众化方面"剧联"走在"左联"前面,便迅速发起新一轮"大众化"讨论,发表《大众文艺的问题》等系列论文,倡导起"文腔革命"来。得知"明星影片公司"邀请夏衍、郑伯奇、钱杏邨三人去当"编剧顾问",瞿秋白在一次会议上指示他们,在文艺领域,电影是最富群众性的艺术。将来我们"取得了天下"之后,一定要大力发展电影事业。现在有这么一个机会,不妨利用资本家的设备,学一点本领。晚年夏衍在回忆中尽管特别强调"左联"前后两期的划分与茅盾的意见不同,后期要从1932年11月"歌特"(张闻天)的《文艺战线上的关门主义》发表开始,但依然"完全同意"茅盾的看法,促成"左联"前后期转变的,瞿秋白应该记头功:"因为没有瞿秋白的威望和睿智,没有他和鲁迅、茅盾的亲密合作,要在王明路线时期在文化界扭转这个局面是不可能的。"[14]

毛泽东(1893—1976)从青少年时代起就与文学结缘,一生与文学有着千丝万缕的联系。在青年毛泽东看来,文学乃"百学之源"。所以,文学是他人生志向的特殊表达方式,也是促使他在革命道路上不断前行的重要推手。如果说影响瞿秋白最大的是俄国文学,那么,中国文学特别是中国神话、野史、小说以及古典诗歌对于毛泽东叛逆性格和斗争意志的锻造起着极大的作用。1936年,他同美国记者埃德加·斯诺就这样谈道:

> 我继续读中国旧小说和故事。有一天我忽然想到,这些小说有一件事情很特别,就是里面没有种田的农民。所有的人物都是武将、文官、书生,从来没有一个农民做主人公。对于这件事,我纳闷了两年之久,后来我就分析小说的内容。我发现它们颂扬的全都是武将,人民的统治者,而这些人是不必种田的,因为土地归他们所有和控制,显然让农民替他们种田。[15]

很显然,文学让毛泽东更清晰地看到,中国几千年来,以农民为代表的底层群众从来没有被人们发现,一直在文化人的视线以外,广大的人民群众自己也不能看到自己身上所蕴藏的巨大创造力。所以,他从青年时代起,就主张创办夜校等群众学习组织,对好友黎锦熙所倡导的国语运动也有浓厚兴趣。也因为这一原因,他虽然早年写得一手好古文,一篇《商鞅徙木立信论》全文六百字,他的国文老师柳潜的批语就有一百五十字,说作者"自是伟大之器,再加功候,吾不知其所至"[16];但五四运动之后,文风陡变,白话成为他日后写作的主要文体,1919年7月他担任主编和主要撰稿人的《湘江评论》在征稿启事中明确告示:"文字全用国语。"[17]

1927年,毛泽东在《湖南农民运动考察报告》中专门有一节讨论"文化运动"。他指出:

中国有百分之九十未受文化教育的人民,这个里面,最大多数是农民。农村里地主势力一倒,农民的文化运动便开始了。……农民的道理是对的。乡村小学校的教材,完全说些城里的东西,不合农村的需要。小学教师对待农民的态度又非常之不好,不但不是农民的帮助者,反而变成了农民所讨厌的人。故农民宁欢迎私塾(他们叫汉学),不欢迎学校(他们叫"洋学"),宁欢迎私塾老师,不欢迎小学教员。……农民运动发展的结果,农民文化程度迅速地提高了。[18]

不难看出,毛泽东的文化建设思想中,一个鲜明的标尺就是农民文化程度的提高、农民精神面貌的改善。所以,1934年在中央苏区,他就强调:"苏区中群众的革命的艺术,亦在开始创造中。工农剧社与蓝衫团(即工农歌舞团——作者注)的运动,农村中俱乐部运动,是在广泛的发展着。"[19]

到延安时期,毛泽东在文艺上的这一群众路线思想便走向成熟。这种成熟不仅表现在群众思想更加明确、更加坚定、更加系统化,还表现在他的革命文艺统一战线主张上。红军刚刚到达陕北,毛泽东就在他的讲话中明确表达了这方面的意见。他说:"对一切同情于反日的知识分子,都要给予发展文化、教育、艺术、科学和技术天才的机会。一切受帝国主义和汉奸卖国贼国民党政府所驱逐、轻视与虐待的知识分子、文学家、艺术家等,苏维埃都给予以庇护的权利。"[20]很快,毛泽东于1936年11月发表《在中国文艺协会成立大会上的讲话》。这篇讲话明确了党在抗战时期的文艺路线。这就是在革命文艺统一战线主张的前提下,文艺工作要从两个方面进行,既要"发扬民族革命战争的抗日文艺",又要"发扬苏维埃的工农大众文艺"。[21]这是毛泽东作为党的最高领导人第一次为党的文艺事业进行顶层设计。而由丁玲、陆定一、李伯钊、成仿吾等三十四人倡议组织、毛泽东命名的"中国文艺协会"作为延安时期成立的第一个文艺团体，为抗战文艺建设做出了不少贡献。它不仅以文艺为武器，推动了民族统一战线的形成，还创作了通讯《文艺在苏区》（丁玲作）、独幕剧《卖国贼》（朱光作）、小说《深夜》（莫休作）、诗歌《爱国犯》（成仿吾作）、小调《抗日军队要做什么事》等一大批文艺作品，编辑了三十多万字的回忆录《长征记》，演出了《亡国恨》《放下你的鞭子》《秘密》《阿Q正传》等群众喜爱的戏剧，举办了高尔基逝世一周年纪念会等好几次大型集会，开展了"国防文学"和"民族革命战争的大众文学"两个口号的论争，还组织了"西北战地服务团"赴前线采访、演出，训练了一大批苏维埃的文艺人才。

延安的"鲁艺"，全名鲁迅艺术学院，是1938年毛泽东亲自发起成立的一所艺术院校。成立这一艺术教育机构，也是毛泽东文艺思想走上成熟的标志。"鲁艺"成立那天，毛泽东发表了讲话。不久，他又专程去作了一个讲演，题目是《怎样做艺术家》。讲演中他特别夸赞了农民的语言。他说：

夏天的晚上，农夫们乘凉，坐在长凳上，手执大芭蕉扇，讲起故事来，他们也不懂得胡适之的"八不主义"，他们不用任何典故，讲的故事内容却是那么丰富，言辞又很美丽。这些农民不但是好的散文家，而且常是诗人。……我们都知道高尔基，他的生活经验丰富极了，他熟悉俄国下层群众的生活和语言，也熟悉俄国其他阶层的实际情形，所以才能写出那样多的伟大作品。[22]

这是毛泽东作为党的最高领导在讲话中首次提出语言问题，并把向农民学习语言这一课题提到文艺工作的议事日程。因为这是一个根本的问题，它关系到文艺的性质、文艺的方向。[23]

以鲁迅的名字来命名"鲁艺"这样一所艺术院校，这当然因为鲁迅是一位文学家、艺术家，但更重要的还是因为毛泽东看到鲁迅身上所体现出来的斗争精神、民族情怀和民众意识是革命文艺的一面旗帜。高举鲁迅的旗帜，这也就向全党明确宣示要做鲁迅这样的艺术家而不是其他的艺术家。1940年毛泽东在《新民主主义论》中更是明确地指出："鲁迅的方向，就是中华民族新文化的方向。"[24]

也从延安时期开始，毛泽东与广大文学艺术工作者保持密切的联系。丁玲是1936年11月到达中共中央和红军总部所在地陕北保安，是"中国工农红军抵达陕北后第一个到苏区来的知名作家"（何凯丰语——作者注）。中共中央宣传部为她举办了规格极高的欢迎会。毛泽东不仅带领中央领导悉数出席了这个欢迎会，还单独会见了丁玲，并委以重任，指定丁玲主持新成立的中国文艺协会工作，还鼓励她组织"西北战地服务团"奔赴前线采访、演出。1940年，茅盾、萧军等一大批作家、艺术家也来到了延安。毛泽东不仅亲自一一拜访了他们，还常与茅盾一起畅谈中国古典文学，与萧军也有很长时间的通信往来，成为延安文艺运动史上的一段佳话。延安作家中，艾青、舒群、刘白羽、欧阳山、草明、严文井、周立波等都是他的朋友。[25]这一切都为他召开延安文艺座谈会准备了条件。毛泽东文艺思想体系也就在这样的基础上成熟起来。

第二节　从上海左翼文化运动到延安文艺运动的历史演进

　　党的文艺工作一开始是从以上海为中心的城市发展起来的。可以说，在上海发展起来的以文艺大众化为主要内容的左翼文化运动是中国共产党文化战略的开端和第一个成功样本，是20世纪中国红色文艺的第一座高峰，对抗战文艺和延安文艺运动产生了深刻影响。[26]

　　王锡荣（2019）认为："国民党的失败不是在1949年，而是从1930年便开始了。"[27]这是很有见地的。中国共产党从她诞生的第一天起就关注文化建设。1921年7月产生的《中国共产党第一个决议》在其第二部分"宣传"中就明确指出："一切书籍、日报、标语和传单的出版工作，均应受中央执行委员会或临时中国执行委员会的监督。"[28]因此，团结工农群众、建设"革命文学"不仅很早就是我党文化工作的重要理念，而且成为党领导的一批文学社团的文学追求和主要实践。

　　因为精通俄语，马列主义理论水平高，1931年前的七八年，瞿秋白党内地位高，一直在中央最高层工作。1923年参加中共"三大"，负责起草党纲。1925年参加中共"四大"，当选为中央委员，并与陈独秀、蔡和森、张国焘、彭述之组成五人中央局。1927年参加"五大"，瞿秋白和杨之华都选为中央委员，瞿秋白与陈独秀、张国焘、蔡和森、李维汉五人组成中央政治局常务委员会，杨之华任中央妇女部部长。1928年，筹备、主持中共"六大"，并代表第五届中央委员会作政治报告。其中，1927年"八七会议"后开始主持中共中央工作。身处中共最高层领导岗位的瞿秋白不仅对文艺工作有一种特殊的情结，而且也特别擅长这一工作。退出中央最高层之后，他更是倾心于文艺领域的探索。

158

1923年，作为党中央理论刊物《新青年》季刊主编，瞿秋白不仅深情呼唤"革命文学"时代的到来，倡导"革命文学"作品的搜集，而且在切实地引导作家从事"革命文学"的创作。《新青年》季刊创刊号上就搜集刊登了"二七"京汉工人大罢工斗争中产生的一首歌谣："军阀手中铁，工人颈上血；颈可折，肢可裂，奋斗精神不可灭！劳苦的群众们，快起来团结！"[29]对这"劳工的诗人"的作品，他曾给予高度评价。1925年他主编的《热血日报》刊登了群众创作的《罢市五更调》。瞿秋白甚至用自己的笔做起了这方面的示范，堪称"革命文学"的先导者。1923年，他翻译了《国际歌》，还用"音译"办法创造了一个虽有六个音节但工农群众也能脱口而出的新词"英特纳雄耐尔"。就在这一年，他创作了《赤潮曲》《飞来峰和冷泉亭》《铁花》《寄××》《江南第一燕》等一系列革命新诗。之后，他又创作了小说《浼漫的狱中日记》（1923）、《"矛盾"的继续》（1931）以及《救国十二月花名（孟姜女调）》（1925）、《大流血（泗州调）》（1925）、《国民革命歌（泗州调）》（1925）、《群众歌》（1925）、《东洋人出兵——乱来腔》（1931）、《上海打仗景致》和《江北人拆姘头》等通俗文学作品。此外，瞿秋白还鼓励、帮助杨之华撰写了《豆腐阿姐》（1932）、《隔离》（1933，二稿更名为《阿毛》）等小说。短篇《豆腐阿姐》曾由鲁迅修改过，发表于丁玲主编的《北斗》，中篇《隔离》瞿秋白不仅参与过讨论，还亲自修改了不少。[30]

然而，帮助、引导和激励其他作家从事"革命文学"创作才是瞿秋白更倾心投入的工作。不仅上文所介绍的蒋光慈、丁玲等曾得到瞿秋白的直接指导和帮助，其他很多与他有过交往的文坛大家都不同程度地受到瞿秋白的影响。这些指导、帮助和影响基本上都集中于"革命文学"的建设上。而"革命文学"的建设又主要集中于"文艺大众化"的主张特别是文学语言的"大众化"上。

瞿秋白曾对鲁迅的译作法捷耶夫的《毁灭》给予充分的肯定，指出"翻译世界无产阶级文学的名著，并且有系统地介绍给中国读者……这是中国普罗文学者的重要任务之一"；但同时又与鲁迅讨论起他长期以来思考的语言问题，认为鲁迅的译文"做到了'正确'，还没有做到'绝对的白话'"，而"为着保存原作精神，多少的不顺，倒可以容忍"，"这只是'防御的战术'"。[31]对瞿秋白提出来的诸多意见，鲁迅表示由衷的感谢。在给瞿秋白的回信中，他生平第一次以"敬爱的同志"称呼对方，说："如来信所举的译例，我都可以承认比我译得更'达'，也可推定并且更'信'，对于译者和读者，都有很大的益处……在你未曾指出之前，我还以为这见解是很高明的哩，这是必须对于读者，赶紧声明改正的。"[32]瞿秋白一方面祝贺鲁迅译作《毁灭》的出版，另一方面期待鲁迅与他一道"对于一般的言语革命问题,开始一个新的斗争"[33]。对此,鲁迅真诚地表示:"中国的文或话,法子实在太不精密了,……换一句话,就是脑筋有些糊涂。"[34]

如同鲁迅虽一段时间仍坚持他的"宁信而不顺",但最终还是接受了瞿秋白的"绝对白话观",不仅认为"这白话要是活的"[35],而且主张"必须提倡大众语,大众文"[36],并"将文字交给一切人"[37]。茅盾一开始也对瞿秋白倡导的五方杂处的"普通话"表示怀疑,且强调革命文艺"技术是主,'文字本身'是末",主张"我们应当在'文字本身'以外搜讨旧小说比之'新文艺'更能接近大众的原因"[38],然而,大众语讨论之后,1935年他就明确宣称:"我们希望以后每个作家都把求文字好懂认作他的目标之一,也希望每个批评家都把这点作为他的评价标准的一部分。"[39] 1936年,在编辑《中国的一日》中,他动情地谈道:比起学生和那些"文字生活者"来稿,那些店员、小商人、公务员、兵士、警察、宪兵、小学教员等"非文字生活者"的文字,是那样"朴质",那样"可爱"。[40] 1937年,茅盾对于语言的"通俗化"问题竟开始细心深究起来。他曾具体论述道:

> 尽量排斥有口语可以代替的词句,这原是走到"通俗化"的一个法门,但是光把"于""为"译作"在""做",也还不够,应当把句子的组织也改造一下。譬如"出现于历史的舞台"这意思,通常口语里大都把动词放在句尾,成了"在历史的舞台上出现的(或'了')……"这样个形式。"定了三月八日做国际妇女节"也不及"把三月八日定做国际妇女节"更加和口语近些。至于"捉将官去",是从前的文言文中夹杂的口语,现在这也不活了,简直也是必须排斥。[41]

作为创造社早期创始人,郭沫若(1892—1978)一直信奉"为艺术而艺术"的浪漫主义文学观。然而,1925年之后他的文学主张和文学活动便与中国革命紧密联系在一起。由一个"开口宇宙,闭口人生"、追求"纯文艺"精神的文学家转变为无产阶级革命文学的倡导者,这当然有许多因素促成,比如,1924年郭沫若在日本曾翻译日本著名马克思主义学者河上肇《社会组织和社会革命》一书,并为此系统阅读了马克思主义的系列原著。[42]但他1925年回国参与中国革命的实际斗争,特别是与瞿秋白接触、交往并成为诗友、酒友和战友,[43]不能不说是一个重要原因。回国之后,他不仅更鲜明、更集中、更自觉地"站在民众方面说话"[44],坚信文艺要"为大多数的人们",也就是"产业工人和占人数最大多数的农民"[45],而且积极倡导"无产文学的通俗化"。1929年12月,郭沫若在应《大众文艺》编辑部征求关于文艺大众化的意见而写的《新兴大众文艺的认识》一文中就指出:

> 我现在来向着《大众文艺》放送:
> "大众文艺!你要认清楚你的大众是无产大众,是全中国的工农大众,是全世界的工农大众!
> "你要向着这个大众飞跃,你须要认清楚:你不是飞上天,你是飞下凡!你是要飞下凡来叫地上的孙悟空上天去打金箍棒!"
> 所以我们希望的新的大众文艺,就是无产阶级的通俗化!
> 通俗!通俗!通俗!我向你说五百四十二万遍通俗![46]

1935年,郭沫若与友人谈论诗歌创作时又强调:"要简而短,才能接近大众。……'口供写在我们挣扎的脸上!'……单是这一句便是一首好诗。这力量……比你那将近一百行的全诗还要来得强。"[47]他甚至强调:"秉着一定的意识,希望多与大众接近,为牵就大众,便采取了与大众相接近的形式与方法,这在艺术的价值上也不能够低估……"[48]

此外,在文字改革方面,郭沫若1924年就撰文指出"为谋教育的普及"应注重"古诗今译"这条"大众之路"的探讨,他甚至欣赏商务印书馆的朋友陈慎侯(1885—1922)建立现代"标准字","把一切不适用的字删去",编出《标准国语字典》的设想。[49]"十年日本流亡"期间,他密切关注国内革命形势的发展。得知"拉丁化新文字"在上海、北平等地推行时,他感到"莫大的惊叹",并表示"现在已经不是Sin Wenz应该要或不应该要的时候,而是应该赶快学习、赶快采用的时候了"[50]。正因为对文字改革是这样一种期待,所以郭沫若对文艺大众化这样满腔热情。

在郭沫若的带领下,1926年创刊的《创造月刊》便开始后期创造社无产阶级革命文学的倡导和创作。1929年创造社被国民党当局封闭后,创造社成员又很快在1930年初与太阳社成员以及包括鲁迅在内的进步作家合作,成立了中国左翼作家联盟,简称"左联"。"左联"以及其他左翼文化团体同盟组织,如"语联""剧联""美联""社联"等,属于"中国左翼文化总同盟"(简称"文总"),共同接受中共中央宣传部文化工作委员会(简称"文委")的领导。瞿秋白曾为"文委"起草过一份纲领性文件《苏维埃的文化革命》。"左联"内有党的组织"党团",先后担任"左联"党团书记的有冯乃超、冯雪峰、阳翰笙、丁玲、周扬等。"左联"的刊物，既有"左联"成立前的《创造月刊》《文化批判》《太阳月刊》，更有成立后的《拓荒者》《萌芽》《十字街头》《北斗》《文学月报》《光明》《巴尔底山》《世界文化》以及秘密发行的《前哨》（后改名为《文学导报》）等十多种。此外，还有《文学》小册子。瞿秋白的《大众文艺和反对帝国主义的斗争》《"五四"和新的文化革命》《水陆道场》《财神还是反财神？》《新英雄》《满洲的〈毁灭〉》《〈铁流〉在巴黎》《论翻译——给鲁迅的信》以及《乱弹》等9篇系列文章就发表在上述"左联"刊物上。

而将创造社、太阳社和鲁迅以及鲁迅影响下的进步作家联合起来组成"左联"的主要牵线人是"左联"党团书记冯雪峰（1903—1976）；同时，介绍瞿秋白与鲁迅认识的也是冯雪峰，在中央苏区、在陕北延安向毛泽东介绍鲁迅的还是冯雪峰。可以说，冯雪峰是联结上海左翼文艺运动和延安文艺运动的重要作家和党务工作者。在瞿秋白的具体指导下，冯雪峰为"左联"起草的《中国无产阶级革命文学的新任务———九三一年十一月中国左翼作家联盟执行委员会的决议》是体现党的文艺政策的又一份重要文件。决议指出："中国左翼作家联盟在目前不独是中国无产阶级革命的基本队伍，且又负起了中国无产阶级革命文学总的领导任务。"[51]决议同时指出："然而中国无产阶级革命文学在此新时期的开始尚有一最主要的特征，即中国劳苦大众的文化要求的抬头，特别是在苏维埃区域内工农大众对于文化要求的急迫。……因此，作家必须竭力排除知识分子式的句法，而去研究工农大众言语的表现法。当然，我们并不以学得这个简单的表现为止境，我们更负有创造新的言语表现语的使命，以丰富提高工人农民言语的表现能力……"[52]

上海左翼文化运动从1927年大革命失败开始到1937年全面抗战持续整整10年。这场运动为党的文化工作积累了丰富的经验，尤其是培养和积蓄了大量文艺人才。冯雪峰于1933年12月到达中央苏区，最早向毛泽东汇报和介绍上海"左翼文艺阵营的活动"和鲁迅的写作情况。红军到达陕北之后，丁玲等一大批"左翼"作家纷纷从上海转道汇聚到延安，成为延安文艺运动的重要力量。有专家认为延安文艺力量由三个部分组成：第一支是长征过来的中央苏区文艺队伍，主要有冯雪峰、成仿吾、李富春、李一氓、吴亮平以及李伯钊、危拱之等，他们基本上都有上海左翼文艺活动的经历。第二支队伍是陕北当地的，人数较少，而且分散，影响也比较小。第三支队伍占延安文艺界的比重最大，他们绝大多数是从上海来的。除丁玲外，有文学家陈荒煤、刘雪苇、萧军、周扬、李初梨、吴奚如、舒群、周立波、欧阳山、白朗、草明、沙汀和周文等，哲学家艾思奇、范文澜、何干之等，音乐家冼星海、郑律成、贺绿汀、吕骥、麦新、向隅和唐荣枚、瞿维、寄明等,戏剧家张庚、钟敬之、崔嵬、丁里等,美术家吴印咸、温涛等。茅盾在延安也生活了半年。[53]有统计表明,1937年中共中央刚进驻延安时,延安只有几千人,到1942年已发展到4万多人。[54]

以上海为中心的左翼文化运动,不仅为延安文艺运动准备了众多人才,而且以文艺大众化为首务,在"运动和组织的大众化""作品和批评的大众化"以及"其他一切的大众化"方面进行了最初的尝试和努力。这为延安文艺的大众化发展准备了极好的条件。

1942年5月2日至23日,毛泽东、何凯丰邀请延安作家一百多人举行文艺座谈会。会议分三次。前两次会场安排在杨家岭中共中央办公厅一楼不到120平米的会议室;最后一次起初还在会议室,后来因为听的人越来越多,容纳不下就挪到室外的篮球场上继续进行。毛泽东《在延安文艺座谈会上的讲话》(以下简称《讲话》)第一次全面、深入而系统地阐述了"文艺大众化"的思想,并明确提出"文艺为工农兵服务"的要求,将延安文艺的大众化发展推向高潮,并最终确立了新中国文艺的发展方向和道路。整整三周的座谈会也因此统一了延安文艺界的思想,将于这年年初开始的延安文艺整风运动推向了一个新的阶段。

如果说上海左翼文化运动的主要凭借是文艺刊物,那么延安文艺运动除了重视《大众文艺》《中国文化》《文艺月报》等期刊的宣传外,更多的是依赖各种文艺社团。抗战期间,延安及各解放区产生了数以千计的文艺社团,影响较大的社团是:中国文艺协会、陕北锄头剧社、人民抗日剧社、西北战地服务团、边区文化界救亡协会、战歌社、陕甘宁音乐界救亡协会、鲁艺实验剧团、鲁艺烽火剧团、陕甘宁边区民众剧团、边区文艺界抗战联合会、山脉文学社、延安文化俱乐部、西北青年救国总会剧团、抗大文工团、陕甘宁边区美术工作者协会、中华戏剧界抗敌协会边区分会、中国民间音乐研究会、中华全国文艺界抗敌协会延安分会、工余剧人协会、大众读物社、西北文艺工作团、延安新诗诗歌会、延安平剧研究院、鲁迅研究会,等等。[55]这些文艺社团为延安文艺的大众化发展立下了汗马功劳。其中,1936年"中国文艺协会"的成立标志着中国共产党在文艺战线开始全面部署,"培养无产者作家,创立工农大众的文艺"是其重大任务。[56]"人民抗日剧社"公演过《放下你的鞭子》,演员都是陕北农村人,演出了"农民本色"。[57]"西北战地服务团"东渡黄河到山西,逗留六个月,辗转三千里,沿途表演抗战戏剧,深受人民喜爱;服务团主任丁玲在戎马空隙中写出《冀村之夜》等20多篇速写,得到中外新闻界、文化界的广泛关注。[58]"延安文化俱乐部"曾邀请延安作家每两周举办一次报告,让文艺习作者系统地了解文艺理论,报告人主要有陈荒煤、周扬、艾思奇、何其芳、丁玲、茅盾、萧三、周立波、刘雪苇、周文等。[59]"陕甘宁边区民众剧团"在边区农村演出《小放牛》等节目,深受群众喜爱。团长柯仲平在延安文艺座谈会上自豪地谈道,你们要在地区找我们民众剧团,不用打问,只要顺着有鸡蛋皮、花生皮、水果皮、红枣核的路走,就可以找到我们。老百姓慰劳我们的鸡蛋、花生、水果、红枣,我们吃不完,装满了我们的衣袋、行囊和马褡,一路走,一路吃,路上都是蛋壳皮。[60]

延安文艺运动中,戏剧运动最为活跃。但很长一段时间,演出的剧目多为国统区剧目和外国剧目,即使有一些原创作品,也多为短小活报剧,如《求雨》《虎列拉》等。1942年《讲话》发表后,出现了数量可观的以工农兵日常生活为素材创作的剧目,如《抓壮丁》《我们的指挥部》《粮食》《同志!你走错了路》等。其中,多幕剧《白毛女》无论是剧本的戏剧性还是舞台呈现的艺术性都有长足发展,达到延安原创戏剧的高峰。此外,延安还上演过敌军战俘学校"日本工农学校"的学员表演的日语话剧《前哨》、活报剧《收获的秋天》和日本民间舞蹈《捉泥鳅舞》等。[61]

抗战时期的"文艺大众化"运动的蓬勃开展也不仅仅局限于延安和其他解放区。1938年3月在汉口成立的中华全国文艺界抗敌协会就曾提出"文章下乡""文章入伍"的口号,并很快成为全国文艺界的普遍共识。例如,"孤岛"时期颇有声势的上海戏剧和文艺通讯运动就堪称这方面的典范。其中,1938年春由"文委"策划的《上海一日》写作、编辑和出版活动不仅"进一步扩大了党和群众的联系"[62],而且也让上海党组织真切感受到了"学生、工人、职员、士兵、难民、家庭妇女、舞女、妓女"等草根作者的创作力量。[63]这表明,在中国共产党领导下,经历抗战炮火的洗礼,全国文艺界迎来的是左翼文化运动开启的"文艺大众化"的大普及、大提高。

第三节　延安文艺对文艺大众化的超越和突破

延安文艺运动从1937年中共中央进驻延安到1937年中共中央撤离延安,也是整整十年。相比较左翼文艺运动,延安文艺运动在许多方面,特别是在"文艺大众化"方面有许多新的进步、超越和突破。具体表现在以下三个方面。

第一,首次高度明确地将"士兵"纳入"大众"范畴。

"大众"是马克思主义文艺理论的核心范畴。在1940年《新民主主义论》、

1942年《讲话》和1945年《论联合政府》等系列文章中，毛泽东不仅将"大众"进一步明确为"人民""人民大众"或"劳苦大众"，而且基于中国国情、中国革命实际对"大众"构成做出了实事求是的分析，认为"工农"与"兵士"以及城市小资产阶级和知识分子共同构成"人民大众"。他明确指出：

> 那么，什么是人民大众呢？最广大的人民，占全人口百分之九十以上的人民，是工人、农民、兵士和城市小资产阶级。所以我们的文艺，第一是为工人的，这是领导革命的阶级。第二是为农民的，他们是革命中最广大最坚决的同盟军。第三是为武装起来了的工人农民即八路军新四军和其他人民武装队伍的，这是革命战争的主力。第四是为城市小资产阶级劳动群众和知识分子，他们也是革命的同盟者，他们是能够长期地和我们合作的。这四种人，就是中华民族的最大部分，就是最广大的人民大众。[64]

谁是"大众"？毛泽东的评判有两个基本考量：首先是看这个群体在中国革命中的地位，其次是看其人数在全人口中的比例。他认为，"工人"是中国革命的领导阶级，人数虽只有"九千万"，但他们"政治上最觉悟因而具有领导整个革命的资格"，当然首先属于"大众"范畴。然而，在中国，"农民"人数极多，有"三亿六千万"人，占全人口的80%以上，更重要的还在于，农民"是中国工人的前身"，"中国工业市场的主体"，"现阶段中国民主政治的主要力量"和"现阶段中国文化运动的主要对象"，所以他们不仅属于"大众"而且还是大众的"主要构成"。而"兵士"呢，他们就是"穿起军服的农民"，"日本侵略者的死敌"，[65]自然应当纳入"大众"范畴。这就是说，在毛泽东看来，"大众"或者说"人民大众"的各类构成成分不仅存在高下差别，而且具有鲜明的中国特征：从"革命地位"和"人口比例"的中国实际来看，"工人"虽贵为革命的"领导阶级"，基本上没有起到"领头羊"作用；"农民"，虽然只是工人的"前身"，革命的"同盟"，但事实上已发展成为"中国革命的主要力量"；而中国革命的"兵士"就主要来自"农民"，所以中国的革命、中国的抗日、中国的战争，实质上是"农民的革命""农民的抗日""农民的战争"。[66]至于"城市小资产阶级劳动群众和知识分子"虽然也划归到"人民大众"阵营，但这个群体不仅属于"第四类"，属于"大众"的最后一个方阵，而且表述时还可用"他们"与"我们"区别开来。

毛泽东关于"大众"的认定和表述是一个崭新的判断，"工农兵"三者一起构成"大众的主体"这在中国马克思主义文艺理论发展史上还是第一次。目

165

前学界一般认为1928年成仿吾等最早从革命文学建设的角度使用"大众"这一概念,[67]它更多地强调一种主体意志而有别于"五四"时期启蒙意义上使用的"平民""国民""民众"等概念。英国学者雷蒙·威廉斯也认为,英语语境中"masses"作为现代语词用来描述"多头群众"(many headed)时常常"被当成一个正面的或可能是正面的社会动力",如"Mass meeting"(群众大会)指的是"民众为某一些共同的社会目标群聚在一起"[68]。然而,对于"大众"的构成,左翼文化运动期间,乃至整个30年代,革命文艺家们一直都只强调"工人"和"农民","兵士"很少有人提及,更没有人强调。请看表7-1:

表7-1 三十年代文艺界关于"大众"构成的探讨比较

序号	文艺家	主要观点
1	瞿秋白	普罗大众文艺的题材……当然首先是描写工人阶级的生活,描写贫民,农民,兵士的生活,描写他们的斗争。[69]
2	鲁迅	说起大众来,界限宽泛得很,其中包括着各式各样的人,但即使"目不识丁"的文盲,由我看来,其实也并不如读书人所推想的那么愚蠢。[70]
3	茅盾	新文学尚未做到大众化……话语的构造未免是文绉绉的,更不能接近工人大众和农民大众。[71]
4	郭沫若	大众文艺!你要认清楚你的大众是无产大众,是全中国的工农大众,是全世界的工农大众![72]
5	周扬	如果不顾目前中国劳苦大众的一般文化水准的低下,而一味地……,那实际上就是拒绝对于大众的服务。[73]
6	郑伯奇	文学——就连一切艺术——应该是属于大众的,应该属于从事生产的大多数的民众的。[74]
7	陈子展	所谓大众,……主要的分子还是占全民百分之八十以上的农民,以及手工业者,新式产业工人,店员,小商人,小贩等等。[75]

上述七位文艺家当中,瞿秋白是唯一一位在讨论"大众"时谈到"兵士"的,而且他应该还是第一位将"工农兵"并列在一起的党内高层领导。1931年秋,他为"文委"所起草的文件《苏维埃的文化革命》中就指出:"要发展工人报纸和劳动民众的报纸(普罗新闻学运动);要建立广大的工农兵通信运动。"[76]同年11月《文学导报》发表的"左联"执委会通过的决议《中国无产

阶级革命文学的新任务》，强调必须组织开展"工农兵贫民通信员运动"，[77]正是在瞿秋白的具体指导下冯雪峰起草的。[78]这是"工农兵"并列表述的开端，也可以说是中国共产党"文艺为工农兵服务"思想的最初萌芽。

所以，"文艺为工农兵服务"的文艺主张和政策是毛泽东对于马克思主义文艺思想的重要发展，是延安文艺运动的重要成果。延安文艺被称为"工农兵文艺"，这是很有道理的。

第二，首次系统而全面地利用和改造民间"旧形式"。

毛泽东文艺思想与瞿秋白的"文艺大众化思想"有着一脉相承的联系。[79]左翼文化运动时期瞿秋白所提出的"文艺大众化"思想在延安时期的毛泽东这里得到了酣畅淋漓的演绎和发挥。毛泽东《新民主主义论》也指出了"五四"新文化运动的明显缺陷，这就是运动只限于城市小资产阶级和资产阶级的知识分子，而没有深入到工农大众。这一判断与瞿秋白批判资产阶级的"五四"、呼唤无产阶级的"五四"、倡导无产阶级文化革命的领导权等主张是根本一致的。所以，1939年毛泽东见到湖南同学萧三（1896—1983），听萧三谈起牺牲了的老友何叔衡、蔡和森、瞿秋白，沉默良久，竟这样感慨道，要是瞿秋白同志还在，由他领导边区的文化运动该有多好啊！[80]

"大众"是谁明确了，"文艺为工农兵服务"的新文艺方向明确了，那么，文艺如何为"工农兵"服务？如何真正地实现"文艺大众化"呢？

毛泽东强调的是旧形式的利用和改造。1937年，西北战地服务团在延安成立，毛泽东对主任丁玲说："现在很多人在谈旧瓶新瓶，我看旧瓶新瓶、新瓶旧瓶都可以，只要对抗战有利。"[81]1938年，在陕甘宁边区工人代表大会的晚会上，毛泽东看到群众对《升官记》《二进宫》等传统旧戏很喜欢，对柯仲平等同志说："群众喜欢的形式我们应该搞，但就是内容太旧了。"[82]毛泽东不仅鼓励文艺工作者大胆尝试这种利用和改造，而且密切关注这方面的深入讨论。1938年，在给刘雪苇（1912—1998）的回信中明确表示，看到《七月》杂志社举办的"宣传、文学、旧形式的利用"座谈会记录，"很欢喜"[83]。

延安文艺艺术变革的主要成就，可以说，实际上就体现在旧形式的利用和改造上。[84]这里的旧形式，也主要是指千百年来蛰伏于民间、士大夫文人不屑一顾、新派知识分子一般也不大看得上的艺术形式，如秧歌、歌谣（"信天游"等）、秦腔、民间传说、章回小说等。对旧形式，起步是利用，收获是改造。对旧形式的改造，既是视角的改造，更是身份和姿态的改造，亦即其社会属性的根本改造。比如，"秧歌"本是流行于陕北一带、起源于丑角"胡闹"和男女"骚情"的民间形式，它一般没有故事内容，更缺乏戏剧因素，只是农忙之余的

167

一种情感发泄；然而，它在抗战时期得到深度改造后，却变成一种深受群众喜爱、在全国都有很大知名度的文艺新形式。在这里，延安艺术家们经过一番调整，原来许多男欢女爱的情词，便悄然改变为阶级之爱、同志之爱以及对革命胜利的憧憬。比如，《兄妹开荒》就是这样一部优秀作品，编剧就是当年被授予"人民艺术家"的"鲁艺"戏剧系教员王大化（1919—1946）。这部新秧歌剧里，过去的"夫妻关系"已改造成"兄妹关系"，过去的"男女调情"主题已改造为"积极生产"，过去鼻子抹白、头上扎着许多小辫的"小丑"角色已改造成装束一新、被歌颂的边区青年"劳动英雄"形象，而剧中的"一场误会"既增加了戏剧成分，又展现了"延安人民的生产热情"。更值得指出的是，新秧歌剧打破"第四堵墙"，将传统"剧场"改造为群众"广场"，演员与四周观众直接互动，一下子唤起了观众强烈的参与意识，所以，演出收到极好的表演效果。这是王大化与李波（1918—1996）继 1942 年冬合作创作演出《拥军花鼓》之后第二部新秧歌剧，该剧第一场演出就在 1943 年春节期间。

王大化还是新歌剧《白毛女》的首任执行导演，并与贺敬之、丁毅、舒强一起负责歌词创作，与马可一起负责配乐策划，时间是 1945 年春。现今为无数观众信为现实真实的"白毛女"故事，最初只是一个叫"白毛仙女"的民间仙怪故事，由西北战地服务团作家邵子南（1916—1954）1944 年 5 月从晋察冀边区带回延安的。[85] 该剧的编创属于集体创作，由"鲁艺"戏剧系主任张庚总负责。经过王大化、贺敬之等人对邵子南歌剧剧本初稿的改造，原本一个因果报应、妖魔化的叙事母题变成了阶级控诉、斗争动员和革命理想主义的抒怀作品。其中，《北风吹》《扎红头绳》等旋律也来自传统音乐改造，就像人们早已忘记喜儿本是"白毛仙姑"一样，人们也很少关注大型歌剧《白毛女》的音乐全都来自传统秦腔以及《小白菜》《青阳传》等民间小调。

不难看出，《白毛女》《兄弟开荒》《拥军花鼓》等都是在毛泽东《讲话》发表之后涌现出的延安文艺运动的优秀作品。借助民间"旧形式"的改造，延安艺术家们创造了一大批具有中国作风和中国气派、为中国老百姓喜闻乐见的新鲜活泼的文艺作品，极大地鼓舞了亿万抗日军民的斗志。

有关"旧形式的利用和改造"，左翼文艺运动期间瞿秋白、鲁迅、茅盾等都曾经讨论过。瞿秋白最早于 1930 年就已开始探讨，1932 年在《大众文艺的问题》一文中更是明确强调：

> 旧式的大众文艺，在形式上有两个优点：一是它和口头文学的联系，二是它是用的浅近的叙述方法。这两点都是革命的大众文艺应当注意的。

说书式的小说可以普及到不识字的群众，这对于革命文艺是很重要的。[86]

在中央苏区，瞿秋白还曾具体指导蓝衫剧团团长李伯钊（1911—1985）他们说："通俗的歌词对群众教育作用大，没有人写谱就照民歌曲谱填词。好听，好唱，群众熟悉，马上就能流传，比有些创作的曲子还好些。"[87]

第三，首次让知识分子深切感受到"文艺大众化"首先是自己的"大众化"。

吴印咸（1900—1994）是抗战时期数以万计的从上海等地奔赴延安的热血青年中的一员。《艰苦创业》《白求恩大夫》《延安文艺座谈会代表合影》等很多摄影作品都出自他的手笔。他当年参加过延安文艺座谈会，晚年 85 岁高龄时还将毛泽东《讲话》中的下面这段话写下来挂在客厅里作为自己的座右铭：

> 一切革命的文学家艺术家只有联系群众，表现群众，把自己当作群众的忠实的代言人，他们的工作才有意义。[88]

可以说，毛泽东的《讲话》精神，特别是文艺工作者、知识分子必须"大众化"的观念已经融入延安艺术家们的生命中。这是延安文艺运动最大的成功，也是延安文艺对后世文艺最大、最深刻的影响所在。

然而，"知识分子大众化"实际上是一个艰难的过程，或者说，这是 20 世纪知识分子在接受"白话"之后从价值观念、思维方式到精神状态的又一次脱胎换骨式的大转变。

早在左翼文艺运动时期，瞿秋白就曾经就此问题批评过郑伯奇等左联作家，并冒着生命危险与郑伯奇做过一个多小时的长谈。[89]原来郑伯奇（1895—1979）在《大众化的核心》一文中流露出蔑视大众的倾向，将知识分子出身的作家与工农大众对立起来。他说：

> 我们的方法错误了吗？不是。我们的口号太高了吗？不是。我们的文字太难了吗？不是。……而大多数的群众依然不受我们的影响。……第一重困难在大众自己，就是大众对于我们的理解没有相当的准备。[90]

对革命文艺来说，文艺的最终目的就是服务于大众，丰富大众的精神文化生活。《大众化的核心》的这种"大众对立观"在左联有相当的代表性！于是，瞿秋白立即发表《"我们"是谁？》，强调指出："这些革命的知识分子——小资产阶级，还没有决心走进工人阶级的队伍，还自己以为是大众的教师，而根本不肯'向大众去学习'。因此，他们口头上赞成'大众化'，而事实上反对'大众化'，抵制'大众化'……这使我们发现'大众化'的深刻的障碍。——这就是革命的文学家和'文学青年'大半还站在大众之外，企图站在大众之上去教训大众。"[91]

延安文艺整风运动之后，特别是1942年毛泽东《讲话》发表之后，延安文艺界发生了巨大变化。其中，最深刻的变化就是艺术家们开始更加自觉地走向群众、书写群众、学习群众。群众是作品中的主人公，群众是评判作品是否成功的裁判，群众是智慧的源泉，群众是知识分子真正的老师。

王大化《兄妹开荒》秧歌剧中的许多动作就是从农民那里学来的，有的则是经过他们修正的。这个作品也是根据当时陕甘宁边区开荒父女劳动模范马丕恩、马杏儿的事迹改编的。有材料记载，王大化在报上看到这对父女的报道，很受感动，认为是延安生产自救运动的典型，决定选为创作素材，编成一个秧歌剧。男主角取名"小二"，由王大化扮演，于是"小二"跟着姓了王，又由于主题内容是开荒，剧名也就定为《王小二开荒》。那年春节延安城南门外广场，人山人海，《王小二开荒》一开演，立刻引起轰动，当唱到"向劳动英雄看齐"的时候，观众和演员们的心沸腾起来了，他们紧紧地拥抱在一起，分不清谁是演员谁是观众。老乡们都感慨地说："把我们开荒生产的事都编成戏了。"散场后，他们互相转告，不说看的是《王小二开荒》，而是亲切地说看了"兄妹开荒"，于是，《兄妹开荒》便代替了原来的剧名，在群众中传开了。[92]这样一部作品的巨大成功，真的是源于群众路线，从群众中来到群众中去，一切为了群众，一切依靠群众，与群众的感情打成了一片，更不用说用的是群众的语言了。

像王大化这样的青年艺术家走群众路线可能不是太难，难的是那些在都市"亭子间"曾有过不少创作成就的艺术家。如丁玲就是，然而，她也挺过来了，并在整风运动后创造了新的辉煌，《太阳照在桑干河上》就是这样一部经典作品。抗战胜利之后，延安的许多干部都到各解放区开展工作，丁玲参加了土改工作队，先赴河北怀来，后在涿鹿的温泉屯。在温泉屯，丁玲感受到广大农民对土地的渴望，也领略到了农民的淳朴和热情，更积累了农村土改大量生动的创作素材。谈起自己的创作，丁玲深情地说："我在村里的小巷子内巡走，挨家挨户去拜访那些老年人，那些最苦的妇女们，那些积极分子，那些在斗争中走到最前边最勇敢的人们。……他们有说不完的话告诉我，这些生气勃勃的人，同我一道作过战的人，忽然在我身上发生了一种异样的感情，我好像同他们一道不只二十天,而是二十年,他们同我不只是在这一次工作中建立起来的朋友关系,而是老早就有了很深的交情。他们是在我脑子中生根的人,许多许多熟人,老远的,甚至我小时看见的一些张三李四都在他们身上复活了,集中了。……于是,我不能安宁了,我不能睡,我吃不好,原来溶化在土地改革斗争熔炉里的全心全意,现在又堕入另一种燃烧中……我说'给我一张桌子吧,我需要写作'。我的小说好像已经完成了,只需要写出来。"[93]可见,群众生活是艺术创作无穷无尽的动力和源泉,与群众血肉相连的情感更是艺术作品能够赢得群众、赢得读者的秘笈所在。知识分子的"大众化"在延安时期获得了前所未有的重大突破。

第四节 结语

瞿秋白是以"指导"茅盾《子夜》的写作为起点深度介入"左联"活动而成为左翼文艺运动的领导者的。然而,瞿茅二人在政治热情等诸多方面都有不同。比如,1932年他们关于大众文艺的创造意见就很不一致。一个注重具体的创作技术,一个则强调要明确创作的前提。[94]要在瞿秋白看来,如果只是纠缠于大众文艺的技术问题,那么就容易使大众文艺沦为一个简单的文学描写问题,大众与文学仍旧没有办法产生关联。因而他提出大众文艺的创造是与"大众文艺的广大运动"联系在一起的。[95]这也就是说,大众文艺的创造只有放在广大的无产阶级大众"运动"之中才能有意义。毛泽东所领导的延安文艺运动,应该说就是瞿秋白在"左联"时期所倡导、期盼和强调的"大众文艺的广大运动"。

注释:

[1][2]周永祥.瞿秋白年谱新编[M].上海:学林出版社,1992:38,87.

[3][6]瞿秋白.瞿秋白文集:政治理论编第二卷[M].北京:人民出版社,1988:10,585.

[4]王铁仙,刘福勤.瞿秋白传[M].北京:人民出版社,2011:117.

[5][31][33][69][90][91]瞿秋白.瞿秋白文集:文学编第一卷[M].北京:人民文学出版社,1985:311,504-507,513,473,487-488,486.

[7][8]张广海."革命文学"论争与阶级文学理论的兴起[D].北京大学,2011:5,3.

[9] 余来明. "文学"概念史 [M]. 北京: 人民文学出版社, 2016: 228.

[10] 王统照. 恰恰是三十个年头了 [G] //忆秋白.《忆秋白》编辑小组编. 北京: 人民文学出版社, 1980: 121.

[11] 瞿秋白. 瞿秋白文集（政治理论编第四卷）[M]. 北京: 人民出版社, 1993: 574.

[12] 丁玲. 我所认识的瞿秋白同志——回忆与随想 [G] //忆秋白.《忆秋白》编辑小组, 编. 北京: 人民文学出版社, 1980: 133.

[13] 丁玲. 丁玲全集: 第八卷 [M]. 石家庄: 河北人民出版社, 2001: 91-92.

[14] 夏衍. 懒寻旧梦录: 增补本 [M]. 北京: 生活·读书·新知三联书店, 2000: 138-140.

[15] 埃德加·斯诺. 西行漫记 [M]. 北京: 生活·读书·新知三联书店, 1979: 109.

[16] 罗斯·特里尔. 毛泽东全传 [M]. 乌鲁木齐: 新疆人民出版社, 2007: 317.

[17] 中共中央文献研究室, 中共湖南省委《毛泽东早期文稿》编辑组. 毛泽东早期文稿 [M]. 长沙: 湖南出版社, 1990: 336.

[18] 毛泽东. 毛泽东选集: 第一卷 [M]. 北京: 人民出版社, 1991: 39-40.

[19][20][23][25] 董学文. 毛泽东和中国文学 [M]. 沈阳: 春风文艺出版社, 1994: 51, 52, 56, 68.

[21] 毛泽东. 毛泽东文集: 第一卷 [M]. 北京: 人民出版社, 1993: 462.

[22][24][61][64][65][83][88] 毛泽东. 毛泽东文艺论集 [M]. 北京: 中央文献出版社, 2002: 19-20, 31, 9, 58, 114-115, 255, 67.

[26][27][53][54] 王锡荣. 客观地评价中国左翼文艺运动的历史地位 [J]. 河北学刊, 2019 (4): 115, 112, 113, 113.

[28] 中国共产党第一个决议 [G] //中共中央党史研究室, 中央档案馆. 中国共产党第一次全国代表大会档案文献选编. 北京: 中共党史出版社, 2015: 7.

[29] 周红兴. 瞿秋白诗歌浅释 [M]. 南宁: 广西人民文学出版社, 1981: 70.

[30] 杨之华. 隔离初稿 [G] //瞿独伊, 李晓云. 秋之白华. 北京: 人民文学出版社, 2018: 324.

[32][34][35] 鲁迅. 鲁迅全集: 第4卷 [M]. 北京: 人民文学出版社, 2005: 392-394, 391, 393.

[36] [37] [70] 鲁迅. 鲁迅全集: 第6卷 [M]. 北京: 人民文学出版社, 2005: 103, 97, 104.

[38] 止敬. 问题中的大众文艺 [G] //文振庭. 文艺大众化问题讨论资料. 上海: 上海文艺出版社, 1987: 111-112.

[39] 茅盾. 茅盾全集: 第20卷 [M]. 北京: 人民文学出版社, 1990: 430.

[40] [41] [71] 茅盾. 茅盾全集: 第21卷 [M]. 北京: 人民文学出版社, 1991: 174-175, 258-259, 354.

[42] 蓝善康. 郭沫若思想转变中的瞿秋白因素 [G] //江苏省瞿秋白研究会. 瞿秋白研究文丛: 第10辑. 北京: 中央文联出版社, 2017: 273.

[43] 刘小中. 郭沫若与瞿秋白 [J]. 郭沫若学刊, 1994 (4): 67.

[44] [45] [47] [48] [50] 郭沫若. 郭沫若全集: 文学编第16卷 [M]. 北京: 人民文学出版社, 1990: 23, 58, 174-175, 178, 185-186.

[46] 郭沫若. 新兴大众文艺的认识 [G] //文振庭. 文艺大众化问题讨论资料. 上海: 上海文艺出版社, 1987: 11.

[49] 郭沫若. 郭沫若全集: 文学编第15卷 [M]. 北京: 人民文学出版社, 1990: 170.

[51] [52] [77] 冯雪峰. 冯雪峰论文集: 上 [M]. 北京: 人民文学出版社, 1981: 59, 61-66, 63.

[55] 黄念然. 马克思主义文艺批评的中国化探索——延安文艺大众化运动的重要历史价值 [J]. 学术前沿, 2017 (5): 44.

[56] [57] [58] [59] [62] 艾克恩. 延安文艺运动纪盛 [M]. 北京: 文化艺术出版社, 1987: 3, 10, 28-29, 223, 15.

[60] 孙国林. 延安文艺座谈会的细节和花絮 [J]. 湘潮, 2008 (1): 54.

[61] 钟敬之. 日本工农学校 [G] //钟敬之. 延安十年戏剧图集 (1937-1947). 上海: 上海文艺出版社, 1982: 34.

[62] 梅益. 关于《上海一日》[G] //上海社会科学院文学研究所. 上海"孤岛"文学回忆录: 上. 北京: 中国社会科学出版社, 1984: 100.

[63] 杨晔. 从"孤岛"不孤看中国共产党在抗日救亡语境下的宣传工作 [J]. 上海党史与党建, 2015 (8): 17.

[66] 毛泽东. 毛泽东选集: 第二卷 [M]. 北京: 人民出版社, 1991: 692.

[67] [79] 黄科安. 启蒙·革命·规训——"文艺大众化"考论 [J]. 文史哲, 2012 (3): 104, 108.

[68] 雷蒙·威廉斯. 关键词：文化与社会的词汇［M］. 刘建基，译. 北京：生活·读书·新知三联书店，2005：286.

[72] 郭沫若. 新兴大众文艺的认识［G］//文振庭. 文艺大众化问题讨论资料. 上海：上海文艺出版社，1987：11.

[73] 起应. 关于文学大众化［G］//文振庭. 文艺大众化问题讨论资料. 上海：上海文艺出版社，1987：141.

[74] 郑伯奇. 关于文学大众化的问题［G］//文振庭. 文艺大众化问题讨论资料. 上海：上海文艺出版社，1987：14.

[75] 陈子展. 文言——白话——大众语［G］//文振庭. 文艺大众化问题讨论资料. 上海：上海文艺出版社，1987：209.

[76] 瞿秋白. 瞿秋白文集：政治理论编第七卷［M］. 北京：人民出版社，1991：233.

[78] 张小鼎. 严峻的岁月，深挚的友谊——冯雪峰和瞿秋白交谊述略［J］. 鲁迅研究月刊，1986（1）：23.

[80] 萧三. 秋风秋雨话秋白［G］//忆秋白. 《忆秋白》编辑小组编. 北京：人民文学出版社，1980：176.

[81] 陈明. 西北战地服务团第一年纪实［J］. 新文学史料，1981（2）：65.

[82] 柯仲平. 柯仲平文集：第三卷［M］. 昆明：云南人民出版社，2002：282.

[84] 李洁非，杨劼. 旧形式的利用和改造［J］. 小说评论，2009（3）：10.

[85] 陈厚诚. 邵子南与《白毛女》［J］. 当代文坛，1985（6）：9-10.

[86][95] 瞿秋白. 瞿秋白文集：文学编第三卷［M］. 北京：人民文学出版社，1985：18，38.

[87] 李伯钊. 回忆瞿秋白同志——瞿秋白同志逝世十五周年纪念［G］//忆秋白. 《忆秋白》编辑小组编. 北京：人民文学出版社，1980：327.

[89] 王统照. 回忆瞿秋白烈士［G］//忆秋白. 《忆秋白》编辑小组编. 北京：人民文学出版社，1980：320.

[92] 冯晓蔚. 李波：从延安走出来的艺术家［J］. 档案天地，2012（7）：27-29.

[93] 丁玲. 丁玲全集：第七卷［M］. 石家庄：河北人民出版社，2001：417.

[94] 齐晓红. 当文学遇到大众——1930年代文艺大众化运动管窥［J］. 文学评论，2012（1）：137.

第八章

普通话推广与瞿秋白

在当今汉语语境中,"普通话"实际上有广义和狭义两个意义。广义的普通话,指的是有一定语音差异,但大家沟通起来基本没有多少障碍,具有一定方言特征的大众通用语言;狭义普通话,则是经过国家专门审音机构提出语音规范的,以广播、电影、电视等大众传媒为发音示范标准的国家通用语言。前者,有学者称之为"普通话变体"[1],"宽式普通话"[2]或"地方普通话""大众普通话",也就是鲁迅所说的"乡调普通话"[3],瞿秋白所阐释的"南腔北调的普通话"、现代新型"蓝青官话";[4]后者就是当今一般学者所说的"正体普通话"或"标准普通话"。前者具有它的原生态性质,是广大群众即学即会即用的通用语言形态;后者作为国家通用语言的"标本形态",具有一定的人工性质,留有明显的加工痕迹,一般需要获得相当的语言学知识才能够完全掌握。瞿秋白在其著作中对后者没有太多的论述,主要探讨的是广义普通话,并通常径直将它称为"普通话"。本章试图以国家通用语言的创建、推广为基本考察点,探讨瞿秋白在"普通话"规划方面的积极贡献及其当代价值。下文如果不作特别说明,"普通话"既指狭义普通话,又包含广义普通话。

第一节 瞿秋白以前的国家通用语言推广简史

《圣经·旧约·创世纪》中讲述了一个叫作"巴别塔"的故事。[5]这个故事说是人类本有一个宏大的计划,就是大家联合起来建造一座通天塔,没想到此举惊动了上帝,上帝决定再次惩罚这些忘记约定的人们,就像当年惩罚偷吃禁果的亚当和夏娃那样。那么,这次上帝采取的办法有些特别,这就是变乱天下人的口音,让人们彼此言语不通。因为无法沟通合作,巴别塔于是成为人类史上第一座最著名的"烂尾工程"。这个故事的寓意是无限丰富的,然而,它最根

175

本的一个意义在于，人类作为整体的能力是无可限量的，但这无可限量的能力又几乎完全建立在语言沟通上。一旦沟通存在障碍，人类的这种整体能力也就立马消失殆尽。"巴别塔"的传说在西方家喻户晓，因为信仰原因包括中国在内的东方人熟悉的不是太多。然而，这个传说故事里所讲述的这番道理在近代中国愈来愈成为进步知识分子的普遍共识，有官员就认为："世界各强国无不以全国语言一致为内治之要端。故吾国近年洞达治体者，亦无不深明此理。"[6] 于是一时间，探讨"标准音"、建设国家通用语言，让国人的语言沟通畅通起来，更是成为愈来愈多社会名流矢志追求的人生目标。

第一个站出来的是出生福建同安的卢戆章（1854—1928）。他首先主张用"南京话"作为"各省之正音"。1892年他在《一目了然初阶》一书中说：

> 又当以一腔为主脑，十九省之中，除广、福、台而外，其余十六省，大概属官话，而官话之最通行者，莫如南腔。若以南京话为通行之正字，为各省之正音，则十九省既从一律，文话皆相通，而中国之大，犹如一家，非如向之各守疆界，各操土音之对面无言也。[7]

从这段话的描述，后人不难看到：虽说汉语的雅言、通语、凡语、正音、官话有几千年历史，[8] 但拟定全国"各省之正音"直到这时才真正开始认真的讨论。官话只是在官员、商人、士子等很少一部分人群中有些流传，而且还是一个相当庞杂的系统，诸如"南京官话"（"江淮官话"）、"北京官话"、"西南官话"等，有各种不同的"腔""话"，语音上很不一致。由于明清之际"南京官话"的特殊地位，将"南京话"作为"各省之正音"的意见这时还是一种强势舆论。尽管"北京话"可能事实上已经开始了它的"标准语化"过程，但即使是在北方官员心里都还觉得不够踏实，没有信心。有人就这样指出："其在北人，则因二百余年常隐然畏南人斥吾之陋，故务作高雅之论，不敢言推广京话以取南人讥笑。"[9]

然而，1911年夏，就在清朝政府行将就木之际，以张謇（1853—1926）、张元济（1867—1959）、傅增湘（1872—1949）为代表的一代社会名流主持学部中央教育会议，经过一个月左右时间的激烈讨论，形成一项决议《议决统一国语办法案》。这是清政府通过的第一个当然也应该是最后一个语言规划决议，该决议明确指出，审定国语标准"宜以京音为主"。[10]

实际上，"京音"的这一"标准语化"过程至此至少有半个世纪历史。王理嘉就指出：

以19世纪中期的纯正的北京话作为语料的汉语学习课本——《语言自迩集》及其序言证实：北京话经历了明清两代的发展，至迟在1850年之前已经获得了官话正音的地位，已经成为一种连外国人也认识到的民族共同语了。[11]

这种观察是毫无疑义的。威妥玛（1818—1895）在《语言自迩集》一书1867年首版序言中就说："几乎相同的内容，已然包含在1859年我出版的初级读物《寻津录》一书中。"[12]而《寻津录》是比《语言自迩录》"更早的以北京话口语为教学内容的汉语教材，在该书中威妥玛第一次提出了"音节表"。[13]而据程龙的研究，"1860年之前，威妥玛主要生活在香港和上海等地，从未到过北京，并且在初到中国的几年中一直学习广东话，他在香港高等法院任职时所从事的工作就是粤语翻译"[14]。但随着他与清政府官员交往的深入，北京官话的使用需求越来越强烈，他1847年就聘请了一个叫作应龙天的人做他的北京话老师学习和研究北京话。[15]

从1892年卢戆章强调"南京话"到1911年中央教育会议看好"北京话"，在不到20年的时间里，人们对于国语标准语的看法转变得实在有些快。笔者认为，威妥玛等外国传教士们对北京话的肯定、学习和宣传无形中起到了推波助澜的作用。然而，《官话合声字母》一书在京音作为国语标准音宣传方面的影响委实不可小觑。这本书的"新增例言"曾这样明确宣称：

语言必归划一，宜取京话。因北至黑龙江，西逾太行宛洛，南距扬子江，东傅于海，纵横数千里，百余兆人皆解京话，外此诸省之语，则各不相通。是京话推广最便，故曰官话。官者公也，公用之话，自宜择其占幅员人数多者。[16]

《官话合声字母》的作者王照（1859—1933），天津宁河人。这本书是在他变法失败流亡、隐居期间创作的，1900年从朋友家中流出、1901年正式在东京出版的，但是在严修（1860—1929）、吴汝纶（1840—1903）、张百熙（1847—1927）、袁世凯（1859—1916）等一大批社会贤达和政府官员的支持下，传遍大江南北13省，曾一度形成相当规模的官话与官话字母推广运动。[17]

除了《官话合声字母》这部书对于京话影响大外，吴汝纶访日归来对日本教育家伊泽修二（1851—1917）"普通语论"的传播也可能是一个重要原因。据

《东游丛录》一书的记述,伊泽修二向吴汝纶具体介绍道,30年前他一个生活在信州的日本人与来自萨摩的日本人是无法直接沟通的,情况如中国的广东人、福建人遇到北京人一样尴尬。但自从学习了作为"普通语"的"东京语"后,如今两地的语言"已无少差异",现场还有日本友人补充道,现在就连琉球人,差不多人人都通晓"东京语"了。[18]伊泽修二以及其他日本友人关于日本"国语统一"经验的介绍让吴汝纶深受刺激,于是,效法日本,以"京城声口"来使"天下语言一律"的"建白"便送到朝廷,[19]传到各地了。而其"京城声口"主张正来源于同来日本考察的严修家里传出的王照《官话合声字母》。

1906年,朱文熊(1883—1961)的《江苏新字母》无疑在这个方面也产生了一定影响。受吴汝纶"普通语"的启发,朱文熊留学日本期间在中国现代语言规划史上第一次提出"普通话"的概念,并定义为"各省通行之话"[20]。这是一个再怎么评估也不会过分的规划事件。写这本书的时候,朱文熊完全不懂北京话,只会家乡的苏州话,但他心中的理想是先拟制"江苏新字母",等学会了北京话"再来改编"![21]这一方面说明,王照的著作《官话合声字母》、吴汝纶的"京城声口"主张使得北京话的社会地位明显上升;另一方面也表明,在朱文熊的心中,"普通话"并非就是"北京话",而是一种以"北京话"为重要特征又在各省能够通行的特殊话语。这两点都是非常明确的。

"普通话"标准音的统一并非纯粹的语言问题,涉及政治、经济、文化等诸多深层次社会矛盾与纠葛。因此,在清末民初,"北京话"作为"各省之正音",远没有成为全国共识,尽管"天下语音首尚京音"的呼唤在清代中叶就有了。[22]所以,1913年"读音统一会"所定出的"国音"虽然确认了北京话的"阴阳上去"四声,但还是特别加入了北京话里没有的"入声"作为"第五声"。这种"以京音为主,兼顾南北"的状况持续了十多年。虽然根据所定"国音",出版了《国音字典》(1919),灌制了"国语唱片"(1920,1921),但1925年新的"国语统一筹委会"还是全面修改了这一标准,第一次整体将"北京语音"作为国语标准音,俗称"新国音",之前的便称为"老国音"。

之所以要做这样的修改,是因为"老国音"与老百姓的语言实际距离太远。它"不是任何人的母语,没有任何人的发音能成为标准参照"[23],而是一种非自然的"没有人说的语言",一种本质上由唐宋时期的"中州音"发展而来的北京话"读书音"。[24]中国古人历来注重文字,所以"读书音"在中国不仅有着悠久的历史,而且有着远比"口语音"更高的地位和影响力。但是在以白话文运动为标志的新文化运动中,在主张"言文一致"的"国语运动"环境下,"读书音"与"口语音"的不一致,特别是"读书音"支配"口语音"的局面再也难以维持下去了。于是，1920年夏开始了一场"京国之争"大辩论。结果，作为"读书音"的"老国音"最终被接近于"口语音"的"新国音"取代了。著名教育家、南京高师（今南京大学前身）英文科主任张士一（1886—1969）是这场论争的主要发起者。尽管他本人母语是吴语，却坚决主张国音要进行"根本改造"，以"北京音"为国音标准。[25]关于国语的口语标准以及标准语的定义，张士一有较长时间的思考和研究，所以与陆基等人有相当具体和深入的直接交锋，与胡适等人进行过面对面的磋商和对话。[26]他1920年在上海《时事新报》的著名副刊《学灯》上发表的《国语统一问题》等系列文章，明确提出了"北京话"的国语标准，而且特别指出作为国语标准的"北京话"必须有两个条件：①"本地人"的话；②"受过中等教育的"话。前者强调的是标准"北京话""北京音"的"纯正"性质，后者保证的是国语标准的"文化"品格。对当初读音统一会将"读书音"和"口语音"两件事看作是一件事的观点，张士一提出了郑重批评，[27]而且他认为，"口语音""说话音"的统一才是最重要的首要条件：只有"说话音统一"了，"读书音统一"才是自然的，有可能的。[28]所以，他提出了一个以"口语音"标准为核心的国语建设流程新方案："第一步，定标准语；第二步，定标准音；第三步：制字母；第四步，师范传习；第五步，在学校里和社会上推行。"[29]

张士一的"北京话"国音标准系列主张在教育界、文化界和语言学界引起强烈反响。就在1920年，全国教育会联合会通过议案，决议提请教育部"定北京音为国音标准"，并"照此旨修正《国音字典》"。[30]与此同时，江苏全省师范附属小学联合会也通过一个议案，该议案再次呼吁"以京音为标准音""不承认国音"。[31]围绕国语标准语、标准音的确立问题，讨论很快分出了两大派别。1921年朱麟公编辑出版的《国语问题讨论集》一书收集了"主张京语京音的"（京音派）、"主张混合语和会音的"（国音派）两派的重要文章。"主张京语京音的"主要有张士一、易作霖（1897—1945）、周铭三；"主张混合语和会音的"主要是黎锦熙、陆基、陆费逵（1886—1941）、何仲英、刘孟晋。后者意见最有代表性的还是黎锦熙（1890—1978）。他1915年进入教育部，1916年发起成立"中华国语研究会"，是"国语运动"的初创者、提倡者和重要的领导人之一。[32]对于张士一他们的主张，他在上海发表了一个重要演讲，后来又形成《统一国语中的"八十分之一"的小问题》一文表示正式回应。文章重点阐述了三个方面的意见：①蓝青官话就是国语。他认为，用来练习口头上"活国语"的"活标准"，当然必须是"活北京人"的话。"但是学几个月的京腔，学不会，变成了一口的蓝青官话，这种蓝青官话，只要是大家能够通词达意，也就算是国语了。"②北京的普通话有国语标准语价值。他指出,北京的普通话是全国官话系统里的混合体。正因为是这样一个混合语,所以北京的普通话才有其国语标准语的价值。因为"受过中等教育的"的"北京本地人"也只有"在交际时讲学时等所用的普通话"才有"作标准的价值",那些与他们家里的厨子、老嬷子,大街上的洋车夫所说的"土话"则是要"淘汰"的。③国音京音仅百分之五不同。他强调,国音分"声韵""腔调"两部分。"声韵就是用字母所注的字音","腔调就是阴阳平上去入五声的读法","国音和京音不同的,只是一小部分的字音"。[33]

为明确表达上述观点,黎锦熙曾于1920年年底约同吴敬恒(1865—1953)、陆衣言、范祥善一道专程赴南京与张士一等人就"京国问题"举行会谈。[34]因为双方的坚持,这次会谈本身并无直接成果,但《国音字典》的修改工作还是在1925年正式启动了。

早在1923年,围绕《国音字典》的修订,教育部国语统一筹委会就成立了一个增修委员会。1924年国语统一筹委会在讨论增修时就"决定要以漂亮的北京语音作为标准音"。[35]到1925年年底,这个增修委员会又推定王璞、赵元任、钱玄同、黎锦熙、汪怡、白涤洲等六名起草委员着手增修。[36]1926年《增修国音字典》稿本大致完成,旋即又决定准备修成《增修国音字典》《国语同音字典》和《国音常用字汇》三本书,后者专供中小学教员和教科书编写者之用。[37]1929年上述三本书的初稿全部完成,其中,《国音常用字汇》一书三易其稿后于1931年定稿,次年5月由商务印书馆出版。"凡字音,概以北京的普通读法为标准"为其编纂总原则。[38]从1920年"新国音"议案提出到1932年"新国音"时代的到来整整花去了12年!

值得特别探讨的是,在"京国之争"大辩论中,伴随着标准音、标准语讨论的深入,"普通话"的概念开始在学界流行起来。当初吴汝纶赴日考察期间,日本人常有"普通语"的说法,还有"普通语研究会"等组织。[39]这在留日学生那里也很流行。当年秋瑾(1875—1907)任主笔的留日学生编辑并发行的刊物《白话》中"普通语"的说法就很多。其中,《演说读书会章程》这篇三四百字的短文中4次提到"普通语";留日学生们还与日本学生一样,成立了"普通语研究会"。[40]可见,朱文熊也就是在这一话语氛围中开始使用"普通话"的。这应该是汉语语境中"普通话""普通语"概念的第一次流布。白话文运动、国语运动的高潮中开始的"京国之争"一下子将国人对"普通话""普通语"的热情提振了起来。人们当然期待"北京话"直接肩负起国语标准语的使命来,然而从现实的种种情况来看,事情并不那么简单。于是,人们又把希望寄托于"普通语""普通话"。

这方面的意见,最有代表性的当推胡适。虽然胡适也承认"这个南腔北调的普通话,就是毛病没有标准"[41],但是1921年,他在著名的《〈国语讲习所同学录〉序》中仍明确宣称:"我们现在提倡的国语……就是从东三省到四川、云南、贵州,从长城到长江流域,最通行的一种大同小异的普通话。……现在把这种已很通行又已产生文学的普通话认为国语,推行出去,使他成为全国学校教科书的用语,使他成为全国报纸杂志的文字,使他成为现代和将来的文学用语——这是建立国语的唯一方法。"[42]胡适的主张得到很多人的支持。陆基是"京国之争"中"国音派"的另一位主将。他就认为:"我国的语言最通行的,受过中等教育的人以为最优美的,容易学的,不是北京话,而是普通话。国家固然没有确认什么话是标准语,但是受过中等教育的人多数承认普通话;他那写出的白话文也定是普通话;可以说普通话就是无形的标准语。"[43]其实,"京音派"领袖张士一对"普通话"也有不错的观察和描述,只是他强调标准语要有切实的标准,所以最终放弃了"普通话"作为标准语的选项。张士一说:"现行的普通话(或称'普通官话')就是各地人聚在京师改变各自方言的一部分的结果,没有标准可定,故没有标准语的资格。"[44]对胡适"国语就由普通话来建设"的主张,张士一的观察和评说也有其深度。张士一认为,胡适本质上是一个"文字专家",只是强调"语体国文",并没有真正地来探讨国语的"口语标准"。胡适所谓的"国语的文学"其实是强调要"拿语体国文来做文学","文学的国语"也只是说要建设"有文学价值的语体国文"。[45]

第二节　瞿秋白的普通话规划及其影响

瞿秋白最早是在1931年5月提出汉语现代化的"普通话"规划建设理想的。他在《鬼门关以外的战争》这篇纲领性文献中明确阐述道:

> 文学革命的任务,绝不止于创造出一些新式的诗歌小说和戏剧,他应当替中国建立现代的普通话的文腔。……普通话不一定是完全的北京官话。……更不是北京土话。现在一般社会生活发展的结果,所谓五方杂处的地方是"文化的政治的经济的中心",能够影响各地方的土话,自然而然的叫大家避开自己土话之中的特别说法和口音,逐渐形成一种普通话。这种普通话大半和以前"国语统一筹备会"(此为北洋政府教育部"读音统

一会"及其1913年审定的6500余字读音——笔者注）审定的口音相同，大致和所谓北京官话的说法相同。[46]

瞿秋白关于"普通话"的论述最早于1932年公开发表在《普洛大众文艺的现实问题》《大众文艺的问题》《再谈大众文艺答止敬》三篇文章中。瞿秋白强调说：

> 要用现在人的普通话来写……无产阶级，在"五方杂处"的大城市和工厂里，正在天天创造普通话。这必然的是各地方土话的互相让步，所谓"官话"的软化。统一言语的任务也落到无产阶级身上。让绅商去维持满洲贵族旗人的十分道地的上等京话做"国语"罢，让他们去讥笑蓝青官话罢。无产阶级自己的话，将要领导和接受一般智识分子现在口头上的俗话——从最普通的日常谈话到政治演讲，——使它形成现代的中国普通话。[47]

瞿秋白又论述道：

> 无产阶级五方杂处的大都市里面，在现代化的工厂里面，他的言语事实上已经在产生一种中国的普通话（不是官僚的所谓国语）！容纳许多地方的土话，消磨各种土话的偏僻性质，并且接受外国的字眼，创造着现代科学艺术以及政治的新的术语。同时，这和智识分子的新文言不同。新文言的杜撰许多新的字眼，抄袭欧洲日本的文法，仅仅只根据于书本上的文言文法的习惯，甚至于违反中国文法的一切习惯。而无产阶级普通话的发展，生长和接受外国字眼以至于外国句法……却是根据于中国人口头上说话的文法习惯的。总之，一切写的东西，都应当拿"读出来可以听得懂"做标准，而且一定要是活人的话。[48]

瞿秋白还具体谈道：

> 这所谓普通话，简单而具体的说：就是上海工人不写"啥物事"而写"什么"等等，虽然他读起来的口音不一定像北平人那么卷着舌头（那才是现在官僚所规定的国语），可是，他已经是用的普通话。……根据这种已经在产生着的新兴阶级的普通话，而且赞助它的发展，用来写一切东西。止敬（茅盾笔名——笔者注）先生的调查，说上海各工厂有三种形式的普通

话，都是南方话，又说没有全国范围的普通话。他所说的三种形式的上海普通话，只是证明全国范围的普通话形成的过程，还只发展到一个初步的阶段。……在这种过渡时期，文学家特别应当用文艺的作品来帮助各地方的普通话以及全国的普通话的发展。这是一个斗争的过程。[49]

时间也非常巧合。瞿秋白的普通话规划思想主要是在1931—1932年期间提出、发表并得到系统阐述的，而这正是"京音派"的标志性成果《国音常用字汇》出版、发行之时。瞿秋白不是没有看到这些，恰恰相反，他的普通话规划思想某种意义上正是集中"京音派"的这些主张而发表的。他更看好"普通话"。1932年12月他在《新中国文草案》的"绪言"中就这样论述道：

  古代中国的"儒士阶级"所专利的古文文言，以及不彻底的假白话文，的确没有可能废除汉字，或者即使改成拼音制度，也还是非常的复杂（例如南京教育部所采用的注音符号和"国语主义"——参看商务印书馆出版的《国音常用字汇》）。而现在正在发展着的"现代中国普通话"——从日常谈话到政治演说，直到深奥的科学演讲，——总之，就是真正口头上的白话，以及根据这种白话而写出来的真正的白话文，却已经有采取简便的拼音制度的可能。[50]

从以上这些摘录，不难发现，瞿秋白的普通话规划思想不仅是丰富的，而且是体系完备的。具体来说，其至少有以下三个方面的特征。

第一，"普通话"是一种蓝青官话，具有"集成性"。

在瞿秋白看来，"普通话"是由北京官话演进而来的一种多样态的中国"共通语"。它不是纯粹的北京官话，可吸纳各种方言，甚至在某种情况下可以不要求"卷舌"。在其拼写方案中，他说："声母之中的z、c、s在普通话里的正规读音，应当稍微带点卷舌音，但是也可以不卷舌的读。"[51]所以，在他1929年出版的《中国拉丁化的字母》中还有"zh、ch、sh"三个声母，"中国"拼写作"Zhonguo"，"最初"拼写作"zuechu"，"五声"拼写作"ushen"；但在他1932年定稿的《新中国文草案》中就作"合并"处理了。即声母"ㄓ、ㄗ"合并为"z"，声母"ㄔ、ㄘ"合并为"c"，声母"ㄕ、ㄙ"合并为"s"。[52]这样，"中国"就拼写作"Zongo"了，"最初"就拼写作"zuecu"，"五声"就拼写作"usen"。

"普通话"来源于明清"蓝青官话"，与明清"蓝青官话"一脉相承。因此，北京官话是"普通话"的重要构成。瞿秋白至少三次阐述过"普通话"与"北京话"的这种关系。他说：

> 最近三十年来，凡是新的研究学术所用的言语，工商业发展之中的技术上的言语，政治上社会交际上的言语，事实上发生于"南边人"的嘴里，——江，浙，赣，粤，湘，鄂，川等省的人的嘴里。同时，这里又并没有历史久远的一个中心城市；大家只能学着北京话。结果，势必至于是"蓝青官话"变成实际上的普通话。例如大学虽然在北京，可是北京大学的教授们学生们却百分之九十以上只能够讲"蓝青官话"。在北京以外的人更不用说了。工厂里，市场上，会议场里……一切"五方杂处"的地方并不是大多数能够说道地的北京话……这种情形之下，如果要拼法完全照着北京的读音，北京的腔调，这对于极大多数的人是要感觉到十二分的困难的。所以我们认为还是注音字母的第一时期（一九二五年以前）所审定的读音做标准，比较的好些。[53]

这就是说，"普通话"实际上是"北京话"的一种适应性的修正，更具体地说是"北京话"某种程度上的"南方化"。瞿秋白对这种"普通话"充满期待，也有十足的信心。他说，"过二三十年"，那些笑话用"蓝青官话"做普通话的"学院主义派的学者"不知道是不是还活着，但这种"南腔北调的普通话"一定通行得更广泛了！[54]

瞿秋白的这种普通话规划思想与"京国之争"中多数"国音派"人士的国语主张相当接近。1922年，刘半农（1891—1934）就宣称："我的理想中的国语……只是个普及的，进步的蓝青官话。"[55]他甚至强调："与其提倡国音京调，正不妨听任其为'国音乡调'。……除非是不要国语，如要国语，将来的结果终于是国音乡调。"[56]这所谓"调"，不是语调，而是字调，也就是"四声"。刘半农的这种"国音乡调"观曾赢得钱玄同的高度称赞。[57]

第二，"普通话"是大都市里流行的话语，具有"现代性"。

瞿秋白首先特别强调，"普通话"虽然来源于各种方言，但与各地的方言土语有着本质区别。他曾经具体分析道：

> 大多数的方言只有最简单的日常生活之中的用处，而且大都是没有写定的。这些方言的程度自然是很幼稚的，不固定的，没有独立的言语的资格。每一个地方，只有极少数的人——不但识字，而且汉文通顺——他们

在本地的俗话口音之外,还另外有一种所谓的读书口音,一切"文化的字眼"(就是比较深奥的,以及学术上政治上的字眼),都用这种口音去说。这种人勉强可以用本乡的话谈论学术上政治上的问题,而大多数人只有极简单的口语:字眼是非常的穷乏的,字眼的意思也很简单的,字眼的声音是不复杂的,说话的内容大半是很粗浅的,而且说话的时候常常借着手势帮助言语上的缺点。[58]

这就是说,在瞿秋白看来,方言土语的功能很少,一般没有书面语形式,缺乏独立发展的能力,因此很大程度上需要依赖一些很有历史的"官话",比如《洪武正韵》一书所指定的读音等。它们总体来看还很不发达,进化很慢,词的数量、意义乃至发音都很贫乏,很多深奥的知识都不能够表达,甚至在很多情况下,它们还处在手势语状态。

在瞿秋白看来,也有发展得稍好一些的方言。他说:"扬州、苏州、广州的方言文学,不但有口头上的说书、弹词,以至于戏剧,而是有书面的记录(最近几十年来又发生了所谓上海滩簧、无锡滩簧、绍兴文戏,本属改革,但是书面的记录还很少)。"[59]他指出,在各大城市的方言中,"处于最优越的地位"的当属"北京话"。一来因为早从元代开始,北京话就用来创作文艺作品;二来"五四"以来的许多政治上学术上文艺上的白话著作都是用"北京话"写的。瞿秋白特别指出南方青年作家穆时英(1912—1940)那几年的一些作品就是"用的京津的方言",并强调"北京话"也因此"取得普通话的资格"。[60]"北京话"之所以"取得普通话的资格"首先因为北京是一个大都市,那里活跃着"五方杂处"的各色人群。这样的大都市全国不少,像上海等地都是。但上海"五方杂处"各色人群的相互交流不是使用当地方言,而是"国音乡调"的"普通话"。瞿秋白敏锐地发现了中国语言生活的这一发展趋势。这一发展趋势应该也是当年威妥玛在一直学习广东话并从事粤语翻译之后改学北京话、研究北京话的重要原因。相比威妥玛时代,瞿秋白时代的中国大都市"普通话"发展趋势应该更加明显,而且呈现出新的变化,这就是随着现代化大生产的出现,城市产业工人和从事商贸活动人员的迅速增加。如果说,威妥玛时代各地使用北京官话的主要是官员、士子和数量不大的小商人,那么瞿秋白时代则出现了各种新的"普通话群体",除了产业工人外,还有各类高等院校师生以及活跃在政治、文化、经济、军事领域的各类从业人员。有统计表明,1933年上海、天津、北京、汉口、无锡等大城市的产业工人人数分别为24万、3万、2万、2万、3万、6万。[61]1931年,全国高等院校师生总数为5万多人。[62]至于军队人员更多。资料显示，1932 年，红军已发展到 15 万人，而这一年国民党军队仅参加"围剿"红军的兵力就达 50 万人。[63]

第三，"普通话"各方面都还处在形成过程中，具有"发展性"。

瞿秋白强调，"普通话"还相当不成熟，"还只发展到一个初步的阶段"。他具体分析道："现代的普通话是一种文法上统一而口音上并没有完全统一的言语，而且因为口音上没有完全统一，所以用的字眼也有大同小异的地方。"[64] 这就是说，在语音、词汇、语法三个层面，"普通话"仅在"语法"层面比较成熟，词汇，特别是语音层面尚未完全固定下来，但却有任何方言都无法比拟的发展前途，它吸纳各方言的优点。北京话因为"研究得最清楚，写法最确定"，是"最发达的最成熟的方言"，所以"普通话采取北京话的文法部分和字眼部分比较得多些，采取北京话的说法和口音的倾向比较得强烈些"。[65] 但"普通话"对包括"北京话"在内的任何方言都是"中立"的，"不偏不倚"的。瞿秋白指出"普通话"也会"避开"北京话里的那些"偏僻的成分"。比如，在文法上，"普通话"不会选择北京话里的"这儿、那儿"而选择更普遍、更常见的"这里、那里"；在字眼上，"普通话"总是说"放"，不会说"搁"，总是说"拖"，不大会说"拽"；在口音上，瞿秋白强调，"北京话的'重舌头'的字音（知、痴、诗、日），等等，在南边人的口音里软化，在别地方人的口音里又有另外的变化"。[66]

对于"普通话"的"发展性"原因，瞿秋白也曾经做过很多分析和阐述。他说，晚清民初之后，"中国的社会生活，从政治的，学术的，直到日常的生活，经过了帝国主义和资本主义的洗礼，已经发生了极大的变动。实际生活的需要，已经发展了新式的言语；一切新的关系，新的东西，新的概念，新的变化，已经这样厉害的影响了口头上的言语，天天创造着新的字眼，新的句法……"[67] 这就是说，中国近现代社会的急遽变化使得过去的"蓝青官话"远远不能适应此时人们语言生活的需要。因为做工、求学和打仗，包括南方和北方在内的各地人们迁徙、流动异常的频繁，使得"蓝青官话"在这个时间段发生前所未有的变化。这不仅让"北京官话"很快取代了"南京官话"，而且加快了"北京官话"与其他各地方言的融合步伐。其中，"北京官话"与"南京官话"的融合更是现代"普通话"形成的重要基础。

然而，在中国这样大的一个国家，要想真正将这种急遽演进的"普通话"统一起来、稳定下来、固定下来，没有一个相对安定的和平环境，没有一个强有力的政权组织，是很难做到的。所以，1932 年左右的瞿秋白在谈及这个问题的时候反复强调他心中的"普通话"还处在形成过程中。这是非常有远见的判断。

瞿秋白的"普通话"规划思想可能难以直接追溯到朱文熊的《江苏新字母》。据朱文熊本人介绍,他的这本书印成之后大部分是在上海委托书商销售的。[68]瞿秋白在上海生活很长时间。他1923—1924年、1927—1928年和1930—1934年先后三度居住在上海,在上海共生活九年之久。[69]然而,《江苏新字母》的销售时间在1906年左右,更主要的是这本书一出版就受到读者的批评:"江苏人造一种字母,浙江人造一种字母,一省造一种,中国语言怎么统一呢?"[70]朱文熊本人也觉得这话"不错",这本书也就不了了之了。所以,瞿秋白"普通话"规划思想的直接来源应该是1920年开始的"京国之争",与胡适有关"普通话""白话革命"的论述关联尤为紧密。仅1923年,瞿秋白与胡适就有过多次直接交往。瞿秋白先在6—7月的一天于杭州烟霞洞拜访过在那休养的胡适,后又在11月份邀请胡适到上海大学做《科学与人生观》的演讲。[71]瞿秋白也在很多地方针对胡适的主张来评判国语建设的进展。在《荒漠里——一九二三年的中国文学》一文中,瞿秋白感叹"'文学的白话,白话的文学'(即胡适的'国语的文学,文学的国语'——笔者注)都还没有着落",感慨"这样空阔冷寂的荒漠里,这许多奋发热烈的群众,正等着普通的文字工具和情感的导师"![72]还是这一年的7月底,瞿秋白还给胡适寄过一封信,谈到他写的一篇长文《现代中国当有的"上海大学"》。就在这篇文章里,瞿秋白第一次指出,中国社会"不得不要求文字上的革命"[73]。他具体阐述道:"学术上所能助文学家的(大学教育的职任)却多半在于文字学(或言语学,更广泛言之即'语言文字的科学')……值此白话代文言而兴的时代,整理中国旧有的这种科学,却是大学的重任。"[74]可见,胡适的白话革命主张某种意义上已经被瞿秋白纳入他的上海大学规划蓝图。这些应该就是瞿秋白"普通话"规划思想的最初来源。此外,还有一个来源值得关注。这就是1920年"京国之争"的主要阵地是上海《时事新报》副刊《学灯》。而《学灯》的主编正是与瞿秋白一起赴俄国考察的新闻记者俞颂华(1893—1947)。

瞿秋白的"普通话"规划思想对后世的影响极为明显。

首先,"大众语运动"的"大众语"建设理念主要来源于瞿秋白。

前文已多有论述。这里特别强调一点:"大众语运动"也极好地宣传了"普通话"理念。先是"大众语运动"中鲁迅的《门外文谈》积极主张"乡音乡调的普通话",后是"大众语运动"进入尾声之后,黎锦熙《国语运动史纲》在客观上也帮助宣传了"南腔北调的普通话"。鲁迅的态度旗帜鲜明:"一切听其自然,却也不是好办法。现在在码头上,公共机关中,大学校里,确已有着一种好像普通话模样的东西,大家说话,既非'国语',又不是京话,各各带着乡音,乡调,却又不是方言……如果加以整理,帮它发达,也是大众语中的一支,说不定将来还简直是主力。"[75]在《国语运动史纲》这部著作中,黎锦熙概括了"大众语"有"无产阶级的语言""各样各色的方言"和"南腔北调的普通话"三种定义,并特别强调"普通话"主张就是"国语"主张,也就是1932年以前的"国音国语"主张。应该说,无论是鲁迅的《门外文谈》,还是黎锦熙的《国语运动史纲》,都在很大程度上宣传了"普通话"。

其次,国家通用语言之名弃"国语"而取"普通话"也主要因为瞿秋白的倡导。

国家通用语言的名称落实为"普通话"是1956年国务院所发布的《关于推广普通话的指示》。但其最初的名称应该是1911年清政府学部召开的中央教育会议通过的《统一国语办法案》就确定下来的"国语"。名称由"国语"改为"普通话",这有下面三个方面的原因:①"普通话"之名表明汉语"标准语"首先是中国基层百姓可以掌握的语言。这是瞿秋白一贯的主张。所以,宣传、推广和普及"普通话"是党和政府在语言规划与语言政策上的基本方针。1950年11月,广东省教育厅率先提倡学习普通话,中山大学举办普通话讲习班。1951年6月中国文字改革研究委员会筹委会召开座谈会,与会者赞成给汉字注音。于是,标准音问题再度成为问题的焦点,大部分代表倾向以北京音为标准音(普通话)。1955年5月,刘少奇在接见吴玉章时发表意见说,学校要用普通话教学,今后教师不会讲普通话的不能当教师。1955年10月15日,张奚若在全国文字工作会议上作报告,题为《大力推广以北京语音为标准音的普通话》。1956年2月,国务院发布《关于推广普通话的指示》。《关于推广普通话的指示》指出:"汉语统一的基础已经存在了,这就是以北京语音为标准音,以北方话为基础方言、以典范的现代白话文著作为语法规范的普通话。"[76]这是当代"标准普通话"定义第一次公开亮相。②"普通话"之实应该是中国基层百姓话语权的一个争取过程。这更是瞿秋白汉语规划思想。教育部长张奚若(1889—1973)在《大力推广以北京语音为标准音的普通话》的报告里就这样指出:"明、清两代,……几百年来这种'官话'在人民中立下根基,逐渐形成现代全国人民所公认的'普通话'('普通'在这里是普遍、共同的意思,而不是平常、普普通通的意思)。五四运动以来,……采用'白话'写作,……加进了许多其他方言的有用的成分和必要的外来语成分,迅速地促进了普通话的提高和普及。……革命的武装队伍……一面学习普通话,一面就传播普通话。……事实上已经逐渐形成的汉民族共同语……就是以北方话为基础方言、以北京语音为标准音的普通话。……大力推广普通话的教学和扩大它的传播,这是一个严肃的政治任务。"[77]③"普通话"之名符合我国多民族发展的国情。"标准语",或者说"国家通用语言"的普及和统一不能简单地采用"同文政策"来实施。瞿秋白在这方面的思想主张是非常明确的,他在《新中国的文字革命》一文中阐述道:"中国不但是汉族的民族,还有回族、西藏族、蒙古族、黎、苗、彝族等。这些弱小民族,绝对没有学习中国话的义务。对于他们绝对不应当实行所谓中国话的'国语统一'的政策。就是汉族自己的许多方言,也不能实行强迫的统一政策。"[78]1984年,倪海曙(1918—1988)就这样说道:"中华人民共和国成立以后,我们不叫'国语'了,改称为'普通话'。原因是'国语'这个名称有点大汉族主义的味道。我们是多民族的国家,不能把汉民族一个民族的共同语称为'国语'。尽管汉民族占全国人口的95%,而且只有普通话是全国通用的。但是这不符合民族平等的原则。"[79]

第三节　瞿秋白的普通话理念对
当代标准普通话建设和推广的启示

"标准普通话"的建设和推广是当代中国语言规划的基础工作。瞿秋白的普通话理念对此有多方面的启示。

第一,"标准普通话"本质上具有中立性,多方吸纳是它不断发展的前提。

无论是"地方普通话"还是"标准普通话"都不宜看作是一种自然形态的"方言",而应认为是一种人工意义上的语言形态,具有不同程度的"人造特质"。这也是当年瞿秋白对"普通话"概念的基本设定。所以,对于普通话,谁都要有意识地再学习,而且,不付出一定的努力,不系统学习一些相关知识,还很不容易掌握,特别是"标准普通话"。这就是为什么在全国范围内"标准普通话"达到"能够流利准确使用"的程度不高,公务员仅有28.98%的比例,"教师"是36.85%的比例,而"播音员和主持人"也只有82.38%的比例。[80]

正因为具有"人造性质",所以"标准普通话"比任何自然形态的"方言"发展都要快。在某个特殊时间段,这种发展显得特别突出。"标准普通话"的定义是在1956年明确下来的,其核心要素普通话的"标准音"应该是1957年、1959年和1962年三次发表的《普通话异读词审音表初稿》初步确定下来的。《普通话异读词审音表初稿》共收词1800多条,涉及1077个汉字。经过修订,《普通话异读词审音表》1985年正式发表,普通话"标准音"基本确立。然而,这之后的几十年正是我国改革开放、各项事业全面发展的重要时期，普通话的发展迎来了一个新高潮。在语音、词汇、语法等各个方面，普通话都有很多变化。早在1999年，郭熙就指出，在普通话中语音方面有很多"超规范"的现象，"像轻声和儿化的减少也可以说是越来越普遍的现象"[81]。2004年，刁晏斌具体探讨了这一现象。他认为，普通话中的这一变化来源于内地对港台的模仿，是港台话语对普通话语音较为明显的影响。他说，在普通话里，原有很多的儿化音，现在广播电视里主持人的口中都不见了，"小孩"很少说"小孩儿"，"伙伴儿"直接说成"伙伴"了；在普通话里，轻声音也特别多，如今很多内地人的口中也很少有了，"谢谢、设计、手艺、帮助"等词都很难听到读轻声了。[82]

这种被日本学者市川勘、小松岚称为"南语北上"的现象在词汇方面表现得更加突出。[83]他注意到1996年出版的《现代汉语词典》第三版收录的粤方言词160多条。有论者将2005年出版的第五版《现代汉语词典》和2012年出版的第六版《现代汉语词典》做比较，发现相距7年的两个版本词典所收的方言词、方言义项有相当大的差异，后者比前者多出125条。其中，新收录东北方言词9条，如"忽悠、嘚瑟、抓手、疼人、力道"，而粤方言词有18条，如"大佬、马仔、拉风、无厘头、狗仔队、大排档、咸鱼翻身"等。此外，由方言词改为口语词的20条，由方言词改为普通话词的有26条，如"爆料、搞定、搞笑、企稳、作秀"等。[84]无疑，广东等地经济发达地区新技术、新发展方式以语言为媒介传播到全国各地推动了粤方言进入普通话词汇系统的进程。

而来自南方方言影响而产生的语法变化也有，但要微弱得多。比如，"有+VP"句式，人们更多地强调它的"方言"出身。有论者甚至明确认为，这一句法形式之所以在南方方言中大面积存在，就因为它来源于"古越语"。[85]刁晏斌曾详细考察了台湾、港澳与内地"有+VP"结构的使用情况及其表现，指出"在普通话口语中，'有+VP'形式虽然已经比较多用了，但一般还只限于某些年轻人群……；就书面语来看，充其量只能算是刚刚'开始'"[86]。

其实，方言还是普通话表达的特别补充。不仅日常生活里，大家喜欢用方言，感觉方言来得亲切，交流也更为方便，有时还觉得也特别有味道，而且不少文艺作品，特别是影视作品里编创者们都在有意识地将方言作为一种重要的表现手段。市川勘、小松岚在其《百年华语》一书里介绍了28部使用方言的电影。这些电影作品产自1992—2007年间，使用的方言包括陕西方言、河北方言、山西方言、四川方言、贵州方言、云南方言、湖北方言、山东方言、上海方言、广东方言、河南方言等十余种。至于方言电视剧作品，也不甘示弱。市川勘、小松岚指出，仅

《炊事班的故事》一个剧目就"糅合了东北话、广东话、河南话、四川话、山东话、天津话、厦门话等多种方言,南腔北调,妙趣横生"。但他们还是指出,"当然,更多的影视剧目并不是操纯粹的方言,而主要是带着方音和方言词汇的方言普通话"[87]。实际上,20世纪80年代中期以后,在中国的娱乐类电视节目中或多或少有了方言的参与。当时代的脚步迈入21世纪之后,方言类电视节目更是呈现勃兴之势。这着实显示出在现代汉语的艺术表达上,方言与普通话是两种不可或缺的主要构成。同时,这也充分显示出方言在中国当代文学发展中的活力。20世纪90年代以来,"方言"作为一种自由自在的民间话语资源为作家自觉或不自觉地采撷和运用,韩少功、李锐、莫言、张炜、阎连科等不约而同地向方言伸出橄榄枝,采用方言进行写作并创作出了《马桥词典》《无风之树》《檀香刑》《丑行与浪漫》《受活》等一批有着鲜明的方言色彩的文学作品,"方言写作"一时成为世纪之交、文化转型期文坛的热门话题。

不仅如此,现如今在某个特殊时间、特殊地区,方言在就业、工作中也是需要的。郭熙(1999)在《中国社会语言学》中早就注意到并郑重指出过这种现象。他说:"据广东出版的《文化参考报》1996年11月28日报道,在第7届全国书市上,名列粤版图书榜首的是《广州音字典》,而被普遍认为最能赚钱的学生用书《新编学生使用字典》才排到第6位。"[88] 2020年在抗击新冠肺炎疫情中,北京语言大学语言资源高精尖创新中心、武汉大学中国语情与社会发展研究中心联合商务印书馆、科大讯飞等出版机构和企业组成"战疫语言服务团",研制出"抗击疫情湖北方言通"支援一线医疗队。据报道,"湖北方言通"不仅涵盖武汉、襄阳、宜昌、荆州、鄂州、孝感、黄冈、咸宁等方言片区,而且还提供微信版、网络版、融媒体口袋书、即时翻译软件、在线方言服务等多种形式。[90]

第二,"地方普通话"具有其生存空间,在相当大的程度上要能得到保护和传承。

今天看来,从方言发展而来的"上海普通话""四川普通话""广西普通话""东北普通话"等各有特色,各有风味。"台式国语"更是如此。

如果追溯一下"标准普通话",或者说,汉语"标准语"的形成,那么我们就能够清楚地看出"地方普通话"的普遍性、应用性,特别是它们所散发出来的浓郁生活气息。1954年,周有光在《拼音文字与标准语》一文中曾指出:"在会议和其他公共场所里实际应用的语言,一般是以汉语的主流为基础的、大同小异的共同语。'大同'大到足以建立共同的了解,'小异'小到不使妨碍相互的通话。这样的共同语便是所谓的'普通话'。普通话并没有严格的一致性,但是有它必要程度的共同性。这必要程度共同性的存在,使它能够在会议和其他公共场所里完成实际的通话任务。"[91]这"汉语的主流"就是"北方语音",也就是周有光所说的"北方话、西南话和江淮话的合流"。

他同时指出,当共同语,或者说"大同小异的普通话",也就是带有地方方言特色的"地方普通话",需要将其共同性水平做进一步提高,即在语法、词汇和语音等方面都具有明确、肯定的标准时,"标准语"也就出现了。也就是说,"标准语"和"普通话"是水平高低不同的两种"共同语"。前者具有明显的"人为"性质,后者则是"在社会自发演进中形成的",具有很强的自然特征。[92]可以说,周有光的这些论述极为精准和深刻地阐述了当年瞿秋白的普通话规划建设思想。因为政治、经济和文化状况的不同,在瞿秋白时代,"标准语"可以向往、憧憬,但通行的只能是"地方普通话";到了周有光时代,"标准语"的一系列"标准"都能制订出来,但"地方普通话"依然有它们的生存空间和实际需要。

近年来,曹志耘对一百多年来中国语言规划中所追求的语言"一体化"与语言"多样性"之间的关系进行了专题探讨。他认为,语言"多样性"是"世界文化多样性"发展的要求;"极端的语言一体化违背了语言文化多样性原则……一体化应该是包含多样性的一体化"。[93]所以,曹志耘明确提出当下现代汉语的建设发展应当提倡"多语分用"。所谓"多语分用",首先是接受多语共存的现实,承认多语共存的权利,其次是各语言、各方言要明确自己在"多语体"内的位置、身份,发挥不同的作用。就普通话和方言来说,在当代"多语体"内,即随着改革开放的深入和各民族、各地区交往频繁而产生的多语言、多方言的生命共同体中,普通话是汉民族共同语,更是国家通用语言,适用于正式场合,而方言是区域性的,民间语言,主要适用于非正式场合。所以,新闻联播用普通话,娱乐节目可以用方言;课题教学用普通话,课余可以用方言;政府部门办公场合用普通话,但一些面向社会大众的服务领域,如共同交通、医院门诊以及普通商业网点,应允许使用方言。[94]

其实,"包含多样性的一体化"的语言规划建设理念得以确立,正是中国儒家"和而不同""中和位育"思想精髓的重要体现。目前,"语言的多样化"主要是从"语言资源保护"角度来探讨其实现途径的。早在20世纪90年代初,中国语言学界就开始认识到语言的资源属性,并提出了"语言是生产力"的观点。[95]2003年,张普明确指出:"语言资源是国家最重要的信息资源。"[96]2004起,教育部语言文字信息管理司便组织北京语言大学、华中师范大学、厦门大学、暨南大学、中央传媒大学和中央民族大学等六所高校及行业主管部门先后组建"国家语言资源监测与研究中心"的平面媒体分中心、网络媒体语言分中心、教育教材语言分中心、有声媒体语言分中心、少数民族语言分中心、海外华语研究分中心。

国家语言资源的监测是第一步的工作。接着下来要做的就是必须使中国从语言资源大国转变为语言资源强国。为进一步做好方言保护和传承的研究，国家语言工作委员会等机构实施了一系列相关项目建设，主要建有三大数据库。

2008年，国家语言工作委员会"中国语言资源有声数据库建设"项目在江苏开展试点调查工作。随后几年，上海、北京、福建、山东、辽宁、广西、湖北等地也相继启动。该数据库建设的宗旨在于调查收集当代中国方言、少数民族语言和地方普通话的实态、有声语料，并进行科学整理、加工和有效保存，为推进中国语言文字信息化、推广普通话和社会文化建设服务。[97]也就是说，中国语言资源有声数据库主要分为两个部分：一是语言和方言调查，二是地方普通话调查。具体又分为"字库""词库""句库""话语库"和"地方普通话库"。其中，"字库"用1000字调查语音系统；"词库"用1200词调查基本词汇系统；"句库"用50个句子调查主要的语法现象。"话语库"的话语调查，一是规定故事《牛郎和织女》，二是从规定话题中自选若干个进行讲述，三是发音合作人在话题范围中自选话题进行对话。"地方普通话库"则先是讲述规定故事《牛郎和织女》，再朗读两篇短文《诚实与信任》《大学生村官》。[98]

2010年，中国语言资源保护研究中心、北京语言大学语言科学院语言资源研究所"中国方言文化典藏多媒体资料库"项目启动。该资料库（网站）主要是通过音、视、图、文等多媒体形式，将地方特色文化现象（如地方名物、民俗活动、民间文艺等）用特殊方言形式进行保存与展示，主要以汉语方言文化资源为主，兼顾少数民族语言文化资源。[99]

"方言文化网"由暨南大学汉语方言研究中心方言文化室主办。该数据库（网站）的前身是"中国语言有声资源联盟"网站，其最大的特点是开发了基于网络平台的中国语言（方言）文化的调查功能，同时也在吸收现有网站优点的基础上进一步完善了它的传播功能。一是运用GPS技术把方言文化资源放在地图上呈现和传播；二是通过关联社交平台传播；三是通过语言文化数字化博物馆的形式传播。[100]

近年来，党和政府相关政策进一步肯定和支持上述项目。2011年，党的十七届六中全会通过的《中共中央关于深化文化体制改革推动社会主义文化大发展大繁荣若干重大问题的决定》中明确指出要"科学保护各民族语言文字"。2017年，中共中央办公厅、国务院办公厅印发的《关于实施中华优秀传统文化传承发展工程的意见》中更是明确强调要"保护传承方言文化"。

第三，"普通话"发展是现代汉语"文体改革"的基础。

对"标准普通话""地方普通话"乃至"方言土语"的肯定、认可和讲究，是现代汉语得以实现彻底的"文体改革"的根本原因。

1999年，周有光在《中国语文的现代化》一文中将一百多年的"语文现代化"运动的要求概括为四个方面：语言的共同化、文体的口语化、文字的简便化和表音的字母化。[101]其中，文体的口语化给人们的感受最深。

20世纪80年代，美国学者德范克（1911—2009）在《文体改革还要继续进行》中就指出："言文的差距现象，并不只是中文如此，英文和其他语文也有同样的问题。新的、大众化的文体不容易完全取代旧的文体；保守的旧文体被认为是'文雅'的文体。旧文体的语句许多来自旧文学。汉语文的文学遗产比其他语文更丰富，也更根深蒂固，因而文言跟白话的差距也比其他语文大。"[102]齐一民就认为，东亚"言文一致"运动就是从19世纪中叶开始的。在他看来，明治时期的西周（1829—1897）、福泽谕吉（1835—1901）是最早为此做出贡献的日本启蒙思想家。其中，西周明确提出过"言文一致"的主张，具体阐述过"言文一致必至论"，甚至主张直接用西洋罗马字书写日本语。他还是"哲学、主观、客观、观念、意识、感觉、理性、先天、后天、心理学、伦理学"等一大批日语词汇的翻译者。有人统计，由西周创作出来、至今还在日本和中国的日常生活中应用的词语多达113个。[103]在这方面，福泽谕吉的思想更为激进，他尊重口语，最早进一步提倡使用平易的俗语，主张"世俗通用的俗文"主义和"计数法的改良"，甚至提出过"汉字废止论"。[104]

在上述一文中，德范克特别指出，白话文运动并没有完全消除，"很多所谓白话，其实只是瞿秋白很久以前所称的'假白话'而已（1932），也有人叫它'半文半白'。鲁迅曾指出，白话文应该'明白如话'。这句话虽然已经是老调了，但是很多白话文仍旧没有达到这个标准。鲁迅提出一个重要的观点：如果要达到上述的标准，只有采用活的语言和以拼音取代汉字（1934）"[105]。笔者在很多场合，一直在强调，鲁迅晚年，特别是1934年后关于汉语现代化的观点，很多是受到瞿秋白的影响。

德范克是在《语文建设》杂志上读到林兴仁《漫谈广播稿的语言特点》一文而发表这些意见的。在这篇文章中，林兴仁比较了好多语段的修改稿，认为"上口而顺耳是广播稿有别于仅供目治的报刊语言的重要特点"，"广播语言有它自己的一整套表达手段"，并在词语运用、句式选择、语音安排和修辞方式等方面都有突出表现。[106]下表中的"修改稿"，林兴仁很是欣赏，德范克也表示对这一比较和讨论"颇感兴趣"，并强调"从'五四'到今天，白话文体改革还没有完全成功。如何努力使它成功呢？我认为懂汉字的人应当学习拼音，尤其

194

是在阅读和书写方面应该达到跟读写汉字一样流畅的地步。这样就可以使拼音和汉字各用其长。"[107]

表 8-1　林兴仁《漫谈广播稿的语言特点》中修改稿与原稿比较表[108]

序号	修改稿	原稿	修改者（作者）	时间	出处
1	嚯，这天可真蓝哪！一点儿云彩也没有。有一条小河哗哗啦啦地流着。这水可清亮啦！水里好些圆石头，像鸡蛋似的，人们管它叫卵石，这些卵石在水里可以看得清清楚楚！在河边坐着一个老头儿，长得虽然瘦，可是挺结实，那双眼睛可有精神啦！	蔚蓝的天空，没有一丝云。一条潺潺的溪水从卵石中间穿流而过，卵石在清澈的水中忽隐忽现，清晰可见。溪边端坐着一位长者，面庞清癯，双目炯炯有神！	孙敬修	——	广播稿
2	部队出发了，副指导员检查纪律，楼上的东西一点也没有动。那只钢壳表还是放在桌上，滴滴答答地走着。	部队出发了，副指导员检查纪律，楼上的东西丝毫未动，那只钢壳表依然放在桌上，滴滴答答地走着。	（张明）	1948年4月19日	陕北新华广播电台广播稿；《桌上的表》，《晋绥日报》
3	三级干部会议开了三天，昨天结束了。	为期三天的三级干部会议，已于昨天结束。	——	——	——
4	李大叔高兴地说："实行了生产责任制，我们家乡大变样了！"	"实行了生产责任制，我们家乡大变样了！"李大叔高兴地说。	——	——	——
5	那几个小伙子的自行车擦得亮亮的，他们说说笑笑地奔驰而来。	那几个自行车擦得亮亮的小伙子，说说笑笑地奔驰而来。	——	——	——

续表

序号	修改稿	原稿	修改者（作者）	时间	出处
6	在场的人们看到这情景，一个个目瞪口呆。唉？是什么力量使船下水的呢？	在场的人们看到这情景，一个个目瞪口呆。是什么力量使船下水的呢？	孟广嘉	——	北京人民广播电台《拉古王冠和阿基米德定律》
7	某某工厂的产品全部合格。	某某工厂的产品全都合格。	——	——	
8	阿尔布莱总统要任命一位新的国务卿，总统在……	阿尔布莱总统要任命一位新的国务卿，他在……	察尔尼	——	美国《广播新闻》一书

不难看出，上表中的"修改稿"是现代汉语"文体改革"追求口语化的典范。无疑，口语化的标准是"普通话"，或"标准普通话"，或"地方普通话"。有时，"方言"也是可以参照的。

第四节 结语

1906年，朱文熊"首次定义"普通话，1931年，瞿秋白"再次定义"普通话，1955年，全国文字改革会议根据陈望道的意见"重新定义"普通话，这表明作为现代语言，普通话在发展，它的概念也在不断演进。2000年《国家通用语言文字法》明确规定，普通话为国家通用语言，国家推广普通话，中国历史首次走进真正"语同音"的崭新时代。不仅如此，规范汉字、汉语拼音都服务于普通话，它们主要书写和拼写普通话，从而形成国家通用语言文字的"三位一体"架构。可以说，1955—1964年是这一架构的重要萌芽期。因为这十年，推广普通话运动在各地兴起，拼音方案开始走进全国中小学课堂，《简化字总表》也正式公布实施。如果说，1982年"国家推广全国通用的普通话"写入宪法标志"三位一体"架构初步形成，那么，2000年由简化字和传承字组成的规范汉字由国家法律确定为"国家通用文字"表明"三位一体"架构正式确立，2015年国际标准ISO7098全票通过标志"三位一体"架构进一步巩固。

注释：

［1］侍建国．论当今普通话的民族性及其他［J］．语言战略研究，2017（2）：77．

［2］董思聪，徐杰．普通话区域变体的特点与普通话差错的分际［J］．语言科学，2015（6）：600．

［3］［75］鲁迅．鲁迅全集：第六卷［M］．北京：人民文学出版社，2005：100，100－101．

［4］［46］［48］［49］［50］［51］［52］［53］［54］［58］［59］［60］［64］［65］［66］［67］［78］瞿秋白．瞿秋白文集：文学编第三卷［M］．北京：人民文学出版社，1985：229，138－164，16－17，48－52，423，433，426，228，229，293－294，294，296，297，297，297，241，305．

［5］中国基督教协会．圣经［M］．南京：中国基督教协会，1998：9．

［6］［9］长白老民．推广京话至为公义论［G］∥清末文字改革文集．文字改革出版社编．北京：文字改革出版社，1958：34，34．

［7］卢戆章．一目了然初阶［M］．北京：文字改革出版社，1956：100．

［8］李葆嘉．中国语言文化史［M］．南京：江苏教育出版社，2003：360－361．

［10］学部中央教育会议议决国语统一办法案［G］∥清末文字改革文集．文字改革出版社编．北京：文字改革出版社，1958：34，34，143．

［11］［38］王理嘉．汉语拼音运动与汉民族标准语［M］．北京：语文出版社，2003：7，28．

［12］［英］威妥玛．语言自迩集［M］．张卫东，译．北京：北京大学出版社，2002：13．

［13］［14］［15］程龙．浅论威妥玛第一部北京话口语教材《寻津录》［J］．社会科学战线，2013（10）：161，162，162．

［16］王照．官话合声字母［M］．北京：文字改革出版社，1957：9．

［17］夏俊霞．王照与官话合声字母的创行［J］．天津社会科学，1992（5）：94－95．

［18］［39］吴汝纶．东游丛录［M］．长沙：岳麓书社，2016：121－122，121．

［19］吴汝纶．吴汝纶全集：第三卷［M］．合肥：黄山书社，2002：436．

[20] 朱文熊. 江苏新字母 [M]. 北京：文字改革出版社，1957：1.

[21][68][70] 朱文熊. 我和《江苏新字母》[J]. 拼音，1956（4）：1，2，2.

[22][24] 叶宝奎. 明清官话音系 [M]. 厦门：厦门大学出版社，2001：14，312.

[23] 韩玉华. 普通话语音研究百年 [J]. 语言战略研究，2016（4）：33.

[25][30][31][34][35][36][37] 黎锦熙. 国语运动史纲 [M]. 北京：商务印书馆，2011：152，152，152-153，153，203，203，203-204.

[26][27][28][33][41][43][44][45] 朱麟公. 国语问题讨论集：第二编 [M]. 上海：中国书局，1921：35，39，41，71-80，36，65，2，34-35.

[29] 朱麟公. 国语问题讨论集：第六编 [M]. 上海：中国书局，1921：7.

[32] 王宁. 黎锦熙：中国新语文的奠基人 [N]. 人民日报，2010-04-23.

[40] 演说练习会章程 [G] //郭延礼. 秋瑾研究资料. 济南：山东教育出版社，1987：690-692.

[42] 胡适. 胡适文集：第二卷 [M]. 北京：北京大学出版社，1998：165.

[47][72] 瞿秋白. 瞿秋白文集：文学编第一卷 [M]. 北京：人民文学出版社，1985：468，312-314.

[55][56] 刘半农. 刘半农文集：第一卷 [M]. 乌鲁木齐：内蒙古少年儿童出版社，2001：293，299.

[57] 钱玄同. 钱玄同文集：第三卷 [M]. 北京：中国人民大学出版社，1999：49.

[61][62] 马宇平，黄裕冲. 中国昨天与今天：1840-1987 国情手册 [M]. 北京：解放军出版社，1989：268-269，442.

[63] 周天度，郑则民，齐福霖，李义彬. 中华民国史：第八册（1932-1937）上 [M]. 北京：中华书局，2011：283-293.

[69] 熊月之. 瞿秋白与上海 [G] //唐淑敏，蒋兆年，叶楠. 瞿秋白研究新探. 南京：南京大学出版社，2003：529-531.

[71] 陈铁健. 胡适与瞿秋白 [J]. 新文学史料，1991（4）：26-27.

[73][74] 瞿秋白. 瞿秋白文集：政治理论编第二卷 [M]. 北京：人民出版社，1988：127，132.

[76] 费锦昌. 中国语文现代化百年记事（1892-1995）[M]. 北京：语文出版社，1997：142-221.

［77］张奚若．大力推广以北京语音为标准音的普通话［G］//全国文字改革会议秘书处．全国文字改革会议文件汇编，1956：38-40.

［79］倪海曙．倪海曙语文论集［M］．上海：上海教育出版社，1991：195.

［80］中国语言文字使用情况调查领导小组办公室．中国语言文字使用情况调查资料［M］．北京：语言出版社，2006：187.

［81］［88］郭熙．中国社会语言学［M］．南京：南京大学出版社，1999：231.

［82］刁晏斌．现代汉语语音变化论略［J］．辽东学院学报，2004（1）：31.

［83］［87］市川勘，小松岚．百年华语［M］．上海：上海教育出版社，2008：195，201-202.

［84］刘利娟．《现代汉语词典》第五版与第六版方言词收录情况考察［J］．闽西职业技术学院学报，2016（2）：42-46.

［85］陈叶红．从南方方言的形成看"有+VP"结构的来源［J］．甘肃联合大学学报，2007（4）：96.

［86］刁晏斌．海峡两岸及港澳地区现代汉语差异与融合研究［M］．北京：商务印书馆，2015：368.

［89］董正宇，孙叶林．民间话语资源的采撷与运用——论文学方言、方言文学以及当下"方言写作"［J］．湖南社会科学，2005（4）：126.

［90］焦以璇．"抗击疫情湖北方言通"助力医患交流无障碍［N］．中国教育报，2020-02-14.

［91］［92］周有光．拼音文字与标准语［G］．中国语文杂志社．汉族的共同语和标准音．北京：中华书局，1956：67，67.

［93］曹志耘．汉语方言：一体化还是多样性？［J］．语言教学与研究，2006（1）：3-5.

［94］曹志耘．关于语保工程和语保工作的几个问题［J］．语言战略研究，2017（4）：15-16.

［95］［97］王铁琨．基于语言资源的语言规划——以"语言资源监测研究"和"中国语言资源有声数据库建设"为例［J］．陕西师范大学学报（哲学社会科学版），2010（6）：61，63.

［96］张普．关于汉语语料库的建设与发展问题的思考［G］．徐波，孙茂松，靳光瑾．中文信息处理若干重要问题．北京：科学出版社，2003：181.

［98］李洪政．国内汉语方言资源库建设现状研究——以三个资源库为例

199

[J］．曲靖师范学院学报，2016（2）：93．

［99］［100］侯兴泉，彭志峰．基于网络平台的语言（方言）文化调查与传播——以"方言文化网"为例［J］．黔南民族师范学院学报，2016（1）：34，36．

［101］周有光．周有光文集：第五卷［M］．北京：中央编译出版社，2013：445．

［102］［105］［107］约翰·德范克．文体改革还要继续进行［J］．梁长城，译．语文建设，1984（6）：22，22－23，23．

［103］［104］齐一民．日本近代言文一致问题初探［D］．北京：北京大学，2013：44，47．

［106］［108］林兴仁．漫谈广播稿的语言特点［J］．语文建设，1983（2）：54，54－56．

03

第三部分

人物影响篇

第九章

陈望道与瞿秋白

陈望道(1891—1977),浙江义乌人,大瞿秋白8岁。所以,在汉语规划实践领域,陈望道的探讨及成果比瞿秋白要早。他们都坚信共产主义,[1]都是试图将祖国语言文字让基层百姓都来掌握的有识之士。陈望道更是一辈子"以中国语文为中心的社会科学为自己的专业"的现代学者,[2]但20世纪30年代之后他在这方面的努力很大意义上受到瞿秋白的影响。

第一节 上海大学期间陈望道与瞿秋白的汉语革新追求

1935年5月,瞿秋白被捕,鲁迅较早获得这方面的信息并试图发起公开营救活动,他想到的第一个人就是陈望道。应该说,陈望道与瞿秋白就是在上海大学认识并成为好友的,他们都是1923年夏秋之际进入上海大学的。瞿秋白先来,可1924年10月就离开了;陈望道后到,但一直工作到1927年上海大学关闭为止。在上海大学,瞿秋白任教务长,兼社会学系主任;陈望道任中国文学系主任,"五卅"惨案后,兼任代理校务主任,主持行政和教学工作,是实际工作时间最长的重要领导人。[3]从1923年8月起,他们都是上海大学评议会评议员,决策全校的重大事务;从1924年他们又双双进入校行政委员会。1924年7月上海大学发起和组织了由上海学联举办的上海夏令讲学会,陈望道主讲"美学概要"和"妇女问题",瞿秋白主讲"新经济政策"和"社会科学概论"。1924年10月27日,上海大学等三十余个社会团体举行上海大学学生黄仁烈士追悼大会,陈望道任大会主席,瞿秋白发表演说。此后,瞿秋白遭租界工部局巡捕房通缉,辞退上海大学公职,成为职业革命家。

瞿秋白是进入上海大学时正式发表中国"不得不要求文字上的革命"的主张的。然而,除了此一主张的宣示,还有他的个人著述实践,笔者目前尚未发现他在此期间提出多少具体的文字改革措施。应该说，从苏俄回国后的五六年都是瞿秋白汉语规划的重要酝酿期。而陈望道从1918年起就发表《标点的革新》等一系列"新式标点"的讨论文章，并开始汉语规划的探索。尽管时间要晚五年之久，但瞿秋白后来在这方面的具体主张便要激进得多。其中原因，有论者认为，陈望道不是一个脱离政治的学问家，其本色是一个学者。[4]更有论者认为，陈望道是一个"不敢与现实政治太接近的人，但又是不甘寂寞的人"。[5]在他学生的眼中，"陈师……粘滞性的人，细密是很细密的，却缺少大刀阔斧的魄力"[6]。可以说，这是他与瞿秋白不同的地方。

最先介绍西文标点符号的是清末最早的洋务学堂"同文馆"的第一批英文班学生张德彝（1847—1918）。他一生八次出国，在国外生活27年之久。每次出国都有一本日记，即八部"述奇"。其中，写于1868—1869年的《再述奇》（今名《欧美环游记》）有一段对于西洋标点符号的记述：

  二十日壬戌，阴晴不定。按，泰西各国书籍，其句读勾勒，讲解甚烦。如某句意已足，则记"."；意未足，则记","；意虽未足，而义与上句粘合，则记";"；又意未足，另补一句，则记":"；语之诧异叹赏者，则记"!"；问语则记"?"；引证典据，于句之前后记""""；另加注解，于句之前后记"()"；又于两段相连之处，则加一横如"—"。[7]

文中共介绍了九种"泰西各国书籍"的通用标点符号。从"讲解甚烦"一语可知，作者张德彝绝没有引入西方标点的想法，更没有这方面的气魄。从书名可以看出，这西洋标点与他在书中所记述的"避孕药""显微幻灯"和"产科手术"一样，反映的是"异域的文化风情，使人们了解世界之大、之奇"。[8]

新式标点符号最早是王炳耀（生卒年不详）1897年在《拼音字谱》一书创建和引入的。1904年严复最早将新式标点应用于汉语著作《英文汉诂》。1906年卢戆章《中国字母北京切音合订》提出标点符号十五种，并在自己的著作中使用。同年，朱文熊《江苏新字母》也从头至尾系统地使用了与"西标"无异的符号，并有"例言"加以说明。1909年留日学生鲁迅和周作人兄弟在其合著的《域外小说集》中初次使用过新式标点，并在"略例"中对所使用的标点做过具体解释，如"!"表示大声等。如果说，《英文汉诂》《中国字母北京切音合订》带有明显的模仿痕迹，那么在日本出版的《江苏新字母》《域外小说集》无疑属于积极引进和创制了。[9]

1916年，胡适在《科学》上发表《论句读及文字符号》，文中他拟定标点符号十一种，后又不断增删修改。还在日本留学的陈望道也参与到这一讨论中，而且三四年里一直都予以关注并屡有建言。到1922年，他公开发表了近十篇新式标点讨论文章。对于新式标点，陈望道强调了自己的这些观察和意见：（一）标点一词及其概念，中国早在宋代就有了，只是"太简单了"；（二）标点的使用与文字的纵横书写方式紧密相关，汉语"横行实较纵行之利为多"；（三）西方的标点符号使用普遍，日本也于1896年开始在全国广泛使用了；（四）中国汉语的标点不如"采用西制"，再"稍加厘订"，将西式标点作一番整理；（五）新式标点不是一时造出来的，也不是一国专用的，而是一种"万国通行的记号"；（六）新式标点分为"点类"和"标类"两大类，共有"顿号、逗号、问号"等十四种。（七）标点未定，"殊为学术上无上之羞耻"，新式标点的使用和普及将极大地提升现代汉语文章的"条理"和思维的"精密"。[10]可以说，正是对于新式标点集中而深入的观察和讨论，特别是这一举措对汉语书面语表达效果的探讨开启了他《修辞学发凡》的撰写工作和"修辞学"学术大厦的建设工作。[11]在1922年出版的《作文法讲义》里，陈望道就强调文章写作要讲究"美质"，也就是文章在"传达意思"方面"能够尽职"的属性，并将"美质"区分为三类，即关于知识的"明晰"、关于感情的"遒劲"和关于人的审美的"流畅"。[12]而这所谓的"明晰""遒劲"和"流畅"与标点符号"都有关系"，因此，"作文时极须审慎使用"。[13]所以，有论者认为，这本书"书名虽为'作文法'"，但某种意义上也是修辞学的探讨。[14]而《修辞学发凡》一书就首次提出，标点既有"文法上的标点"，也有"修辞上的标点"，标点符号的修辞作用探讨为修辞学开辟了新的研究领域。

在进入上海大学之前，陈望道还直接参与了"白话文"的讨论，从1921年到1924年共发表十多篇这方面的文章。从中不难看出，陈望道应该是最早明确提出白话文"欧化"问题的语言学家。他明确指出，为使白话文的表达精密一些，"文法"方面应有所改进，比如可以"提倡欧化"。他还认为"纯用白话好"，所以主张"从今以后一律公用白话文"。白话文不仅是"普及教育的利器"，更是"新文艺的工具"；将白话文"完美化"应是白话文运动的"最高使命"。但所谓"完美"，实际上只是强调作为工具的"便利"，因为工具本身并无美丑之分。他还认为"方言可取""方言完美"，比如上海方言"要么……要么……"表达就很有力。[15]

这期间，陈望道还参与了"汉字改革"的讨论。他赞同"简省现行汉字的笔画"，指出那些"通行于平民社会的简体字……都可以在各种正式的文章上用起来"，而且还可以"添造出"一些新的简体字。至于"拼音文字"因为有

"几个一时断然跨不过去的前提"而"不知何时才能完全实现"。这些所谓的"一时断然跨不过去的前提",他强调,一是"国语的统一",二是"同音词的改正",三是"字形的写定"。[16]

陈望道的上述这些讨论,首先是受到日本语言规划的影响。日本从19世纪中后期就开始了以言文一致为基本诉求的语言规划。有论者认为,从整个东亚来看,日本与中国的语文革新之路极为相似,其革新的内容甚至也基本一致,都包括汉字的取舍、拉丁化的选择、新式标点的选用、国语的确立等课题,但这一革新日本在先,中国在后。[17]关于新式标点,陈望道就强调,日本早在明治二十九年(1896)就由其教育部制定而在全国实行。[18]

然而,更重要的还是国内"五四"新文化运动的影响。白话文运动是新文化运动的重要组成部分,而且直接推动了新文化运动的深入和发展。1917年胡适《文学改良刍议》在《新青年》发表成为新文化运动中的标志性事件。正如张耀杰分析指出的:"本身并不具备可操作性的'伦理道德革命'或'思想革命',只有在胡适率先提倡以白话文替代文言文的'文学革命'之后,才找到了通过变换话语工具间接主导公共话语进而开启新文化运动的路径通道,从而为《新青年》杂志开辟出最具决定性的崭新局面。"[19]确实如此,此时的中国众多知识分子特别是知识青年都将"思想革命"与"文学革命""话语革命"紧密联系在一起。陈望道就是这样一位知识青年。1919年8月,刚从日本留学回国的陈望道写给杭州市教育会《教育潮》主编沈仲九的信就能让读者看到这一点。他说:

> 适应时代的,才可以叫做真理……
> 但是我们认为青年做人,决不可存一种懦怯的心理,因为一些些儿风吹草动,就裹足不前;仍旧应该图谋发展的!
> 我们因为图谋发展起见,回到浙江来,把浙江的出版的新闻的,仔仔细细的调查了一番,实在非常失望;因为他们的著述,不但是够不上在20世纪出版,就是在十九世纪,十八世纪,乃至十七十六也还是够不上的。[20]

这之后,改革新闻出版,改革人们的著述,使人们的汉语写作成为真正20世纪的写作,成为陈望道一辈子的追求。他人生的第一站就是"杭州一师"。

"杭州一师"校长经亨颐(1877—1938)思想开明,有"小蔡元培"之称。就在五四时期,学校汇聚了许多新派人物,特别是新派国文教员。他们当中很多人后来都成为白话文运动实力派作家和主要代表人物。上海大学工作期间，瞿秋白撰写了一篇极重要的新文学评论文章《荒漠里——一九二三年之中国文学》。这篇文章中所谈到的新文学风云人物俞平伯、朱自清曾是"杭州一师"国文教员，在他们的教导和影响下，还诞生了中国最早的白话诗社——湖畔诗社。在这些教员中，陈望道与校长经亨颐并称为"离经叛道"的人物。据1919年10月10日出版的《浙江省立第一师范学校校友会十日刊》第一号的介绍，"杭州一师"有一系列明确的提倡白话文、改革国文教育措施：

> 从本学年起，本校和附属小学国文科的教授，一律改为白话文。……
> ……要想普及白话文，先要灌输注音字母……本校国文教授陈望道君，对于注音字母，很有心得，所以特地请他到上海吴稚晖君处再去研究一番。归来便传授给附属小学全体教员和全校职员学生。[21]

不难看出，陈望道在"杭州一师"白话教育中的领衔地位。事实也是如此。这一年，陈望道计划一人编著或与他人合编的就有三本书：《标点符号用法》（陈望道编著）、《注音字母教授法》（陈望道、刘大白合编）、《国语法》（陈望道、刘大白、夏丏尊、李次九合编）。陈望道的这些合作者中，刘大白（1880—1930）是鲁迅的绍兴同乡好友，被胡适称誉为"痛恨死文学而提倡活文学的急先锋"[22]。应该说，瞿秋白的"第三次文学革命"主张"文腔革命"很大程度上来源于刘大白1927年撰写的两篇论文《告怀疑于第三中大令小学校勿用古话文的潘光旦君》《文腔革命和国民革命的关系》。如果深究下去，瞿秋白关于"文腔革命"的思想主张很大程度基于刘大白1929年出版的《白屋文话》一书的启发，甚至其汉语规划的纲领性文献《鬼门关以外的战争》一文的题目都是刘大白"不出鬼门关的散体鬼话文运动"一句的深度演化。刘大白更是陈望道修辞学学术大厦建设最积极、最热忱和最得力的支持者。陈望道在《修辞学发凡》的"初版后记"里曾这样动情地写道：

> 没有许多友人的鼓励和援助，在这个年头儿我没有兴头和耐心来写成这一部书。……尤其是刘大白、蔡慕晖先生等朋友们，他们多方设法把我这兴趣已经淡了的重新鼓起来，使我挥汗写成这一部书，我要深深地感谢他们。大白先生是对于本书的经历最熟，期望最大的，所以一开口，便有溢美的话。他又最爱提出奇例，且又勤奋异常，在那狂吐的危病中还常常以例口授其子炳震代书，挂号寄给我，叫我详加考量，有一次多至四十四

页,这样的热忱,实足使我感奋。书中析字的分为九式,复叠的新设,便是因为他热烈的提议我才搜集材料写的。[23]

可以说,《修辞学发凡》简直就是陈望道与刘大白两人合作完成的。或者说,陈望道不是为自己而写作,而是他与他的新文学同道们在共同完成一项新文学建设必备的基础工程。

所以说,瞿秋白汉语规划思想来源于他对陈望道及其"同道们"在白话文运动中诸多表现的密切观察、思考和批判。上述《荒漠里——一九二三年之中国文学》一文就是上海大学时期瞿秋白在这方面的代表作。这篇宏论极大地彰显了瞿秋白作为政治家和文艺评论家的社会洞察力和文化批判力。在瞿秋白的文学理想里,中国文学目前的状况简直就是"无边无际"的一片"荒漠"。这所谓的"荒漠"当然首先是从中国基层百姓来说的。这与西方欧洲形成鲜明的对比:

那里……那里亿万重压迫之下的工会里,尚且有自己的俱乐部,有文学晚会;工人出厂洗洗手,带上领带剧院去。何况……[24]

在瞿秋白看来,中国新文学虽然"四五年来的努力"有鲁迅的小说《呐喊》,有周作人的小品文《自己的园地》,但整个文学还在"云端"。它们远离那些"奋发热烈的群众","文学的白话,白话的文学"的目标远远"没有着落"。也就是说,"'中国的拉丁文'废了,中国的现代文还没有成就"[25]。瞿秋白最先观察的还是语言本身。正因为真正为群众喜爱,也为群众能够掌握的语言尚未建立起来,所以就出现下面的情形:

说鼓书,唱滩簧,廉价的旧小说,冒牌的新小说——它们的思想虽旧,它们的话却是中国话,听来流利——仍旧占断着群众的"读者社会"。文学的革命政府呵,可怜你号令不出都门。[26]

可以说,这是中国文坛最早发出的"白话革命"的批判声。正因为瞿秋白有这一深刻的观察,所以"普通的文字工具""劳作之声"这时就成为瞿秋白对于中国文学的新期待、新追求。这也就是说,上海大学时期是瞿秋白汉语规划思想的一个重要酝酿期。这个时期,瞿秋白所能够做的除了上述观察、思考和酝酿外,主要还有自身的白话写作探索与实践。

陈望道虽然没有瞿秋白的这些观察和批判,但他立足于中国语文的建设在修辞、文法乃至写作方面进行了细致而周密的筹划。从"杭州一师"来到"复旦大学"后所撰写的《作文法讲义》就是他在白话文写作方面所作的重要探索,被刘大白称赞为"中国有系统的作文法书的第一部"。在这部为青年学生而撰写的著作中,陈望道特别强调词语的选用要做到"纯粹",避免使用"不纯粹的词"。他指出:

> 所谓不纯粹的词,就是一切违背国语标准的词。违背国语,势必至于连懂国语的人都看不懂。连懂国语的人都看不懂的词,当然没有在国语文中做文章成分的资格,所以通常都该避去。[27]

在陈望道看来,"不纯粹的词",最重要的是那些现在不通用的"死语"。"死语"不仅包括"过半"四书五经中的语言,而且包括"几年前"还在"文言"中流行,但"现在"在"白话文"中已被废弃的语言。陈望道也谈到词语的选择等还要看读者的文化程度。比如在"解释文"中,对高等学生解释可采用外国语,对小学生解释可采用方言等。[28]

在这里,陈望道将青年学生的写作对象预设为"懂国语的人",并提出了以上指导性意见。应该说,陈望道的这些意见有多方面来源。其中,1920年《共产党宣言》的翻译实践,还有紧接着开始的《新青年》的编辑实践,无疑是特别多的。陈望道不仅从1920年4月起受陈独秀的邀请参与《新青年》的编辑工作,而且从1921年1月至1922年7月主编《新青年》,时间一年零七个月,共八期。

将《共产党宣言》这部马克思主义的经典著作介绍给中国大众,特别是中国的"无产者""劳动者",首先是要考虑那些能够或差不多能够"懂国语的人"。所以,相对于过去严复的《天演论》,还有十多年前林纾的《李迫大梦》,陈望道的《共产党宣言》不仅译文句子变长了,四字句少了,而且"之乎者也"等文言词也几乎绝迹了。再说,《共产党宣言》不是《资本论》,不是供专业人士研究的皇皇巨著,而是每一个工人都能读懂、都能理解的"宣传册"。所以,陈望道采用的是一种偏口语的文体策略。比如,口语中的"反复"是一种常见的积极修辞手段,陈望道的译文就常常用到"反复"来增强口语表达效果:

> 有一个怪物,在欧洲徘徊着,这怪物就是共产主义。旧欧洲有权力的人都因为要驱除这怪物,加入了神圣同盟。[29]

又比如：

不过造出新的阶级，新的压迫手段，新的争斗形式，来代替那旧的罢了。[30]

这种"反复"兼"排比"的句式，就很有口语的鼓动性。再比如，陈望道译文的最后一句"万国劳动者团结起来呵！"[31]这口吻比后来的译本"全世界无产者，团结起来！"[32]更为口语化。

上海大学是陈望道作为现代学者的第三站。这一时期，正是他《修辞学发凡》的重要写作期，或者说就是他修辞学学术大厦的重要创建期，虽然该书最早是他1920年初到"复旦大学"就动笔了的。在上海大学期间（1923—1927），他不仅主要开设修辞学、文法学和美学等课程，而且先后发表了《修辞学在中国的使命》《论辞格论底效用兼答江淹》《修辞随录（一）》《修辞随录（二）》《修辞随录（三）》《修辞随录（四）》《修辞随录（五）》《修辞学的中国文字观》等一系列修辞学专题论文。其中，《修辞随录》系列论文实际上就是《修辞学发凡》一书部分章节的提前刊发。其实，《修辞学发凡》一书的最初形态就是他上海大学讲课时的讲稿。甚至还可以说，陈望道修辞学领域的最初研究成果都是在上海大学完成的，是他在该校修辞学等课程的实际教学中逐步积累起来的。《修辞学在中国的使命》原本就是一次演讲记录。在这个演讲中，陈望道对"辞""修辞"和"修辞学"等概念做了精当而恰切的分析和阐释。在他看来，"辞"是"思想"和"言语"的统一；其中，"思想"包括"事理、心理、论理"三方面，"言语"包括"声音、文字、文法"三方面。所谓"修辞"，就是在上述六方面下工夫。如果重点是追求"通"，那么就是从消极意义上在"事理、论理、文字、文法"上下工夫，如果还在"心理、声音"上下工夫，那么就是表达"工"了。而所谓"修辞学"，就是在消极意义上"要使不至于不通"，在积极意义上"要使成为工"。[33]也就是说，如何使现代中国语文有一种好的表达，使它不仅"通"而且"工"，就是他一辈子的努力目标。他倡导的1938—1941年之间的中国文法大讨论，实际上仍然是在中国语文的"通"和"工"的探讨。

第二节 "大众语运动"时期陈望道对瞿秋白汉语规划实践的支持

瞿秋白汉语规划思想是在"左联"时期成熟并完整起来的。从上海大学期间到这个时期，瞿秋白一贯坚持自己对于五四"白话革命"的特别观察。这就是"五四白话"与"劳工大众"一直处于一种隔膜状态。所谓"五四白话"，本质上是一种"现代文言"，中国基层百姓依然没有摆脱在"鼓书、滩簧"等"旧文学"中去寻觅文化生活的困境。但是，到"左联"时期，瞿秋白不仅成功地研制出了自己的"瞿氏方案"来书写中国话，而且明确而完整地提出了"普通话的新中国文"的建设构想。此外，他还强调指出，实行"文腔革命"为根本诉求的"第三次文学革命"是实现这一构想的主要策略。

陈望道的修辞学学术大厦也是在这个时期完整地建立起来的，其标志性的事件就是1932年《修辞学发凡》的正式出版。全书系统地选用白话语例来阐释汉语修辞，这在中国修辞学史上是第一次。正如刘大白在他的序中所说的："此书……因为见解的进步，已经把稿子换了好几遍。最近一年来……结果是不但辞格的纲领组织和旧稿不同，就是关于修辞学的根本观念，也与旧稿不同，完全换了以语言为本位。"[34]所以，《修辞学发凡》有力地回敬了当时学界"文言文可以修辞，白话文不能修辞"，即白话文只可用来普及教育，并不能用来表达美、表达情感等保守复古的思想偏见。这不仅捍卫了白话文运动的成果，也充分表明陈望道是中国现代汉语制度化进程的重要推动者。

据张虹倩、刘斐（2013）的研究，《修辞学发凡》中所引现代白话语例，鲁迅、周作人兄弟作品占60%，居压倒性优势；而且，鲁迅与居第二位的周作人相比较，也有明显优势。[35]这一选择和判断与当年瞿秋白（1923）在《荒漠里——一九二三年之中国文学》的评价几乎完全一致。而据王学谦（2019）研究，1932年朱自清《中国新文学研究纲要》中"周作人所占篇幅远远大于鲁迅"，更重要的是整个《纲要》中胡适、周作人所占篇幅最大，出现频率非常高。而朱自清的这个处理和做法却是代表"文坛主流对鲁迅小说的批评意见"的。[36]

为什么陈望道与瞿秋白与当时"文坛主流"有别，一起赞同周氏兄弟，且在对于鲁迅和周作人的看法上也保持高度一致？笔者目前尚未找到陈望道与瞿秋白二人这个时期对于中国新文学发展一起共同研讨的文字。但是，作为上海大学的同事与好友，作为"文学研究会"会员，特别是作为中国文学系的系主任，陈望道对于瞿秋白的这篇中国文学宏论一定是读到了。所以，笔者这里大胆揣测：说不定，瞿秋白在写作这篇大作时与陈望道主任有过不少重要的交流，甚至很有可能与他深入交换过意见。如果说瞿秋白在上海大学期间所写的这篇中国文学宏论关于周氏兄弟的评价不经意间对陈望道《修辞学发凡》的写作有某种潜移默化的影响，那么这篇宏论所表现的主题思想——五四新文学还处在"云端"，"群众"的读者社会仍为"旧小说"等所盘踞，应大张旗鼓地培养"劳工的诗人"来书写"劳作之声"——对于陈望道倡导"大众语文学"的创建、"大众语运动"的开展，应该说，有着极其明显的启迪和影响。因为虽说陈望道在此之前对"白话革命"的批判不是完全没有但毕竟是不够系统、全面和强烈的，甚至不够明确。这是笔者尝试在这里进行的核心问题探讨。

今天看来，《修辞学发凡》在1932年出版，这个时间点值得特别关注。陈望道在1932年初版"后记"里就说"根据年来研究文艺理论，社会意识，以及其他一切关联学科所得，想将修辞学的经界略略画清，又将若干不切合实际的古来定见带便指破"。30年后，他在1962年版的"前言"里对此说得更加明白了：

> 除了想说述当时的修辞现象之外，还想对于当时正在社会的保守落后方面流行的一些偏见，如复古存文、机械模仿，以及文言文可以修辞、白话文不能修辞，等等，进行论争，运用修辞理论为当时的文艺运动尽一臂之力。书中有些地方论争的气氛很重，便是为此。太白先生的序言，也是一篇参加论争的序言，当时文化界的朋友大约都知道。[37]

这里所谓的"文艺理论""文艺运动"，应该就是指的"左翼文艺运动"以及该运动所倡导的"大众化文艺理论"。也就是说，《修辞学发凡》绝对不可以看作纯学术著作，而是有着特殊的现实针对性；而且这一点在它定稿的20世纪30年代初越来越明显、越来越强烈！后人完全可以这样来判断：若不是情势特别紧急，若不是左翼文艺运动的急速发展，依照陈望道一贯奉行的精益求精的学术态度和惜墨如金的写作态度，《修辞学发凡》可能还要等若干年才会出版。所以，左翼文艺运动是后人考察和分析这部著作应当特别关注的重要社会背景。

陈望道在其《共产党宣言》中文全文版出版后受陈独秀之邀参与编辑《新青年》，并一度主编《新青年》，成为中国共产党的创建者之一；但因为他不愿忍受陈独秀的家长作风，1922年5月就正式提交了退出党组织的辞呈，一直到1957年重新加入中国共产党。他自述道："虽然离开了组织，但只要是党的工作，一定尽力去做。"[38]所以，1927年大革命失败后，他接受地下党组织的委派，出任中华艺术大学校长一职，时间是1929年秋到1930年5月。陈望道兼任中华艺术大学校长期间，学校政治气氛活跃，一度成为上海大专院校进步师生活动的重要场所和"左翼文艺运动"中心所在地。"左联"的成立大会是在这里召开的。"美联"的第一次扩大会议也是在这里召开的。"左联"领导鲁迅先生受邀在这里举办过三次重要演讲。1930年5月29日，学校被查封的第五天，"左联"还在这里召开了第二次大会。为了便于开展工作，把大批爱国进步人士团结在自己周围，地下党组织坚持了一项对敌斗争策略，这就是陈望道与叶圣陶、王统照、郑振铎等都没有加入"左联"组织的原因。[39]然而，为配合反革命的"军事围剿"，国民党政府这时期在上海等地加紧实施其疯狂的"文化围剿"。1931年2月，得知因积极保护左派学生，国民党政府已发出密令加害自己，陈望道被迫离开了复旦大学。所以，在1928—1933年的五年时间里，陈望道的一个重要工作就是经营大江书铺。书铺一开业，就以出版进步书刊、介绍先进文艺理论等特色活跃于上海书界，成为左翼文艺运动的一个重要据点。

在此期间，陈望道还直接参与了"文艺大众化"的讨论。可以说，1930—1934年间所进行的三次"文艺大众化"讨论极大地促进了"左翼文学"与"民众"之间的结合。[40]陈望道参加了后两次。有关"文艺大众化"探讨，瞿秋白因为"关注最早、研究最力、著述数量最多"[41]，"左联"人士陆续发表的文章"多半是赞成或补充秋白的论点的"[42]。在"左联"《北斗》杂志社文学大众化问题的应征论文中，陈望道也明确表示了对"文学大众化"的支持。他认为，唯有大众化，文学才能发挥"组织群众"的职能。而且，他还认为大众化并"不会伤害文学本身的艺术价值"，与其他左翼作家比较起来，这不能不说是一种很不容易的见解。而关于实现大众化的途径，他认为除了要"取材大众所关心的问题"，还要"尽量采用大众所习熟的语词，文法，修辞法"。[43]与其他文艺界人士如魏金枝、潘梓年、华蒂（叶以群）、张天翼、沈起予等人的意见一样，上述这些看法差不多都是对瞿秋白《大众文艺的问题》等系列文章的回应。比如，左联作家沈起予就认为，他不能完全赞同"宋阳同志"（指瞿秋白——作者注）的"一切的东西都应当拿'读出来可以听得懂'做标准"。[44]其实，瞿秋白之所以发起"第二次"文艺大众化讨论就因为在左翼内部不少人不赞成"采用口头上说得出来的文言"，不主张"努力把骡子话变成真正的白话"。比如，茅盾就不肯承认现在已经有这种发展了的"普通话"可以使用。[45]然而，"左联"组织外的陈望道所持的这些意见与瞿秋白的基本观点却是相当一致的。他认为那种"又普通、又活现、又正确"的"大众语"似乎现在实际上还没有，但"语文统一"是完全可以做到的，没有必要再继续做"非驴非马"的文章了。[46]陈望道在其著名的《关于文学的诸问题》一文中还有一段对于文学中"文字"与"语言"的关系精辟论述：

> 文学所不可缺的，并非文字，乃是语言。文字是后来产生的，而文字还未产生的时候已有文学。文字是现在还未普及的，而文字还未普及的地方已有文学。文字又有时会因物质的缺乏不能行用的，例如革命以后的苏联，而那文字不能行用的时候却还有文学存在，就用口头语言在各处宣读。文字与文学并非不可分离，不可分离的只是语言。语言才是文学的经常的中介。[47]

陈望道的这种"语言才是文学的经常的中介"思想，实际上是一种"口语本位"的语言发展观。可以说，陈望道与瞿秋白的语言发展观几乎完全一致。试比较：

> 扬州、苏州、广州的方言文学，不但有口头上的说书、弹词，以至于戏剧，并且有书面的记录（最近几十年来又发生了所谓上海滩簧、无锡滩簧、绍兴文戏，本属改革，但是书面的记录还很少）。自然，因为直到如今都是用的汉字，所以这些方言文学的写法是很不完全的，很不清楚的。[48]

所以，陈望道（1933）就在这篇文章中明确地表达了他对瞿秋白的由衷夸赞和钦敬之情，认为他是"站在时代前面"而且"不断担负历史使命"的左翼文艺领导人。[49]笔者这里想做一个推测，所谓"不断担负历史使命"，应该就是指1923—1933年这十年瞿秋白在革命斗争特别是文艺事业上所发挥的引领作用：如果说，在上海大学期间，陈望道就看到瞿秋白发表《荒漠里——一九二三年之中国文学》、呼唤表达"劳工声音"的中国文学并由大学课堂走到领导五卅运动的最前线，那么在左翼文艺运动时期，他更领教到了瞿秋白作为中共高层领导在倡导文艺大众化中的理论创新。

这种共同的语言发展观主要表现在他们对于"白话革命"的态度上。1934年6月，在上海西藏南路"一品香"茶室召开的座谈会上，有人主张要挺身出来"保卫白话文"，但陈望道等人则认为：

> 白话文运动还不够彻底，因为我们所写的白话文还只是士大夫阶级所

能接受,和一般大众无关,也不是大众所能接受。同时,我们所写的,也和大众口语差了一大截;我们只是大众的代言人,并不是大众自己来动手写的。[50]

此时,五四"白话革命"远离"大众",不为"大众"接受的不足和缺陷,迅速成为陈望道等人的共识。所以,一种来自"一般大众"并能为他们掌握的"笔头语"——"大众语"被陈望道他们喊了出来。而且"大众语"的标准也一下子完全明确了起来:"说得出,听得懂,写得顺手,看得明白。"[51]其中,"写的简便化"这一特征和要求是陈望道首先提出来的。[52]陈望道认为,这是一场"比白话稍进一步的文学运动"[53]。因此,他特别指出:

要建设大众语文学,必须实际接近大众,向大众去学习语言的问题,单单躲在书房里头不同大众接近,或同大众接近不去注意他们的语言,都难以成就大众语文学作家。[54]

陈望道的这些意见与瞿秋白《荒漠里——一九二三年之中国文学》(1923)和《普洛大众文艺的现实问题》(1931)、《大众文艺的问题》(1932)、《再论大众文艺答止敬》(1932)等文章关于"文艺大众化"的主张是完全一致的。

与瞿秋白将"现代白话"最早可追溯到宋代一样,陈望道也将作为笔头语的"大众语"的源头定为宋代的"评话"。而且,对于大众语的构成,陈望道与瞿秋白的"现代白话"也持完全一致的看法。他分析认为,除了大众的"口头语"的基础上,还应有其他成分来补充;既应输入些可用本国文字写出的"外路语",也应起用些大众必需且并不觉得十分不便的"古典语"。[55]

关于"写的简便化",陈望道1934年9月在创办《太白》时就有这方面的努力和尝试。《太白》创刊号上就重点推出胡芋之(胡愈之)以所谓"错别字"书写的示范文章《怎羊打倒方块字?》倡导简化字。从第二卷起他又开始使用手头字(即简体字)刊发文章。陈望道不仅高调发表了丰子恺的《我与手头字》一文,还联合《文学》《读书生活》等15家杂志于1935年2月在《申报》上发表了《推行手头字缘起》和"第一批手头字表"。300个"手头字"的公开推出,是汉字简化运动史上前所未有的创举,影响极大。[56]其中很大一部分后来被《汉字简化方案》所采用。在陈望道看来,"用古字来写现代文,是道理上说不通,也是事实上做不到的"[57]。他具体阐述道:

> 要现在用的字，都是古人用过，是一件万万做不到的事。古人无论如何聪明，决不会把几千年后所要发生的事物事情都已想到，一一预先替我们制造了字。概念增加既是压不了的，语言增加就压不了。如要把这增加了的语言一一写出，除了造字，只有借字。把字当一个音标用，只要记出音来完事。故所谓"正""别"，实际只是程度问题，而所谓程度，又只是一个通行不通行的问题。通行就别也不是别，不通行就不别也是别。[58]

然而，陈望道最为关注也最为投入的恐怕还是拉丁化新文字。与"手头字运动"一样，"拉丁化新文字运动"也是在大众语运动中兴起的。最早提出用拉丁化新文字来书写大众语的是后来成为著名戏剧理论家的张庚（1911—2003）。他在1934年6月发表的《大众语的记录问题》一文中谈道："方块字……实在记录不了大众语这丰富活泼的语言……苏俄创行了一种中国话拉丁化，推广也很广，而且出版了很多书报，这我们可以拿来研究的。"[59] 叶籁士曾回忆道，鲁迅在大众语讨论中谈到新文字以及《世界》杂志对它的介绍。鲁迅的文章在《申报》发表的第二天，陈望道就找到他，说要买《世界》杂志学习新文字。[60] 这之后，《太白》被迫停刊，陈望道在广西大学短暂工作之后回到上海从事抗日救亡活动。1935年12月，他参加了《我们对于推行新文字的意见》的签字活动。而从1938年春天到1940年秋天的两年多时间里，他全面研究了新文字，为新文字运动提高水平、打开局面做出了杰出贡献，[61] 成为这时期上海地区新文字运动的核心领袖。

陈望道的参与从理论和实践两个方面提高了新文字运动的水平。在理论上，他首先纠正了新文字运动前期"废除汉字"等极端的认识和提法，并从学术史方面探讨了中国语文的历史演进过程，指出"当今各地风行的拉丁化中国字的传布，老实说来，不过是几百年来，至少一百年来一个古题的一篇新文"[62]。在他看来：

> 语文运动是我国近代文化史上的一大潮流，发源于所谓西学东渐时代的明末，盛行于清末，到了辛亥革命以后，更于质上量上都有了极大的发展。中间虽然不是没有起伏波浪，但大体看来，实是有进无退的。如今所要关心文化之士劳念的，只是如何使他再进一步。[63]

所以，既要做新文字运动的拥护者，又不能对汉字持简单态度。对于新文字的历史演进过程，陈望道曾于1939年做过如下的描述：

拼音文字方面，中体的《注音字母》公布以后，仍有人在文学革命的潮流中热心研究西体字母，制定一套《国语罗马字》，到民国十七年（一九二八年），又由大学院正式公布，作为国音字母第二式。

西体的《国语罗马字》公布以后，民间仍有人继续研究西体字母，制定一种《拉丁化中国字方案》，依照《注音字母》先例，拼法上不标四声，为民众学习简易西体音标文字之用。到民国二十七年（一九三八年）也得到认可，作为学术研究和社会工具之用。但还没有经过教育部正式公布。[64]

赢得政府认可，这是新文字运动的一项重要成果。陈望道曾为此发表《纪念拉丁化的解禁》一文，指出这"是非常值得大书特书的中国文化史上的一件大事情"[65]。

因此，陈望道反复强调"拉丁化新文字是中国语文的结果"。在他看来，首先，是从宋代开始出现"语体文"，文章加入了"口头上说话的要素"，"复音字"在迅速增多；其次，从"五四"开始，中国人做文章不再"藏之名山，传之其人"，而希望一般人都能懂，甚至还希望种田做工的人也懂；最后，也是最根本的，就是汉语的"记音"办法的进步，或者说汉语记音研究走向精密化。从"双声叠韵"，到"汉字反切"，到"注音字母"，一步步进步、一步步精密起来。陈望道认为，新文字的"一声一韵相拼"办法最初就源于"双声叠韵"的声韵原理；就标音来说，拉丁字母是国际通用的，"凡是进过学校的学生都是熟悉的"，所以学习起来比注音字母容易。[66]

在理论上，陈望道还为新文字方案发表了不少积极评论，提出了一些改进意见。他在深入研究新文字，并相继发表《拉丁化北音方案对读小记》《拉丁化北音方案对读补记》和《拉丁化汉字拼音表》之后，提出了如下看法：

> 国语罗马字和拉丁化都跟以前的拼音方案不无渊源，而且都有其特创之处。拉丁化出现在后，特创处更多，省便之处更多，也很自然。无可骄傲，也不必妒忌。[67]

他还指出：

> 以对于注音符号的关系而论，在各式拉丁字或罗马字的拼写方案中，

最和注音符号相近的要算拉丁化……因此，要将拉丁化改成注音符号，或将注音符号改成拉丁化，只须一个对一个，换上音标便成；学好了其中的一种，再学其他一种，也只须略一提拔便会，不必另记多少花色。[68]

他提出的改进意见是：（一）"子音""母音"应根据方案中"子音""母音"的实际含义，正名为"声母""韵母"。（二）"ie"与"ㄝ"相当、"gi, ki, xi"与"ㄐ、ㄑ、ㄒ"相当的说法有误，应改正为"ie"与"ㅣㄝ"相当，"gi, ki, xi"与"ㄐㅣ、ㄑㅣ、ㄒㅣ"相当。（三）声韵母表中应移去"iou"（"iu"的特别写法），加上"lai"。陈望道的这些意见经过"上海新文字研究会"理事会讨论后，除了"崖""涯"等字，大家认为可并入"ia"不另列"iai"外，其他一致通过。[69]

在实践领域，陈望道最大的动作应该是1939年7月为"上海新文字研究会"确定并发表了《拉丁化中国字运动新纲领草案》。该"草案"由倪海曙执笔，陈望道修改定稿，从起草到发表经过四个月征求意见和会议讨论。"草案"认为：

我们的拉丁化中国字运动一向依据十三条《中国文字拉丁化原则》，这十三条原则起草在1931年，到今天已经有八个年头的历史了。在这八个年头中间，中国的社会情况已经有了极大的进展，拉丁化者也在实践中积累了很多宝贵的经验，拉丁化运动本身更已从一角展为全面了。运动正在普遍的开展，我们的责任也就更其重、更其大。[70]

"草案"明确指出：文字改革是中国民主革命"无可逃避的任务"；中国文字的拼音化，并采用拉丁字母，具有其深刻的历史"必然性"；北方话为民族统一语的"基础"；方言拉丁化方案应与北方话拉丁化方案"取得一致"；提炼"口语"中一切普通的和有价值的因素的同时，必须清除思想上、文化上、习惯上一切有害的和生僻无用的因素；对拉丁化中国字以外的文字改革主张应当采取"积极的看法"；拉丁化中国字是汉字的"发展形态"，既要发对废除汉字的过左主张，也反对汉字万古不变的文字灵物崇拜思想。[71]后人不难看出，该"草案"这些认识正是后来新中国初期文字改革的理论基础。笔者认为，仅凭这一点，就可以清楚看出陈望道在中国文字改革运动中和汉语规划史上所拥有的地位，所付出的热情和拉丁化新文字先驱者瞿秋白对他的深刻影响。

其次，为宣传文字改革和祖国语文，陈望道曾以"上海语文教育学会"的名义于1939年11月在上海大新公司（今上海第一百货公司）举办过一次很有规模的"中国语文展览会"。上海语文教育学会是由陈望道等人发起的上海各大学语文教授的组织。展览会安排了七个展览室。其中，第七展览室展示的就是汉语拼音运动的成果，包括注音字母、国语罗马字和拉丁化新文字的各种资料。此外，还有来自难民收容所新文字班学员的新文字读写表演。陈望道为此写了一篇专论《中国拼音文字的演进——明末以来中国语文的新潮》作为这次展览会的会刊之一。今天看来，这篇专论应该是中国汉语规划史上继1932年黎锦熙《国语运动史纲》之后另一篇具有奠基意义的论文。陈光磊、陈振新对这次展览会深情地写道："十天的展期中，社会关注，观众踊跃，尤其是大中小学的师生热情参观，充分显示了上海各界人士团结、爱国的精神和力量。"[72]确实如此，用展览会的形式来展示汉语革新的成果是空前的，民众对祖国语文未来的关注和热情也是空前的。这个展览会从策划、筹备到展出，都是陈望道一手主持的。

最后，他所领导的"上海语文学会"积极培训新文字师资，曾举办"新文字教师鉴定考试"，并颁发证书。上海语文学会1938年成立。发起人为陈望道、陈鹤琴、方光焘等。在证书颁发典礼上陈望道曾发表讲话鼓励教师："过去女子剪发，反对者纷纷说女子剪了发就跟男子没有分别了。结果怎样呢？结果还是分别得很清楚。"他又说，"中国要产生拼音文字，好比水往东流，尽管前面有大石头阻挡，但是绕一个弯，又往东流去了。"[73]其实，陈望道真正开始倾情于新文字是在1938年春，也是他受倪海曙（1918—1988）之邀与陈鹤琴一道担任上海难民收容所新文字扫盲学术指导工作的时候。[74]在此期间，他除了给倪海曙所在的"上海新文字研究会"和其他新文字团体成员讲授《中国语文概论》课程外，还出席过上海新文字研究会举办的"第一次难民新文字读写成绩表演会"，并发表演讲、为学员颁发"新文字徽章"。[75]

此外，陈望道还于1939年2月以"上海语文教育学会"的名义向国民党政府教育部在陪都重庆召开的"全国教育会议"寄去过一份提案《请实验拉丁化以期早日扫除文盲案》，该草案也是陈望道亲自起草的。[76]

陈望道曾是倪海曙在"上海文化界救亡协会"所创办的夜大学"社会科学讲习所"的老师。倪海曙曾在《春风夏雨四十年——回忆陈望道先生》一书中深有感慨地说："我们的会所……是一个小小的亭子间。这所房子住着不少人家，所谓'七十二家房客'，三教九流都有。这样的地方，我们也请先生来开会，而先生有时还自动来。……奇怪的是先生对于这样的环境完全能适应，没有什么不习惯。后来我知道先生1919年在家乡义乌翻译《共产党宣言》后，1920年就来上海从事工人运动，组织纺织、印刷、邮务等工会，并在沪西曹家渡工厂区办夜校和平民女校，经常和工人们在一起，因此我们的这种条件，对他来说不足为奇。"[77]确实如此，陈望道早年就有工人运动的经历。然而，他总体上还是一个学者，不是职业革命家。所以，关于中国社会改造的深层次思考可能要少于像瞿秋白这样的共产党人。因此，他本人并没有系统而完整的汉语规划思想。然而，以上所介绍的陈望道对于中国语文运动的研究和具体实践却是满腔热情地投入的，在很多方面都是支持以瞿秋白为代表的中国共产党人的努力的。特别是他在拉丁化新文字运动中的领导作用不是一般的学者、一般的语言学家所能够做出的。

第三节　"推广普通话运动"时期陈望道对于国家通用语言文字建设的贡献

1944年陈望道在《修辞学发凡》第九版后记中这样写道："中国语文问题常与中国的国运连同升降，每逢国运艰难，就有无数远见的人士关心语文问题，誓愿扫除文盲文聋……"[78]经过十多年的艰苦抗战，陈望道越来越深切地认识到语文问题与国家、民族的兴衰紧密地联系在一起，其学术研究与整个中国的社会改造紧密地联系在一起。就在抗战胜利的前夜，也就是新中国的曙光冉冉升起的时候，陈望道表达了自己的热切期盼——"扫除文盲文聋"！什么是"文聋"？其实是"语聋"。这大概是中国人才有的一个特别概念，在中国语境里也特别好懂。这就是因为长期"言文不一致"而形成的各地方言交流极不便利的情况。早在1926年，全国国语运动大会期间，为纪念"国语研究会"成立十周年而唱的《纪念歌》里就有"瞎子的眼睛光明了，聋子的耳朵也不再聋"的歌词。[79]有学者考证到，1929年国民党在南京召开的第三次全国代表大会上，有人提出请求处分汪精卫、陈公博、顾孟余、甘乃光四人的议案。当时大会主持人胡汉民（1879—1936）"分用国语及粤语"重述该案。[80]此外，王东杰在他刚出的新书《声入心通：国语运动与现代中国》中就写到萧乾（1910—1999）自传体小说《梦之谷》主人公的一段"耳聋"经历：一位北京教会学校学生因"反教"被开除而流落到广东潮州，一下子就把自己变成了"聋子"和"哑巴"，既听不懂人家的话，也无法让别人听懂自己的话。[81]可以说，在中国，"文聋"与"文盲"共同制约着国家和民族的发展。然而，言语的统一却又不是一种一蹴而就的事情。作为民族共同语，"普通话"本身需要有一个成长过程。对此，瞿秋白在《中国文和中国话的现状》一文中曾有这样一段深刻论述：

中国言语的真正的统一，必须经济上的发展形成了统一的经济机体，方有可能。而现在的经济情形只是围绕着各个大城市，形成比较大的区域，以及各自的普通话。同时，这些区域在经济上、政治上、学术上、文艺上的"独立性"，也在日益消灭的过程之中。所以政治学术文艺上的所谓文化的普通话——全国的普通话，更加迅速的生长出来。几万万的中国民众都应当运用这种全国的普通话去参加一般的文化革命。[82]

可见，当年在左翼文艺运动中，瞿秋白迫于中国政治、文化的落后状况，特别是经济尚未形成全国的统一市场这一国情，高调肯定了各个大城市里"五方杂处"的人们通用的普通话的现实意义，并热情憧憬了普通话的发展前景。在这方面，他表现出了与茅盾完全不同的态度和立场。1931年春，在《致伯新兄》这封信中，他这样阐述道：

一个新的过渡时期开始了。我们应该根据言语文字现在已经有的发展趋势，把无意的不自觉的过程变成有意的自觉的革命。这就是要在口头上的言语方面形成全国公用的普通话，而在书面上的文字方面形成一种全国公用的真正的白话文。茅盾说这是"美丽的想象"。然而，很奇怪的是：他天天写的并不是浙江方言，而是普通话，他碰见外乡人的时候，也不能够不说普通话，他天天实现着这个想象。[83]

近90年前瞿秋白在这里所说的"全国公用的普通话"和"全国公用的真正的白话文"就是今天的"国家通用语言"及其"书面作品"。他特别指出，普通话目前还没有一个统一的读音标准，未来成熟之后的普通话会变得更加理想。他不认为"国语"是一个很好的名称。对此，瞿秋白有一段特别的分析：

所谓"国语"，我只承认是"中国的普通话"的意思。这个国语的名称本来是不通的。西欧的所谓"national language"，本来的意思只是全国的或者本民族言语，这是一方面和"方言"对待着说，别方面和外国言语对待着说的。至于在许多民族组成的国家里面，往往强迫指定统治民族的言语为"国语"去同化异族，禁止别种民族使用自己的言语，这种情形之下的所谓"国语"，简直是压迫弱小民族的工具。外国文里面的"national language"，古时候也包含着这种意思，正可以译作"国定的言语"。这样，

"国语"一个字眼竟包含着三种不同的意义:"全国的普通话","本国的(本民族的)言语"和"国定的言语",所以这个名词是很不通的。我们……借用胡适之的旧口号,只认定第一种解释的意思——就是"全国的普通话"的意思(自然,这第一种解释是和第二种解释——"本国的言语"——可以同时并用的)。至于第三种解释——就是我们应当排斥的。[84]

很明显,瞿秋白着眼于中国是一个多民族国家的国情,旗帜鲜明地反对使用"国语"这一名称。这就是1955年后中国大陆不再使用"国语"(national language)而采用"普通话"(putonghua)来指称"汉民族共同语"和"国家通用语言"的最初思想来源。此外,瞿秋白在这里还指出了"国语"一词有表意不具唯一性因而容易发生歧义的情况。这样,"普通话"这一名称就从"左翼文化运动"开始特别是陈望道倡导的"大众语运动"迅速普及开来。

1949年后,陈望道"扫除文盲文聋"的宏伟誓愿迅速成为共产党领导的人民政府的顶层设计和重要举措。1953年,明确采用普通话,而且普通话明确采用"北京音系"的语言政策基本确定下来;就在这年,胡乔木(1912—1992)在《关于改进中小学语文教学的请示报告》中这样写道:"它所用的语言拟采用北京普通话作为标准语,并以北京音系的音作为标准音,但不用机械的办法强迫各地统一读音。"[85]1955年,汉字简化工作也正式开始启动,胡乔木对此曾深有感慨地这样说道:"汉字的简体是历来存在的,可是汉字简化成为一个国家的工作,我们这次还是第一次。"[86]1956年,汉语拼音方案的研制也进入快车道;这一年,毛泽东在中共中央关于知识分子问题会议上发表讲话时指出,"拉丁字母"作为外国的东西可以拿来用变成自己的东西。[87]

语文建设是极其重要的民族文化建设。关于这一点,陈望道应该说从倡导大众语运动之后感触越来越深。所以,早在1938年,他就在《语文周刊》发刊词中这样明确论述道:

> 语文建设是文化建设的一个部门,而且是一个基本部门。这个部门的建设工作做得有成就没有成就,会影响别个部门建设工作的容易不容易,甚而至于可能不可能。这个部门的工作的重要是不消说的,只是要有人来做。[88]

《语文周刊》其实是上海地下党组织主办的《每日译报》的副刊。孤岛时期的《每日译报》(其前身为《译报》)不仅刊登过毛泽东《论持久战》等重要文章和八路军、新四军的抗战消息,译载过杜威、爱因斯坦、罗曼·罗兰和罗素等国际著名人士支持中国抗战的联合声明,而且还为联系各阶层群众陆续推出过《时代妇女》《职工生活》《青年园地》《儿童周刊》以及《语文周刊》《文艺通讯》《社会科学讲座》等专刊或副刊。陈望道参与了《每日译报》的编辑工作,并主编《语文周刊》。后人从这些情况不难看出,陈望道在《修辞学发凡》出版之后,特别是在全面抗战爆发之后,他就将自己的学术研究更多地融入到中国社会的变革和改造中来。他在1947年的《"中国语文学会"成立缘起》里就强调说:

> 语言文字问题是我们社会生活上的基本问题。靠着语言文字,我们才可以经营社会生活。我们对于语言文字理解得正确不正确,处理得适当不适当,往往在我们的社会生活上发生重大的影响。[89]

在《语文周刊》上,陈望道发表了《说语言》《中国语文的演进和新文字》《谈杂异体和大众化》《一种语言的实验》《语文运动的过去的将来》等系列论文。陈望道可能是最早专门阐释"语言"这一概念,并有意识地将"语言"与"文字"联系起来对举使用的中国现代语言学家。以现代"语言"为基础建立起中国语文崭新的"文字"体系,应该就是他抗战之后的中国学术和中国社会变革理想。所以,1947年,他发起组织"中国语文学会",集思广益共同探讨现代中国的那些"实际语文问题";1949年,他领导的复旦大学在全国高等院校中率先开设文字改革课程,并特聘新文字工作者倪海曙任教;1951年,他又为周有光《中国拼音文字研究》作序,指出"中国文字有种种的难处,难学、难读、难写、难查,难以接近大众,必须在一定条件下加以改革"[90]。在这时的中国语言学界,陈望道实际上已经成为"语文革新的旗手",[91]准确地说,就是"拉丁化新文字运动"的学术领袖。从1934年第一次由鲁迅的《门外文谈》得知"新文字"的研制,到倾心倾力研究"新文字"、宣传"新文字",再到1949年在新成立的"上海新文字工作者协会"被推举为协会主席,领导新文字运动,陈望道差不多将自己的学术研究与中国社会的进步特别是中国基层民众的文化生活改造完全结合在一起。

1955年,陈望道参加了"全国文字改革会议"。这次会议,实际上,也是全国语言学家的一次大会师,特别是"拉丁化新文字运动"与"国语运动"的一次大会师。因为"国语罗马字"与"拉丁化新文字"是两套不同的汉语拼写方案,又因为"拉丁化新文字"出现较晚,有比较坚实的群众基础,但"国语

223

罗马字"又多少得到过来自政界的支持,所以这两套方案的代表曾有过一段时间的互怼。虽然真正斗嘴的时间不长,但心中的隔阂还是有的。邓明以在《陈望道传》中有一段关于陈望道与"国语运动"的学术领袖黎锦熙等人会面的生动描述。

> 为了加强语言学界的团结,会议期间,陈望道在倪海曙的安排下同黎锦熙——这位国语运动的前辈进行了一次不寻常的会见。这两位由于学术见解不同几十年未曾交谈过的语言学家,会晤时气氛非常融洽,不仅前嫌尽释,还增进了友谊。黎老还一再称赞陈望道学问具有开创性。[92]

确实如此,黎锦熙作为"国语运动"的领袖,虽然在其代表作《国语运动史纲》中对"拉丁化新文字"有异议和批评,但这种批评和异议完全是学术层面的讨论。这只要读读1926年他撰写的《全国国语运动大会宣言》就能看出其中的端倪。他说:

> 正好像这时的民国,何尝没有中央政府?试问是统一呢,还是不统一呢?所以中国二千年来的文字统一,实在不过少数知识阶级的人们闹的玩意儿,说的面子话。纵然他们彼此共喻,似乎得了文字统一的好处,也只算统一了上层阶级,民众实在被摒除在统一之外。[93]

他又谈道:

> 假使没有明清以来的白话文学家把北方话创作了几大部脍炙人口的小说流传全国,至今百姓们怕还不知道官话是什么东西;假使没有皮黄京剧到处出演于舞台,恐怕百姓们便永远听不到官话是什么腔调。国民情感的不联络,村落的陋见,畛域的争持,不能化除,害及政治,危及国家,大都由于语言的隔阂。[94]

他还谈道:

> 所谓"不统一"的国语统一又怎么讲呢?国语统一,并不是要灭绝各地的方言,因为方言是事实上不能灭绝的,是有历史关系的,而且在文学上也是很有价值的。……所谓国语,乃是全国人民用来表情达意的一种公

共的语言，日日能够说，却不是人人必须说……[95]

这就是说，"国语运动"与"拉丁化新文字运动"在民族共同语建设、方言与共同语的关系等方面都有很多共同的信仰和追求。过去的分歧，除了因为各种客观原因存在某些误解外，主要还是学术见解和方案研制技术上的差异。"全国文字改革会议"中的这场会面彻底消除了大家的隔阂和误解。这为新中国文字改革工作的全面展开提供了绝好的时机。事实也是如此，普通话的普及、简化字的推广，特别是汉语拼音的研制倾注了各个方面语言学家的心血。

所以，1955年，在全国文字改革大会的发言中，陈望道特别强调指出，过去60多年的文字改革没有成功并不是因为方案的不成熟，而是因为"统治者的反动和落后，他们惧怕文字改革，惧怕广大劳动人民拿起文化武器"[96]。所以他认为，文字改革首先是一件群众性的工作，其次才是学术性的工作，必须搞好宣传和动员工作。为此，要广泛地建立文字改革的人民团体，使之成为推广普通话运动和扫盲运动的基本力量。他提出建议，要迅速拿出汉语拼音方案来，使之成为普通话学习、普及最有力的工具；普通话的课程不仅要在各级学校开设起来，而且还应该有一套科学、有效的拼音方案作为辅助教学工具。[97]在他看来，出台一套为服务学习和普及普通话的汉语拼音方案是中国语文改革和发展的根本基础。

在这年紧接着召开的"现代汉语规范化问题学术会"上，陈望道做了一个总结发言。在这个发言中，他对人民群众当家做主之后所表现出的空前未有的普通话学习热情做过这样的描述：

> 汉语方言的分歧严重地妨碍了人们在政治生活中，经济关系中，生产活动中，文化生活中交际作用与相互了解，影响教育工作的效果，不能充分发挥电影、广播等现代化的宣教工具作用。广大的人民，首先是机关、部队、工厂、企业、公司、电台、话剧、作家、翻译工作者等人员迫切地需要一种更为完善的汉民族共同语，作为互相理解并调整其共同工作的语言工具。愈来愈多的人已经自动地学普通话。[98]

1956年，陈望道又参加了全国政协组织的一个关于《汉语拼音方案（草案）》的专题讨论会。他发言表示，汉语拼音方案的意义是广泛的。他说：

> 不但五万万几千万的汉民族要学它，用它，我们国内几千万的少数民

族也要通过它来学汉语，外国的朋友也要利用它来学汉语。[99]

1957年，就在《汉语拼音方案》研制完成之际，陈望道还以1955年新成立的上海语文学会的名义举办了"汉语拼音方案展览会"。展览会的展品还包括从北京运来的"文字改革文献资料陈列室"的全部汉语拼音展品。[100]

1959年，他出席了在上海举办的全国普通话教学成绩观摩会。在会上，他发表了热情洋溢的讲话。他说：

> 我们可以想见，推广普通话的千千万万积极分子正在全国各地努力不断取得胜利。这是一件大事，而且是极好的大事……[101]

后人从这些话语中，不难体察陈望道心中的那份喜悦和希冀！笔者在这里有一个发现，这就是，陈望道应该是公开倡导"手头字"最早也最有力的语言学家。1935年他与胡愈之、陶行知一道组织了"手头字推行委员会"，动员200多文化名流，联合15家杂志发起了"手头字运动"，率先在报刊推出"第一批手头字"300个；然而，在"推广普通话运动"时期，他对汉字简化并没有发表多少意见。不仅上述三次讲话没有对汉字简化发表什么特别的看法，而且整个推广普通话运动期间都很少有这方面探讨和研究。

为什么会有这种情况？可能有多方面原因。但其中一个极重要的原因应该是，在陈望道看来，比较起"新文字"来，"手头字"在过去大众语运动中所发挥的作用相对有限。也就是说，他更看好新文字的发展前景。这就是为什么他作为主席的上海新文字工作者协会成为"全国最后一个新文字团体"，直到1955年11月，也就是"全国文字改革会议"之后才正式办理协会结束工作的原因。

从该协会所发表的"告会员书"即可清楚地看到，他们认为协会在"普及拼音知识和填补新方案产生前的空白"等历史任务已经完成，而"新方案"，一种比"拉丁化新文字"更先进的方案，也就是陈望道在"全国文字改革会议"的发言中所说的"现代的、科学的拼音方案"，很快就会产生。也正因为持这样一种判断和期待，陈望道在其全国文字改革会议的发言中特别表达了两点意见：一是普通话确定下来、普及开来，是中国文字改革全部工作的基础，这是他本人最关注的一件事，所以他希望"教育部规定在有条件的各级学校里设置'普通话'课程"；二是他期待一套最新的"现代的、科学的拼音方案"能够早日出台，虽然它一开始只能"作为普通话的教学工具"，在普通话教学中发挥它的特殊辅助作用，但是在普通话的教学过程中经过一个较长时间的"实践改进"，它很有可能成为一套"完备和成熟的汉语拼音文字"。正是心中埋藏着这份期许，陈望道后来就没有太多地关注他当年所倡导的"手头字"，对于汉字简化也就没有太多的进言了。

第四节　结语

今天的普通话定义是"以北京语音为标准音，以北方话为基础方言，以典范的现代白话文著作为语法规范"。[102]这是1956年《国务院关于推广普通话的指示》中第一次明确下来的，到现在一直没有修改过。然而，人们在谈到这个定义时，一般都会提到陈望道对它的贡献。那是在全国文字改革会议上，陈望道发现会议起草的材料有"普通话以北京话为标准"的提法。他认为，这种提法实际上"取消了普通话"。[103]倪海曙在《春风夏雨四十年——回忆陈望道先生》一书中回忆道：

> 他的意见反映上去，中央极为重视，在一个深夜胡乔木同志亲自来召集一些老专家开紧急会议，讨论修改。先生在会上陈述了他的意见。最后这个定义改为现在的"以北京音为标准音、以北京话为基础方言"，后来又加上了"以典范的现代白话文著作为语法规范"的内容。[104]

从思想源头上说，北京话尽管"处于最优越的地位"，[105]是中国最发达、最成熟的方言，但"普通话"必须对"北京话"保持一定距离，这是瞿秋白最早在左翼文艺运动期间高调提出的民族共同语建设思想。毋庸置疑，陈望道在推广普通话运动中坚持了瞿秋白当年所倡导的普通话对于方言的"中立"立场，从而让今天的普通话在尽可能向北京话看齐的同时，仍保持其某种人工性质。这是极其明智的民族共同语建设举措！可以说，坚持了普通话的中立立场，也就保证了普通话吸纳、引入北京话以外其他各种方言的巨大空间，或者说建立起了一种发展机制，让它能够源源不断地吸纳、引入其他方言乃至于其他语言（少数民族语言与外国语言）。保持普通话一定意义上的人工性质，则有利于锤炼普通话，让普通话走出方言的逼仄、狭隘，有利于民族共同语和国家通用语以更高的境界、更优的品格和更稳健、更自信的姿态走向更宽的语言世界。这其实也是大众语运动以来陈望道"大众语""普通话"建设思想的具体落实：

大众语绝非"通俗语"[106];作为大众语的口语形态,普通话可以"扬弃"一切土话方言的特质,"成为普通充实活现的公共语"[107]。这样,他一辈子所追寻的以"积极修辞"和"消极修辞"为基本架构的修辞学学术理想也就有了明确的应用对象——普通话及其书面形态现代白话而非任何方言。其实,他在大众语运动之后所开启的"文法革新"讨论和文法研究,可以说,实际上就是基于"消极修辞"的学术立场为普通话及其书面形态现代白话的建设服务的。

注释:

[1][72]陈光磊,陈振新.追望大道——陈望道画传[M].上海:上海书店出版社,复旦大学出版社,2005:5,57.

[2][38][39][91][92]邓明以.陈望道传[M].上海:复旦大学出版社,2005:15,107,109,288,292-293.

[3]张元隆.上海大学与现代名人(1922-1927)[M].上海:上海大学出版社,2011:34.

[4]钱益民.30年代陈望道与中共的关系[J].世纪,2019(4):31.

[5][6][50]曹聚仁.我与我的世界[M].太原:北岳文艺出版社,2001:503,327,514.

[7]张德彝.欧美环游记(再述奇)[M].长沙:湖南人民出版社,1981:197-198.

[8][9]岳方遂.新式标点符号史论(上)[J].兰州大学学报,1994(2):115,115.

[10][15][16][18][46][57][58][62][63][64][65][66][67][68][88][89][90][96][97][98][99][101]陈望道.陈望道全集:第一卷[M].杭州:浙江大学出版社,2011:3-53,45-56,57-58,25,97-101,119,119,164,159,163,131,142-147,128,131,138,171,179,180,181-182,183-184,188,196.

[11][14][21]周维强.太白之风——陈望道传[M].杭州:浙江人民出版社,2006:61,60,19-20.

[12][13][23][27][28][33][34][37][78]陈望道.陈望道全集:第四卷[M].杭州:浙江大学出版社,2011:56-60,62,311,9,43,250-251,308,314,312.

[17]齐一民.日本近代言文一致问题初探[D].北京:北京大学,2013:29.

[19] 张耀杰. 北大教授与《新青年》[M]. 北京：新星出版社，2014：127.

[20] 陈望道. 陈望道文集：第一卷[M]. 上海：上海人民出版社，1979：551.

[22] 刘大白. 白屋文话[M]. 长沙：岳麓书社，2013：87.

[24][25][26] 瞿秋白. 瞿秋白文集：文学编第一卷[M]. 北京：人民文学出版社，1985：311，311-314，312-313.

[29][30][31] 陈望道. 陈望道全集：第七卷[M]. 杭州：浙江大学出版社，2011：3，4，30.

[32][德]马克思，恩格斯. 共产党宣言[M]. 中共中央马克思恩格斯列宁斯大林著作编译局，译. 北京：人民出版社，1997：63.

[35] 张虹倩，刘斐. 一位修辞学家的中国现代文学史[J]. 华东师范大学大学学报（哲学社会科学版），2013（6）：55.

[36] 王学谦. 当"君子"遇到"战士"：朱自清的鲁迅论[J]. 中国现代文学研究丛刊，2019（3）：102.

[40] 田丰. 第二次文艺大众化讨论起因新论——从瞿秋白的四封私信谈起[J]. 新文学史料，2018（1）：77.

[41] 王铁仙. 大众·革命·现实——瞿秋白的左翼文学理论[J]. 上海鲁迅研究，2005（夏）：2.

[42] 茅盾，韦韬. 茅盾回忆录（中）[M]. 北京：华文出版社，2013：34.

[43][47][49] 陈望道. 陈望道全集：第六卷[M]. 杭州：浙江大学出版社，2011：74，79，79.

[44][48][82][83][84][105] 瞿秋白. 瞿秋白文集：文学编第三卷[M]. 北京：人民文学出版社，1985：17，294，278，342，169-170，296.

[45] 止敬. 问题中的大众文学[G]//文振庭. 文艺大众化问题讨论资料. 上海：上海文艺出版社，1987：114-115.

[51][52][54][55] 陈望道. 关于大众语文学的建设[G]//文振庭. 文艺大众化问题讨论资料. 上海：上海文艺出版社，1987：212，212，212，211-212.

[53] 陈望道. 致周予同等函一通[G]//孔令境. 现代作家书简. 上海：上海生活书店，1936：169.

[56] 凌远征. 新语文建设史话[M]. 开封：河南大学出版社，1995：163-164.

[59][69][70][71][73][75][76] 倪海曙. 拉丁化新文字运动的始

末和编年纪事［M］．上海：知识出版社，1987：89，138，148，148－149，144，135，146．

［60］叶籁士．回忆语联——三十年代的世界语和新文字运动［J］．新文学史料，1982（2）：199．

［61］倪海曙．倪海曙语文论集［M］．上海：上海教育出版社，1991：462．

［74］［77］［100］［103］［104］倪海曙．春风夏雨四十年——回忆陈望道先生［M］．上海：知识出版社，1982：11－20，12－13，56，48，48．

［79］黎锦熙．国语运动史纲［M］．北京：商务印书馆，2011：191．

［80］蒋永敬．民国胡展堂汉民年谱［M］．台北：商务印书馆股份有限公司，1981：447．

［81］王东杰．声入心通：国语运动与现代中国［M］．北京：北京师范大学出版社，2019：466．

［85］［86］［102］胡乔木．胡乔木论语言文字［M］．北京：人民出版社，1999：70，103，178－179．

［87］费锦昌．中国语文现代化百年记事（1892－1995）［M］．北京：语文出版社，1997：219．

［93］［94］［95］黎锦熙．全国国语运动大会宣言［G］//李中昊．文字历史观与革命论．北京：北平文化学社，1931：351－352，352－353，353．

［106］［107］陈望道．陈望道文集：第三卷［M］．上海：上海人民出版社，1981：90，97．

第十章

鲁迅与瞿秋白

鲁迅是现代白话小说创作第一人，其"随感录"等作品更是奠定了中国现代杂文的基本规范。就瞿秋白来说，他早年在中国文学无边无际的"荒漠里"听到的也就仅有鲁迅的"独自呐喊"及其"空阔里的回音"。[1]中国现代文学史上，鲁迅在很多方面的创始人地位是无人撼动的。然而，实事求是地说，鲁迅对于现代化中国语文规划和建设的专题探讨和深入思考则是滞后的，主要在其晚年，准确地说是在"大众语运动"之后。作为用白话进行社会评论和专业学术著述的首批学者之一，瞿秋白这方面的探索却相当早，而且系统、专业和全面。他1923年就明确阐述过"文字革命"的意义，1928年起还具体策划和研制出自己的汉语新型书写方案（后文简称"瞿氏方案"），1931年更是明确提出中国语文"现代化"，高调倡导"现代普通话的新中国文"建设，可说是现代化中国语文全面规划和建设的首倡者。瞿秋白汉语规划思想对鲁迅学术思想的演进具有重要影响。晚年鲁迅也开始了汉语现状与未来的集中研究，发表《门外文谈》《中国语文的新生》等系列力作，成为"大众语运动"的标志性事件。可以说，鲁迅是瞿秋白汉语现代化事业的坚定支持者。

第一节 语用差异：白话文运动之后瞿鲁著作文字比较

瞿秋白白话著述意识强，一生留下的500多万字极少是文言。除了二十几首古诗词，他现存最早的一篇文章《不签字后之办法》保留的一段文言可能是他仅存的文言写作。从其内心来讲，瞿秋白并不讨厌文言，更不是不擅长文言写作。然而，世界的视野、历史的眼光，特别是创办《新社会》和《人道》的实际经验等促使他在五四运动期间就毅然决然告别了他少小就习惯且开始成熟起来了的文言写作。从现有资料看，仅1919年，还在学生时代的瞿秋白就用白话撰写了《不签字后之办法》《欧洲大战与国民自解》《中国知识阶级的家庭》等至少7篇时评，[2]发表在《晨报》和《新社会》上。这些白话著述思路清晰、逻辑缜密，特别是语言地道流畅。所以，将这些评论文字与同一年鲁迅发表的《暴君的臣民》等随感做比较，二人的语用差异相当明显。参见表10-1。

表10-1　1919年瞿秋白、鲁迅报刊时论语用状况比较

发表时间	作者	刊名	篇名	原文片段 {注：【】（）分别表示词语的增、删、换}
1919	瞿秋白	新社会	《知识是赃物》	知识是什么？知识两字的意义本来很广，从最高深的学识到最普通的常识都可以说是知识。平常说"这个人一无知识"，难道这句话的意思当真是表明"这个人没有知识么"？[3]
	鲁迅	新青年	《暴君的臣民》	从前看见清朝几件重案的记载，"臣工"拟罪（定罪）很【严】重，"圣上"常常减轻，便（于是）心里想：大约因为要博【博取】仁厚（仁义厚道）的美名，所以玩这些花样罢了。后来细想，殊不尽然（真不尽是这样）。[4]

上表显示，鲁迅随感虽是白话作品，但留有明显的文白夹杂痕迹，要做不少的"增""删""换"才算"畅达"；而瞿秋白的时评则十分"通畅"，已是相当地道、相当漂亮的白话，差不多就是当今的现代汉语写作了。"知识是什么？知识两字的意义本来很广"这简直就是今天大学课堂或是哪个公共讲坛上的演讲用语，完全能够听懂。"'臣工'拟罪很严重"不仅听不明白，而且即使能再解释说明一番也不是什么人都能听懂。而如果将两人的大学讲义，也就是鲁迅1926年写作的《汉文学史纲要》与还要早两年的1924年瞿秋白撰写的《现代社会学》做比较，那对比就更加鲜明了。参见表10-2。

表 10-2　1920 年代瞿秋白、鲁迅学术著作语用状况比较

出版时间	作者	书名	原文片段
1923	瞿秋白	《现代社会学》	社会科学是研究社会现象的科学。社会现象有种特性，是其他现象所没有的。所以，应当有特别的科学。社会现象的特征就在于他是受外力节制的，受法律的规范的（法典，命令等）。[5]
	鲁迅	《汉文学史纲要》	在昔原始之民，其居群中，盖惟以姿态声音，自达其情意而已。声音繁变，寖成言辞，言辞谐美，乃兆歌咏。时属草昧，庶民朴淳，心志郁于内，则任情而歌呼，天地变于外，则祈畏以颂祝，踊跃吟叹，时越侪辈，为众所赏……[6]

上表表明，鲁迅的学术讨论纯用文言，瞿秋白全用现代白话来从事其学术写作。瞿秋白 36 年的生命里，其学术著述体量极大。有学者统计，除《俄罗斯革命论》原稿毁于战火外，他留有专著八部（含三部教材、一部详细提纲）、学术论文 103 篇。其中，文学、文字学专著三部，文学和语言学、文字学论文 54 篇。[7] 这些学术文字都是一般读者读得懂、听得明白的现代白话。更不用说，他还有很多通俗政治读物写作，比如 1925 年写的《世界职工运动状况》，1928 年写的《中国革命和中国共产党》。甚至 1931 年他还写有《东洋人出兵》等说唱作品。可见，瞿秋白的这种白话写作意识是极其鲜明、极其强烈的。即使是学术写作，这种本来是象牙塔内的专业探讨，他也要强调是可以听懂的，一般人一看就能明白。其实，这样做，对于在那个时代的中国学者来说，是有很多挑战的。一来，很多概念，很多术语在汉语语境中还不曾有，有的才刚刚从西方引进过来；二来，很多的人们对于白话学术著作还不怎么认可，不愿接受，不够习惯。瞿秋白勇敢地走出了这一步，其《现代社会学》一书不仅章节排版清晰、引用清楚，而且还介绍和使用了大量现代社会学术语，比如"心理学、生物学、解剖学、形态学"以及"社会心理学、先行科学、精神文明、目的论、偶然性、唯心派"等。他同年出版的另一本教材《社会科学概论》还使用了一些图表，这些图表数据内容具体详实，读者一看一目了然，很有现代学术规范。鲁迅的学术生活几乎贯穿其一生，所留下的学术著作在其一千万字全部著述中比重也不低，至少有《中国小说史略》（1923）、《汉文学史纲要》（1926）、《古小说钩沉》（1912）等十余种。[8] 除《中国小说的历史的变迁》（1924）、《魏晋

风度及文章与药及酒的关系》(1927)等讲学记录稿、演讲稿外,这些文字基本上都是文言,没有白话著作。

鲁迅的学术著述用文言,且只用文言。这早已不是什么秘密。鲁迅在世时,人们就有一些追问和探究。鲁迅本人也曾做过一些答复。那么,究竟为什么鲁迅一直到晚年,学术著述只用文言?对此,目前学界有三种说法。(一)炫技。欧阳健认为,鲁迅没有多少学院背景,他想在讲"出身"的学界"发声",必须拿出足够的学术修养和功底。在他看来,文言水平和功底是最重要的学养见证。[9]确实如此。胡适曾在一次演讲中说,他初进北大做教授,发现许多学生的学问比他强,常常提心吊胆,不得不加倍用功。相比之下,鲁迅压力更大。他虽亦留学日本,但仅入一所医学专门学校,且成绩不佳,未曾毕业。1920年,他尚未奉为"新文化运动旗手",只发表几篇白话小说和一些随感,官职也不过是相当于科长的教育部佥事;就凭这些登上北大讲坛是绝不能让同道和学生买账、认可的。(二)审美。陈平原认为,受章太炎(1869—1936)的影响,鲁迅对"述学文体",也就是著述文体的探索一直兴致盎然。他比较欣赏"学中有文",即学术著述除了学术见解,也追求文章美感。故其文言著述,文辞洗练,言简意赅,后人多喜引用;当然,"其他人的论述(如胡适、郑振铎等),也有精彩的,但征引者大都取其观点,而不看中其审美功能"[10]。陈平原在这方面的观察和思考持续了很长时间。这篇题为《分裂的趣味与抵抗的立场——鲁迅的述学文体及其接受》的长文虽然2005年才正式发表,但他2001年就曾在日本东方学会上宣读过,2002年和2003年还分别在台北和北京两地做过修改。(三)怀旧。古耜认为,鲁迅潜意识里无法从根本上清除曾经孕育了自己文化血脉、奠定了自己精神根基的古文言。[11]那种"精神复调和文化纠结"埋藏于心底,对于鲁迅来说,几乎是无法完全消除的。所以,别说是文言小说《怀旧》,就是他1930年撰写的《做古人和做好人的秘诀》都透显出鲁迅对于文言和文言生活的眷恋和深情。毫无疑问,对于文言的怀恋和执着,是鲁迅那一代人(鲁迅比瞿秋白大十八岁——作者注)的"集体无意识"。因此,文言述学是鲁迅的这种无意识在外界多重诱发下的正常流露,这种自然而然的事情却又很容易被匆匆赶路的现代人忽略掉,意识不到,甚至包括他本人。

自然,上述"炫技说""审美说"和"怀旧说"极好地揭示了当年鲁迅的学术处境、学术追求和学术根基。它们分别从这不同的角度阐释了鲁迅选择和坚持"文言述学"的原因。然而,更本质的问题可能还在于鲁迅的学术视野、学术雄心和学术气魄。笔者认为,欧阳健他们也许没有怎么注意到,作为中国现代文坛执牛耳者,鲁迅早年对于未来中国语文的全面规划和建设,特别是白话写作深入到学术领域的意义,一直不曾做过专门、系统而深入的研究。晚年《门外文谈》一书中的"门外"二字其实并非完全出于谦虚,学界一般也不怎么把它作为正统的学术著作来讨论。顾农曾在《鲁迅学术著作概观》一文中列举了鲁迅学术论著中的十部代表作,它们是《中国小说史略》《汉文学史纲要》《〈嵇康集〉考》《魏晋风度及文章与药及酒之关系》《古小说钩沉》《唐宋传奇集》《小说旧闻钞》《会稽郡故书杂集》《岭表录异》和《嵇康集》,但不见《门外文谈》。[12]

老实说,对于中国语文及其结构的变化,五四前后的鲁迅还很纠结。他当然赞同白话,但对文言的情感又极其复杂。五四时期,旁观了两年"文白之争"后,他只在《随感录》中发表了几句感慨,其中包括在"雅人""内行人"眼里,白话"鄙俚浅陋",[13]古文古典才是"本领"和"学问"。[14]所以,有论者就明确指出"鲁迅在新文学运动中的登场多少有点'半推半就'的味道"[15]。这是很有道理,同时也符合鲁迅的语言生活和语言态度实际的。1925年后,鲁迅开始正式发表文章批判文言。这年8月,他在《答KS君》中说"即使……将有文言白话之争……也该是争的终结,而非争的开头"[16];1926年2月,他在《古书和白话》中判定"古文已经死掉了"[17];1927年2月,他在《无声的中国》讲演中明确而高调地指出"我们此后实在只有两条路:一是抱着古文而死掉,一是舍掉古文而生存"[18]。至于1919年的"中国古书,叶叶害人……只能读其记天然物之文,而其故事……汉文终将废去……我辈以及孺子生当此时,须以若干精力牺牲于此,实为可惜"等批评,[19]应该只是好友间私下里的育儿看法交流。值得特别强调的是,1926年在厦门大学作为中国文学史课程的讲义《汉文学史纲要》只有一个未完成稿,这当然有多方面原因,但继续用文言把它写完恐怕与他的语言观、学术追求有严重冲突了。

依恋,还有审慎,让鲁迅对汉字的反思和批判来得更晚。那是在与瞿秋白成为忘年交的晚年,也就是1934年参加"大众语运动"之后的两三年。相比之下,瞿秋白不仅白话语用意识强、白话运用领域广,而且早在1923年就明确阐述过"文字上的革命"在现代政治、科学、学术以及社会改造上的重要意义。[20]"我是江南第一燕——为衔春色上云梢。"[21]瞿秋白敢为人先的雄心壮志在汉语规划建设探索方面展现得异常鲜明。瞿秋白在五四时期就表现出极为清晰、明确和强烈的白话写作意识,1928—1932年更是具体谋划、设计、研制出一套拉丁字母的汉语新型书写方案,并在海内外产生广泛而深远的影响。为推广和普及这套汉语新型书写方案,瞿秋白于1931年正式提出"现代普通话的新中国文"建设主张,并倡导以"文腔革命"为根本诉求的"第三次文学革命"。

当年鲁迅所参与的"大众语运动""新文字运动"都是在瞿秋白这一系列汉语规划思想引领下发动起来的。鲁迅在五四新文化运动中是旗手，但与陈独秀、胡适有区别，他不是运动的领袖，不是核心主张的首倡者。同样的，大众语运动也不是鲁迅倡导的，但他作为左翼文化人士的"盟主"，他的积极参加具有标志性意义，而且他所发表的《门外文谈》堪称是大众语运动的纲领性文献。

鲁迅能够有这样的表现，一定意义上也可以看作是瞿秋白在极其艰苦的斗争中所争取到的战友、伙伴和"同路人"。瞿秋白最早在 1923 年的《荒漠里——一九二三年之中国文学》中热情地赞扬了他在新文学运动中的功绩和地位，但后来在一些地方也批评过鲁迅，主要是批评他在语文改革中的观点和做法。比如，在《鬼门关以外的战争》一文中，在谈到"新式白话"的时候就有一段话对鲁迅做不点名的批评。

> 外国文法的"硬译"——例如"我决不是要由这一点，在同志里培进斯基上头竖起十字架来。"请问：这种腔调，是我们日常讲话，演讲的腔调么？如果用这种腔调，真正一个个字的念着，去对人家讲话，或者在讲演坛上去讲演，那我可以断定：一定要引起"哄堂的"大笑！这样，这种新式白话仍旧是只能够用眼睛看，而不能够用耳朵听的。他怎么能够称为"文学的国语"呢？恐怕还是叫做新式文言妥当些吧。[22]

"我决不是要由这一点，在同志里培进斯基上头竖起十字架来。"这句话实际上就是从鲁迅译的《苏联的文艺政策》（又名《文艺政策》——作者注）一书中选来的。[23] 至于在《论翻译——给鲁迅的信》《再论翻译——答鲁迅》的通信中，瞿秋白对鲁迅翻译的指导性意见提得就更多、更具体。在《论翻译》中，瞿秋白一下子梳理出鲁迅译著《毁灭》翻译的上十条修改建议。他在这封信中特别说道：

> 所有这些话，我都这样不客气的说着，仿佛自称自赞的。对于一班庸俗的人，这自然是"没有礼貌"。但是，我们是这样亲密的人，没有见面的时候就这样亲密的人。这种感觉，使我对于你说话的时候，和对自己说话一样，我自己和自己商量一样。[24]

在这些意见和建议中，鲁迅最为心悦诚服的是瞿秋白对于"新……人"的理解和处理。瞿秋白的原文是这样的：

还有一个例子，比较重要的，不仅仅关于翻译方法的。……

《毁灭》的主题是新的人的产生。这里，莱里契以及法捷耶夫自己用的俄文字眼，是一个普通的"人"字的单数。不但不是"人类"，而且不是"人"字的复数。这意思是指着革命，国内战争……的过程之中产生着一种新式的人，一种新的"路数"（Type）——文雅的译法叫做典型。这是在全部《毁灭》里面看得出来的。现在，你的译文，写着"人类"。莱奋生渴望着一种新的……人类。……而事实上，《毁灭》的"新人"，是当前的战斗的迫切的任务：在斗争过程中去创造，去锻炼，去改造成一种新式的人物，和木罗式加，美谛克……等等不同的人物。[25]

这确实不是什么翻译技术问题，而是对于这篇世界无产阶级革命文学名著主题的解读和把握问题。这些问题又是与苏俄革命紧密联系在一起的。鲁迅实在没有瞿秋白熟悉，但却又很想理解和把握这些。因为鲁迅翻译《毁灭》等作品就是想了解"无产阶级革命文艺"。在这里，瞿秋白实际上是在翻译学之外的知识领域启发和帮助鲁迅。而在《再论翻译——答鲁迅》这封信中，瞿秋白则将自己的翻译原则，实际上也就是自己的语文改革理想向鲁迅做了更透彻的阐述。他说：

这里最重要的问题是：要创造新的表现方法，就必须顾到口头上"能够说得出来"的条件。这意思是说，虽然一些新的字眼和句法，本来是中国话里所没有的，群众最初是听不惯的，可是，这些字眼和句法既然在口头上说得出来，那就有可能使群众的言语渐渐的容纳它们。假使存心"不顺"些，那就是预先剥夺了这种可能，以致于新的表现方法不能够从书面的变成口头的，因此，也就间接的维持汉字制度，间接的保存文言的势力，反而杀死了那新的表现方法。[26]

瞿秋白在1931年12月和1932年6月写给鲁迅的这两封信又分别于1931年12月和1932年7月发表在《十字街头》和《文学月报》上。鲁迅的回信《论翻译——答 J. K. 论翻译》也于1932年6月发表在《文学月报》。这样一次核心问题为翻译原则问题的讨论汇聚为1933年的"中国翻译大讨论"。1933年也被茅盾称为"中国翻译年"。可见瞿秋白与鲁迅二人讨论的影响力，同时也可以看到瞿秋白对鲁迅的影响。讨论的结果，正如有学者所论述的：

1930年代初，瞿秋白与鲁迅关于翻译问题的通信，似可视为"左翼阵营"内部的翻译思想转换的开始，即在翻译思想上，由鲁迅为代表的"容忍多少的不顺"的"硬译"，逐渐让位于瞿秋白为代表的"绝对的正确和绝对的白话"，即不"容忍多少的不顺"的翻译原则。[27]

由此，后人不难发现，对于瞿秋白来说，鲁迅过去是曾被景仰的对象，后来很快成为战友、伙伴和同路人，再后来就是极为热情的支持者甚至追随者。

第二节　主张趋近：大众语运动前后瞿鲁语言规划比较

陈望道倡导的"大众语运动"，瞿秋白没有直接领导和参与。但运动前他所发表的关于"新中国文""文腔革命""文艺大众化"等一系列论述是大众语运动的"先声""前奏"乃至思想引领。换句话说，陈望道等"大众语"论者的许多基本论点实际上都是瞿秋白汉语规划思想的阐述和发挥。[28]鲁迅积极投身大众语运动中，并成为此项运动的标志性事件。在一年半时间里，他至少公开发表了《答曹聚仁先生信》《门外文谈》《汉字和拉丁化》《中国语文的新生》《人生识字胡涂始》《从"别字"说开去》《关于新文字》《论新文字》以及《病中答救亡情报访员》等9篇系列文章，还写有两封写给曹聚仁的书信。这些著述系统阐述了鲁迅在汉语规划建设方面的思考、探索和谋划，是大众语运动纲领性文献。其中很多主张与瞿秋白汉语规划建设思想相当接近，具有惊人的同构性。比起之前《随感录》（1919）、《古书与白话》（1926）、《二十四孝图》（1926）、《略谈香港》（1927）以及《关于翻译的通信》（1932）等都有极大的思想转变。

（一）破除汉语书写的繁难神秘

鲁迅认为，造成汉语一直处于言文分离状态的原因是其书面语的"口语摘要"性质。他强调，古书里即使童谣、谚语、民歌等"老牌俗语"都是古人的口语摘要；宋人语录、话本，元人杂剧、传奇，通俗、明白、好懂，那也只是字句删减较少罢了。[29]也正是这种"口语摘要"性质让汉语书写平添了某种"神秘感"。而造成"口语摘要"性质的根本原因只有一个，那就是汉语书写繁难。因此，鲁迅认为，改变汉语言文分离的希望就在于清除汉语书写的"繁难"

障碍,打破汉语书写的"神秘感"。因为书写一旦容易起来,字句删减就没有多少必要,书写一旦无须删减,言文一致,文字也就不再神秘、不再望而却步了。鲁迅强调指出,过去的士大夫非但不这样想,反而"故意"加大汉语书写难度,"存心"制造一种书写风气,以凸显和强化汉字书写者的特殊身份。[30]这与瞿秋白的分析极为相似。瞿秋白在《中国文和中国话的关系》一文中就这样剖析道:文言正好比道士画的"符"念的"咒",只是少数人的"密码文书";道士的"符""咒"只有道士自己懂得、自己能读,文言也只有少数人通晓;最糟糕的是道士画符念咒的目的本来就不是让他人懂得,让百姓明白,文言也是如此。

无疑,破除汉语书写的繁难和神秘,让民众人人都能掌握、都能运用,这是瞿秋白和鲁迅汉语规划建设的共同出发点。也正是这一出发点让鲁迅认识到瞿秋白汉语新型书写方案的优越和先进:它是超越赵元任"罗马字拼法",能够真正"将文字交给一切人"、让文字走到"无论什么穷乡僻壤"的最新方案。

(二)创建汉语书写的简约方式

鲁迅认为,像土耳其等国那样,汉语若用二十来个拉丁字母来书写,"一词一串,非常清晰","谁都能够写得出,看得懂",而且"写得快"。[31]他说,汉字造的化学元素名称远没有"拉丁名"来得"爽快"。因此,他特别指出"大众语"本身并没有真正触及"中国等于并没有文字"这一根本问题,只是大家有"拉丁化的提议",这才"抓住了解决问题的紧要关键"。[32]他曾深有感慨地说:"我是自身受汉字苦痛很深的一个人,因此我坚决主张以新文字来替代这种障碍大众进步的汉字。"[33]1936年,他与688位文化名人一道联名发表了《我们对于推行新文字的意见》。他不仅自己学会了拉丁化新文字的基本拼法,还劝导大家学。他指出,凭借《中国语书法之拉丁化》《言语科学》等材料很容易学会这套汉语书写办法。他说:"'人'就是 Rhen,'房子'就是 Fangz,'我吃果子'就是 Wo ch Goz,'他是工人'就是 Ta sh gungrhen。"[34]

拉丁化新文字来源于"瞿氏方案"。"瞿氏方案"是清末以来汉语新型书写方案研制成果集大成者。瞿秋白汉语规划思想就是"大众语运动""新文字运动"的核心指导思想。瞿秋白明确指出,新中国文"采用罗马字母和拼音制度",是"几万万群众所能够运用,容易学习,而且可以用来参加高深的学术文化生活的一种文字"。[35]这种既能满足亿万民众学习、工作、生活需求,又能帮助人们从事高深学术生活的汉语书写方式是瞿秋白规划设计并积极倡导推行的,也是鲁迅所期待和努力的。

(三) 认可标准口语的乡调特征

汉语的新型、简约书写方式一旦建立起来，它可以书写方言土话，更可以书写标准口语普通话。究竟作为标准口语的普通话是什么样的，1934年《门外文谈》鲁迅曾做过这样的描述："现在在码头上，公共机关中，大学校里，确已有着一种好像普通话模样的东西，大家说话，既非'国语'，又不是京话，各各带着乡音，乡调，却又不是方言……"[36] 1931年《鬼门关以外的战争》、1932年《大众文艺的问题》等系列文章中，瞿秋白说得还要清楚。他说："在五方杂处的大都市里，在现代化的工厂里，……事实上已经在产生一种中国的普通话……容纳许多地方的土话，消磨各种土话的偏僻性质，并且接受外国的字眼，创造着现代科学艺术以及政治的新的术语。"[37]

不难看出，鲁迅的"都市乡调普通话"与瞿秋白所描述、强调和倡导的"中国的普通话"有着惊人的一致。它们都强调汉语标准口语就是现代都市流行的现代版"蓝青官话"。这种话语具有四种特质：第一，活跃在五方杂处的市民世界；第二，带着各种乡调，没有特别统一音准；第三，既可应付日常交谈，也可满足学术讨论；第四，发展势头强劲，有望成为大众语，或者说标准中国话。瞿秋白是学界发现、描述和倡导这种"都市乡调普通话"的第一人，鲁迅是倡导这种汉语标准口语的重要推手和标志性文化巨擘。让五方杂处人的活态"普通话"作为标准中国话来建设，实现文学及文学以外各领域"普通话文"写作全覆盖，是瞿秋白汉语规划思想的核心内容，也是这时鲁迅向往和追求的。

(四) 尊重汉语创新的民间智慧

鲁迅强调文字是在"人民间萌芽"的。他说："在社会里，仓颉也不止一个，有的在刀柄上刻一点图，有的在门户上画一些画，心心相印，口口相传，文字就多起来，史官一采集，便可以敷衍记事了。中国文字的由来，恐怕逃不出这例子的。"[38] 鲁迅的这一语言发展观与瞿秋白"人人都要做仓颉"的汉语改造和建设观惊人一致。"民众的嘴里面也的确天天在那里产生着这种新的言语"，这是瞿秋白对大众原创智慧最深切的观察。谈到"大众文艺"时，瞿秋白曾这样强调："革命的'施耐庵们'将要在斗争和工作之中产生出来。"所以，他主张"街头文学运动""工农通讯运动"，并坚信"运动开始之后，工人青年之中，将要发现很多意料之外的天才，渐渐的他们会变成主体"[39]。鲁迅也这样强调：改革最初总是那些最先觉悟起来的"智识者"；但这些"智识者"不能看轻自己，更不能看轻别人，把别人"当作自己的喽罗"。他说，那些"不识字的作家"最早就有"杭育杭育派"，后来又有《子夜歌》《读曲歌》《竹枝词》和《柳枝词》等名作，再以后就有今天的民谣、山歌、渔歌以及童话和故事了。

所以说，尊重大众原创智慧，"向群众去学习"，是鲁迅与瞿秋白共同强调的汉语规划建设原则。汉语规划、汉语建设、汉语发展，既是为了大众，又源于大众，尊重大众的原创智慧。当代西方学者也认为："所有讲话人和作者都会透过自己的话语改变语言的特征。……所有作者包括那些语言初学者都通过写作在为维系和修正语言贡献力量。"[40]

综上所述，瞿鲁二人汉语规划思想的惊人同构性及其形成时间可作如下概括。参见表10-3。

表10-3　瞿秋白、鲁迅汉语规划思想的同构性及其形成时间

汉语规划思想	瞿秋白著作原文（1932年前）	鲁迅著作原文（1934年后）
破除汉语书写的繁难神秘	这种中国文不是几万万所需要的文字，而只是极少数的一些儒士的江湖切口和密码文书。[41]	文字难……这还都是原来的；……又加上士大夫故意特制的难，却还想它与大众有缘，怎么办得到。[42]
创建汉语书写的简约方式	"五声"在实用上……和外国文里的"重音"，有些相同……用不着把那种很细微的分别表示在拼音上。[43]	只要认识二十八个字母，学一点拼法和写法，除懒虫和低能外，就谁都能够写得出，看得懂了。[44]
认可标准口语的乡调特征	五方杂处的地方……自然而然的叫大家避开自己土话之中的特别说法和口音，逐渐形成一种普通话。[45]	好像普通话模样的东西，……各各带着乡音，乡调，却又不是方言……说不定将来还简直是主力。[46]
尊重汉语创新的民间智慧	要想表现在中国社会已经有的新的关系，新的现象，新的事物，新的观念……人人都要做仓颉。[47]	大众并无旧文学的修养，比起士大夫文学的细致来……但也未染旧文学的痼疾，所以它又刚健，清新。[48]

第三节　原因探寻：左翼文学运动期间瞿鲁交往合作讨论

如何看待1934年大众语运动后鲁迅语言观与五四前后的巨大差异？怎样理解瞿鲁二人汉语规划思想的惊人同构性？学界一直在关注和探究，近年来更成为一定程度上的研究热点。文贵良就指出，1930年代瞿秋白的新文字方案，对五四白话"非驴非马"的批判等一系列语言理论对鲁迅产生过"重要影响"。[49] 湛晓白也认为，鲁迅赞成新文字、积极参与大众语论战，直接的思想促动显然来自后来被他视为"知己""同怀"的瞿秋白，瞿秋白的那些努力及其寄托的政治文化理想对鲁迅"深有触动"。[50]

笔者认为，瞿秋白的影响和感染与此有极大关联。许广平《鲁迅回忆录》就记载了鲁迅夫妇第一次回访瞿秋白的情景："我们带着孩子去拜访了他们，……秋白同志悠闲地坐在他的书桌旁边，……当时他就在桌子里拿出他研究中国语言文字问题的纸张，指出里面有关语文改革的文字发音问题来，向客人讨论。……就这样，这天上午谈话主题就放在他所写的文字方案的改革上了。"[51] 可以说，就是左联时期瞿鲁两位知己交往密切、情谊日笃，最终促使晚年鲁迅在这位忘年交的"深度影响"下成为瞿秋白汉语现代化事业的坚定支持者和重要同盟者，并形成自己的汉语规划思想。

（一）激赏译文的明白晓畅

瞿秋白崇敬鲁迅，[52] 鲁迅也特别欣赏瞿秋白。他曾高度评价瞿秋白，说："中文俄文都好，像他那样的，我看中国现在少有。"[53] 又说"何苦（瞿秋白笔名——作者注）的文章，明白畅晓，是真可佩服的。他的论文真是皇皇大论！在国内文艺界，能够写这样论文的，现在还没有第二个人！"[54] 1931年10月，还未曾谋面，鲁迅竟专门约请瞿秋白补译曹靖华译作《铁流》的"序文"。在《〈铁流〉编校后记》里，鲁迅这样称赞道："缺少一篇好的序文，却实在觉得有些缺憾。幸而，史铁儿（瞿秋白笔名——作者注）竟特地为了这译本而将涅拉陀夫的那篇翻译出来了，将近两万言，确是一篇极重要的文字。"[55] 鲁迅对瞿秋白译文的喜爱和珍视溢于言表。瞿秋白就义后，鲁迅为纪念亡友而做的最重要的一件事就是精心出版了他的译文集《海上述林》。后人从中不难体察明白晓畅的秋白译文在鲁迅心中的地位。

（二）赞同译作的汉语创造

1931年12月到1932年6月的半年里，瞿鲁二人通过书信方式探讨"翻译标准"的取舍，并由此展开了关于汉语规划建设的讨论。就在与鲁迅的通信中，瞿秋白第一次谈到他人人都是"仓颉"的主张，并具体阐述了自己"绝对的正确和绝对的中国白话文"（即"信"）和"创造出新的中国的现代言语"（即"俗"）两个翻译标准。鲁迅对后者表示完全赞同，认为翻译"不但在输入新的内容，也在输入新的表现法"[56]。汉语不足、贫乏和不精确，这是瞿鲁二人的共同发现；借助翻译改善和充实汉语，使汉语"丰富""细腻""精密"起来，这是他们共同的理想和努力。

也许是还未曾谋面的原因，1932年6月前的鲁迅对"绝对的中国白话文"保留自己的看法。他坚持认为："什么人全都懂得的书，现在是不会有的。"他坦承，他的"新的表现法"输入，以至于他的全部译作都只是面向那些"很受了教育的"人。[57]

（三）迎来革新的联手合作

1932年七八月的一天，瞿秋白携夫人杨之华拜访了鲁迅和许广平夫妇。这是现代中国文坛上一段佳话，也是汉语规划史上一件大事。它标志着1917年开启的白话革命进入一个崭新阶段，即瞿秋白倡导的"文腔革命"因新文学"旗手"鲁迅的联手和加盟开始从"理论准备"转入到"实质运行"。对此，瞿秋白心里非常清楚，所以，会晤这天还破例喝了一点酒。两位巨擘的联手合作成为文坛"绝唱"。首先是瞿秋白在鲁迅协助下编辑出版《萧伯纳在上海》一书；接着是瞿秋白编辑《鲁迅杂感选集》并撰写长序；最后是合作发表过《王道诗话》《苦闷的答复》《曲的解放》等14篇杂感。

联手合作让瞿鲁成为"知己""同怀"和真正的"同志"。值得关注的是，完成长序的第三天，鲁迅就搬到瞿秋白家附近。两家不到十分钟的路，鲁迅几乎每天都与瞿秋白一起谈政治、谈时事、谈文艺，自然也讨论中国文字拉丁化方案等汉语规划问题[58]。特别值得玩味的是，客观上因为避难，主观上期待合作，瞿秋白还四次住鲁迅家，前前后后近两个月与鲁迅生活在一起，共同领导左翼文艺运动，共同革新中国文学，共同谋划汉语未来发展。

（四）力促汉语的蝶变新生

1934年1月后，鲁迅再也没有见到瞿秋白了，但却真正开启了自己汉语现代化道路的追寻。是年10月发表的《中国语文的新生》，文题很有标志性意义。这是鲁迅第一次高调称说"中国语文"这个概念，也在明确展示他在规划、展望汉语的发展和未来。他信心满满地说道："改革，是向来没有一帆风顺的，冷笑家的赞成，是在见了成效之后，如果不信，可看提倡白话文的当时。"[59]

1936年《病中答救亡情报访员》一文表明，弥留之际的鲁迅仍在进行汉语规划建设的思考和宣传。因为主张与瞿秋白实在太接近了，所以有人甚至将《中国语文的新生》误以为是瞿秋白执笔、鲁迅修改并以自己笔名发表的第15篇杂感。然而，这完全是一个臆断。因为此时身在江西苏区的瞿秋白是不太清楚上海学者陈望道、陈子展提出的"大众语""大众语文"等新概念、新口号的。

第四节 结语

瞿秋白对鲁迅的影响当然也绝不仅仅在语言规划方面。十多年前就有学者指出："鲁迅特别重视秋白熟谙马列文艺思想的特长，因而也深受影响和促进。鲁迅30年代文学活动的新特点都与此相关。"[60]关于这个方面的影响，近些年来孙郁的探讨更加深入。他在一次演讲中特别指出："在许多方面，瞿秋白的观点启发了鲁迅，或者说强化了鲁迅的某些意识，也促进了其左转的过程。"[61]他还具体论述道："我们看鲁迅晚年讨论苏联问题的文章，关于大众化与自由主义文艺的看法，与瞿秋白等人的暗示不无关系。我们甚至可以从他们的文字里看出相近的精神脉息。瞿秋白一再强调的同路人问题，高尔基的隐含，大众写作的价值，也都在鲁迅的视野里。"[62]孙郁更强调说：

> 瞿秋白对晚年鲁迅的影响，改变了文坛的一种色调。鲁迅因其文字对俄国既有了深刻的了解，也出现了诸多的误读。在左翼文化涌动的时候，因为社会矛盾的多样化，及白色恐怖的四溢，鲁迅不可能分辨苏俄文化的根本性内涵，对政党文化内部的问题的了解是处在一种空白的状态。鲁迅只听到了两种声音，一是赞美的，一是攻击的。他只能在两极文化的经纬里选择，早期的复杂的文化判断理念被一种紧张的文化冲突代替了。[63]

另一方面，瞿秋白也受惠于鲁迅。仅从语言规划来看，瞿秋白正是从鲁迅的小说、杂文等书面创作看到了"都市乡调普通话"对于"白话写作"的重要意义，也正是与鲁迅关于翻译的讨论中看到了翻译对于现代化中国语文建设的促进作用。笔者这里重点强调的是，瞿秋白汉语规划思想形成时间早、规划思想系统完整、改造和重建社会文化的姿态更为雄健，所以，在语言规划领域他对鲁迅的影响更为显著，也更为重要。目前，学界越来越多地认为，鲁迅关于汉字拉丁化等汉语规划的论述不如瞿秋白宏富，在内容论证上几乎没有超越瞿秋白的地方。[64]

注释：

[1][24][25][26][39][47]瞿秋白. 瞿秋白文集（文学编第一卷）[M]. 北京：人民文学出版社，1985：311，512，513，517-518，481-482，508.

[2][3]瞿秋白. 瞿秋白文集（政治理论编第一卷）[M]. 北京：人民出版社，1987：1-46，40.

[4][13][14]鲁迅. 鲁迅全集（第一卷）[M]. 北京：人民文学出版社，2005：384，366，351.

[5][20]瞿秋白. 瞿秋白文集（政治理论编第二卷）[M]. 北京：人民出版社，1988：419，127.

[6]鲁迅. 鲁迅全集（第九卷）[M]. 北京：人民文学出版社，2005：353.

[7]程民. 瞿秋白写作艺术论[M]. 南京：南京大学出版社，2001：265.

[8][12]顾农. 鲁迅学术著作概观[J]. 长沙水电师院学报（社会科学版），1987（1）：79-86，86.

[9]欧阳健. 中国小说史略批判[M]. 太原：山西人民出版社，2008：145-165.

[10]陈平原. 分裂的趣味与抵抗的立场——鲁迅的述学文体及其接受[J]. 文学评论，2005（5）：48-59.

[11]古耜. 鲁迅《中国小说史略》何以用文言：炫技还是怀旧？[N]. 文学报，2014-10-29（4）.

[15]高建青. 鲁迅白话文学思想论略[J]. 中国现代文学研究丛刊，2014（9）：124.

[16][17]鲁迅. 鲁迅全集（第三卷）[M]. 北京：人民文学出版社，2005：120，228.

[18][56][57]鲁迅. 鲁迅全集（第四卷）[M]. 北京：人民文学出版社，2005：15，379-388，392.

[19]鲁迅. 鲁迅全集（第十一卷）[M]. 北京：人民文学出版社，

2005：369.

[21] 瞿秋白. 瞿秋白文集（文学编第二卷）[M]. 北京：人民文学出版社，1985：367.

[22][35][37][41][43][45] 瞿秋白. 瞿秋白文集（文学编第三卷）[M]. 北京：人民文学出版社，1986：162，280，16-17，262，352，164.

[23][27] 黄悦. 理想与现实的对话——也谈瞿秋白与鲁迅关于翻译的通信[J]. 河南师范大学学报（哲学社会科学版），2013（5）：112，112.

[28] 王瑶. 三十年代的文艺大众化运动——纪念"左联"成立五十周年[G]//文振庭. 文艺大众化问题讨论资料. 上海：上海文艺出版社，1987：413.

[29][30][31][32][34][36][38][42][44][46][48][59] 鲁迅. 鲁迅全集（第六卷）[M]. 北京：人民文学出版社，2005：93，95，99，119，99，100，90，95，99，100-101，102，120.

[33] 鲁迅. 病中答救亡情报访员[G]//倪海曙. 中国语文的新生·拉丁化中国字运动二十年论文集. 上海：时代书报出版社，1949：119.

[40] 布鲁斯·霍纳. 语言工作与写作教学[J]. 廖巧云，贾代春，译，当代修辞学，2018（5）：40-43.

[49] 文贵良. 鲁迅："结核式"汉文观与中国人的存亡[J]. 鲁迅研究月刊，2014（6）：17.

[50][64] 湛晓白. 二十世纪三十年代汉字拉丁化运动勃兴考述[J]. 中共党史研究，2018（2）：37-38，38.

[51] 许广平，周海婴. 鲁迅回忆录[M]. 武汉：长江文艺出版社，2010：216.

[52] 王铁仙，刘福勤. 瞿秋白传[M]. 北京：人民出版社，2011：342.

[53] 鲁迅. 鲁迅全集（第十三卷）[M]. 北京：人民文学出版社，2005：488.

[54] 冯雪峰. 回忆鲁迅[M]. 北京：人民文学出版社，1952：129.

[55] 鲁迅. 鲁迅全集（第七卷）[M]. 北京：人民文学出版社，2005：389.

[58] 杨之华. 回忆秋白[M]. 北京：人民出版社，1984：136.

[60] 刘福勤. 瞿秋白与鲁迅文学传统[G]//汤淑敏，蒋兆年，叶楠. 瞿秋白研究新探. 南京：南京大学出版社，2003：367.

[61][62][63] 孙郁. 瞿秋白对鲁迅的影响[J]. 东吴学术，2013（4）：54，50，56.

第十一章

朱自清与瞿秋白

朱自清（1898—1948），江苏扬州人，比瞿秋白才大一岁，两人是真正的同龄人。他们的人生有无交集，目前没有相关记载。他们有可能接触的机会，笔者找到的只有一个时间的一个地方，那就是五四时期的北大。朱自清1916年秋考入北京大学预科，1917年考入北京大学哲学系，1918年曾参加邓中夏发起组织的"平民教育讲演团"并任第四组的书记，是邓中夏的好友，[1] 1919年参加了"五四"示威游行而且还创作了《"睡吧，小小的人"》《雪朝》《光明》《小鸟》《歌声》《满月的光》《羊群》《新年》等系列新诗，1920年参加"新潮社"，1921年加入"文学研究会"。瞿秋白是1917年春来北京的，虽然他主要在北京俄文专修馆就读，但他原本就想考北京大学，所以曾来北大旁听陈独秀和胡适的课；[2] 五四运动爆发后，作为俄文专修馆的学生"总代表"，瞿秋白常来设在北京大学的"北京学联"开会或联系工作。之后，瞿秋白又参加了邓中夏等发起创立的"马克思学说研究会"，该会经常在北京大学图书馆等地秘密集会，学习和讨论问题。[3] 此外，他还参加过文学研究会的筹备工作，1923年从苏俄回国后正式加入该会，在《文学研究会会员录》他的名字排在第四十号。[4] 虽然尚未找到证据证明他们之间有直接交往，但从两人的上述活动特别是他们都参与过邓中夏发起的组织，都是文学研究会会员，后人不难揣测他们一定相互有所耳闻。1923年，瞿秋白在其《荒漠里——一九二三年之中国文学》里就特别提到这一年朱自清发表的诗歌《毁灭》。1935年9月5日，瞿秋白就义快三个月的日子，朱自清在他日记里郑重从报纸上录下"瞿秋白狱中所作"的三首词——《浣溪沙》《梦回口占》和《狱中忆内集唐人句》。至于瞿秋白的挚友郑振铎（1898—1958）、叶圣陶（1894—1988）亦是朱自清的挚友，更可让后人想见朱自清对瞿秋白真的不陌生。因此，朱自清在新文学建设的很多方面，特别是"新语言"的建设观念受到瞿秋白的间接影响是很值得探讨的一个课题。有学者认为，朱自清也曾在上海大学（1922—1927）担任过教职，[5] 这说法可能不确切。

第一节　白话文运动中成长起来的"五四"学者和作家

与陈望道相比，朱自清更是一个学者，这与作为职业革命家的瞿秋白确实不同。但是，朱自清亦是一个热情奔放、有着一身铮铮硬骨的爱国知识分子。1948年，他在病重期间，还参加了北京反对美国扶持日本的游行，并在《抗议美国扶日政策并拒绝领取美国面粉宣言》上签名。毛泽东曾称赞他具有"我们民族的英雄气概"[6]。1926年，他作为"三一八惨案"的见证者，写有《执政府大屠杀记》，控诉北洋军阀政府骇人听闻的暴行。1935年，他曾创作歌词《维我中华歌》，认为"三军夺帅吾侪不可夺志……有志者，事竟成，国以永康"，[7]激励全国军民抗日救亡的坚定决心。这一年，他还随清华大学学生的游行大队进城，反对"冀察政务委员会"的成立，对地方政府压迫爱国学生的残酷手段表示强烈愤慨。[8]西安事变爆发后，朱自清作为召集人与张奚若、闻一多、冯友兰等组成了一个"电报宣言起草委员会"，起草并发表了《清华大学教授会为张学良叛变事宣言》。1944年作《新中国在望中》，指出："是的，在我们的面前是胜利的中国，在我们的望中是新生的中国。可是非得我们再接再厉的硬干，苦干，实干，新中国不会到我们手里！"[9]1945年又起草并发表《国立西南联合大学张奚若等十教授为共同商谈致蒋介石、毛泽东电文》，指出："真正民主国家，其政府对于个人之价值与夫个人之人格与自由，莫不特别重视，对于全体人民之智慧亦莫不衷心信赖。"[10]

朱自清关注和同情下层百姓，除了作有《生命的价格——七毛钱》（1924）、《乞丐——伦敦杂记之五》（1935）等重点作品外，《桨声灯影里的秦淮河》一文中也充分表现出他对下层女性的同情和怜悯：

> 我说我受了道德律的压迫，拒绝了她们；心里似乎很抱歉的。这所谓抱歉，一面对于她们，一面对于我自己。她们于我们虽然没有很奢的希望；但总有些希望的。我们拒绝了她们，无论理由如何充足，却使她们的希望受了伤；这总有几分不做美了。这是我觉得很怅怅的。[11]

正是因为朱自清是这样一个既同情下层百姓又充满爱国热忱的现代知识分子，所以他与其他众多从五四新文化运动成长起来的作家和学者不完全一样。1921年，朱自清就写有《民众文学谈》，明确表示对托尔斯泰、罗曼·罗兰"离开民众便无艺术"精神的"佩服",而"为中国民众文学前途失声叹息",并提出"体贴民众的需要而自作,态度要严肃、平等"等民众文学建设方法。[12]1922年他又写了《民众文学的讨论》一文,认为"须有些人大声疾呼,为民众文学鼓吹,并且不遗余力地去搜辑、创作",特别是那些乡间的农夫、农妇口耳相传的歌谣、故事和歌曲存在他们以及儿童们的心里、口里,"要去搜集,必须不怕劳苦,不惜时日,才可有成"。[13]

1929年,朱自清人虽然在北平,但却热切关注起在上海"极一时之胜,看不胜看"的"革命文学",写有《关于"革命文学"的文献》,将"一年来的关于'革命文学'的文献"做相当全面的梳理和研究,并将之前研究的"民众文学"纳入其革命文学的叙述和探讨中。文章首先剖析了革命文学的苏俄和日本影响,同时指出美国辛克莱的警语"一切艺术皆是宣传"常被革命文学派引用。接着,他论述到1921年在日本东京成立的创造社不仅是中国革命文学的创始者,而且是这一运动的中坚力量,其代表作家是成仿吾、郭沫若、李初梨。他们的文学主张主要就是成仿吾所说的"以真挚的热诚描写你在战场所闻见的,农工大众的激烈的悲愤,英勇的行为与胜利的欢喜"[14]。其攻击对象首先是语丝派的周作人、鲁迅,其次是新月派的徐志摩、胡适,并指出革命文学派与这两派的斗争形成"鼎足的三派的一种对抗,值得注意的"[15]。最后,他参照梅子《非革命文学》一书的内容和编者梅子的意见,将"非革命文学"分为"语丝派""新月派"和"民众文学派",并指出民众主义派"没有多大的影响"。[16]虽然他特别强调,对于"他们的是非曲直……置之不论",对于这场文艺论战更不希望"加入",[17]但无疑他对"革命文学"表现出相当高的热情。

然而,作为北京大学哲学系的毕业生,朱自清是五四白话文运动的创始人胡适的嫡传弟子,其学术思想和学术追求更多地受到胡适的影响。

1928年,在人生最需要抉择的时候,朱自清写有《哪里走》这篇长文,并明确写道:

> 我从前本是学哲学的,而同时舍不下文学。后来因为自己的科学根底太差,索性丢下了哲学,走向文学方面来。但是文学范围又怎样大!……现在年龄是加长了,又遇着这样"动摇"的时代,我既不能参加革命或反革命,总得找一个依据,才可姑作安心地过日子。我是想找一件事,钻了进去,消磨了这一生。我终于在国学里找到了一个题目,开始像小儿的学步。……胡适之先生在《我的歧路》里说,"哲学是我的职业,文学是我的娱乐";我想套着他的调子说:"国学是我的职业,文学是我的娱乐。"这便

是现在我要走着的路。[18]

与胡适老师的人生选择相类似,"国学"就是朱自清的职业,"文学"才是他业余爱好!可以说,直到晚年,他依然坚持自己的这一学术道路。然而,正如学者黄艾仁所指出的,朱自清心中的"国学"有其崭新的内容:它"已不是前辈们所指的'国学'概念,而是赞同胡适在《北大国学季刊》上所发表的意见,认为国学研究不应局限于几部经史书里打圈子,应把研究范围扩大"[19]。朱自清对于"国学"的理解是:

事实上中国学问应包含现代的材料,则是毋庸置疑的。因为我们是现代的人,即使研究古史料,也还脱不了现代的立场;我们既要做现代的人,又怎能全然抹杀了现代,任其茫昧不可知呢?现在研究史料的人,似乎已经很少;我盼望最近的将来多出些现代研究的专家,这是我们最不可少的!而更要紧的,先要打破那"正统国学"的观念,改变那崇古轻今的风气;空冒无益,要有人先做出几个沉重的例子看看才行!有"现代的嗜好"的人努力吧![20]

1926年,也就是进入清华的第二年,朱自清在《现代生活的学术价值》一文中关于"国学"这一概念的深刻阐述就极清晰地展现了他的学术理想和学术追求:站在"现代的立场",掌握"现代的材料",做一个"现代研究的专家"!正是在这种思想指导下,朱自清开启了他有别于"正统国学"的"国学"研究和建设。如果说,从1919起在胡适《尝试集》感召下创作了大量诗歌、散文,并特别关注歌谣和民间故事的广泛搜集和整理,着眼的是新文学的"建设",那么1925年受聘进入清华学校大学部担任国文教授后则开始了他新文学的"研究和传播"。1928年清华学校改清华大学,罗家伦任校长、杨振声任文学院院长,他们与朱自清一样,都是胡适的门生。朱自清不仅直接参与了清华大学中文系的计划制定,而且提出了主导意见,他明确倡导大学中文系要有"新方向"。杨振声就回忆说,国文系开设比较文学与新文学习作课程,国文系与外文系还互设课程,"这都是佩弦的倡导"[21]。为了贯彻清华中文系新计划,朱自清在1929—1933年间率先在大学中文系开设"中国新文学研究"课程。《中国新文学研究纲要》就是他教学时所用的讲义,尽管只是一个纲目性的章节提纲,但却是"对新文学历史从文学运动到作家作品作全面的叙述和评价"[22]。虽然新文学运动已经历了它的倡导和开创的时期,但正如朱自清的研究生王瑶

(1914—1989)所指出的:"当时还没有人对这一阶段的历程作过系统的回顾和总结,更没有人在大学讲坛上开过这类性质的课程。"[23]

到1939年,朱自清明确表示:人们所说的"新文学",也就是胡适先生所说的"国语的文学",或者说他自己最先表述的"现代文学",是"成立了",而且"可以得到公认"。然而,"那'文学的国语'却似乎还在争辩之中,没有稳定的地位"。[24]所以,对于这"文学的国语"的所谓"新语言",朱自清有很长时间的关注和研究,但在大众语运动之后才算正式开始。笔者在这一章中集中讨论的就是他在这方面的努力和贡献,特别是想探讨瞿秋白汉语规划思想对于像朱自清这样的学者有无影响或者说有什么样的影响。

正如上文所论述的,朱自清更多的是从胡适白话革命理论那里获得传承。朱自清与胡适一样,都是大学哲学系出身,有关现代语言学特别是现代语音学方面的知识明显不足,所以他在这方面的思考总体来说是有限的,与陈望道等语言学家不好比。但是,因为对于新文学建设的特别热诚,他在这方面的努力和成绩也是值得关注和考察的。而且,因为完全是从新文学建设来思考这些问题,朱自清有其他语言学家根本不一样的观察和思考。这又是很重要的。在1939年所写的《新语言》一文中,朱自清一连三次提到宋阳先生。[25]他认为宋阳先生作为"主张大众语的人"的重要代表只是主张用"农工大众的用语",而反对在"小学教科书"中使用"欧化"的语言。[26]今天看来,这只能说,朱自清远在北平特别是昆明的学府生活远离上海"白话文言"斗争第一线,不仅不了解大众语运动,而且对于瞿秋白的"文腔革命"的倡导更不熟悉。可以说,朱自清就是在这样的环境下,开启他的"新语言"建设的探讨和研究的。

朱自清对于"新语言"建设的探讨和研究可以追溯到他关于民众文学建设的讨论,特别是他对于歌谣的搜集和研究。早在1921年,他在谈到中国民众文学建设时,首先就强调要"搜集民间歌谣、故事之类加以别择或修订"[27]。1928年他又在《〈粤东之风〉序》中这样明确论述道:

> 歌谣的好处却有一桩,就是率真,就是自然。这个境界,是诗里所不易有;即有,也已加过一番烹炼,与此只相近而不相同。[28]

1929年更有《中国近世歌谣叙录》一文,这是20世纪初中国歌谣搜集与研究的一个目录,实际上是为这年即将开设的"歌谣"课程而准备的教学材料。经过几年的教学,朱自清还完成了他近20万字的讲稿《中国歌谣》。这是他人从来没有做过的。

其实，朱自清对歌谣在文艺上价值评价并不高。[29]但他却愿意花精力对歌谣作这番研究，目的首先更多地还是为了作为新文学的新诗的创作。但是，歌谣同时又是其他学科的重要参考文献，包括语言学。朱自清就特别注意到，歌谣是诉诸"声音"而"用耳朵去听"的，而"从文字上看，却有时竟粗糙得不成东西"。[30]这样的艺术观察和审视对于朱自清来说是有极其微妙的影响作用的。这就是一个一辈子主要跟书面白话打交道的知识分子到后来不再感到方言土语的"土气"，反而觉得它们"活泼亲切"！1948年写作的《国语和普通话》一文，朱自清就是这样憧憬未来的中国语文的：

> 将来还该有种种的普通话，还该有国语，北平话还可以定做标准国语，不过要让它活泼的发展，发展到达意表情都够用的地步。那时候的白话文都是"照着白话来写"，自然活泼亲切，无所谓贫气和俗气，也不至于疙疙瘩瘩，别别扭扭的。那时候的国语文和白话文的分别自然没有了，言文也可以一致了。[31]

无疑，在朱自清的心目中，这时的中国语文不仅是形式上、写法上的"语文一致"，而且是品格上、格调上的"语文一致"。

朱自清最早关注口语、关注语言大概应该可以从1922年算起。这一年的《民众文学的讨论》一文有这样一段论述：

> 但民众文学单靠写与作，效力还不能大。我们须知民众除读物外，还有演戏，还有说书、唱曲。读物的影响固然大了，演戏、说书、唱曲的影响又何曾小呢！所以我们不但要求有些人能写，并要有些人能演、能说、能唱；肯演、肯说、肯唱，才能完成我们民众文学运动！[32]

很显然，这里还仅仅是从民众文学建设的探讨关注到口语、关注到语言的。1931年，在《论中国诗的出路》一文中，朱自清谈到新诗的问题，认为"新诗不能吟诵，因此几乎没有人能记住一首新诗"[33]。因此，他指出新诗的出路在于恢复和接续中国诗的传统，让它不仅能够读和唱，还可以"吟诵"。对此，他阐述道：

> 但我们若有自觉的努力，要接续这个传统，其势也甚顺的。这并非空话。前《大公报》上有一位蜂子先生写了好些真正白话的诗，记载被人忘

却的农村里小民的生活。那些诗有些像歌谣,又有些像大鼓调,充满了中国的而且乡土的气息。有人嫌它俗,但却不缺少诗味。[34]

而无论是"歌谣"还是"大鼓调",这些民众口语都是朗朗上口,能够传诵久远。所以说,朱自清从与口语最为接近的歌谣身上看到了新诗的希望。然而,朱自清真正开始关注口语,关注"语文统一"还是在文艺大众化语运动期间他读到瞿秋白《大众文艺的问题》一文之后。应该说,此前他对民谣、对口语的关注和兴趣更多地出于他对新文学自身建设的考量,这之后他则开始关注新文学特别是新诗的传播与接受。1933年在《〈新诗歌〉旬刊》中,朱自清就这样论述道:

去年jk君(瞿秋白——作者注)在《文学月报》上提出"大众文艺问题",引起许多讨论;《北斗》还特地用这个题目征过一回文。那些文里有两个顶重要的意见:一是要文学大众化,先得生活大众化;所谓"自己也成为大众的一个"。二是在大众中培养作家。这是根本办法;不然大众文艺,终于是纸上谈兵而已。不过那些未"化"或者简直"化"不了的人也当睁眼看看这个时势,不要尽唱爱唱穷,唱卑微,唱老大。这都是自我中心,甚至于自我狂。要知道个人的价值,已一天天跌下去;刺刺不休,徒讨厌罢了。再则无论中外,大作品决不是自叙传,至少决不仅仅是自叙传。[35]

接着,他又具体论述道:

诗的大众化是文学大众化的一个分题,自然也可用同样原则处置。可是诗以述情为主,要用比喻,没有小说戏剧那样明白,又比较简练些,接近大众较难(叙事诗却就不同)。所以大众化起来,怕要多费事些。[36]

朱自清平常可是不轻易赞许他人的创作。[37]然而,在这篇文章里,他就称赞《新谱小放牛》等作品利用民谣、小调儿歌等旧形式"比较好";同时,批评那些用新形式写的:

至于那些用新形式写的,除了分行外,实在便无形式;于是又回到白话诗初期的自由诗派。这些诗里,也许确有"新世纪的意识",但与所有的

253

新诗一样,都是写给一些受过欧化的教育的人看的,与大众相去万里。他们提倡朗读;可是这种诗即使怎么会朗读的人,怕也不能教大众读懂。[38]

这里的一句"与所有的新诗一样,都是写给一些受过欧化的教育的人看的"不仅表现了朱自清对白话诗初期自由诗派的批判和决裂,而且在口吻和语调上与倡导"文艺大众化"的瞿秋白几乎完全一致!这里,不妨将这段文字与瞿秋白《大众文艺的问题》作一比较:

"五四"的新文化运动对于民众仿佛是白费了似的!五四式的新文言(所谓白话)的文学,以及纯粹从这种文学的基础上产生出来的初期革命文学和普洛文学,只是替欧化的绅士换了胃口的鱼翅酒席,劳动人民是没有福气吃的。[39]

当然,二者之间的差异还是非常明显的。后者充满了斗争的火药味,而且一种新的文学革命,无产阶级领导下的文化革命和文学革命,即无产阶级的"五四"呼之欲出;而前者虽然也充满着一种批判甚至决裂的激情,但总体上是一种学术上的探讨、引导和建议,而绝非一种运动的动员和倡导。

瞿秋白《大众文艺的问题》是他 1932 年发表在《文学月刊》上的一篇重要文章,是他 1931 年《普洛大众文艺的现实问题》这篇长文完成之后"重写"的一篇。学者胡明认为,瞿秋白领导中国左翼文艺革命驾轻就熟,一开局就进入状态,站在历史设定的岗位上。他的《普洛大众文艺的现实问题》就是一张蓝图、一个纲领和与之配套的完整的政策方针与实施细则。[40]这篇重写的《大众文艺的问题》篇幅压缩成原来的五分之二,但其整体框架、逻辑结构和文学主张基本相同。但正如胡明所指出的,文字更洗练、思维更严密,风格更稳健,[41]因而更具有指导性。朱自清先是在《论白话——读〈南北极〉与〈小彼得〉的感想》(1932)这篇书评里重点谈到瞿秋白《大众文艺的问题》文中关于"用什么话来写"的讨论,接着在其《中国新文学研究纲要》(1933)的《总论》第二章《经过》里特别介绍了"大众文艺的讨论"。这应该是中国现代文学史的叙述中第一次重点介绍瞿秋白和他的这篇文章。尽管这个新文学讲义"自始即无具稿意",一来"因自己见解不可凭",二来"恐生是非",[42]只是一个目录,但"大众文艺的讨论"的内容还是相当具体的。笔者将它全部摘录到这里:

十二　大众文艺的讨论（1932）

　　1　问题的历史（1929）

　　2　问题的重提

　　宋阳的主张

　　　a　"创造革命的大众文艺"

　　　b　现代中国普通话

　　　c　"揭穿一切种种的假面具，表现革命战斗的英雄"，"反映现实的革命斗争"，"'非大众的革命文艺'大众化"

　　3　《北斗》征文（1932年7月《北斗》第二卷第三、四期合刊）[43]

这里的"创造革命的大众文艺"，还有"揭穿一切种种的假面具，表现革命战斗的英雄"，"反映现实的革命斗争"，"'非大众的革命文艺'大众化"，都是从瞿秋白《大众文艺的问题》一文中引录的。"现代中国普通话"这一概念和表述更是朱自清从瞿秋白这篇文章对普通话的定义和描述概括出来的：

"乡下人"的言语是原始的，偏僻的。而无产阶级在五方杂处的大都市里面，在现代化的工厂里面，他的言语事实上已经在产生一种中国的普通话（不是官僚的所谓国语）！容纳许多地方的土话，消磨各种土话的偏僻性质，并且接受外国的字眼，创造着现代科学艺术以及政治的新的术语。[44]

对普通话的关注，应该说，这是从白话文运动成长起来的学者和作家朱自清最令人钦敬的地方。

第二节　大众语运动的深度参与者与中国语文现代化的积极探索者

朱自清最早介入大众语运动的文字大约是他1934年8月13日写给叶圣陶的一封信。在这封信中，朱自清说道：

近来文白之争，弟觉无甚意义。随便举一二例即立全称之论，殊为可笑。至大众语，恐非实验不行。……若文人在《自由谈》上讨论，似无用处。但目前接曹聚仁君四问，弟大约不得不简单恭答一下也。[45]

这时，朱自清明确表达了他对大众语运动的关注，并表示对曹聚仁的"四问"要"恭答"一下。虽然因为某些客观原因最终没有"恭答"曹聚仁，[46]但他在1934年9月还是参加了陈望道主编的《太白》半月刊的编辑工作，1935年2月又参与了推广手头字的签名活动，并写作《论别字》一文，具体阐明了支持推行"简体字"的立场。他说：

> 简体字便很易通行……杂志报纸不用说，便是古书，如有必要，也可用简体字翻印。（也有主张简体繁体并用的，过渡时期事实上当不免如此。但不必主张，我们盼望那些繁体将来都变成"古字"）我们得注意，现在《论语》《人间世》已掺用简体字，《太白》等四种杂志也将掺用，教育部已请钱玄同先生编制简体字表，不久就可公布：这个运动已经离开了纯粹讨论的时期了。[47]

笔者注意到：大众语运动期间，朱自清很少以"大众语"为关键词发表文章，大约也是这个方面原因，文振庭编的《文艺大众化问题讨论资料》不仅没有收录他的一篇文章，就连书后附录中的"篇目索引"也找不到他的任何信息；但是，1934—1935年间他的几乎每一篇关于语言探讨的文章或演讲稿都会谈到"大众语"甚至"拉丁化新文字"。1934年11月的《文言白话杂论》一文中就这样谈道：

> 白话照现行的样子，也还不能做应用的利器，因为欧化过甚。……以后应用的白话该是国语，而且要以最接近于口语为标准；那些太曲太长的句子，教人永远念不顺口的，都用不着。至于大众语，在形式上，这样限制也就够了。[48]

这里已经指出新文学中白话已出现严重的欧化现象，强调要写"最接近口语"的"国语"。这样的话，他心目中的"大众语"也就有了。1935年的两篇演讲稿《白话与文言》《语文杂谈》就有更直接的探讨。前者是在北平女子文理学院做的演讲，后者是在天津南开大学做的演讲。在《白话与文言》里，他论述道，近代以来中国文体经历了四个阶段的演进，其中最后一个阶段就是"白话文欧化和大众化"。[49]他具体介绍道：

256

关于大众语运动，有废除汉字和大众语拉丁化的问题。废除汉字有主张用注音字母的，也有的主张用罗马字拼音的，普通教会里常用罗马字拼音教读，很有成绩。至于注音字母的拼音，也可以推行，不过就事实来说，似乎比推行汉字还要困难。[50]

在《语文杂谈》里，他又论述到白话欧化的严重性，并具体分析说：

与文言白话化同时，白话文却在欧化。欧化最显著的例子第一就是堆砌的形容词，往往使人眼花缭乱。如《人生与文学》第二期一〇三面所举的一节里，"一条""街"之间，夹上六十四个字还带四个逗点的形容句，真够瞧的，难怪"相雨"先生说是"鬼话文"。第二是被动句……[51]

同时，他还论述到"言文一致"的途径问题。他说：

不过文字采用口语体，就是求近于口语，是可能的。但是得有标准语。我们现在的标准语，已定为北平语。这件事曾经过许多争辩。有人主张不必用活方言作标准，该兼容并包的定出所谓"国语"。他们的"国语"就是从前人所称的"蓝青官话"。但各人"蓝青"程度不同，兼容并包的结果只是四不像罢了。我觉得总是有个活方言作标准的好。[52]

此外，他还谈到"拉丁化"问题。他说：

有人主张中国用拼音文字；又叫作"拉丁化"。主张用拼音文字，不外两个理由：第一，文字口语合一；重要的怕还是第二，容易普及。第一层办不到，已见上文。第二层似乎太理想，我觉得推行简体字倒是实惠的办法。固然，从前有些教会用罗马字拼圣经，推行有相当的效果；但是简体字推行起来也许效果不比他们差。再说教会是用罗马字拼方言，才能推行；我们若仿作，各地印各地的书，怕无此财力，而各地文字，互不能识，也与国家统一有碍。我还是相信"书同文"的。[53]

在这里，朱自清当然没有表示赞成中国使用拼音文字，甚至认为"文字口语合一"事实上根本"办不到"。然而，他没有一口否认"拉丁化新文字"，更没有明确提出要反对"拉丁化新文字"。他是在中国北方的大学校园里探讨中国语文的现状和发展的；虽然思想不那么激进，也不可能那么激进，但一谈到中国语文就会谈到"大众语"，谈到"拉丁化"，这是值得后人深思并认真研究的。

其实，朱自清也一直没有放弃过探讨"言文一致"的努力，他所认为的"文字口语合一""办不到"只是强调它们二者的差异：

> 第一，文字没有声调，口语却有。第二，口语里文法与文字不尽相同。"没去哪，还"（还没去哪）"您问他，得"（您得问他）文字里就不会有。第三，口语有姿势或表情帮助传达意思，文字却无此方便。[54]

叶圣陶是朱自清感情最深切、最真挚的知己。在他去世不久而写《朱佩弦先生》一文中，叶圣陶曾这样评价朱自清的文字：

> 他早期的散文《匆匆》《荷塘月色》《桨声灯影里的秦淮河》都有点儿做作，过于注重修辞，显得不怎么自然。到了写《欧游杂记》《伦敦杂记》的时候就不然了，全写口语，从口语中提取有效的表现方式，虽然有时候还带一些文言成分，但是念起来上口、有现代口语的韵味，叫人觉得这是现代人说的话……他如果生活在劳苦大众中间，我们料想他必然也能写劳苦大众的口语……现在大学里如果开现代本国文学的课程，或者有人编现代本国文学史，论到文体的完美，文字的全写口语，朱先生该是首先提到的。[55]

这里不妨看看《伦敦杂记·加尔东尼市场》中的一段：

> 先到外头一家旧书铺。没窗没门。仰面灰蓬蓬的，土地，刚下完雨，门口还积着个小小水潭儿。从乱书堆中间进去，一看倒也分门别类的。"文学"在里面，空气变了味，扑鼻子一阵阵的——到如今三年了，不忘记，可也叫不出什么味。《圣经》最多，整整一箱子。不相干的小说左一堆右一堆；却也挑出了一本莎翁全集，几本正正经经诗选。……[56]

正如叶圣陶先生所言"全写口语"，什么"没窗没门""刚下完雨""整整一箱子"，特别是那个"土地"，也就是"泥土地面"，都是之前散文里看不到的口语句子。朱自清这样自觉而执着地将自己的作品口语化、大众化，应该说，与他对大众语和大众语运动的关注有极紧密的关联。因为朱自清的学术思想最鲜明、最突出的就是他"历史的观点"和"现代的立场、人民的立场";[57]而无论从"历史的观点"还是从"现代的立场、人民的立场"看,朱自清都会将大众语和大众语运动作为汉语发展的方向,新文学的语言建设尤其如此。所以,这期间他从各方面尝试这种努力。

首先是支持大众语运动。1934年9月,朱自清参加了陈望道主持的《太白》杂志编辑工作。就在这一年的10月,他在《太白》上发表了一篇书评《内地描写——读舒新城先生〈故乡〉的感想》。就在这篇书评里,朱自清很好地表达了自己对大众语的支持,对"谈话风"的倡导和对文艺大众化的追求。他说:

> 这种描写用不着欧化的文字。内地生活,欧化的成分极少,用本国的文调尽可表现。像《故乡》写得就很显豁,很活泼。这本书原来是写给一个朋友的许多信集成的,像寻常谈话一般,读了亲切有味。这种谈话风的文章,正是我们所需要的;只要下笔的时候,心里想着是在写信就行,并用不到如何训练的。[58]

舒新城的《故乡》今天读来,依然还是那样具有"谈话风"。这里不妨看看其中《牛步的火车》的两段文字:

> 不知为什么,直到八时十五分,方听得车轮蠕动的声音。走不到几分钟,忽然又停了下来;走的时候比牛步还慢,停的时间又每到十分以至数小时。询之茶房,始知蒲圻以下之路为水浸坏,不能快走,而现在的车头极小又无力快走,必须慢慢地走到纸坊再看有无大车头可换,方能定开得快慢;但明日到长沙,至早要到下午七八时,而时间表却明明规定上午九时五分到长沙车站,迟缓的原因自然再以归罪于洪水,然而时间表的改订,总不当要洪水负责吧!

> 这里的车厢很不坏,据说是唐生智主湘时向平汉路上索来的,不过灯光太不行,我们一间不满五尺见方的房间,一共有了五盏灯,但是一齐开起来,两人对面坐着,都看不清眉目,当然更说不到读书写信了![59]

其次是大众语的讨论和宣传。1934年11月,他主持召开清华大学"中国文学会"会议,并特邀兼职教授郑振铎发表演讲。郑振铎在演讲中详细介绍以上海为中心的文白之争,高度评价了上海文化界发起的大众语运动。[60]郑振铎是燕京大学教授，1933—1934年期间因为筹备和创办上海的《文学》和北平的《文学季刊》两个杂志常奔走于北平上海两地，对以上海为中心的大众语运动发展情况比较熟悉。《文学》是"左联"初期《萌芽》《文学导报》《北斗》《文学月报》停刊之后，"三十年代上海大型文艺期刊中寿命最长，影响也最大的一个刊物"[61]；它虽然不属"左联"领导，表面上是"商业性"刊物，但"实际上是左翼作家、进步作家驰骋的阵地"[62]。《文学季刊》则是当时国内最厚的文学期刊，正文从三百六十多页到四百五十多页，目标是要"阐明我们文学的前途是怎样的进展和向什么方向而进展"[63]；虽"独立而不事论争"但"无形中接受了上海当时较为踏实的文坛主流派的影响"[64]。学者陈福康在《郑振铎传》中称，郑振铎这期间还曾回上海"向鲁迅等人当面了解"因"读经运动"而产生的"大众语运动"斗争情况。[65]所以，郑振铎是当时中国文坛中所谓"京派""海派"的"一座桥梁"，[66]而且思想上也"明确倾向于以上海为中心的左翼文坛"[67]。比如说，郑振铎除发表《论文章的繁简》等文章来呼应之外，1934年他主编的《文学》第三卷第二号就专辟《大众语问题特辑》，发动文艺界参与大众语讨论。朱自清参与了北平《文学季刊》的编辑工作，也就在这一过程中，他与郑振铎"结下了深厚的友谊"，[68]对大众语运动也有了更多的了解。而在上一年，他俩还受邀一同参加过北平"左联"组织的茶话会活动，共同探讨北平文艺工作的开展，受到上海"左联"领导人鲁迅的肯定和赞许。[69]

再次是他自身开始语言学的研究和探讨。据《朱自清日记》记载，朱自清1934年的暑假读书计划与往年很有些不同：其中包括很多语言学的重要书目，比如《语法基本原理》《中国语和中国文》和《言语学概说》等。《语法基本原理》是一本语法专著，是世界级大学者、丹麦语言学家耶斯佩森（1860—1943）最著名的代表作。耶斯佩森在普通语言学和语法学的贡献后来影响了包括布龙菲尔德（1887—1949）、韩礼德（1925—2018）在内的众多国际语言学泰斗以及吕叔湘（1904—1998）、王力（1900—1986）等中国语言学家。《中国语和中国文》则是一本汉语普及性读物，具有广泛的世界影响，作者是瑞典著名汉学家高本汉（1889—1978）。该书1918年在瑞典出版；1933年，其中文版由语言学家张世禄（1902—1991）翻译，在上海商务印书馆出版。也就是说，当时就是一本新书，朱自清成为他的第一批读者。而《言语学概论》则是国人自己的语言学著作，作者沈步洲（1888—1932），全书十六章，其中第十二章专论"中国语言的发展"。据商金林研究，1935—1942年，朱自清还读过《中国音韵学》《句法分析》《训诂学引论》，布龙菲尔德的著作，还有耶斯佩森的《文法哲学》。[70]纵使朱自清学贯中西，纵横古今，这些语言学著作过去是读得不太多的。

　　西南联大期间，朱自清对中国语文建设的关注和研究热情不减。关于这方面的探讨，他每年都有文章或是演说发表。1939年他在钱端升（1900—1990）主编《今日评论》第一卷第一期发表的《新语言》是这时期的一篇重要论文。文章探讨的是如何实现"文学的国语"问题，这是摆在朱自清面前有关新文学建设最核心的问题。可以说，他后面关于中国语文建设的探讨都是基于这一核心问题的讨论和研究。1940年他不仅在日记中记下了读《大公报》上《民族形式之讨论》一文后的心得，分析了语言"欧化"与"通俗化"的辩证关系，指出"如果用语也是以欧化为主，那么就不能不对具体的文艺产生影响"[71]，而且还高调写作了一篇文章，题目是《文字改革问题》，对中国文字改革的历程作了相当全面的回顾，并表示"特别乐意"考虑陈鹤琴先生的意见和办法。[72] 1941年，在题为《文学与新闻》的演讲中，他明确强调语文改革的必要性："要改革社会，必先改革思想，要改革思想，又必先要改革传达思想的工具：文字和语言，而文字又是语言的记录……"[73]并热情憧憬语文改革的前景：

　　　　现在，不但社评，通讯，特写等都渐改为白话，就是应用文件如：蒋委员长告国民书，政府文告等，也都渐改为白话了。当然，还有些告示，公文，电稿之类没有完全脱离文言；但可断言的是，这些改变，也不过是时间问题。[74]

　　朱自清这里的推断"不过是时间问题"，应该说是有自己的特别而深刻的观察。1942年，他在《诗的语言》这篇演讲中，他对诗歌语言的口语特点作了深入阐述。他说："诗先是口语：最初诗是口头的，初民的歌谣即是诗，口语的歌谣，是远在记录的诗之先的，现在的歌谣还是诗。"[75] 1943年，在为王力新作《中国现代语法》一书所作的序言《中国语的特征在哪里》中，他开始关注中国语文的现代化，并有自己的一个初步表述："新文学运动和新文化运动以来，中国语在加速的变化。这种变化，一般称为欧化，但称为现代化也许更确切些。这种变化虽然还只多见于写的语言——白话文，少见于说话的语言，但日子久了，说的语言自然会跟上来的。"[76] 1944年，在《三祝报章文学》一文中，他对"报章还不能完全不用文言"作出了分析，并提出热切的期盼：

　　　　一是政府文告有些还是文言。二是白话应用文体还在创造中，不像文言有许多套子可用，用起来省力些。关于第一层，我们觉得政府文告已在逐渐多用白话，希望也有完全采用白话的一天。而且这种文告占篇幅不多。我们最该注意的是第二层。我们希望各位记者先生努力多用白话作稿……这更可以帮助我们的新文体新国语的完成，在文化上也有很高的价值。[77]

抗战胜利之后，朱自清便开始走到语文改革的前台。不仅发表的相关文章多，而且中国语文建设的主旨越来越鲜明，新见迭出。可以说，到这时期，朱自清的中国语文建设观便完整确立起来了。

早在卢沟桥事变之前，朱自清主持的北平清华大学中国文学会就编辑了一个刊物，名字就叫做《语言与文学》。他说，这刊物流行很广，"西南几个大都市里都曾见过这本小册子"[78]。为了延续这段历史，朱自清回到北平后又在《新生报》中创办一个周刊，名字还叫《语言与文学》。与过去的刊物《语言与文学》仅以大学生为对象不同，这个《语言与文学》周刊"以大中学生和对中国语言和文学有兴趣的常人为对象"[79]，带有明显的"学术性"[80]。作为周刊主编，朱自清每周写有一篇"周话"，一共发表了八篇，它们是《〈语言与文学〉发刊的话》《什么是文学？》《什么是文学的"生路"？》《低级趣味》《语文学常谈》《鲁迅先生的中国语文观》《诵读教学》《诵读教学与"文学的国语"》，时间都在1946年年底。同在1946年，朱自清还在《大公报》上发表了《论诵读》，在北平《时报》上发表了《论国语教育》等重要文章。

1947年，朱自清又在《大公报》上发表了《文学的标准与尺度》，在《中国作家》上发表了《论严肃》，在《燕京新闻》上发表了《论通俗化》，在《知识与生活》上发表了《论标语口号》。此外，这年5月出席清华"五四"文艺晚会时，他还发表过演讲《"五四"时代的文艺》。就在《论通俗化》一文中，他在他的著作中第三次郑重地谈到瞿秋白，谈到"大众语"和"新文字"：

胡先生等提倡的白话……他们将雅俗一元化，而注重在"明白"或"懂得性"上，这也可以说是平民化。然而"欧化"来了，"新典主义"来了。……于是乎已故的宋阳先生指出这是绅士们的白话，他提倡"大众语"，这当儿更有人提倡拼音的"新文字"。这不是通俗化而是大众化。而大众就是大众，再没有"雅"的份儿。[81]

1948年他的《国语和普通话》一文更是强调"那时候的白话文都是'照着说话'来写，自然活泼亲切"[82]，再也不是"对于民众没有影响""只是替欧化的绅士换了口味"的"五四式的新文言"了。[83]

应该说，历史上的大众语运动，瞿秋白确实不曾参加过；因为这个时间他正在江西中央苏区主持苏维埃政府的教育工作，与外界特别是上海是没有任何联系的。然而，正如朱自清的嫡传弟子王瑶所强调的，这次讨论中有关大众语的许多基本理论都是1932年瞿秋白关于文艺大众化论点的阐述和发挥；而且，大众语运动期间所普及的拉丁化新文字也是瞿秋白一手研制出来的。[84]所以，笔者在这里认定，朱自清参与大众语的讨论以及中国语文建设的研究是与瞿秋白的倡导有着千丝万缕联系的。他在《论白话——读〈南北极〉与〈小彼得〉的感想》（1932）、《中国新文学研究纲要》（1933）、《〈新诗歌〉旬刊》（1933）、《新语言》（1939）、《论通俗化》（1947）等长达15年的五篇文章中一再谈到瞿秋白不是没有原因的。1935年，他又在日记中郑重录下瞿秋白狱中所作的三首词，不能不说他对瞿秋白这样一位现代学者型的政治家心中有一种无限崇敬和感佩之情。

但是，朱自清的中国语文建设探索之路是艰辛的，甚至是曲折的。一方面，他更多地接受的是五四时期胡适的"国语的文学，文学的国语"的建设理念；另一方面，他身处高等学府，远在北平和昆明，与大众语运动一线的文化界人士直接接触较少，与瞿秋白更没有人生交集记载，且一段时间相信国民党政府。此外，他是哲学专业出身，有关语言学专业知识主要也是在教学工作和学术研究补课完成。然而，他对新文学建设的热忱不是一般学者能够企及的，期盼和希冀未来现代新中国的热忱也不是一般知识分子能够与之相比的。正是带着这份热忱他"深度参与"了大众语运动，并开始他的中国语文现代化的探索。但是，他的"深度参与"主要表现在其学术思想上，也就是说，他晚年中国语文建设观的最终确立来自他对大众语运动的深入思考和大众语的专心研究。应该说，他不仅没有直接参与大众语运动中的专门讨论，他答应给曹聚仁的回信没有回，而且大众语运动期间乃至大众语运动后一段时间他都与大众语人士的中国语文建设理念一直保持距离。但是，最后，他还是回到了新文学和新语言建设的"人民立场"，这是弥足珍贵的，值得后人认真探讨的。

第三节　朱自清的中国语文现代化建设观及其历史贡献

早在1925年，还在中学任教的朱自清就在《中等学校国文教学的几个问题》一文中这样高调指出：

> 至于"文白"之别，我以为初中应全作白话文，高中亦应以白话文为主，其愿意作文言者听之——因无论如何，我相信将来通用的只有白话文！[85]

"将来通用的只有白话文"，朱自清中国语文建设的白话方向是笃定的，没有任何的犹疑。但是，他这时心中的"白话"总体来说是"五四白话"，这种白话在很大程度上是远离民众的，瞿秋白曾批判它为"新式文言"。在《荒漠里——一九二三年之中国文学》一文中，瞿秋白就明确指出朱自清的《毁灭》在"开始锻炼中国之现代的文言"[86]。然而，从1929年发表《关于"革命文学"的文献》，特别是1933年写作《中国新文学研究纲要》和1934年发表《文言白话杂论》之后，朱自清开始从个体的自由主义立场探寻革命文学、大众语文学并进而最终选择人民立场的新文学。所以，如果要对朱自清中国语文建设探索之路划分一下的话，大约是这样三个时期：第一时期，在追求个性发展的同时，看好民众趣味，从1919年到1928年，代表文章是《民众文学的讨论》（1922）。第二时期，从1929年到1943年，明确宣称"站在受过中等教育的人"的立场上讨论"语言的现代化"，代表文章是《新语言》（1939）。[87]第三时期，从1944年到1948年，看好"人民的力量"，发现"'社会主义'的尺度"，[88]主张"言文一致"和"国语文"与"白话文"的无分别，[89]代表文章是《国语与普通话》。

基于以上分析，笔者认为，朱自清中国语文建设观是在第三时期，也就是他生命的最后四五年里最终确立起来的。很明显，它的最终确立与他政治思想的深刻转变联系紧密。转变发生在1943年。美国学者费正清（John King Fairbank，1907—1991）在其一部回忆录中曾这样论述道："蒋介石作为国民党政权的象征和中心，在1943年后期已失去了中国知识分子的信任和忠诚。"[90]中国当代学者许纪霖在讨论朱自清的思想转变时，就很赞同这一观点。[91]朱自清的弟子王瑶也认为，抗战胜利前最后两年朱自清的思想和政治立场开始转向。[92]王瑶还强调说："朱先生思想的深刻变化，使他终于勇敢地靠近了人民，走向了为人民的道路。针对当时有些人讨厌标语口号，他写下了《论标语口号》一文，要求知识分子对群众的标语口号要看主流和本质，不应'不分皂白的讨厌起来'，应该了解'标语口号是有它们存在的理由'。他还在《论书生的酸气》《知识分子今天的任务》《文艺节纪念》等文中，要求知识分子'看清楚自己'，应该'把握着现在，认清了现在'，开始'向民间去'。"[93]可见，朱自清中国语文建设观的最终确立，源于其"政治思想"以及"文学主张"的重大调整。

朱自清中国语文建设观的基本诉求是语言现代化，其具体内涵可从以下四个方面去考察。

第一，人民的语言。

知识分子"到民间去"，书写和创造"人民的语言"，这是朱自清思想转变之后语文建设观最大的变化，也是其语文建设观重新确立之后最鲜明的特点。

朱自清1947年2月撰写的《文学的标准和尺度》一文被称为他"多年研究中国文学史和文学批评的概括和结晶"[94]；文章对"标准"与"尺度"的阐述很能看出朱自清语文建设观的变化，特别是其语文建设的"人民立场"。在朱自清看来，虽说语体文学的观念来自西方文学，但是"'自然'这尺度"从晋代以来已渐渐成为一种公认的"标准"，甚至春秋末期《伐木》等"诗三百"的创作都表明"人民"参加了中国文学尺度的改订，彰显着"人民的力量"[95]朱自清认为，新文化运动之后，两千年的"士民对立"转变为"封建的军阀官僚和人民的对立"。一部分读书人成为军阀官僚的"帮闲"，而大多数知识分子则处在一种游离状态，"还不能跟民众联合起来"。他们用"欧化的语言"表现"个人主义"，或者说自由主义，其人道主义"发现了民众"但也还只是"理论"。[96]反帝国主义运动之后，特别是抗战胜利之后，"知识阶级"渐渐走近了民众，"人道主义"尺度一下子转变为"社会主义"标准，"自然"标准也调剂着"欧化"尺度。他认为，这就是"向新社会发脚的路"！[97]他强调："从前有所谓雅俗之分，现在也还有低级趣味，就是从高度深度来比较的。可是现在渐渐强调广度，去配合着高度深度……"[98]他指出，"普及同时也提高"[99]，这才是中国文学的新尺度、新标准！

这年10月写作的《论雅俗共赏》对"知识阶级"及其"大众化"过程作了更具体的描述。朱自清说：

这知识阶级跟从前的读书人不大一样，包括了更多的从民间来的分子，他们渐渐跟统治者扯伙而走向民间。于是乎有了白话正宗的新文学，词曲和小说戏剧都有了正经的地位。还有种种欧化的新艺术。这种文学和艺术却并不能让小市民来"共赏"，不用说农工大众。[100]

很明显，这时的朱自清对于"五四白话"的局限和狭隘看得比过去清楚多了，甚至有一些接近于瞿秋白对于胡适白话革命的批判。关于这一点，后文描述得更为显豁：

于是乎有人指出这是新绅士也就是新雅人的欧化,不管一般人能够理解与否。他们提倡"大众语"运动。但是时机还没有成熟,结果不显著。抗战以来又有"通俗化"运动,这个运动并已经开始转向大众化。"通俗化"还分别雅俗,还是"雅俗共赏"的路,大众化却更进一步要达到那没有雅俗之分,只有"共赏"的局面。[101]

无疑这里的"有人",应该就是指的瞿秋白。因为这里的关于所谓的"新绅士"的"欧化"批判,最早是瞿秋白《大众文艺的问题》(1932)和《普洛大众文艺的现实问题》(1932)、《欧化文艺》(1932)等系列文章开始的。朱自清自始至终将瞿秋白与"大众语人士"完全视为一个派别,也是很有意思的一件事。虽然他一时没有办法区分他们,但这样看待也是正确的。而只有"共赏"不再有"雅俗之分",也能看到朱自清对于"知识阶级"与"农工大众"同一化、一体化的期待。这应该就是朱自清对于"人民语言"的设想和勾画。

第二,鲁迅的方案。

1946年,朱自清写有《鲁迅先生的中国语文观》一文,具体介绍并全面肯定了鲁迅的中国语文建设观。在朱自清看来,鲁迅关于中国语文建设的主张是全面的、系统的,可说是他心中最好的建设方案。

朱自清指出,鲁迅主张首先要改革中国的文或话"不精密"的现状。[102]朱自清说,鲁迅认为,这种语言的"不精密"不仅表现在"话不够用""辞不达意"上,更反映在国人的"思路"不够精密,思维很大程度上总是停留在一种"糊涂"状态。所以,中国人"即使写下来读起来滔滔不绝,但归根结蒂所得的还是一些糊涂的影子"[103]。朱自清说,在鲁迅看来,这是中国语文首先必须进行的改革。改革的办法就是实行"拿来主义",即所谓"在语言里装进异样的句法去,装进古的,外省外府的,外国的句法去"[104],也就是要从古汉语、各地方言以及外国语中汲取营养。朱自清说,鲁迅曾特别指出,一旦习惯之后,那些异样的句法就能"变为己有"。因此,鲁迅"赞成语言的欧化";但"欧化文法"完全是为了白话表达的"精密",而绝非出于"好奇"或其他方面的考量。[105]

朱自清指出,鲁迅还主张要"将文字交给一切人"[106],也就是全国几万万民众。因此,鲁迅赞成"语言的大众化,包括书法的拉丁化"[107]。朱自清说,鲁迅认为,未来全国到处通行的是"大众语",其口头形式就是"普通话模样"的话语;这种"普通话模样"的话语以北方话为"主力",但绝不是"北方的土话",它会吸纳全国各地的话语,"大众语里也有绍兴人所谓'练话'"[108]。

朱自清说，鲁迅认为，大众语"练话"，增加些"新成分"，"翻译的作品最宜担任这种工作"。[109]朱自清还说，鲁迅认为，虽然这种"普通话模样"的话语在"现阶段"看起来好像"四不像"，但却是"活的"，它们是"从活的民众口语"中来的，它们也会再回到"活的民众里面去"。[110]

笔者注意到，虽然朱自清之前没有明确批评过汉语的"不精密"，但他一直是白话"欧化"的鼓吹者和实践者，甚至一度将汉语的欧化与语言现代化完全等同起来。在这方面，他以往的褊狭是显而易见的。至于"将文字交给一切人"，朱自清过去虽然不曾明确反对过，但却一直表示怀疑。1939年，他就在《新语言》中说："……若意在让我们人人都使用农工大众那阶层的语言，事实上大概不可能。若是说在某种时期，为了某种目的，高的知识阶层得牺牲自己，为低的阶层写作，那自然可以办到，只要这些写作的人有热诚，有能力。这可也不是人人可以办到的：看最近老舍先生'制作通俗文艺的苦痛'就明白。"[111]1940年，在《文字改革问题》一文中，他还说"提倡简体字的人，也许有意思用它们替代一些正体字；是的，他们也许有这意思。但这是做不到的。不但社会传统麻烦，从心理上说，简体字在许多方面似乎也难和正体字抗衡。"[112]这里，朱自清对汉字简化的前景明显表示怀疑，更不用说他过去对拉丁化新文字的怀疑了。

然而，1943年之后，特别是抗战胜利之后，朱自清各方面的立场都出现了极大的转变，就连他对鲁迅的看法也都差不多判若两人。朱自清与朱安是远亲，也有一些往来。鲁迅逝世后，朱自清曾两次从清华进城吊慰朱安。在清华大学中国文学会的鲁迅追悼会上，朱自清的讲话与所有人相比都显得低调、谨慎，不露声色。曾经有过激烈笔战的梁实秋都发表了评价很高的鲁迅纪念文章，朱自清发表的《鲁迅先生会面记》仅回忆了他与鲁迅的三次会面。[113]在1936—1945年的十年间除了受叶圣陶邀请合作出版《读书指导》丛书而撰写了《鲁迅〈药〉指导大概》外，朱自清没有发表一篇纪念鲁迅的文章。朱自清在日记中还曾表达过鲁迅许广平关系的不满，认为《两地书》"无多意义"。[114]

1946年后，除了《五四时代的文艺》等文章特别谈到鲁迅，朱自清还连续写了《鲁迅先生的杂感》等好几篇鲁迅的专论，其中第一篇就是《鲁迅先生的中国语文观》。这是很有意思的现象。究竟是什么力量促动了朱自清出现这样一个突变？笔者认为，很有可能就是闻一多（1899—1946）这一斗士形象激励着他，[115]促使他重新做人。而鲁迅却是现代中国民主斗士中的楷模，鲁迅那些像匕首、像投枪的文字促使他重新认识鲁迅，重新调整自己的文学观念和语文改革主张！王学谦（2019）就认为：

经历了抗战时期的艰苦奋斗，面对社会现实和文化现实，朱自清与一些自由主义作家一样，心境、思想及其文学的尺度也都发生了不小的调整、变动。从原来渴慕"纯文学"到认可时下的"杂文学"，虽然"杂文学"未必具有多大的文学性，但是，它是符合时代要求的文学，大势所趋。因此，报章体、大众化乃至标语口号体等等都具有一定的合理性，甚至被纳入民主的文学、人民的文学之中，更加看重、强调文学的社会使命，降低了个人趣味。[116]

第三，文学的建设。

1931年所写的《论中国诗的出路》一文表明，作为中国文学建设的探索者朱自清一直在西洋经验和中国传统的学习和比较中艰难前行。"原来是言语造诗人，并非诗人造言语啊！"[117]应该说，日本诗人荻原朔太郎（はぎわら　さくたろう，1886—1942）《纯正诗论》中的这句话对朱自清的影响很深。朱自清1936年翻译的一篇短文《中国文学与用语》就谈到荻原朔太郎的这个看法。

诗人由言语来造，文学由语言来建设。所以，大约也就是这个时候起，语言与文学的关系问题一直成为朱自清学术研究的核心课题。他1937年1月便开始与闻一多商讨筹办《语言与文学》杂志，并很快在6月创刊。1946年10月，回北平才十天，朱自清就与《新生报》报社商谈创设《语言与文学》周刊。这之后，他为《语言与文学》周刊撰写了《什么是文学的"生路"？》等一系列文章，详细阐述了他对文学建设中语言建设的意见和看法。

首先，语言要跟着文学的时代特征走。过去，特别是新文学的初期，"一般作者都将注意集中在自己身上，甚至以'身边琐事'为满足"；而现在，作家们由自己转到了"小公务员"，转到"工商业的大都市之外"广大的农村，广大的"内地人"。过去，新文学运动初期也写农村，写官僚，但"他们是站在知识阶级自己的立场"来书写；而现在，时代要求作家们"站到平民的立场"来说话。[118]所以，从文学语言来说，前者小资，后者大众，这是必然选择。

其次，语言要能体现文学的形式变化。不同于胡适，朱自清非常赞同英国德来登（1631—1700）"知的文学"和"力的文学"划分，更喜欢把日本人由此仿造出来的"纯文学"和"杂文学"概念拿来描述中国现代文学发展现状。在他看来，现在的"杂文学"正在与过去一贯的"纯文学"争相发展、抢占地盘。那么，哪些文学形式属于"杂文学"呢？朱自清认为，杂文学涵盖面比较广，"杂文固然是杂文学，其他如报纸上的通讯，特写，现在也多数用语体而带有文学意味了，书信有些也如此。甚至宣言，有些也注重文学意味了"[119]。这就是说，现代文学已"报章化"。所以，文学语言的"明白""直接""痛快"也就成为不二选择。

最后，语言要能促进文学的有效传播。这就要求必须是"活的语言"。朱自清说：

> 文艺用的语言虽然总免不掉夹杂文言，夹杂欧化，但是主要的努力是向着活的语言。文艺一面取材于活的语言，一面也要使文艺的语言变成活的语言。在这种情形之下，杂文、小说和话剧自然就顺序的一个赛一个的加速的发展。这三员大将依次的正是我们开路的先锋。[120]

"杂文、小说和话剧"之所以成为"开路先锋"，传播得快，就因为它们的语言相比其他形式最"活"。其中，被后人誉为文学"轻骑兵"的"杂文"，其语言的"活"最为突出。所以，这个时期朱自清不仅写有《鲁迅先生的杂感》的专论，而且自己还创作了《论严肃》《论气节》《论吃饭》以及《论不满现状》《论且顾眼前》等一系列杂文。在朱自清看来，杂文与散文小品最大的不同就在于它语言的"明快"，"不大绕弯儿，甚至简直不绕弯儿"[121]。

也正因为此，朱自清这个时期特别看好"朗诵"和"朗诵诗"。朱自清曾极为坦诚地说道："笔者过去也怀疑朗诵诗，觉得看来不是诗，至少不像诗，不像我们过去读过的那些诗，甚至于可以说不像我们有过的那些诗。"[122]但是，他这时却一再强调，"这是一种听的诗，是新诗中的新诗"[123]。他具体阐述道：

> 它跟古代的听的诗又不一样。那些诗是唱的，唱的是英雄和美人，歌手们唱，贵族们听，是伺候贵族们的玩意儿。朗诵诗可不伺候谁，只是沉着痛快的说出大家要说的话，听的是有话要说的人。[124]

将文学语言从视觉中解放出来，让它更多地接受并通过民众听觉的检验，这应该就是朱自清的文学语言建设观。不难看出，朱自清这里对"朗诵"和"朗诵诗"的看重与瞿秋白对于"舌头文化"的批判是相通的。瞿秋白说："中国人（地主贵族）的舌头大概是不用来说话的，对付奴隶和贱民用得着皮鞭子和竹板子的时候多，而用得着舌头的时候很少。至于应付其他的地主贵族，那就用汉文写些文言——这是'中国民族的固有文化'！在这个意义上，可以说中国人（地主贵族）没有舌头。"[125]很有可能也是看到了这一文化传统，朱自清特别写有《美国的朗诵诗》等文章介绍欧美其他国家的情况。在他看来，朗诵诗顺应的是人类生产工业化、生活集体化的大趋势，它将与杂文一样，"延续下去，发展下去，存在下去"[126]。

第四，国家的发展。

语文改革绝不仅仅是文学发展的需要，而是关系国家统一和民族振兴的一件大事。这是朱自清语文建设观的又一重要特点。抗战胜利在望之际，朱自清就在《新中国在望中》（1944）写道：

> 地广民众的中国要统一意志与集中力量，必得要公众的喉舌，打通层层的壁垒。报纸将和柴米油盐并肩列为人们的"开门"几件事之一。……报纸要表现时代，批评时代，促进时代；它不但得在四万万人的手里，并且得在四万万人的心里。[127]

朱自清期待将来的中国报纸、中国语文能够紧跟时代、服务民众，展示亿万民众的声音和力量，成为助力中国统一和强大的利器。

正是在这个意义上，朱自清走出"五四白话"的痴迷，开始看好"普通话"，看好"照着说话来写"的"国语文"。他认为，"照着说话来写"的"国语文"只要是"不贫嘴不油腔滑调"就是"很好的白话文"，而且"越白越好"。[128]虽然"白"会带来一些"方言的特殊成分"，但这些方言成分增添了表达的"亲切活泼"，读者是欣赏的。因此，他认为，白话文实际走的是"普通话"的道路，而不是纯粹的"北平话"。因为"北平话"虽然说是"最适宜的、最有资格的"的"国语"和"标准语"，但在语汇和句式方面都显得"的确不够用"，尤其是在"演讲"和"谈话"的时候。[129]相比而言，由"蓝青官话"演进而来的"普通话"，语汇比较丰富，句式比较复杂，因此"应用"的范围也就比较宽。他特别指出，抗战期间，人们集中于西南，不仅使原来的西南官话获得了很大的发展，而且还推动了北平话、上海话的"大解放和大融合"，这表明"国语""标准语"走的也是"普通话"道路。所以，他强调：

> 北平话应该欢迎新的变化，合式的自然会约定俗成，不合式的也会自然淘汰。语言是活的，在成长的，不自然往往变成自然；至于纯粹的语言，大概是没有的，并且也是不必要的。现在时代在急剧的变化，生活也在急剧的变化，不但各地的方言会解放和融合，各阶层的语言也会如此的。[130]

这里的语言接触观、语言融合观,特别是"各阶层的语言"也会走向"解放和融合",对于朱自清来说,真的不容易,不简单。就在十年前,他还在《新语言》里这样强调:"一个社会里有许多知识的阶层;这些阶层的存在,似乎是永恒的,经济政治的改革也许能将这些阶层减少些,简单些,但是不能将它们统一化。"[131]

第四节　结语

朱自清与鲁迅、闻一多一样都是中国现代民主斗士,在斗争中甚至展现出与瞿秋白一样的无畏和献身精神。朱自清夫人陈竹隐有这样一段回忆:

1947年初,国民党反动派以清查户口为名,在北平逮捕了两千多人。佩弦痛恨反对派的迫害人民,签名于抗议当局任意逮捕人民宣言。这就是当时所谓的十三教授宣言。在报上发表时,他的名字是第一个。国民党反动派各家反动报纸拼命地诽谤他,攻击他和其他签名的教授。国民党特务也三次"光临"到我家。一位好心的朋友告诉我:他在燕京大学看到国民党的黑名单,其中第一个就是朱自清。我把这消息转告给佩弦,他只是轻蔑地应道:"不用管它!""怎么,你准备坐牢吗?""坐就坐!"[132]

朱自清与国民党政府斗争到底的决绝态度是他热爱国家、热爱人民的充分体现。朱自清在清华大学一次知识分子座谈会上特别谈到,看长篇通讯集《延安一月》的时候就有一种感慨,那就是知识分子未来的任务不是站在一旁去搭救井下的人,而是要下决心"跳下井去"一起爬上来。[133] 这种"同甘苦共命运"的精神乃是他最终走向"大众语"为标志的文学道路的根本原因,更是他"国语"和"标准语"坚持走"普通话"道路的根本动力。

注释:

[1]　[69] 陈孝全. 朱自清传[M]. 北京: 北京航空航天大学出版社, 2008: 12, 115.

[2]　[4]　[5] 商金林. 瞿秋白和文学研究会[J]. 北京大学学报(哲学社会科学版), 2003 (6): 120, 120, 128.

[3] 周永祥. 瞿秋白年谱新编[M]. 上海: 学林出版社, 1992: 35.

[6] 毛泽东. 毛泽东选集：第四卷 [M]. 北京：人民出版社，1991：1385.

[7] 朱自清. 朱自清全集：第五卷 [M]. 南京：江苏教育出版社，1996：130 – 131.

[8][37][94] 姜建，吴为公. 朱自清年谱 [M]. 北京：光明日报出版社，2010：145，128，273.

[9][10][12][13][14][15][16][17][18][20][27][31][32][33][34][35][36][38][47][48][58][73][74][77][78][79][82][89][127][128][129][130][133] 朱自清. 朱自清全集：第四卷 [M]. 南京：江苏教育出版社，1996：436，452 – 454，25，37 – 39，265，268，258 – 275，259，242 – 243，199，28 – 29，42 – 43，291，292，311，311 – 312，311，358，351 – 352，342，463，464，426，427，533，533，436，530，531，532 – 533，539.

[11][56] 朱自清. 朱自清全集：第一卷 [M]. 南京：江苏教育出版社，1988：12 – 13，410 – 411.

[19][21] 黄艾仁. 朱自清与著名作家 [M]. 合肥：安徽大学出版社，1998：187，188.

[22][23][24][25][26][43][49][50][51][52][53][54][72][75][85][87][111][112][131] 朱自清. 朱自清全集：第八卷 [M]. 南京：江苏教育出版社，1993：127，127，292，293 – 299，293，81 – 82，199，200，203，204，204，203 – 204，424，337，403 – 404，298，298，425，298.

[28][30] 朱自清. 朱自清序跋书评集 [M]. 北京：生活·读书·新知三联书店，1983：66，66.

[29] 刘锡诚. 中国民间文艺学史上的朱自清 [J]. 民族艺术研究，2006（2）：11.

[39][44][83][125] 瞿秋白. 瞿秋白文集：文学编第三卷 [M]. 北京：人民文学出版社，1985：13，16 – 17，13，263.

[40][41] 胡明. 瞿秋白的文学世界：马克思主义文艺的理论与实践 [M]. 北京：中国社会科学出版社，2013：43，47.

[42][45] 朱自清. 朱自清全集：第十一卷 [M]. 南京：江苏教育出版社，1998：97，96.

[46] 曹聚仁. 我与我的世界 [M]. 太原：北岳文艺出版社，2001：516.

[55] 叶圣陶. 叶圣陶散文: 鉴赏版 [M]. 西安: 太白文艺出版社, 2013: 282.

[57] 郭良夫. 序 [G] //郭良夫. 完美的人格: 朱自清的治学和为人. 北京: 生活·读书·新知三联书店, 1987: 8.

[59] 舒新城. 故乡 [M]. 上海: 中华书局, 1934: 29.

[60] 陈福康. 在民族生死存亡之秋——郑振铎三十年代在北平的两次演讲 [J]. 新文学史料, 1986 (1): 210.

[61] [62] 茅盾, 韦韬. 茅盾回忆录（中）[M]. 北京: 华文出版社, 2013: 34.

[63] [66] [67] 陈福康. 郑振铎与三十年代的四个文学刊物 [J]. 编辑学刊, 1993 (3): 79, 80, 80.

[64] 卞之琳. 漏室鸣 [M]. 北京: 中央编译出版社, 2005: 173.

[65] 陈福康. 郑振铎传 [M]. 上海: 上海外语教育出版社, 2009: 225.

[68] 叶炜. 自清芙蓉: 朱自清传 [M]. 北京: 作家出版社, 2018: 113.

[69] 刘锡诚. 中国民间文艺学史上的朱自清 [J]. 民族艺术研究, 2006 (2): 116.

[70] 商金林. 亲切的自叙传, 形象的编年史——《朱自清日记》研究之二 [J]. 东方文化, 2003 (4): 41-42.

[71] 朱自清. 朱自清全集: 第十卷 [M]. 南京: 江苏教育出版社, 1998: 82-83.

[76] [80] [81] [88] [95] [96] [97] [98] [99] [100] [101] [102] [103] [104] [105] [106] [107] [108] [109] [110] [117] [118] [119] [120] [121] [122] [123] [124] [126] 朱自清. 朱自清全集: 第三卷 [M]. 南京: 江苏教育出版社, 1996: 64, 126, 143, 135-136, 132-135, 136, 136, 137, 137, 225, 225, 174, 174, 174, 175, 175, 175, 175, 176, 177, 67, 166, 162, 167, 163, 254, 255, 255, 262.

[84] 王瑶. 三十年代的文艺大众化运动——纪念"左联"成立五十周年 [G] //文振庭. 文艺大众化问题讨论资料. 上海: 上海文艺出版社, 1987: 443.

[86] 瞿秋白. 瞿秋白文集: 文学编第一卷 [M]. 北京: 人民文学出版社, 1985: 313.

[90] 费正清. 费正清对华回忆录 [M]. 陆惠勒, 陈祖怀, 陈维益, 宋瑜, 译. 上海: 知识出版社, 1991: 311.

［91］［115］许纪霖. 大时代的知识人［M］. 北京：中华书局，2007：185-186，187-194.

［92］［93］王瑶. 念朱自清先生［G］//郭良夫. 完美的人格：朱自清的治学和为人. 北京：生活·读书·新知三联书店，1987：55，34.

［113］［116］王学谦. 当"君子"遇到"战士"：朱自清的鲁迅论［J］. 中国现代文学研究丛刊，2019（3）：105-106，108-109.

［114］朱自清. 朱自清全集：第九卷［M］. 南京：江苏教育出版社，1998：220.

［132］陈竹隐. 忆佩弦［G］. 朱金顺. 朱自清研究资料. 北京：北京师范大学出版社，1981：300.

第十二章

周有光与瞿秋白

周有光（1906—2017），被美国著名汉学家德范克（John DeFancis，1911—2009）誉为"最有成果和最敏锐的文字改革的倡导者"[1]，最早是在20世纪30年代的拉丁化新文字运动中介入汉语规划事业的。他留下的最早的一篇汉语规划讨论文章应该是收入他《中国拼音文字研究》一书的"疑问句子的构造"（口语文法研究之一），发表于抗战前夕叶籁士主编的《语文》月刊第一卷第二期和第三期。在这篇文章中，周有光第一次以非语文专业的学者身份具体探讨了中国语文的口语语法现象和规律，指出"在大众急于要求文化学习的今日"，必须努力推进中国文法学的进步，而不能"文言文法"与"口语文法"不分。[2]这应该是周有光汉语规划实践的起点，而这起点就明显带有瞿秋白的影响。此时，周有光任教光华大学并在上海江苏银行兼职。也就是从这时开始，周有光与后来长期担任中国文字改革委员会主要负责人的叶籁士交往起来，并走进拉丁化新文字运动的阵营中。

第一节 新文字研究的特异成绩
让大牌经济学家走上语言规划之路

1949年，周有光带着"帮助国家、帮助银行搞经济建设"的梦想从美国回国。受陈望道校长的邀请，他在复旦大学经济研究所任教，并兼任新华银行秘书长，因为有实践经验，他的教学很受学生欢迎。上海各大学院系调整后，他来到上海财经学院任教授兼研究处主任，并与吴大琨（1916—2007）、许涤新（1906—1988）等经济学家一起办刊物，为《经济周刊》撰写专栏文章。他的那些文章不时得到同行的激赏，大家互相激励，刊物办得非常红火。[3]这期间，他已出版《新中国的金融问题》（1949）和《资本的原始积累》（1954）等重要经济学著作。然而，也就在这四五年，作为经济学教授和金融学家，周有光还出版了两本语言学专著《中国拼音文字研究》（1952）和《字母的故事》（1954）。它们都是围绕拉丁化新文字运动的发展而展开的专业研究。前者主要是1950年以来发表在《新文字周刊》等报刊上关于拉丁化新文字运动的实践研究，后者则是关于世界文字发展史的理论探索。就其深度和广度来说，周有光的这些研究和探索恐怕时至今日都是无人匹敌的。这是周有光汉语规划研究的第一个高峰期。可以说，正是这两部重要著作，基本确立了他一个圈外学者在语言规划领域的学术地位。周有光的这些研究成果有一个明确的学术立场或者说学术观点，这就是他在《中国拼音文字研究》一书中所宣称的：

> 从三百五十年前的利玛窦方案起，到最近的拉丁化方案为止，以拉丁字母拼写北方话的方案，举其重要者而言，至少有二十四种以上。北方话拼音方案的研究，几百年来，的确绞了不少人的脑汁。到今天，方案的论争可算告一个段落了。瞿秋白、吴玉章及其他文字革命的同志们所创拟的拉丁化方案，已经被公认为最进步的方案，虽然实用时候的修正研究还是应当鼓励的。[4]

在这里，周有光明确指出，瞿秋白的拉丁化方案（通常简称为"北拉"）是"最进步的方案"。在《中国拼音字母研究》一书中，周有光以相当大的篇幅介绍并论述了拉丁化方案的先进性。他从声母、韵母等方面比较了《西字奇迹》（1605）、《西儒耳目资》（1626）、《语言自迩集》（1867）等书介绍的二十四种方案，重点比较了"威妥玛式"（简称"威式"）、"国语罗马字"（简称"国罗"）和"拉丁化方案"三种。他具体分析指出，从声母书写技术来看，"威式"增设了吐气符号"'"，"国罗""北拉"没有，这是"国罗""北拉"的进步；"北拉"启用闲置字母"c"，并单独使用它来拼写声母"ㄘ"，这又是"北拉"胜于"国罗"的地方；"北拉"声母唯一需要改进的地方就是"rh"在不作独立音节而作拼合辅音的时候可以简写为"r"，即"rhan"简写为"ran"，"rhang"简写为"rang"，"rhui"简写为"rui"。而从韵母来看，他强调，"威式"的"ien"，"国罗""北拉"都拼作"ian"，拼法简单、整齐，这是进步；"儿"的拼法，"威式"是"êrh"，"国罗"是"el"，"北拉"是"r"，三种写法以"北拉"最为简单；此外，"北拉"还保留韵母"yo"以适合"普通话"的拼写要求，而"威式""国罗"拼写的是北京音，无韵母"ㄩㄛ"。

正是因为有这一学术立场，所以，此时作者的基本立足点是一个拉丁化新文字运动的拥护者、参与者和后继研究者。这从《中国拼音字母研究》"后记"里也不难看出。他说：

> 虽然以罗马字母拼写中国语言的研究，已经有三百五十年的历史，但是，我们不能否认，这一研究到如今还没有完全成熟。"北拉"方案是比较成熟的，也仍旧有人表示不能完全同意。……新文字工作者协会的成立给了我勇气。我认识到新文字运动的推进不仅是语言学者的事，而是一切知识分子的责任，真是所谓"匹夫有责"的。[5]

正是知识分子的这份担当和责任使得这时已在经济学领域成绩斐然的周有光转战语言学，肩负起汉语规划的国家重任。从拉丁化新文字运动的拥护者、参与者和后续研究者的立场出发，周有光在《中国拼音文字研究》中深入探讨了新文字普及、推广的一系列实践问题。

一是方言的拼写。周有光认为，瞿秋白是方言拉丁化的首创者。[6] 与瞿秋白一样，周有光对汉语的考察和分析也是从汉语方言的接触和融合入手。在周有光看来，语言的书面化解决之后才是语言的统一化；方言拼音化能在短期内实现，而方言统一除了需要交通的发展、教育的普及和政治经济的统一外，还需要相当长久的时间。所以，中国拼音文字运动最主要的工作是希望每个人能够按照他自己能说的方言写成文字。然而，周有光又发现，在方言拼音化的实践中来自群众的阻力不小，他们一般只看好"北拉"。所以，他明确提出，从"字母表"到"方案"，全国要坚持"一致化"原则，也就是各方言拼音方案要以"北拉"为"基准"，做到"大同小异，能同则同"。[7]

周有光曾将汉语方言分布划分为"普通话区域"和"东南沿海方言区域"两大板块，这两大板块又分为九种主要方言。他认为，语言的基本规律不是从统一走向分歧，而是从分歧走向统一。不同语言，经过接触，就会发生融合，于是语言数目减少而语言应用扩大。所以，不仅这九种方言地区的人们，而且全国其他各民族的民众，都有必要和可能拥有一种"共通"的语言，尽管这是一个"极其缓慢"的过程，但却是可以期待和必须建设的。为此，他提出了建立"二重语言制度"的设想。[8] "二重"是针对"多重"的"无政府状态"而言的。他认为，假如维吾尔同胞学蒙古语，蒙古同胞学藏语，藏族同胞学汉语，汉族同胞学维吾尔语的话，那么大家共聚一堂的时候依然需要翻译。必须在各民族语之外，规划一种全国"共通语"。他强调，之前作为共通语的"国语"并没有真正承担起"共通语"的使命，反倒是民间自然产生的"普通话"（蓝青官话）成为"正在形成中的汉民族统一语的雏形"。[9]他指出，在"国语"运动中，教师教的北京话，而学生学到的是蓝青官话；法定标准是北京话，而实际传播的是"普通话"；这种"普通话"尽管"尚在生长之中"，尽管"不可能有严格的定型"，只是一种"大体以北方话为基础的自然融合语"，但"对于共通语标准的选择，应当是最有参考价值的"。[10]进而，周有光还探讨了国际"共通语"的选择。他指出，汉语在"二战"之后成为联合国五种通用语之一，而且它历史文献丰富，在历史上曾是东亚各国如朝鲜、日本、越南的共通语，只是它的现代学术文献落在人后。

二是汉字的改良。周有光认为，文字是记录语言的方法，但却不是唯一工具。随着现代科学的进步，文字记录语言的唯一性不再拥有，跟着它的崇高性和神秘性也不再存在；拼音和拼音文字将文字工具交给每一个民众，是彻底剥去文字神秘性的希望所在。[11]新中国初期，东北铁路系统实行新文字电报给周有光等新文字研究者以巨大的精神鼓舞。在《字母的故事》一书中，周有光又从世界文字发展史的角度阐述了汉字改革的必然性，指出中国汉字与五六千年在"美索不达米亚"（即中东的"两河流域""幼发拉底河"和"底格里斯河"）流行的钉头字（又称"箭头字""楔形文字"）和五千年前的古埃及字（又称"圣书字"）一样，同属于人类文字史上的"第一个重要阶段"，它们是三大"形声字"。[12]

虽然"字跟着话走"这样的书写革命正在进行，但周有光还是认为，新文字在工农大众中尚未生根，处在其幼年时期，与汉字的竞争处于劣势，只是"法定文字"汉字的"辅助文字"；但汉字可以改良，改良最好的办法是实行"音节字"（或称"基本字""核心字"）。所谓"音节字"，就是用统计方法找出语言音节的最低量用字。在周有光看来，北方话只要四百多个"音节字"就够了，如果按四声来定音节，也只需要一千二百多个汉字。[13]

三是"北拉"的正名。周有光建议，确认"北拉"为正式"注音字母"，由中央人民政府教育部正式公布。这应该是学界最早的倡议，时间是1950年8月。[14]从某种意义上说，今天的"汉语拼音方案"首先起到的就是这种作用。周有光认为，方块"注音字母"没有摆脱方块汉字的束缚，不能连写，虽有声韵分别却不是纯粹的音素符号（一个韵母包含几个音素），而且缺乏国际化的基本条件；所以，即使多年来"注意字母"一直是小学必修课，但大多数人学过都丢了，实用价值相当有限。[15]同时，他认为，"国语罗马字"因为"四声拼写困难"等缺点，不能与大众生活结合，又是"注音字母第二式"，学校不教，其应用性也明显不够。[16]

字母、文字跟着人民的利益走。周有光实际上最早策划了中外地名、街名、姓名和科学名词（术语）的拉丁化，强调字母是没有国家和民族的界限的，在传播过程中通过"假借""合并"和"分化"等方式不断民族化，成为民族字母。[17]他还倡导汉字横行制度的建立。在《字母的故事》中，周有光详细探讨了人类文字书写方式的演进过程。他强调指出，6000年前的"钉头字"塞姆文字最早是从右到左横写的，是3000年前的希腊人把书写顺序颠倒过来，变为从左到右；到公元500年之后，希腊人才完全改变一行向右、一行向左的"牛耕式"顺序以及从下而上的行序，一致采用从左到右的字序和从上而下的行序。用右手写字，从左到右、从上而下是合理的顺序，因此逐渐成为世界上最通行的书写顺序。[18]汉字横行制度的建立，不仅为了"北拉"注音便于与汉字混合书写，也是为了给新文字的真正实行准备好必要的条件，更是为了让中国文字尽快走上科学化、国际化的道路。

与上述新文字的探讨相比，这个时期周有光关于"普通话"的论述最为充分，而且在瞿秋白论述基础上有明显的拓展和深化。

周有光首先从"普通话"的来由强调其历史基础。汉语的发源地是黄河流域，中国历代政治统治中心也在北方，尤其是清代300多年以北京为首都。他具体分析道，从历史来看，从蓝青官话的演进来看，"普通话区域"，也即北方话、西南话和江淮话方言区，几乎占据全部汉人居住区域的三分之二，积聚着全国人口的四分之三。1913年提出的"国语"标准在相当大的意义上是北方话、西南话和江淮话的混合体。1928年改以北京话为"国语"标准；然而，过分严格的"京音主义"，让广大工农群众甚至很多知识分子都被"国语"拒之门外，"普通话"的流行势头依然强于"国语"。[19]所以，假如要用人为的努力去推进汉民族共同语和全国"共通语"的发展，必须顺应"普通话"这条自然融合发展的道路走下去。汉语规划的任务不是去除北方话的特殊地位，而是如何利用北方话为基础和主体的"普通话"的特殊地位，培养和发展全国"共通语"。

接着，他从社会发展的需要进一步阐述了"普通话"的现实意义。周有光指出，在汉语方言尚未统一的悠长岁月中，需要选择一种人口最多、运用最广的方言作为一切方言区的公共媒介，即"共通语"，而"普通话"就是中国事实上的"共通语"。与此同时，中国的各兄弟民族过去可以老死不相往来，现在大家不仅要在同一面五星红旗下庆祝国庆，更要在同一个经济建设计划下工作，迫切需要一种共通的语言。汉语或者说汉语"普通话"选为全国"共通语"，这并不是"大汉族主义"而是全国各民族为了交往方便而有如此选择。民族平等、语言平等，这是中华人民共和国的民族政策。"共通语"选择不仅与民族政策没有抵触，而且有利于各民族间的相互了解、团结和合作。[20] 所以，在周有光的论述中，"普通话"至少有两种含义。一是汉语史上的概念。它是历史上北方话、西南话和江淮话的总称，与旧时所谓的"北方官话、上江官话、下江官话"的"官话"相当；二是汉语规划的概念。它是经过悠久历史的融合演变从民间产生的汉民族"共通语"和全国"共通语"，它接近北京话或北方话，但融合了比北京话或北方话更广的方言因素。在周有光看来，以北京话为基础、并吸收了广大方言因素的"普通话"是汉语发展的主流，是最自然的全汉族的"共通语"和全中国的"共通语"。

此外，他还从语言发展的角度深度探讨了"普通话"作为全国"共通语"的理论根据。周有光认为，从人类语言发展来看，语言是由多而少，由分歧趋向共同的。不同的语言，经过相互接触，就会发生同化和融合。他强调，与欧洲语言相比，汉语虽然方言众多却能相当一致，方言之间基本词汇大致相同，文法基本一致，只是语音彼此歧异，这是中国悠久历史上语言不断融合的结果，是中国人的一种幸运的历史文化传统。[21] 中国的汉语规划应当发扬这个传统，把"国语"运动推进到一个更高的阶段。他指出，由于历史传统的影响，由于有声电影和无线电广播的普及，加上新中国定都北京，事实上北京话对于形成中的全国"共通语"将产生强大的影响。

如果说，周有光上述有关"普通话"的"共通语"建设思想是从瞿秋白汉语规划思想直接延续下来的，那么他的关于国际"共通语"建设思想就是在新的历史条件下的新创，而且极有前瞻意识。周有光的这种承续和新创在其他方面也很容易发现。

周有光作为业外人士的这些专业探讨，很快赢得了陈望道、倪海曙等在上海的拉丁化新文字运动领导和主将的密切关注和热情鼓励，进而受到中国文字改革委员会的领导吴玉章、胡愈之乃至中央高层的重视。[22] 作为这个时期的核心成果，《中国拼音文字研究》一书实际上就是受陈望道的鼓励将发表的文章收集成册的。《字母的故事》也是之前分篇发表在《语文知识》杂志上，后出版单行本。该书让中国广大读者包括中央高层清楚地看到，汉语拉丁化既有其历史演进的可能性和文字革新的科学性，更有其光明的前景。

1955年，他因此特别受邀参加全国文字改革会议，并奉调留京具体参与新中国的文字改革工作。他曾担任中国文字改革委员会拼音方案委员会第一研究室主任，负责的主要就是"汉语拼音方案"的研制工作。

第二节　三年集中攻关成就让周有光成为继瞿秋白之后拉丁化运动集大成者

无疑，这是周有光汉语规划事业的高峰期，也是他人生的最辉煌的时期。这个时期又可分为四个阶段。第一阶段，即1955—1958年，为汉语拼音方案研制攻关阶段。第二阶段，即1959—1965年，为汉语拼音方案研制的总结和深化阶段。第三阶段，即1966—1976年，为"业务休整"与文化反思阶段。第四阶段，即1977—1986年，为汉语规划重启阶段。很显然，除了第三阶段，周有光的每一个阶段都卓有成绩。

周有光这个时期最显著的汉语规划成绩就是领衔其攻关团队极为成功而圆满地研制出《汉语拼音方案》。《汉语拼音方案》于1957年11月1日由国务院全体会议通过，1958年2月11日全国人民代表大会批准颁布实施。整个方案由字母表、声母表、韵母表、声调符号和隔音符号共五个部分组成。虽然全部文本不到800字，但内容相当丰富和完备。特别是在"音节拼写"规则之外，方案还规定了"词儿拼写"（即"正词法"）最基本的内容，比如"隔音字母""隔音符号"和"大写字母"的用法等。《拼音字母基础知识》（1959）一书深入浅出且极其详实地介绍了《汉语拼音方案》的基本内容，包括字母的名称、体式、图形、顺序、来源以及汉字注音、拼写普通话等具体应用。两年后，周有光又写有《汉字改革概论》（1961）一书，对这些内容作过理论上的阐述和分析。

从《拼音字母基础知识》《汉字改革概论》等书关于《汉语拼音方案》的介绍、阐释不难看出，周有光及其团队在方案研制过程中对汉语拼音前景的探讨和追求曾进行过多方面的努力。

第一，拉丁字母的民族化。这从拼音字母名称、声调符号、辅音字母的设计等方面都看得非常清楚。周有光他们设计的这套字母名称，既有字母读音的"区分度"（即周有光所说的"区别力"），也有国际习惯的考量，更有民族形式"诗词化"的探索。从下表12-1注音字母、国语罗马字和汉语拼音的字母名称对比就不难看出这些。[23]

表12-1　《汉语拼音方案》字母名称比较一览表

拉丁字母	a b c d e f g	h i j k l m n	o p q r s t	u v w x y z
注音字母名称	abo cĭ de e fo ge	hei ji ke le mo ne	o po qirĭ sĭ te	uvo - xi - zĭ
国语罗马字名称	a be se de ê fe ge	hei zhĭ ke le me ne	o pe ku rĭ sĭ te	uve we ksĭ ye zĭ
拼音字母名称	abê cê dê e êf gê	ha i jie kê êl êm nê	opê qiu ar ês tê	u vê wa xi ya zê

叶籁士在《汉语拼音方案问答》一书中也说：

> 为了念起来方便，二十六个字母……分成四句来念，即两句七言，两句六言。……念成四·三，四·三，三·三，三·三的格局，这样句句押韵，极便记忆。[24]

为了让中国的中小学生和普通民众熟悉这套拼音字母，周有光还请音乐家张定和谱写出《拼音字母歌》。声母和韵母是学习的重点，周有光为此还专门设计了声母口诀和韵母口诀。其中，声母口诀《采桑歌》唱道：

春　日　起　每　早，
ch-n　r　q　m　z
采　桑　惊　啼　鸟。
　　c　s　j　t　n
风　过　扑　鼻　香；
f-ng　g　p　b　x
花　开　落，
　h　k　l
知　多　少。
zh　d　sh [25]

这些努力和措施极大地促进了拼音字母的普及，使广大学习者特别是中小学生真切体会到拼音字母是"汉语字母"，是中国人自己的字母。应该说，这是瞿秋白当年研制拉丁化方案时想做而来不及做的事情。

第二，方案服务的普通话专属化。虽然只要加上一些补充设计，汉语拼音就可以拼写各地方言。但周有光一再强调，汉语拼音方案是专为普通话服务的，它既不是汉字拼音方案，也不是方言拼音方案，更不是文言拼音方案，而是"普通话拼音方案"，一切为了拼写普通话。普通话有22个辅音，可拼音字母中除了"v"之外只有18个辅音字母。周有光他们设计了四组"双字母"（zh、ch、sh、ng）来补充。[26] 普通话里有九个单元音，可拼音字母表中只有五个元音字母。周有光他们从三个方面破解了这个难题。一是添加符号，在元音字母上附加了两种符号，即让"e"戴上帽子成为"ê"，让"u"戴上眼镜成为"ü"。二是合并字母，让"e"与"r"合并成为"er"。三是兼用，让元音字母"i"兼任舌尖元音"ɿ"（又可分为舌尖前元音"ɿ"和舌尖后元音"ʅ"）。这样普通话的九个单元音都有表示办法了。[27] 以北京语音为标准音的普通话只有阴平、阴平、上声、去声四个声调，没有入声，周有光他们也只设计四个声调。这四个声调都可能有一种名叫"轻声"的"变调"；既然是"变调"，就强调不便称作"第五调"，书写时不标。具体标法，比如：mā（阴平，妈），má（阳平，麻），mǎ（上声，马），mà（去声），ma（轻声，吗）。可以说，设计并配备好普通话的22个辅音、9个单元音和4个声调，是汉语拼音方案研制的核心工作。

其实，以北京语音为标准音的"普通话"是在1955年全国文字改革会议上才确立下来的。也就是说，周有光来中国文字改革委员会工作的第一天起，"普通话"就有了"北京标准音"了，这是《汉语拼音方案》研制成功的重要背景。在这期间，周有光关于"普通话"作为"共通语"建设思想也有了新的进步。《普通话常识》一书中，周有光有关普通话的探讨清晰地展示了他在这方面认识上的深化。(1) "北方话"区域广大、人口众多，北京是"北方话"的代表地点，这是现代汉语的基本特点，更是"普通话"作为"共通语"建设的主要原因。[27] (2) "方言至上"的思想是落后的、保守的。在汉民族语言生活中，"普通话"作为方言集中的产物，是以一种方言为基础发展起来的，吸收了各地方言中有普遍应用价值的词汇，还吸收了古代汉语和外来语言中有用的词汇。它除去了基础方言中的俚语，改进了它的修辞，整理了它的语法，成为比方言更丰富、更精炼也更高级的语言。[29] (3) 学习普通话要以汉语拼音为工具。因为只要掌握好汉语拼音为普通话准备好的三四十个字母和符号就能拼写出任何普通话，学好普通话。完全用口耳相授或专门依靠留声机、录音机和无线电广播来学习普通话都是很好的方法，然而，它们都有时空限制。[30]

第三，拼音文字目标的长远化。拼音文字的规划和实施要做长期的准备，不可毕其功于一役。眼下制定的是汉语拼音方案，而不是汉语拼音文字方案。汉语拼音可以作为研究和实验汉语拼音文字的基础，但它还不够成熟，只是一种雏形。《汉字改革概论》一书中，周有光对此作了明确阐述：

283

> 我们"正在有着"汉语拼音文字。我们已经有了文字幼苗的汉语拼音，但是还没有枝高叶茂的汉语拼音文字。汉语拼音已经开始并且正在成长为汉语拼音文字，但是现在还不等于文字。[31]

周有光强调，要想成为正式的文字，至少还要满足两个条件，一是汉语拼音以及汉语拼音的拼写对象普通话在群众中的接受度、使用度高；二是正词法完善。这两个条件都需要时间，特别是第一个。就正词法来说，周有光认为，有两个技术难题需要突破。一是分词连写法，二是同音词区分法。他指出，"分词连写法"不仅是一个构词原理问题，还有群众习惯问题。确实如此，时至今日，对于汉字文本分词连写的尝试和实践，一般读者都感到不习惯，更不愿意接受。比如，湖南师范大学彭泽润教授在他的著述中就有这种尝试或示范。下面这段文字就选自他的《词的理论及其应用——中国语言现代化展望》一书：

> 从符号学的角度来看，口语是思维的编码，书面语是口语的编码。文字只是语音的转换，是语言从听觉形式转换到视觉形式的结果。因此，只有口语词才是词的根本实体，文字只是书面词的直观形式，是语言的外层形式。我们不能混淆它们本质不同的结构层次。[32]

对于"同音词区分法"，周有光认为，除了要发掘更多、更科学的同音词区分办法外，也要解决一个社会习惯问题，这些都需要时间。此外，还要获得事实上的合法地位。因为任何一种有现实意义的文字都有其流通性、规范性和合法性。过去没有文字的少数民族可以制定拼音文字方案，而且从定案的第一天起就是唯一合法文字，没有其他文字来比较其流通性和规范性的大小。这就是说，作为"文字幼苗"的汉语拼音存在与现行汉字的竞争；要想在竞争中获胜，汉语拼音必须在流通性、规范性方面做更多的努力，最终赢得其合法性。就汉语拼音的流通性来说，熟练掌握汉语拼音和普通话的人数至少要赶上熟练使用汉字的人数。无疑，这需要相当长的时期。

第四，汉语拼音应用的多领域化。用心探讨语言文字在科学技术特别是实际生活中的应用，这是周有光迥别于一般语言学家的地方。早在1950年，周有光就开始关注东北铁路试用新文字电报的意义。据介绍，东北铁路从1947年春季就开始新文字电报的研究。[33]周有光曾出版《电报拼音化》（1965）对此作专题探讨。他将中国人对电报拼音化的提倡追溯到1896年蔡锡勇的《传音快字》

及汤金铭所作跋语《传音快字书后》。他指出,《汉语拼音方案》1958年2月定案后,东北铁路的电报1958年7月就一律"改用国家公布的汉语拼音",国家邮电部也于1958年10月开始开办"国内汉语拼音电报"业务。而跟电报相似的另一种传信技术视觉通信(含"旗语"和"灯语")后来也都改为汉语拼音。[34]

与此同时,周有光还探讨了序列索引、科技代号、行业用语缩写、音译术语转写、汉语速记基础、盲文语文工具基础和文字工作机械化等多方面的应用。比如在文字工作机械化方面的探讨就展示出汉语拼音广阔的应用前景。《汉字改革概论》一书介绍的文字工作机器就包括书写机器、印刷机器、传信机器、记账机器、翻译机器、文书机器、读字机器、听话机器以及其他专用机器。其中,关于翻译机器的设计就介绍了刘涌泉《机器翻译和文字改革》一文的研究成果,指出汉字和汉语拼音相互翻译的机器是首先急需设计和研制出来的。[35]

从某种意义上说,1958年秋到1959年春在北京大学开设的"汉字改革"课程的讲稿,也就是1961年出版的《汉字改革概论》一书,是周有光对自己1955年参加国家文字改革工作以来的一次学术总结。苏培成(2014)认为,这是"国内'五四'以来第一本从理论上讲清楚文字改革的学术著作"。[36]该书的核心内容就是《汉语拼音方案》设计、应用以及正词法的解说和阐述,但也有汉字简化方面的探讨。它们都放在1892年卢戆章《一目了然初阶》(切音新字厦腔)所开启的中国现代语言规划运动历史长河中来考察。

然而,在笔者看来,周有光更具学术总结性质的还是他1986年出版的《中国语文的现代化》。首先,经历"文化大革命"十年的"业务休整",周有光对近一个世纪的中国现代语言规划有了更为系统的理论反思,对自己领衔研制的《汉语拼音方案》等汉语规划成果,包括已经取得的成就和后续要做的工作等有了更为深切的领悟和把握。比如,1980年10月,他在中国语言学界明确提出"文字改革就是语文现代化"的重大命题。[37]而在1979年高校文字改革教材协作会议发言中他就特别强调:"四个现代化"实质是"科技现代化",但"现代化"不仅是自然科学的现代化,还要有"社会科学"的现代化;从汉字海洋中走出来,就是文字改革,就是"文字现代化"。[38]实际上,在20世纪60年代,周有光就关注到国际上在流行"语文现代化"的说法,1967年在马来西亚就举行过"亚洲语文现代化"国际会议,到会的有亚、欧、美等地许多国家的学者。[39]笔者注意到,自从瞿秋白1931年提出"现代普通话的新中国文必须是真正现代化的"汉语规划理念之后,一直到20世纪70年代末,除了1942年朱自清在《经典常谈》中谈到"国语的现代化""语言的现代化",[40]语言学界很少有这方面的专题探讨。其次，周有光的研究有了更高的工作平台和更广阔的学术视野，仅国际性的学术会议就参加过多次。1979年4月，他曾作为中国代表参加了国际标准化组织（ISO）在波兰华沙召开的"第46（文献工作标准化）技术委员会（TC46）会议"，并在会上代表中华人民共和国发言，题目是《汉语的罗马字母拼写法：历史发展和汉语拼音方案》；这个发言的书面稿就发表在1979年联合国教科文组织的英文杂志《信息科学、图书馆学和档案管理》1979年第3期上。1983年9月，周有光赴美国夏威夷檀香山参加"华语社区语文现代化和语言规划国际会议"；他的参会论文《中国语文的现代化》发表在国际著名英文期刊《国际社会语言学杂志》第56期上。[41]最后，这期间，周有光对汉语规划史有了更深入更系统的研究。笔者想在这里特别指出的是，1985年周有光曾发表《中文拉丁化的创导人瞿秋白》一文。无疑，这是瞿秋白汉语规划思想研究史上极有分量的一篇力作！周有光在文中怀着无限崇敬的心情郑重指出，瞿秋白是中国语文走向新时代的"先驱者"，在汉语现代化大潮中发挥着"承前启后的历史作用"，是拉丁化新文字运动的"关键人物"。[42]周有光强调，瞿秋白旗帜鲜明地反对用"国语"来统一各民族语言，认为中国有一种普通话"可以做一般的标准"；1955年全国文字改革会议将过去的"国语"改为"普通话"，"显然是受了瞿先生的影响"。[43]周有光还指出，瞿秋白主张全用拉丁字母、不造新字母，这乃是拉丁化新文字和汉语拼音方案的共同原则。[44]笔者认为，与一般学者不同，周有光不仅对瞿秋白在中国现代语言规划史上的地位有着精准的宏观把握，而且对瞿秋白拉丁化主张的主要文献《鬼门关以外的战争》一文和《中国拉丁化的字母》一书曾有精深的研读和思考。瞿秋白有关中国语文现代化的论述就首先出自周有光读到的《鬼门关以外的战争》这篇经典性文献。

周有光在改革开放的新情势下再次提出"中国语文现代化"的汉语规划建设思想，这是历史的承续。围绕这一重大命题，他不仅概括出语言共同化、文体口语化、文字简便化、注音字母化、语文电脑化、术语国际化等语文现代化的基本规律，而且从以下四个方面对新中国成立以来的汉语规划工作做出了很好的总结。

一、"双语言生活"的建设

可以说，"双语言生活"是周有光20世纪50年代提出的"二重语言制度"设想的具体化。周有光最迟是在1982年引入"语言规划"（language planning）的概念。[45]在他的汉语规划论述中，"语言"和"文字"都是广义的，"文字"

涵盖"语言","语言"也包括"文字"。所以,周有光所倡导的"双语言生活"实际上就是"双语文生活"。

从语言来说,周有光认为,中国人很长时间只有单语言生活,即只说方言;即使是读书人、知识分子,由于缺乏共通语教育而只会说方言,甚至说"官话""国语"还被人讥笑。改革开放后,现代化潮流奔涌向前。周有光强调,工业革命后,西方国家都把共通语教育作为国家建设的重要工作。日本明治维新以后,大约用20年时间在全国学校中普及了东京话为标准的国语。这比西方国家晚了一百年,却比中国早一百年。[46]所以,原来只有少数官吏和商人需要学习不标准的共通语,现在全体人民都要学习标准共通语,变"单语言生活"为"双语言生活"了。这是国家现代化的必然。更不要说,现代传声技术发展突飞猛进,作为共通语的标准语是使传声技术有效发挥作用的必要条件。"人机对话"的应用将日益重要,打一个电话到资料中心,日夜值班的机器将会告诉你关于某一主题的资料情况,足不出户可以走遍各地图书馆。

从文字来说,周有光强调,汉字是历史的宝贝,也是现代化的包袱。但"建设高速公路,不必拆毁普通公路"。所以,他主张"决不丢掉汉字",又"要采用拼音文字",汉字和汉语拼音并用,实行"两条腿走路"。在使用汉字的同时,借汉语拼音弥补汉字的不足。汉字和汉语拼音各得其所,各尽所长。在周有光看来,虽然书写汉语需要上万个汉字,而用拼音只要二十六个字母;但是,从目前情势来看,在可预见的未来,不仅拼音成为唯一法定文字没有可能,就是同为法定文字也很可能只是梦想。然而,作为辅助文字工具,汉语拼音可以在汉字不能有效应用的场合来应用,甚至有跟汉字同样的一切场合应用的机会。这就是所谓的"双文字制度"。周有光认为,应用范围从窄到宽,文字地位从辅助到合法,这中间没有不可逾越的障碍,关键是要不断扩大拼音的流通性。只要流通性增加,汉语拼音就能从辅助地位走向事实上的法定地位。[47]

二、汉语拼音与计算机的融合

与汉字相比,拼音在与计算机融合方面优势极为明显。周有光曾谈道,汉字的计算机输入是中文信息处理的"瓶颈",其设计多达几百上千种,或要另行编码,或需大键盘,而且难有一个统一标准。中文有两种法定文字工具,一种是汉字,一种是汉语拼音。汉字是正式文字,汉语拼音是法定的辅助文字工具。汉字与汉语拼音并用,实行中文信息处理的"双轨制",有望走出"瓶颈"。[48]这实际上也是"双语言生活"的深化。

计算机里储存好汉字库和词汇库之后,输入汉语拼音,可自动转换为汉字输出。汉语拼音转换为汉字并不神秘。它其实就是一部由汉语拼音到汉字的自动翻译计算机，但它比从外文到中文的自动翻译计算机要简单得多。因为从汉语拼音到汉字，文字符号虽然不同，但语言相同。把汉语拼音转换为汉字的繁难工作交给计算机去做，计算机使用者对于汉字字形可以全然不管，只要能够输入拼音信息，汉字都能正确无误地输出，包括繁体简体。同音词问题并不能对汉语拼音与计算机的融合造成太大的妨碍。因为"同音汉字""同音异调""古今语词"以及"词组和词儿同音"都不是或不一定是同音词，真正的同音词数量其实并没有想象的多。统计表明，汉语普通话中的同音词只有日语同音词的三分之一。[49]周有光还指出，倡导汉语拼音首先与计算机融合，并不是废除汉字编码。比如文言文章，比如姓名用字，有的时候还是需要汉字编码输入。过去东北铁路电报全用汉语拼音编发，但人名用字则以"四码"表示。汉语拼音也不是全能的。

从世界看中国，这是周有光一生特别是晚年最重要的学术思想。周有光不仅看到了中国失去了一百多年大众化字母打字机时代，[50]而且看到了汉字文化圈的日本也走在"信息时代"的前列。从日本的"日语语词处理机"和"日语罗马字输入法"那里，周有光得到灵感和信心，可以研制中国自己的"中文语词处理机"。[51]还是在20世纪80年代初，他不仅关注到使用拉丁字母和阿拉伯数字的国际情报网络检索终端已经伸展到香港，而且开始关注到能够处理自然语言（语音）的新一代计算机。[52]

三、正词法与汉语拼音的国际化

正词法指的是汉语普通话的"词儿"（包含词、语词）为单位的拼写规范，是1958年颁布的《汉语拼音方案》没有也难以解决的问题，但却制约着汉语拼音的应用和文字化步伐。当年瞿秋白就特别重视"字眼""字根"的研究，《新中国文草案》（1932）一书就有讨论"分写"和"连写"的"文法规则"一章。而在其更早的《中国拉丁化的字母》（1929）一书中，他具体论述道：

> 汉字本来不是"词儿"，不是外国文里的"word"；在现代的中国话和中国文里，每一个汉字都不过是一个"音段"（syllabe），而不是一个词儿。因此，如果用字母拼出来，并且照欧罗巴的文字一样写法，那么，一定不会混淆的。例如，英国文里，有"international"，有"consolidation"，这些词儿里的"tion"，声音是完全相同的，但是并不因此就互相混淆起来。[53]

瞿秋白这里所说的"欧罗巴的文字一样写法"就是指的"分写"和"连写"。应该说，周有光是继瞿秋白之后正词法研究最深入也最有影响力的学者。在《汉语拼音方案》公布初期，周有光就曾详细归纳了正词法8方面内容：一是分词连写法；二是音译外来词拼写法；三是同音词分化法；四是文言成分处理法；五是略语表示法；六是标调法；七是大写字母用法；八是标点用法和移行法。[54]

1979年4月国际标准化组织（ISO）在波兰华沙召开的"第46技术委员会"会议极大地加快了汉语拼音正词法的研究步伐。周有光在上述正词法内容研究的基础上，深入探寻了正词法的5大特点：一是语言的自然节律；二是视觉要求与听觉要求的基本一致；三是语音、语法多重规律的综合；四是连写、半连写和空格三种手段；五是合理性与习惯性的结合。[55]接着，他又专题探讨了正词法十三个内部矛盾：一是语音节律与语法的矛盾；二是视觉与听觉的矛盾；三是理论词和连写词的矛盾；四是空格、连写和半连写的矛盾；；五是习惯性与合理性的矛盾；六是字和词儿的矛盾；七是词化与非词化的矛盾；八是离合词的矛盾；九是常态词和临时接合词的矛盾；十是双音节化与语法的矛盾；十一是原调与变调的矛盾；十二是注音与转写的矛盾；十三是文言和白话的矛盾。[56]进而，他还详细追溯了人们对于"词儿"与"正词法"的认识发展过程。他指出，中国人一直只有"字"的概念，直到1923年才由黎锦熙发现"词儿"，并倡导"词类连书"，高调指出"汉字革命的第一关，就是'词类连书'"。[57]然而，今天看来，黎锦熙那时对"词儿"结构的认识并不透彻，比如，他在"复音词"构成要素分析中常常裹进一些词品、词性的探讨，混淆了词语结构与语法词性的关系。[58]周有光强调，20世纪30年代拉丁化新文字运动是正词法研究的重要发展期，那时"词儿连写"很流行，其具体做法是"分词连写"，这极有价值的参考。[59]20世纪50年代开始探讨的"分词连写"是正词法研究的重大进步，在探讨了正词法内部各种矛盾之后，人们终于认识到"约定俗成"才是它的灵魂所在。所以，一切都要等待群众在实践中的创造。这也就是正词法规范不能及时发布的根本原因。

正词法规范问题，很大意义上也就是中文拉丁字母拼写的国际标准化问题。1981年，国际标准化组织（ISO）在中国南京召开了"第46技术委员会"会议。周有光在会议报告中指出，《汉语拼音方案》的发布和实施，目的就是结束专有名词、科学术语等语词拼写的混乱局面，使中文拉丁字母拼写标准化。在1958年《汉语拼音方案》公布前的一百多年，威妥玛式拼写法（1867）是最流行的拼写设计。1977年，联合国地名标准化会议采用了汉语拼音。1979年后，威妥玛式和其他各式，除台湾外，不再在中国应用。与此同时，中国大陆学校每年新增 2000 万左右汉语拼音学习者。欧美国家的地图册以及其他出版物，包括几种有名的百科全书都已使用汉语拼音。国际标准化组织正在进一步推动汉语拼音成为各国图书馆、资料库、情报网络等机构文献工作的国际标准。许多国家的学生也采用汉语拼音作为学习汉语的工具。而技术方面来看，"威妥玛式"是一个世纪前的设计，那时汉语音位学知识还很不完备，很多辅音（声母）混为一谈，比如姓周（Zhou）的成姓丑（Chou）的（那是另一个姓），姓邓（Deng）的成姓滕（Teng）的（那也是另一个姓），j、q、x 与 zh、ch、sh 都纠缠在一起。[60]虽然正词法规范尚未出台，但因为有上述流通前景和拼写技术优势，就在南京会议的第二年，1982 年 8 月，国际标准化组织表决通过了一份文件 ISO－7098《文献工作——中文罗马字拼写法》，正式批准汉语拼音为汉语拼写的国际标准。

四、现代汉语用字表与现代汉字学的创建

任何文字都在演变，但也要有稳定。周有光认为，从一般语文应用来看，汉字简化有好处，但好处不大；而从语文工作机械化来看，有好处，好处不大，更为明显。所以，汉字简化结束之后，必须对汉字做全盘整理，对汉字进行分类、分组、分期、分层。

首先是在现代汉语用字与文言古语用字之间划分一个界限，对汉字的古今"字性"进行审查，整理出一份约 6000 字的"现代汉字表"，作为今后现代汉语书刊用字的一般范围和汉字再整理、再研究的基础。其次是从"现代汉字表"中选出 3000 字左右，作为现代文字机械和计算机的"标准技术用字"，3000 以外用"同音字代替"或"汉语拼音代替"。[61]可以说，周有光这里 3000 字左右的"标准技术用字"计划与瞿秋白当年 2500 多字"字根用字"设想极为相似。

上述汉字整理计划将周有光在 20 世纪 50 年代开启的现代汉语用字定量研究（即"音节字"）引向了深入。"现代汉字表"的全称是"现代汉语用字表"，该表有"定量、定音、定形、定序"四项要求，但基础是"定量"。周有光指出，中国汉字计量学是从美国引进的。早在 1920 年陈鹤琴就组织力量采用统计方法研究语体文用字频率情况，并于 1922 年在《新教育》第五卷第五期发表收录 4,261 字的《语体文应用字汇》，1928 年又出版单行本。[62]但引进的只是"常用字"概念而没有"用字全表"的概念，也就是说只有"字频"概念而无"字性"概念。日本《当用汉字表》（1946）和《常用汉字表》（1981）也没有"用字全表"概念。书写现代汉语普通话究竟需要多少用字？在不再起用死字也

不再创造新字的原则下，能否和如何减少用字总量？这是现代汉语用字定量研究的两个核心问题。周有光曾用"造句实践法"和"波圈扩大法"等方法试图得到这个"用字全表"。[63]

由"字性"概念出发，周有光将"汉字学"分为现代汉字学、历史汉字学和外族汉字学。现代汉字学除了上述"字量"研究外，还有"字形""字音""字序""字义"和"汉字教学法"研究。其中，"多音字的整理"研究、"声旁的表音功能"研究极大地拓展了语言学界关于汉字"字音"研究的视野。

第三节　耄耋之年的周有光继续引领中国现代语言规划

其实，出版《中国语文的现代化》的那一年，周有光已有八十高龄了。然而，耄耋之年，他仍笔耕不辍，而且展现出毫不停歇的锐气、毅力和胸怀。仅汉语规划这个领域，他就出版了《世界字母简史》（1990）、《新语文的建设》（1992）、《中国语文纵横谈》（1992）、《〈汉语拼音方案〉基础知识》（1995）、《语文闲谈》（1995）、《世界文字发展史》（1997）、《中国语文的时代演进》（1997）、《比较文字学初探》（1998）、《新时代的新语文》（1999）、《人类文字浅说》（2000）、《二十一世纪的华语和华人》（2002）、《语言文字学的新探索》（2006）、《汉语拼音·文化津梁》（2007）、《孔子教拼音：语文通论》（2011）等十多部著作。

其中，《二十一世纪的华语和华人》《语言文字学的新探索》《孔子教拼音：语文通论》三部著作很能代表这一时期的学术成果。可以说，从世界语言文字的发展来考察中国语言规划的未来，这是周有光一生最重要的学术智慧；从20世纪50年代《字母的故事》的出版，这一思想越来越清晰。晚年周有光的汉语规划探讨都是这一学术思想的成果。

一、全球化时代的中国语文

周有光曾强调指出，二战以来，欧盟的形成、美国的扩张等都在具体展示当今世界正从现代化走向全球化。而无论是现代化还是全球化，都是全方位的，从经济深入到政治、文化各个方面，语言也不例外。农业时代，文字为语言打破时空限制。到了工业时代，电话、录音、广播、电视等现代传声技术使语言，特别是国家共通语，越过文字也能传播久远。进入信息时代后，计算机、多媒体和互联网不仅使语言能够很便捷地与文字、图像一道在世界各地传播，语言之间实现了机器的自动翻译,而且还让英语成为事实上的世界共通语。[64]每个国家都要既用本国共通语,又用国际共通语。"双语言生活"因此有了新的内容,中国更不例外。

然而,所有的机器翻译都要求必须是"分词连写"的语言。所以,周有光对此强调指出,"分词连写"的汉语拼音可以而且正在帮助汉语走进以信息化为主要特征的全球化时代。[65]

周有光是汉语拼音"分词连写"规范的主创者。《汉语拼音方案》研制任务基本完成之后,研究设计出"分词连写"的"汉语拼音正词法基本规则"便成为他的主要课题。1958年,周有光就编写出版了《汉语拼音词汇》(初稿),收词20,100条,1964年《汉语拼音词汇》增订版增加到59,100条。《汉语拼音词汇》以规范化的普通话为收词范围,以"分词连写"为原则,表示汉语拼音的拼写规范;"中文语词处理机"采用"拼音输入法"的基本条件就是机内要存储一本《汉语拼音词汇》。改革开放后,1982年3月,中国文字改革委员会为此新成立了"汉语拼音正词法委员会";作为该委员会的核心成员,周有光开始草拟《汉语拼音正词法基本规则》。1984年10月,中国文字改革委员会批准发表了《汉语拼音正词法基本规则(试用稿)》。1988年,《汉语拼音正词法基本规则》定案并正式公布。1996年,国家技术监督局将它确认为"国家标准"(GB/T16159-1996)。

为了让汉字输入计算机,人们围绕汉字字形研制出的"拆字编码法"有上千种;但都是"看打",一边看稿一边打字输入。这种"看打"技能要有三个月左右时间的培训才能掌握,曾一度让一些青年谋得一份新职业(专业打字员),风靡各地。然而,汉语拼音的"分词连写",运用"以词定字""高频先见""用过提前""语段储存"等"高层次"输入技术,却最终让无数无专业训练的普通人实现了高效率的"想打",一边思考一边输入。[66]这不仅让汉语的机器翻译成为可能,而且还让外国人学习汉语有了令人惊异的速度。正词法的核心内容和根本精神就是"分词连写"。周有光因此以极高的热情肯定和称赞德范克的《ABC汉英词典》(1996)是"第一本"实行了《汉语拼音正词法基本规则》及其"分词连写"原则的词典;其价值在革新汉英双语词典方面,不仅是继马斯修《汉英词典》(1931)、林语堂《当代汉语词典》(1972)、北京外国语大学《汉英词典》(1978)之后又一个"里程碑",更重要的是,它引导和推动了中国语文向信息化时代前进的步伐。[67]说实在的,写汉字、说四声,对外国学生可不是一件容易事。美国有些学校甚至规定,成绩达到A等的学生才可选读汉语。[68]然而,使用汉语拼音,特别是实行"分词连写",极大地提升了外国人的汉语学习效率。而且，具有"分词连写"特征的拼音"汉源词"正越来越快地融入世界主要字母文字，特别是在英语圈国家广泛流行。[69]

不过，周有光认为，中国是一个勉强进入现代却又恋恋不舍古代的社会。[70]所以，"分词连写"的普及遇到的阻力不小。既不分词也不连写的汉字书写方式根深蒂固。汉语拼音正词法成为难于理解的新事物。周有光就谈道："在中国大陆商店招牌上，随处可以看到，不是将拼音一个一个分开来写，就是把拼音一长串连接着写下来。"[71]"分词连写"的汉语拼音能否抵挡得住传统力量的持续冲击？周有光的观察敏锐、深刻，回答更是肯定又睿智。他说：

在改革开放的新形势下，看来是没有问题的。因为改革开放需要文化交流，而文化交流需要拼音。人类正在向更加开放和更多交流的方向前进。拼音必然越来越多地得到应用。[72]

在周有光看来，中国已经融入全球化的新时代；伴随着全球化时代文化交流的不断深入，汉语拼音及其"分词连写"规则将不断走进中国人的新型语言生活。

二、人类文字史上的中国汉字

周有光认为，汉字产生于中国中原地区，接着，它从黄河流域传播到长江流域、珠江流域，进而传播到周边的许多少数民族，包括古代的北方民族和现代的西南民族，再传播到四周邻国，主要是日本、朝鲜和越南。在过去2000多年的传播中，许多民族和国家的人们有学习、有借用、有仿造，更有创造，出现了很多"汉字型文字"。[73]周有光曾有一个统计，"汉字型文字"除了汉语汉字外，有19种语言的30种文字。其中，孳乳仿造的汉字型文字主要有壮字、喃字、苗字、瑶字、侗字、白文、哈尼字、仡佬字和阿细彝字，变异仿造的汉字型文字主要有契丹大字、女真字和西夏字。而汉字型字母在现代社会则有其不同的应用前景，主要有日本假名、朝鲜谚文和中国的注音字母、江永女书等。[74]

可以说，从开始进入"文改会"研制汉语拼音的第一天起，"汉字在人类文字史上的地位"这一理论问题就萦绕在周有光的心头，一直到他晚年。从《字母的故事》（1952），到《世界字母简史》（1990），再到《世界文字发展史》（1997）和《比较文字学初探》（1998），就是这方面的主要成果。

周有光首先明确否定了"语言决定文字"这种说法。一种语言也可以用多种字母来书写，一种字母可以适应多种语言。一方面，同为汉藏语系的藏语，与汉语一样，音节分明，也没有词尾变化，文字却是用的表音字母；另一方面，非汉藏语系的朝鲜语和越南语过去都使用过汉字，日本语有词尾变化也不属于汉藏语系但至今都没有放弃汉字。[75]进而他又深入分析了流行于西方学术界的说法"文字是从表形到表意再到表音的"。他强调指出，文字"形意音"的发展不是在本土传承中完成的，而是在从本土到异地的传播中形成的。[76]"两河流域"的"钉头字"是这样，黄河流域的汉字也是如此。汉字结构在中国本土的所有变化只有量变而无质变。也就是说，随着历史的演进，汉字声旁数量在增加，其形旁也跟着增加；尽管形声字的比重历代在增加，但汉字整体性质没有发生变化，不是表音文字。然而，汉字传播到日本之后，变化就非常大，而且发生了质变。在日本，汉字起先还是书写汉语，后来就直接书写日语了。但就在书写日语过程中，汉字演变成"假名"，即公元八世纪将《万叶集》书写并流传下来的"万叶假名"。"假"就是"借"，"名"就是"字"。具体来说，日本有几个音节就借用几个汉字；因而，汉字被借用的仅仅是其"音"和"形"，所以叫做"假名"（"真名"就是"形音义"全借来的"汉字"）。后来假名又演变为书写日本本国语的平假名和书写外来语的片假名。

  周有光在《世界文字发展史》一书中将世界文字的发展划分为三个发展时期，即原始文字、古典文字和字母文字，也就是尚未成熟的形意文字、已经成熟的意音文字和分析语音的表音文字。同时他认为"汉字"与两河流域的"钉头字"和古埃及的"圣书字"是"三大古典文字"。[77]他特别指出，尽管这三大古典文字的面貌迥然不同，但它们的符号都是表示语词和音节，都属于"语词·音节文字"，它们的表示法都不是纯粹"表意"，也不是单纯"表音"，而是表意兼表音的"意音文字"（形声字）。周有光还发现，汉字中的"六书"规则在古典文字中具有"普遍适用性"。不仅"圣书字""钉头字"都有象形、指事、会意、假借、形声和转注（因为钉头笔画掩盖了字形变化，钉头字难以看出"转注"的痕迹），而且中美洲古代土著居民玛雅人创造的"玛雅字"和中国四川、云南地区彝族还在使用的"彝文"也可以用"六书"来解说它们的造字和用字原理。[78]

  从文字发展的现状来看，"钉头字"曾在西亚流行3000千年，约在公元1世纪已消亡，"圣书字"也被人类遗忘1000余年，不再使用了，唯有黄河流域的"汉字"岿然独存。那么，在汉字与字母文字共存的当代世界文字格局中，作为"古典文字"的汉字目前居于怎样的力量对比呢？周有光在《世界文字发展史》一书中给出了一个"世界文字分布统计示意图"[79]，参见图12-1。

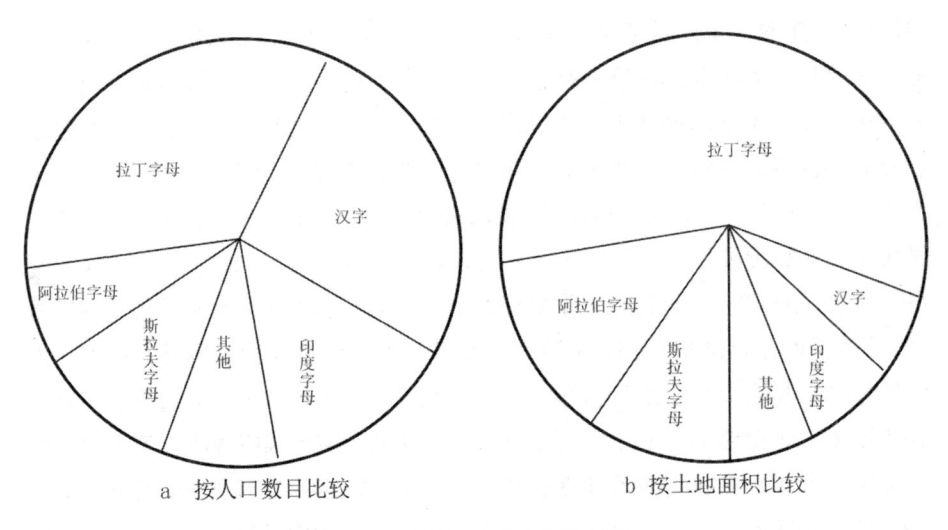

a 按人口数目比较　　　　　　b 按土地面积比较

图 12-1　世界文字分布统计示意图

从图 12-1 不难发现，汉字与拉丁字母为主体的字母文字相比，无论从人口数量还是土地面积来看，都明显处于劣势。所以，如果在可以预见的将来还想汉字为人类服务的话，必然要充分发挥汉语拼音所具备的字母文字特点的作用。周有光所一贯强调的"利用拼音，帮助汉字"成为汉字使用者的必然选择。另外，整理汉字，减少它的学用不便，也是一项重要工作。

三、应用语言学的当代应用

语言学分为两大板块，本体研究和应用研究。周有光主要从事的是应用研究。比起一般语言学家，他在这方面显得特别敏锐。从大学时代对"字母管理法"的关注到 20 世纪 50 年代的《电报拼音化》的出版，从 20 世纪 80 年代汉语拼音国际标准的倡导到 20 世纪 90 年代"语词处理机"的设计，周有光一直走在语言学家们的前列。耄耋之年，他在这方面的兴致不减当年。

对于汉字，一般学者感兴趣的是汉字的艺术性，而周有光却更倾心于它的技术性、实用性。文字的技术性要求表现在学习容易、书写方便、传输快捷、便于在打字机和计算机上进行文字处理。作为古典文字，汉字较其他字母文字远接近于原始图画，所以其艺术性、观赏性强；在钉头字、圣书字等都退出历史舞台之后，汉字书法真的是独步世界。然而，汉字的技术性和实用性却明显落后于其他文字。于是，可以用来弥补汉字这一缺陷的汉语拼音这时候就显得弥足珍贵。积极探索汉语拼音的应用价值和应用领域便成为周有光晚年坚持不懈的努力。这关涉到应用语言学中的现代汉字学、字母学和正词法、计算机技术等。除了这些之外，作为一种多边缘的交叉学科，应用语言学还涉及统计学、心理学、信息学、控制论、情报学等很多学科。

那么，怎样更能发挥好应用语言学的作用呢？周有光指出，应用语言学以"应用"为生命，但应用必须因时因地分清本末、分清主次、分清缓急；对于向现代化迎头而上的中国，应用语言学最主要和最急迫的应用是语言教学、语言规划和信息处理。[80]

在语言教学、语言规划和信息处理三大领域中，语言规划与信息处理是后起的学科，也是"二战"以后越来越重要的世界性课题，更是周有光一生用力最多的两大领域，上文已多有阐述。然而，晚年的周有光还是特别强调，语言教学是应用语言学的"原生领域"，对中国来说，目前仍是应用语言学的"首要领域"，[81]需要引起应用语言学界足够的重视。语言教学有3个方面：一是中国学生的汉语教学；二是中国学生的英语学习；三是外国学生的汉语学习。在周有光看来，这里每一个方面都是应用语言学的用武之地；或者说，应用语言学可以而且应当为这里各方面问题的分析和解决提供学术指导和理论支撑。比如，不少地方以小学生能背几句"唐诗"为光荣；可是，如果能背"唐诗"却写不通一封白话信，是不是"本末倒置"呢？又比如，今天中国学生为"托福"（TOEFL）而努力，这是好事；但是要明白，"托福"考了600分也不一定能写得出一篇像样的文章来，这"托福"制度的利弊如何评判呢？再比如，中国人在学英语，外国人也在学习汉语；那么，中国人学英语容易还是外国人学汉语容易呢？周有光认为，这些问题，应用语言学都能给我们满意的答复。[82]

据笔者考察，就中小学汉语母语教学来说，这个领域的专家、学者和一线教师多热爱文学，并倾心于教育学，而关注语言学研究的意识相当淡漠，能深入研究应用语言学的更是凤毛麟角；而应用语言学的学者、专家把兴趣放在中小学母语教学的也不太多。所以，周有光所谈到的汉语母语教学的不少问题直到今天也没有得到很好的解决。比如，"不少地方，今天还认为教语文，就是教'中文'，而不是教'汉语'。……语言和文字在欧美可以'合二为一'，在中国是否必须'一分为二'？"[83]这既是一个理论问题，更是中小学汉语母语教学的实际问题，关乎学生汉语母语学习的方方面面，特别是他们日后的汉语母语实际应用能力。笔者认为，假如大家都能够像周有光这样，从世界看中国，从欧美语文看中国语文，"中文"与"汉语"的分离现象，或者说"心中有'文'，目中无'语'"的普遍现象，就不会像现在这样严重了。

从世界看中国，并不是从周有光开始。瞿秋白在20世纪20年代初就初步展现了这一思想。《荒漠里——一九二三年之中国文学》一文的开篇极能显示这一思想：

> 好个荒凉的沙漠，无边无际的……俞平伯先生说，到过洋鬼子那里去的人回到礼仪之邦来，便觉得葬身荒漠里似的；哪里有精神生活！"物质臭"熏天的西方反而是艺术世界，你道奇不奇？那里……那里亿万重压迫之下的工会里，尚且有自己的俱乐部，有文学晚会；工人出厂洗洗油手，带上领带便上剧院去。何况……[84]

第四节　结语

综上所述，周有光是现当代"中国语言规划的理论家和实践者"。[85]然而，在他留下的汉语规划众多贡献中，最突出的还是他吸纳字母学和现代音位学的研究成果，成功研制出了《汉语拼音方案》；1958年《汉语拼音方案》的正式实施标志着中国乃至世界"汉语字母"时代的开端。周有光在梳理《汉语拼音方案》研制过程时一再强调，这是一个漫长的过程，远可追溯到唐宋等韵学时代的《守温韵学残卷》和"三十六字母"，近可探寻到明末意大利传教士利玛窦（1552—1610）用拉丁字母系统地给汉字注音；同时，在具体介绍《汉语拼音方案》的创意来源时，他又明确指出：

> 1955年成立的汉语拼音方案委员会是由原先参加"国罗"的人、原先参加"北拉"的人以及其他语言学者共同组成。汉语拼音方案的声母和韵母差不多一半相同于"国罗"、一半相同于"北拉"，而标调方法来自注音字母。它取各方之长，不宗于一家。[86]

但是，考察周有光转入语言规划领域后的学术研究经历，特别是他对汉字简化、普通话概念的演进和汉语拼音应用价值的具体探讨，后人不难看到拉丁化新文字运动对他汉语规划思想的深刻影响。如果说，正如周有光所言，瞿秋白是20世纪中国文字改革运动承前启后的"关键人物"，那么，周有光自己就是深受瞿秋白汉语规划思想影响的中国语文现代化事业"集大成者"。作为中国现代语言规划史上的标志性人物，他与叶籁士、倪海曙等一样，都是从拉丁化新文字运动阵营中成长起来的文字改革家和语言学家。

297

注释：

［1］［美］德范克．ABC 汉英大词典［M］．上海：汉语大词典出版社，2003：扉页．

［2］［4］［5］［7］［8］［9］［10］［11］［12］［13］［14］［15］［16］［17］［18］［19］［20］［21］［34］周有光．周有光文集：第二卷［M］．北京：中央编译出版社，2013：171，28，188－189，65，136－138，140，140，166，208，15－16，24，23，24，25－26，238－239，138－141，152－157，141，409－426．

［3］［22］高亚鸣．汉语拼音之父——周有光传［M］．南京：江苏人民出版社，2011：75－77，79．

［6］李怀宇．周有光百岁口述［M］．桂林：广西师范大学出版社，2008：38．

［23］［25］［26］［27］周有光．拼音字母基础知识［M］．北京：文字改革出版社，1959：25，19，21，12．

［24］叶籁士．汉语拼音方案问答［M］．北京：文字改革出版社，1958：9．

［28］［29］［30］周有光等．普通话常识［M］．北京：文字改革出版社，1957：1－2，19－22，36－38．

［31］［35］［54］周有光．周有光文集：第一卷［M］．北京：中央编译出版社，2013：403，256－257，280－284．

［32］彭泽润．词的理论及其应用——中国语言现代化展望［M］．北京：中国言实出版社，2015：60．

［33］陈洋辉．东北铁路实行新文字电报的回忆［J］．文字改革，1963（4）：16－17．

［36］《周有光画传》编委会．穿越世纪的光：周有光画传［M］．北京：生活·读书·新知三联出版社，2017：182．

［37］［45］［46］［47］［48］［49］［50］［51］［52］［55］［56］［59］［60］［61］［63］周有光．中国语文的现代化［M］．上海：上海教育出版社，1986：20，48，23，226－227，35－36，53，49，54－55，53－55，83－85，110－119，97－101，188－192，184－186，178－181．

［38］周有光．部分高等院校文改教材协作会议第二次会议座谈发言［J］．语文现代化，1980（1）：24－26．

［39］［71］［72］［73］［75］［76］［85］周有光．周有光文集：第十四卷

[M]．北京：中央编译出版社，2013：483，241，242，479，476-477，477，255．

[40] 朱自清．朱自清全集：第六卷[M]．南京：江苏教育出版社，1996：121．

[41] [42] [43] [44] 周有光．孔子教拼音：语文通论[M]．北京：世界图书出版公司北京公司，2011：146，88-89，88-91，91-92．

[53] 瞿秋白．瞿秋白文集：文学编第三卷[M]．北京：人民文学出版社，1985：351．

[57] [58] 黎锦熙．汉字革命军前进的一条大路[G]//前国语研究会．《国语月刊》汉字改革号．北京：文字改革出版社，1957：34-66，41-43．

[62] 陈鹤琴．陈鹤琴全集：第六卷[M]．南京：江苏教育出版社，2008：55-59．

[64] [65] [66] [67] [68] [70] [80] [81] [82] [83] 周有光．周有光文集：第八卷[M]．北京：中央编译出版社，2013：221-235，235，367-368，308-311，367-368，410，337，337，337-344，337-338．

[69] 田源．汉语音译词走红海外[G]//国家语委．中国语言生活状况报告（2019）．北京：商务印书馆，2019：208-214．

[74] [78] 周有光．周有光文集：第七卷[M]．北京：中央编译出版社，2013：218-236，193-207．

[77] [79] 周有光．周有光文集：第四卷[M]．北京：中央编译出版社，2013：34-35，31．

[84] 瞿秋白．瞿秋白文集：文学编第一卷[M]．北京：人民文学出版社，1985：311．

[85] 李宇明．有光的一生[N]．光明日报，2017-1-15（5）．

附一：主要参考文献

[1] 李宇明. 中国语言规划论 [M]. 长春：东北师范大学出版社，2005年版.

[2] 李宇明. 中国语言规划续论 [M]. 北京：商务印书馆，2010年版.

[3] 李宇明. 中国语言规划三论 [M]. 北京：商务印书馆，2015年版.

[4] 郭熙. 当代语言生活 [M]. 南京：江苏教育出版社，2006年版.

[5] 郭熙. 华语研究录 [M]. 北京：商务印书馆，2012年版.

[6] 郭熙. 中国社会语言学 [M]. 北京：商务印书馆，2013：117.

[7] 陈章太. 语言规划研究 [M]. 北京：商务印书馆，2005年版.

[8] 教育部语用所社会语言学与媒体语言研究室. 语言规划的理论与实践 [G]. 北京：语文出版社，2006年版.

[9] 周玉忠，王辉. 语言规划与语言政策：理论与国别研究 [M]. 北京：中国社会科学出版社，2004年版.

[10] 王辉，周玉忠. 语言规划与语言政策：理论与国别研究（续）[M]. 北京：中国社会科学出版社，2011年版.

[11] 威妥玛. 语言自迩集 [M]. 张卫东，译. 北京：北京大学出版社，2002年版.

[12] 费尔迪南·德·索绪尔. 普通语言学教程 [M]. 高名凯，译. 北京：商务印书馆，1980年版.

[13] 雷蒙·威廉斯. 关键词：文化与社会的词汇 [M]. 刘建基，译. 北京：生活·读书·新知三联书店，2005年版.

[14] 市川勘，小松岚. 百年华语 [M]. 上海：上海教育出版社，2008年版.

[15] 史景迁. 天安门：知识分子与中国革命 [M]. 尹庆军，等，译. 北京：中央编译出版社，1998年版.

[16] 埃德加·斯诺. 西行漫记 [M]. 董乐山，译，北京：生活·读书·新知三联书店，1979年版.

[17] 费正清. 费正清对华回忆录 [M]. 陆惠勒, 陈祖怀, 陈维益, 宋瑜, 译. 上海: 知识出版社, 1991年版.

[18] 马凌诺斯基. 文化论 [M]. 费孝通, 译. 北京: 华夏出版社, 2002年版.

[19] 特雷·伊格尔顿. 二十世纪西方文学理论 [M]. 武晓明, 译. 北京: 陕西师范大学出版社, 1986年版.

[20] 马克思, 恩格斯. 共产党宣言 [M]. 中共中央马克思恩格斯列宁斯大林著作编译局, 译. 北京: 人民出版社, 1997年版.

[21] 瞿秋白. 瞿秋白文集: 文学编 (第1-6卷) [M]. 北京: 人民文学出版社, 1985年版.

[22] 瞿秋白. 瞿秋白文集: 政治理论编 (第1-8卷) [M]. 北京: 人民出版社, 1991年版.

[23] 于仲良, 季世昌. 瞿秋白 (大型文献画册) [M]. 北京: 中央文献出版社, 2003年版.

[24] 王铁仙, 刘福勤. 瞿秋白传 [M]. 北京: 人民出版社, 2011年版.

[25] 《忆秋白》编辑小组. 忆秋白 [G]. 北京: 人民文学出版社, 1980年版.

[26] 杨之华. 回忆秋白 [M]. 北京: 人民出版社, 1984年版.

[27] 陈铁健. 瞿秋白——从书生到领袖 [M]. 上海: 上海人民出版社, 1995年版.

[28] 陈铁健. 瞿秋白传 [M]. 上海: 上海人民出版社, 2009年版.

[29] 周永祥. 瞿秋白年谱新编 [M]. 上海: 学林出版社, 1992年版.

[30] 姚守中, 马光仁, 耿易. 瞿秋白年谱长编 [M]. 南京: 江苏人民出版社, 1993年版.

[31] 程民. 瞿秋白写作艺术论 [M]. 南京: 南京大学出版社, 2001年版.

[32] 陆克寒. "文人": 启蒙与革命 [M]. 北京: 中央文献出版社, 2010年版.

[33] 王文强. 瞿秋白杂文研究 [M]. 上海: 华东师范大学出版社, 1998年版.

[34] 汪诚国. 瞿秋白与先进文化 [M]. 北京: 中央文献出版社, 2006: 35.

[35] 杨建生. 瞿秋白政论文研究 [M]. 北京: 中央文献出版社, 2004年版.

[36] 杨慧. 思想的行走: 瞿秋白"文化革命"思想研究 [M]. 北京: 商

务印书馆，2012年版．

[37] 张秋实．瞿秋白与共产国际 [M]．北京：中共党史出版社，2004年版．

[38] 吴之光．瞿秋白家世 [M]．北京：中央文献出版社，2003年版．

[39] 刘小中，丁言模．瞿秋白佚文考辨 [M]．北京：中国文联出版社，2013年版．

[40] 周红兴．瞿秋白诗歌浅释 [M]．南宁：广西人民文学出版社，1981：70．

[41] 丁景唐，丁言模．瞿秋白印象 [M]．上海：学林出版社，1997年版．

[42] 朱钧侃，汪诚国，王崇英，刘洪英．高山仰止 [M]．南京：南京大学出版社，2001年版．

[43] 江苏省瞿秋白研究会．瞿秋白研究文丛（第1-11辑）[M]．北京：中国文联出版社，2007年至2019年版．

[44] 瞿秋白纪念馆．瞿秋白研究（第1-18辑）[M]．上海：学林出版社，2007年至2015年版．

[45] 汤淑敏，蒋兆年，叶楠．瞿秋白研究新探 [G]．南京：南京大学出版社，2003年版．

[46] 汪禄应．瞿秋白汉语现代化的探索 [M]．北京：中国文联出版社，2016年版．

[47] 易难．瞿秋白研究资料索引 [M]．北京：中国文联出版社，2013年版．

[48] 卢戆章．一目了然初阶 [M]．北京：文字改革出版社，1956年版．

[49] 朱文熊．江苏新字母 [M]．北京：文字改革出版社，1957年版．

[50] 王照．官话合声字母 [M]．北京：文字改革出版社，1957年版．

[51] 文字改革出版社．拼音文字写法资料选辑 [G]．北京：文字改革出版社，1957年版．

[52] 文字改革出版社．现代汉字形声字字汇 [M]．北京：文字改革出版社，1975年版．

[53] 耿振生．明清音韵学通论 [M]．北京：语文出版社，1992年版．

[54] 王理嘉．汉语拼音运动与汉民族标准语 [M]．北京：语文出版社，2003年版．

[55] 王均．当代中国的文字改革 [M]．北京：当代中国出版社，1995年版．

[56] 费锦昌．中国语文现代化百年纪事（1892—1995）[M]．北京：语文出版社，1997年版．

[57] 朱麟公．国语问题讨论集 [G]．上海：中国书局，1921年版．

[58] 李中昊. 文字历史观与革命论（上中下）[G]. 北京：北平文化学社，1931年版.

[59] 孔令境. 现代作家书简 [G]. 上海：上海生活书店，1936年版.

[60] 语文社. 通俗化问题讨论集：第一集 [G]. 上海：新知书店，1937年版.

[61] 黎锦熙. 新著国语文法影印本 [M]. 上海：商务印书馆，1947年版.

[62] 全国文字改革会议秘书处. 全国文字改革会议文件汇编 [G]. 1956年版.

[63] 中国语文杂志社. 汉族的共同语和标准音 [G]. 北京：中华书局，1956年版.

[64] 文字改革出版社. 清末文字改革文集 [G]. 北京：文字改革出版社，1958年版.

[65] 朱金顺. 朱自清研究资料 [G]. 北京：北京师范大学出版社，1981年版.

[66] 上海社会科学院文学研究所. 上海"孤岛"文学回忆录（上下）[G]. 北京：中国社会科学出版社，1984年版.

[67] 郭良夫. 完美的人格：朱自清的治学和为人 [G]. 北京：生活·读书·新知三联书店，1987年版.

[68] 文振庭. 文艺大众化问题讨论资料 [G]. 上海：上海文艺出版社，1987年版.

[69] 郭延礼. 秋瑾研究资料 [G]. 济南：山东教育出版社，1987年版.

[70] 彭明. 中国现代史资料选辑：第三册 [G]. 北京：中国人民大学出版社，1988年版.

[71] 中国语言文字使用情况调查领导小组办公室. 中国语言文字使用情况调查资料 [G]. 北京：语文出版社，2006年版.

[72] 徐波，孙茂松，靳光瑾. 中文信息处理若干重要问题 [G]. 北京：科学出版社，2003年版.

[73] 中共中央党史研究室，中央档案馆. 中国共产党第一次全国代表大会档案文献选编 [G]. 北京：中共党史出版社，2015年版.

[74] 国家语言文字工作委员会. 中国语言生活状况报告（2019）[G]. 北京：商务印书馆，2019年版.

[75] 赵健. 晚清翻译小说文体新变及其影响——以晚清最后十年（1902—1911）上海七种小说期刊为中心 [D]. 上海：复旦大学，2007年.

[76] 傅修海. 时代觅渡的丰富与痛苦——瞿秋白文艺思想研究 [D]. 广州: 中山大学, 2009 年.

[77] 马友平. 1934 年的"大众语"问题讨论研究 [D]. 成都: 四川大学博士学位论文, 2009 年.

[78] 朱一凡. 翻译与现代汉语的变迁 [D]. 上海: 华东师范大学, 2009 年版.

[79] 武春野. "北京官话"与书面语的近代转变 [D]. 上海: 复旦大学, 2011 年版.

[80] 刘旭. 常用汉字字量、字种研究 [D]. 保定: 河北大学, 2011 年版.

[81] 张广海. "革命文学"论争与阶级文学理论的兴起 [D]. 北京: 北京大学, 2011 年版.

[82] 齐一民. 日本近代言文一致问题初探 [D]. 北京: 北京大学, 2013 年版.

[83] 陈衡. 汉语词长的计量研究 [D]. 杭州: 浙江大学, 2016 年版.

[84] 王爱云. 当代中国文字改革研究 [D]. 武汉: 武汉大学, 2016 年版.

[85] 陈彪. 现代汉语"日化"现象研究——以鲁迅译著为例 [D]. 上海: 华东师范大学, 2017 年版.

[86] 毛泽东. 毛泽东早期文稿 [M]. 长沙: 湖南出版社, 1990 年版.

[87] 毛泽东. 毛泽东文艺论集 [M]. 北京: 中央文献出版社, 2002 年版.

[88] 毛泽东. 毛泽东选集 (第 1-4 卷) [M]. 北京: 人民出版社, 1991 年版.

[89] 毛泽东. 毛泽东文集 (第 1-8 卷) [M]. 北京: 人民出版社, 1999 年版.

[90] 陈独秀. 独秀文存 [M]. 合肥: 安徽人民出版社, 1986 年版.

[91] 胡适. 胡适文集 (第 1-12 卷) [M]. 北京: 北京大学出版社, 1998 年版.

[92] 陈望道. 陈望道文集 (第 1-4 卷) [M]. 上海: 上海人民出版社, 1981 年版.

[93] 陈望道. 陈望道全集 (第 1-10 卷) [M]. 杭州: 浙江大学出版社, 2011 年版.

[94] 鲁迅. 鲁迅全集 (第 1-18 卷) [M]. 北京: 人民文学出版社, 2005 年版.

[95] 朱自清. 朱自清全集 (第 1-12 卷) [M]. 南京: 江苏教育出版社,

1998年版.

[96] 周有光. 周有光文集 [M]（第1-15卷）. 北京：中央编译出版社, 2013年版.

[97] 许嘉璐. 未了集——许嘉璐讲演录 [M]. 贵阳：贵州人民出版社, 2002年版.

[98] 倪海曙. 中国拼音文字运动史简编 [M]. 上海：时代书报出版社, 1948年版.

[99] 倪海曙. 中国语文的新生——拉丁化中国字运动二十年论文集 [G]. 上海：时代出版社, 1949年版.

[100] 倪海曙. 拉丁化新文字概论 [M]. 上海：时代出版社, 1949年版.

[101] 倪海曙. 清末汉语拼音运动编年史 [M]. 上海：上海人民出版社, 1959年版.

[102] 倪海曙. 杂格咙咚 [M]. 北京：生活·读书·新知三联出版社, 1981年版.

[103] 倪海曙. 拉丁化新文字运动的始末和编年纪事 [M]. 上海：知识出版社, 1987年版.

[104] 倪海曙. 倪海曙语文论集 [M]. 上海：上海教育出版社, 1991年版.

[105] 倪海曙. 春风夏雨四十年——回忆陈望道先生 [M]. 北京：知识出版社, 1982年版.

[106] 叶籁士. 叶籁士文集 [M]. 北京：中国世界语出版社, 1995年版.

[107] 刘半农. 刘半农文集：第一卷 [M]. 乌鲁木齐：内蒙古少年儿童出版社, 2001年版.

[108] 蔡元培. 蔡元培全集：第四卷 [M]. 北京：中华书局, 1984年版.

[109] 钱玄同. 钱玄同文集：第三卷 [M]. 北京：中国人民大学出版社, 1999年版.

[110] 吴汝纶. 吴汝纶全集：第三卷 [M]. 合肥：黄山书社, 2002年版.

[111] 傅斯年. 傅斯年全集：第一卷 [M]. 长沙：湖南教育出版社, 2003年版.

[112] 陈寅恪. 陈寅恪集·金明馆丛稿二编 [M]. 北京：生活·读书·新知三联书店, 2001年版.

[113] 王力. 王力文集：第九卷 [M]. 济南：山东教育出版社, 1985年版.

[114] 丁玲. 丁玲全集：第八卷 [M]. 石家庄：河北人民出版社, 2001年版.

[115] 郭沫若. 郭沫若全集：文学编第 15-16 卷 [M]. 北京：人民文学出版社, 1990 年版.

[116] 茅盾. 茅盾全集：第 19-23 卷 [M]. 北京：人民文学出版社, 1990 年版.

[117] 茅盾, 韦韬. 茅盾回忆录（上中下）[M]. 北京：华文出版社, 2013 年版.

[118] 洪深. 一千一百个基本汉字教学使用法 [M]. 上海：上海生活书店, 1935 年版.

[119] 马宇平, 黄裕冲. 中国昨天与今天：1840—1987 国情手册 [M]. 北京：解放军出版社, 1989 年版.

[120] 周天度, 郑则民, 齐福霖, 李义彬. 中华民国史 [M]. 北京：中华书局, 2011 年版.

[121] 许纪霖. 大时代的知识人 [M]. 北京：中华书局, 2007 年版.

[122] 许纪霖. 20 世纪中国知识分子史论 [M]. 北京：新星出版社, 2005 年版.

[123] 刁晏斌. 海峡两岸及港澳地区现代汉语差异与融合研究 [M]. 北京：商务印书馆, 2015：368.

[124] 张中行. 文言和白话 [M]. 哈尔滨：黑龙江人民出版社, 1988 年版.

[125] 浦江清. 浦江清文史杂文集 [M]. 北京：清华大学出版社, 1993 年版.

[126] 高平叔. 蔡元培教育文选 [M]. 北京：人民教育出版社, 1980 年版.

[127] 黎锦熙. 国语运动史纲 [M]. 北京：商务印书馆, 2011 年版.

[128] 赵元任. 赵元任语言学论文集 [M]. 北京：商务印书馆, 2002 年版.

[129] 赵元任. 语言问题 [M]. 北京：商务印书馆, 1980 年版.

[130] 刘半农, 陈子善. 刘半农书话 [M]. 杭州：浙江人民出版社, 1998 年版.

[131] 吴汝纶. 东游丛录 [M]. 长沙：岳麓书社, 2016 年版.

[132] 陈平原. 中国现代小说的起点 [M]. 北京：北京大学出版社, 2005 年版.

[133] 张云初. 中国大实话：申报·自由谈（文化民权卷）[M]. 西安：陕西师范大学出版社, 2001 年版.

[134] 安庆国. 陶行知全集（第 1-12 卷）[M]. 成都：四川教育出版社, 2005 年版.

[135] 冯雪峰. 冯雪峰论文集（上中下）[M]. 北京：人民文学出版社，1981年版.

[136] 吴玉章. 新文字与新文化运动[M]. 石家庄：华北大学出版社，1949年版.

[137] 欧阳健. 中国小说史略批判[M]. 太原：山西人民出版社，2008年版.

[138] 冯雪峰. 回忆鲁迅[M]. 北京：人民文学出版社，1952年版.

[139] 许广平，周海婴. 鲁迅回忆录[M]. 武汉：长江文艺出版社，2010年版.

[140] 高等院校文字改革研究会. 语文现代化（第一辑）[M]. 北京：知识出版社，1983年版.

[141] 刘大白. 白屋文话[M]. 长沙：岳麓书社，2013年版.

[142] 萧斌如. 刘大白研究资料[M]. 北京：知识产权出版社，2010年版.

[143] 于根元. 应用语言学概论[M]. 北京：商务印书馆，2003年版.

[144] 苏培成. 语文现代化论文集[M]. 北京：商务印书馆，2002年版.

[145] 刘焕辉. 言语交际学[M]. 南昌：江西教育出版社，1986年版.

[146] 曹聚仁. 我与我的世界[M]. 上海：上海三联书店，2014年版.

[147] 赵贤德. 普通话与汉语应用研究[M]. 北京：光明日报出版社，2010年版.

[148] 丁石庆. 双语文化论纲[M]. 北京：中央民族大学出版社，1999年版.

[149] 陈保亚. 20世纪中国语言学方法论[M]. 济南：山东教育出版社，1999年版.

[150] 张公瑾. 文化语言学发凡[M]. 昆明：云南大学出版社，1998年版.

[151] 陈昌来. 应用语言学导论[M]. 北京：商务印书馆，2007.

[152] 曹炜. 现代汉语词汇研究[M]. 北京：北京大学出版社，2003年版.

[153] 陈原. 社会语言学[M]. 北京：商务印书馆，2004年版.

[154] 陈原. 语言与社会生活[M]. 北京：生活·读书·新知三联出版社，1999年版.

[155] 许长安. 语文现代化先驱卢戆章[M]. 厦门：厦门大学出版社，2000年版.

[156] 杨亦鸣. 杨亦鸣自选集[M]. 南京：凤凰出版社，2010.

[157] 张普，王铁琨. 中国语言资源论丛（一）[M]. 北京：商务印书

馆，2009年版.

[158] 刁晏斌. 现代汉语史 [M]. 福州：福建人民出版社，2006年版.

[159] 马庆株. 著名中年语言学家自选集·马庆株卷 [M]. 合肥：安徽教育出版社，1998年版.

[160] 王力. 汉字改革 [M]. 太原：山西人民出版社，2014年版.

[161] 王力. 王力语言学论文集 [M]. 北京：商务印书馆，2000年版.

[162] 李葆嘉. 中国语言文化史 [M]. 南京：江苏教育出版社，2003年版.

[163] 彭泽润，李葆嘉. 语言理论 [M]. 长沙：中南大学出版社，2002年版.

[164] 唐兰. 中国文字学 [M]. 上海：上海古籍出版社，2000：92-93.

[165] 李圃. 甲骨文文字学 [M]. 上海：学林出版社，1995：214.

[166] 刘进才. 语言运动与中国现代文学 [M]. 北京：中华书局，2007.

[167] 王国维. 王国维文学美学论著集 [M]. 太原：北岳文艺出版社，1987年版.

[168] 北京师范学院中文系汉语教研室. 五四以来汉语书面语言的变迁和发展 [M]. 北京：商务印书馆，1959年版.

[169] 何久盈. 中国现代语言学史 [M]. 广州：广东教育出版社，1995年版.

[170] 孙银新. 现代汉语词素研究 [M]. 北京：中国文史出版社，2003年版.

[171] 于锦恩. 民国注音字母政策史论 [M]. 北京：中华书局，2007年版.

[172] 余来明. "文学"概念史 [M]. 北京：人民文学出版社，2016年版.

[173] 夏衍. 懒寻旧梦录：增补本 [M]. 北京：生活·读书·新知三联书店，2000年版.

[174] 董学文. 毛泽东和中国文学 [M]. 沈阳：春风文艺出版社，1994年版.

[175] 艾克恩. 延安文艺运动纪盛 [M]. 北京：文化艺术出版社，1987年版.

[176] 叶宝奎. 明清官话音系 [M]. 厦门：厦门大学出版社，2001年版.

[177] 张元隆. 上海大学与现代名人（1922—1927）[M]. 上海：上海大学出版社，2011年版.

[178] 张德彝. 欧美环游记（再述奇）[M]. 长沙：湖南人民出版社，1981：197-198.

[179] 张耀杰. 北大教授与《新青年》[M]. 北京：新星出版社，2014

[180] 凌远征. 新语文建设史话 [M]. 开封：河南大学出版社，1995 年版.

[181] 胡乔木. 胡乔木论语言文字 [M]. 北京：人民出版社，1999 年版.

[182] 许广平，周海婴. 鲁迅回忆录 [M]. 武汉：长江文艺出版社，2010 年版.

[183] 冯雪峰. 回忆鲁迅 [M]. 北京：人民文学出版社，1952 年版.

[184] 姜建，吴为公. 朱自清年谱 [M]. 北京：光明日报出版社，2010 年版.

[185] 黄艾仁. 朱自清与著名作家 [M]. 合肥：安徽大学出版社，1998 年版.

[186] 舒新城. 故乡 [M]. 上海：中华书局，1934 年版.

[187] 卞之琳. 漏室鸣 [M]. 北京：中央编译出版社，2005 年版.

[188] 蒋永敬. 民国胡展堂汉民年谱 [M]. 台北：商务印书馆股份有限公司，1981 年版.

[189] 王东杰. 声入心通：国语运动语现代中国 [M]. 北京：北京师范大学出版社，2019 年版.

[190] 曹聚仁. 鲁迅评传 [M]. 上海：复旦大学出版社，2006 年版.

[191] 陈光磊，陈振新. 追望大道——陈望道画传 [M]. 上海：上海书店出版社 复旦大学出版社，2005 年版.

[192] 邓明以. 陈望道传 [M]. 上海：复旦大学出版社，2005 年版.

[193] 周维强. 太白之风——陈望道传 [M]. 杭州：浙江人民出版社，2006 年版.

[194] 陈孝全. 朱自清传 [M]. 北京：北京航空航天大学出版社，2008 年版.

[195] 柯小卫. 陈鹤琴传 [M]. 南京：江苏教育出版社，2008 年版.

[196] 陈福康. 郑振铎传 [M]. 上海：上海外语教育出版社，2009 年版.

[197] Bökset Roar. *Long Story of Short Forms*：*the Evolution of Simplified Chinese Characters* [D]. Ph. D. dissertation In the Stockholm University, 2008.

[198] Defrancis J. *The Chinese Language*：*Fact and Fantasy* [M]. Honolulu：University of Hawai'i Press, 1984.

[199] Joan Robin, Björn H. Jernudd, Jyotirindra Das Gupta, Joshua A. Fishman, Charles A. Ferguson. *Language Planning Processes* [M]. The Hague：Mouton Publishers, 1977.

[200] Paul Leo Mary Serruys. *Surrey of the Chinese Language Reform and the Anti-*

illiteracy Movement in Communist China [J]. Berkeley: Center for Chinese Studies. University of California, 1962.

[201] Uriel Weinreich. *Languages in Contact: Findings and Problems* [M]. The hague: Mouton Publishers, 1968

附二：瞿秋白语言文字研究资料（1950—2020）

1. 陈定明．瞿秋白对中国文字改革的贡献［J］．文艺报，1950（7）．

2. 汉生．瞿秋白论现代文学语言［J］．新闻与出版，1957（17）．

3. 文湘．瞿秋白和拉丁化新文字［N］．新民报晚刊，1957-12-16.

4. 王尔康．瞿秋白对汉字改革运动的巨大贡献——纪念瞿秋白同志诞辰六十周年［J］．厦门大学《论坛》，1959（3）．

5. 李俊峰．瞿秋白论语言问题［J］．合肥师范学院学报，1960（5-6）．

6. 南山．很少人知道的瞿秋白的一部著作：《中国拉丁化的字母》［J］．中国语文，1961（9）．

7. 史萍青．关于中国新文字历史的一章［J］．文字改革，1962（5-6）．

8. 姚律人．瞿秋白同志对语言理论的重大贡献［J］．昆明师范学院学报，1980（4）．

9. 郭正彦．瞿秋白与文字改革［M］//倪海曙．语文现代化：第5辑．北京：知识出版社，1981.

10. 钟嘉陵．瞿秋白在语言文字方面的基本观点［J］．北京师范学院学报，1982（3）．

11. 钟嘉陵．瞿秋白在汉字改革方面的实践活动［J］．上海师范学院学报，1982（4）．

12. 郑林曦．普通话和新文字的倡导者——瞿秋白［J］．汉字改革，1985（3）．

13. 周有光．中文拉丁化的创导人瞿秋白［J］．语文知识，1985（4/5/6）．

14. 梅志．拉丁化·《海上述林》及其它［J］．艺谭，1986（1）．

15. 王志方．瞿秋白汉字改革的思想与实践［J］．上海师范大学学报（哲学社会科学版），1987（2）．

16. 顾祖年．新发现的瞿秋白语言文字论稿四篇［J］．上海师范大学学报（哲学社会科学版），1987（4）．

311

17. 吴亚璧. 浅谈瞿秋白的文字改革思想[J]. 常州教育学院学刊, 1988 (3).

18. 顾祖年. 略论瞿秋白研究中国语言文字的历史背景和影响[M]//瞿秋白纪念馆. 瞿秋白研究: 第1辑. 常州: 瞿秋白研究会, 1989.

19. 叶楠. 瞿秋白对语言理论的贡献[M]//瞿秋白研究会. 瞿秋白研究文丛: 第2辑. 上海: 学林出版社, 1990.

20. 杨建生. 瞿秋白政论文的语体风格[M]//瞿秋白研究会. 瞿秋白研究文丛: 第13辑. 上海: 社会科学院出版社, 2005.

21. 杨建生. 瞿秋白政论文的语言艺术[J]. 阅读与写作, 2006 (4).

22. 刘进才. 汉字、文化霸权或符号暴力——以鲁迅和瞿秋白关于大众语和拉丁化新文字的倡导为例[J]. 鲁迅研究月刊, 2007 (7).

23. 杨建生, 丁鸣江. 瞿秋白论文学创作的语言与方法[J]. 绍兴文理学院学报, 2008 (6).

24. 钟菲, 白蒸阳. 语言文字与文化的视野融合——论瞿秋白对方言与普通话关系的探索[M]//瞿秋白研究会. 瞿秋白研究文丛: 第2辑. 北京: 中国文联出版社, 2008.

25. 余颂辉, 刘丹. 瞿秋白、吴玉章与汉语拼音的制定[J]. 党史文苑, 2009 (1).

26. 杨慧. "口语"乌托邦与国家想象——论瞿秋白的汉字批判与国语批判[J]. 厦门大学学报, 2009 (9).

27. 杨建生. 瞿秋白的成语运用艺术[J]. 常州工学院学报, 2010 (2).

28. 薛荣. 瞿秋白的语言文字学思想初探[J]. 常州大学学报(社会科学版), 2010 (4).

29. 王爱云. 陈独秀与文字改革——以鲁迅和瞿秋白国语大众语和拉丁化新文字的倡导为例[J]. 安徽史学, 2012 (4).

30. 汪禄应. 中国语文革新视域中瞿秋白与胡适的比较研究[M]//瞿秋白研究会. 瞿秋白研究文丛: 第6辑. 北京: 中国文联出版社, 2012.

31. 冷玉健. 瞿秋白对中国"汉字革命"的特别贡献[M]//瞿秋白研究会. 瞿秋白研究文丛: 第6辑. 北京: 中国文联出版社, 2012.

32. 汪禄应. 从"白话革命"到"文腔革命"——瞿秋白与胡适汉语革新比较研究[J]. 求索, 2013 (8).

33. 汪禄应. 瞿秋白青少年的语文生活[M]//瞿秋白研究会. 瞿秋白研究文丛: 第7辑. 北京: 中国文联出版社, 2013.

34. 汪禄应. 从"荒漠里"寻找"普遍的光明"——瞿秋白"革命时期"对白话写作的探索 [M] //瞿秋白研究会. 瞿秋白研究文丛：第8辑. 北京：中国文联出版社，2014.

35. 汪禄应."文腔革命"的起点与高度 [M] //瞿秋白研究会. 瞿秋白研究文丛：第9辑. 北京：中国文联出版社，2015.

36. 苗体军. 瞿秋白：中国文字改革的先驱 [J]. 福建党史月刊，2015 (12).

37. 邵晶. 浅谈瞿秋白的语言文字学思想 [J]. 鸭绿江（下半月版），2016 (6).

38. 汪禄应. 瞿秋白汉语现代化的探索 [M]. 北京：中国文联出版社，2016.

39. 何霞. 瞿秋白汉字拉丁化运动与文艺大众化 [D]. 南充：西华师范大学，2016.

40. 张靓. 瞿秋白语言文字改革思想初探 [D]. 浙江大学，2016.

41. 薛荣，李敦东，杨小惠. 论瞿秋白语言文字改革思想的苏联渊源 [J]. 常州大学学报（社会科学版），2017 (4).

42. 汪禄应. 瞿秋白汉语规划建设主张与实践 [J]. 常州工学院学报，2017 (5).

43. 汪禄应. 汉语规划：瞿秋白的探索和方案 [J]. 档案与建设，2017 (11).

44. 汪禄应. 瞿秋白的首次访俄及其汉语现代化探索 [J]. 名作欣赏，2017 (23).

45. 汪禄应. 民国汉语规划建设史上的瞿秋白及其"瞿氏方案" [J]. 名作欣赏，2017 (26).

46. 汪禄应. 瞿秋白中国语言本体规划的实践探索 [J]. 名作欣赏，2017 (29).

47. 汪禄应. 瞿秋白全面规划建设现代化中国语文的探索 [M] //瞿秋白研究会. 瞿秋白研究文丛：第10辑. 北京：中国文联出版社，2017.

48. 冷玉健. 瞿秋白拉丁化新文字与国内两次学习运动高潮 [M] //瞿秋白研究会. 瞿秋白研究文丛：第10辑. 北京：中国文联出版社，2017.

49. 汪禄应. 汉语拼写：从构想拉丁化到标准国际化——基于周有光与瞿秋白的比较 [J]. 中国社会语言学，2018 (1).

50. 何霞，黄轶."缺席"的"在场"——再论瞿秋白与"左联"第二次文艺大众化讨论［J］．郑州大学学报（哲学社会科学版），2018（1）．

51. 何霞．先行者：瞿秋白的汉字拉丁化实践［J］．徐州工程学院学报（社会科学版），2018（1）．

52. 何霞．从异域探範到理论追认：瞿秋白汉字拉丁化的个人实践和理论逻辑［J］．常州工学院学报，2018（2）．

53. 金丽藻．赵元任与瞿秋白在语言文字改革中的交会［J］．江苏理工学院学报，2018（3）．

54. 汪禄应．瞿秋白汉语规划思想影响研究的意义、内容与展望［J］．江苏理工学院学报，2018（5）．

55. 薛荣，杨小惠．论瞿秋白的翻译实践对其语言文字改革思想的影响［J］．文化创新比较研究，2018（25）．

56. 冷玉健．瞿秋白与鲁迅的汉语现代化探索情缘．瞿秋白研究会．瞿秋白研究文丛：第11辑［M］．北京：中国文联出版社，2019年7月．

57. 汪禄应，郭熙．从"文白演进"到"文腔革命"：瞿秋白汉语规划思想及对鲁迅的影响［J］．福建论坛（人文社会科学版），2020（1）．

后　记

　　这是我为探讨瞿秋白汉语革新而撰写的第二部著作。

　　在2016年出版的《瞿秋白汉语现代化的探索》中，我从瞿秋白个人成长的历程，特别是拉丁化新文字运动的发展过程，深入探讨了瞿秋白以及瞿秋白的追随者们在汉语现代化道路的艰难探索经历。在那本书中，我得出了一个结论，在晚清开始的中国汉语现代化大潮中，瞿秋白可以说是首位全面规划建设现代化中国语文的语言学家。因为他在1931年的上海不仅明确提出汉语要走"现代化"道路，而且具体擘画出"现代普通话的新中国文"的规划蓝图和建设"路线图"，更不用说他在这一年还进一步修改出了他的汉语拼写方案《新中国文草案》。这可能是很多瞿秋白革命文化工作的研究者们没有太多关注的地方。

　　在《瞿秋白与中国现代语言规划》这部著作中，我试图从"语言规划学"的视角来探寻瞿秋白汉语规划思想及其影响。如果说，今天汉语发展最大的特点就是有通行全国各地（含少数民族地区）和全球华人居住区的"普通话"以及与普通话紧密联系在一起的"汉语拼音""规范汉字"，那么这里的每一项与瞿秋白汉语规划思想都有关联，或多或少、或显或隐、或强或弱。假如这一点能为学界特别是语言学界真正有所认识的话，那么我的这部书也就在瞿秋白研究上做出一点成绩了。

　　在瞿秋白规划理念中，"普通话"最大的特别之处在于它与各类方言有着千丝万缕的联系。换句话说，在瞿秋白看来，什么样的方言都可以进入普通话。这样的普通话理念可能与不少人的普通话概念有不少距离，但却是当今社会公共交流的"常态"。带着一定的方言影响走进各种各样的公共交际现场，哪怕是非常正式的话语环境做直接交流，这是瞿秋白时代的普遍情况，也是八九十年之后今天中国公共社交领域的常态。即使是语言学专业科班出身的人们，他们的交流要想达到播音主持的业内水平，这是很不现实的。瞿秋白时代，现代广播和有声电影在中国才刚刚起步。据赵玉明《中国现代广播简史》介绍，国民党在南京的中央广播电台为扩大发射功率从德国进口的设备1932年才安装完成；而据陆弘石、舒晓鸣《中国电影史》的研究，到1936年后，声片才基本取代默片。所以，瞿秋白的普通话理念里虽然有"标准语"概念但不是极其强烈，这是时代的局限。但是，这种"标准语"概念不强的"普通话"却是中国各个阶层实实在在的实际"通用语"。也就是说，瞿秋白所强调的虽然不是"标准普通话"，但却是现实生活中使用频率最高的"通用普通话"。假如这样来区分普通话的话，瞿秋白所主张的普通话理念或者说他所强调的普通话概念就非常具有现实意义了。因为即使对"标准普通话"要求最为严苛的广播电视，一度也能宽容一些听起来不太标准的"通用普通话"。1999年带有较浓四川口音的刘仪伟竟然在央视《天天饮食》节目中一举成名，受到很多观众的追捧。后来，刘仪伟还在《东方夜谭》中说新闻，幽默，活泼，有亲和力。至于崔永元也是一口的"北京普通话"，然而他主持的《实话实说》《小崔说事》节目却在央视火爆十余年。即使像白岩松这样的央视王牌主持，其普通话的标准程度也着实让人不敢恭维。实际上，任何一档脱口秀节目都有可能"请"方言来参与，甚至还有主动邀约的情况。

从本质上说，"标准普通话"是一种带有"人造"性质的语言形态。所以，除非通过一些高强度的特殊训练，一般人所谓的"普通话"都会表现出"通用普通话"的性质。就算拿到了由国家语委普通话与文字应用培训测试中心复审通过的普通话一级甲等证书，那也只是97分以上，不是100分。所以，即使是广播电视的主播们以及影视演员们，一旦离开特殊的生活场景也会马上恢复到"通用普通话"的状态。只是因为现在广播、影视、互联网等大众传媒的发达，特别是城镇化步伐的加快，年轻人学习普通话、使用普通话的途径越来越多，"通用普通话"中的"方言"特征将保留得越来越少。到一定的时候，"通用普通话"也就将越来越靠近"标准普通话"了。但"标准普通话"的获得成本高，其"人工"性质使得它不具备普及性和全民性，而"通用普通话"来自于生活，无须付出太多的学习成本，却是值得特别关注它的社会意义的。这便是我从瞿秋白所主张普通话理念中获得的一种启示。其实，这个问题，周有光上世纪末就有深刻的思考。他说，英语也有"蓝青英语"现象，美国英语、澳洲英语、印度英语都是"方言英语"。但是这些"方言英语"彼此通话不成问题。

316

他还说,"标准共同语"只是资本主义大生产和义务教育的历史产物。中国是一个正在大踏步走向现代化,同时又对传统乡土社会恋恋不舍的国家。所以,就中国大众来说,学习"标准普通话"实际收获的往往都是带有方言气息和地方味道的"通用普通话"。学习了"通用普通话"是否还要继续学习"标准普通话",周有光说这需要"细细研究"。我认为,这应该区别对待。即使是特定领域、特定职业也还应该看特定岗位而定。白岩松去当"新闻联播"的主播是不合适的,但是他主持的"新闻1+1""新闻周刊"节目却不是任何一位新闻主播能够胜任得了的。这时候发音的准确性、示范性、权威性已经退居其次了。此外,周有光还谈到普通话的普及和测试中应该反对"学院主义"倾向,因为从普通话的实际发展情况来看,现在广播电视主持人的口语中,"轻声、儿化、变调"等语音特点正在逐渐趋向弱化。这是很有见地的看法,这一看法与瞿秋白的普通话建设理念是一致的。

与此紧密联系在一起的是"通用普通话"写作。这是当年瞿秋白极为重视的一点,也是他与茅盾认识很有分歧的地方。但是,我认为,不管茅盾口头上怎么说,大众语运动之后,他实际上开始主张"通用普通话"的写作了。他接受邹韬奋的提议合作组织的"中国的一日:1936年5月21日"全国征文活动开启了长达22年的"大众写作运动"(1936—1958)。他从中真切地感受到了来自全国各地的"小商人、公务员、兵士、警察、宪兵,小学教员"等非文字生活者的语言力量。所以,他在参加大众语讨论之后又于1937年1月参与了"通俗化问题讨论"。全面抗战之后,他还连续发表了《关于大众文艺》《文艺大众化问题——二月十四日在汉口量才图书馆的讲演》和《大众化与利用旧形式》等文章和演讲。这时的茅盾竟然在演讲中这样明确地说道:"在这抗战期间,我们要使我们的作品大众化,就必须从文字的不欧化以及表现方式的通俗化入手。我们为了抗战的利益,应该把大众能不能接受作为第一义,而把艺术形式之是否'高雅'作为第二义。我们应当不怕自己作品形式的通俗化!"这是茅盾的一个重大变化。这清楚地表明,茅盾不仅已经明确地放弃了他1931年在《问题中的大众文艺》中的主要观点"技术是主,'文字本身'是末",而且开始积极采用让大众能够接受的文字来书写。这能够接受的文字就是"通用普通话"。茅盾在演讲中清楚地说道:"有一位先生……他不赞成以北平话作为将来的全国统一大众话。他以为将来的国语,应当是五方杂处的大都市(如上海之类),大众群中自然产生的蓝青官话。他的理由是:蓝青官话的地盘比北平话的大得多。因此蓝青官话式的文艺作品更能接近广大的大众,并且可以教育那些连蓝青官话也不大懂的南方大众使能脱离方言,进入全国性的国语。"很明显,这里的"一位先生"就是指的瞿秋白,这里的"蓝青官话"就是我所说的"通用普通话"。茅盾就是在他与瞿秋白争论之后六七年的时候基本上放弃了自己原来的观点而赞同"通用普通话"写作的。发表《问题中的大众文艺》一文时,茅盾对瞿秋白所持的观点有不少的犹疑,甚至持完全反对的态度,且用"止敬"作为笔名,意思应该是"心中不再存有多少敬意"了。然而,一旦跨进民众为主体的革命洪流中,茅盾便开始确认"通用普通话"的力量了。类似的情况,我在朱自清身上也看到了。朱自清在抗战后期,特别是1943年之后,政治思想和文学主张较之前发生了极大的变化。但瞿秋白是茅盾的邻居、同志与诤友,这种影响是非常直接和明显的,朱自清与瞿秋白几乎没有人生交集,但其中的间接影响也是值得考察的。本书中关于瞿秋白对朱自清影响探讨是我的一个特别尝试。之前没有看到学界有这方面的研究。但朱自清后期文学主张的巨大变化是非常清楚的。有关变化的原因,很多人都强调受闻一多的影响,这当然是有道理的,但我总觉得不是很充分。

瞿秋白汉语规划最突出的贡献还在于他研制出了自己的汉语拼写方案。这方面的影响也是相当大的。国语罗马字是1928年由中华民国大学院(原教育部改称)正式公布的。瞿秋白第二年就在它的基础上研制出新的方案。为什么?因为赵元任领衔拟订的这套方案其先天的学府性质使得它只在一些学者中流传,从未走进中小学课堂。瞿秋白的设计理念则是方案既要讲究学理,更要能为广大民众接受和使用。跳出学理的束缚让拉丁字母既适合汉语的规律,又符合中国人的学习和使用习惯,是"瞿氏方案"赛过"赵氏方案"的重要原因。以"瞿氏方案"为基础而形成的拉丁化新文字在各地民众中得到广泛宣传。从1934年开始一直到1955年全国文字改革会议召开,拉丁化新文字运动此起彼伏,传播海内外,并一度在陕甘宁边区获得法律地位。用当代学者彭泽润、李葆嘉的话来说,"拉丁化新文字运动是汉语表音文字的成功演习"。正因为拉丁化新文字有这样大的影响力,1958年周恩来总理在《当前文字改革的任务》的报告里明确指出,拉丁化新文字和国语罗马字是中国人自己创制的拉丁字母式汉语拼音方案中比较完善的两个方案。在谈到现在的拼音方案的时候,不能不承认他们的功劳。今天的汉语拼音吸收了不少拉丁化新文字的成功做法。其中最重要的是能够让学习者很快掌握的设计理念。同时,它还一头连接着普通话,一头连接着规范汉字,从而使三者构成一种有机系统。虽然汉语拼音的主要设计者周有光一再强调汉语拼音方案是普通话拼写方案，但它也能拼写一些方言。陕西有一种面食很有名，要把它的名字写出来不是很容易，但是用汉语拼音就比较容易，可写作"biangbiang 面"。实际上，很多方言都可以尝试这样写。比如我老家安徽安庆"锄草"不叫"锄草"，叫"huon 草"等。从严格意义上说，汉语拼音也不是为古汉语设计的。因此，将"关关雎鸠"拼作"guanguan jujiu"是与古音不相符合的，这实际上是在用现代普通话来读《诗经·关雎》的前提之下而做的一种变通处理。因为汉语拼音主要还是为了拼写现代普通话的。

在这方面，近20年在英语话语系统里出现的由汉语拼音拼写的当代汉语借词可能是周有光他们当年意想不到的好事，更是瞿秋白他们不大能够想到的好事。周有光在《汉字改革概论》中专门论述了"汉语拼音的作用"。他谈到汉语拼音可以在语文教育、科学技术和少数民族文字制订等不同领域发挥作用。但他至多也只是提到外国人和少数民族学习汉语一样，汉语拼音必不可少，并没有多少前期这方面的丰富经验，更没有多少汉语拼音汉语借词产生的预测。应当说，周有光是汉语拼音走向世界最有代表性的顶级专家。最早是在1972年，周有光收到了匈牙利拉多（S. radò）先生的来信，来信说他在国际地名标准化会议上提议中国地名采用中国的汉语拼音，而不主张采用威妥玛方案为标准。从这时开始一直到1982年国际标准化组织正式同意汉语拼音作为拼写汉语的国际标准，讨论的基本上都是人名、地名以及书名和文献标题等，日常生活中的常见事物汉语拼音使用则不多。随着全球化进展的加速，中国文化不断地融入到西方社会，qigong、wushu、jiaozi、guanxi、chunyun、gaokao、tuhao、putonghua、buzheteng等中国人的日常生活话语走进英语世界，这可能成为汉语拼音应用的一大新的增长点。一旦外国人都接受了这种汉语普通话词语，中国人也很有可能在汉字形式和拼音形式之间做出新的选择，毕竟随着计算机的普及中国人提笔忘字的情况还是很常见的。值得特别关注的是，英语圈中流行的这些拼音形式的汉语借词通常都是不标声调的，这种做法与瞿秋白所设计的拉丁化新文字是完全一致的。

瞿秋白当年没有对汉字简化发表多少意见。但是，他却是中国语言学家中最早主张汉字要走定量道路的学者。这一主张由周有光很好地传承下来了。在周有光所建构的现代汉字学中，首先探讨的就是字量问题，也就是一张"现代汉字表"的制定问题。虽然他初步探索出6000多字的"现代汉字表"，但还是提出了3000字的"技术用字"概念。"技术用字"不仅类似于日本的"当用汉字"属性，更重要的是它们占现代汉字出现频率的99.9%。其他占"千分之一"比例的3000多罕见字,也就是"现代汉字表"的表外字,他建议用一些替代办法来解决。比如像用"胡同"代替"衚衕"那样,用同音字代替;比如用汉语拼音代替,且以词的形式出现;比如用双音节词代替单字,如用"即鱼"代替"鲫"。这3000字的"技术用字"不仅字量很接近瞿秋白当年的推断和讨论,而且字的性质也与瞿秋白主张的很一致。其实,不论是现代流传的古代经典,还是今人的经典著作,很多文献的用字量都不大。据统计,《论语》全书16114字,用字量为1365字;《孟子》全书37244字,用字量为1897字;《孙中山全集》用字量为2673字;《毛泽东选集》(四卷)用字量为2891字。所以说,瞿秋白所讨论的汉字字量问题实际上是现代汉字系统建设的核心问题,某种意义上讲比汉字简化的讨论还要重要。

瞿秋白系统提出汉语规划思想不到30年,普通话、规范汉字和汉语拼音都一一走进中国普通大众的语言生活。这些都是他生前所期待的,但他可能没有想到形势发展得这样快、这样好。今天看来,现代中国人的语言生活中的普通话、规范汉字和汉语拼音是一个有机的整体。虽然它们各自有自己特殊的功能,但它们相互联系、彼此配合,可以很好地完成汉语在现代各个领域的应用。也就是说,它们三者组合在一起,形成一种"三位一体"架构。其中,普通话是其根本基础,其他要件,比如规范汉字,比如汉语拼音,都是在它的基础上发展起来的,本质上也是为它服务的,或者说因它而建立起来的。所以,建设普通话、推广普通话是汉语现代化的中心工作;规范汉字是其核心主体,汉语拼音是其现代性所在,它们都是用来书写或拼写普通话的,当然规范汉字是书写普通话的主体形式和主要手段,但汉语拼音可以拼写普通话甚至在规范汉字不方便的时候替代它。所以,从语言政策制定的先后顺序来看,普通话确立得最早,它是在1955年全国文字改革会议上就确立下来的。虽然普通话里的具体词语语音一直都有调整,比如,普通话审音委员会于1957年、1959年和1962年分三次发表《普通话异读词审音表初稿》(1963年辑录成《普通话异读词三次审音总表初稿》),1985年国家语委正式发布了《普通话异读词审音表》,2016年教育部语用所普通话审音委员会又发布了《普通话异读词审音表(修订稿)》,公开向社会征求意见,但其系统则没有根本变化。汉语拼音是1958年全国人大表决通过的。该方案到今天一直没有变化,连微调都没有,可见它成熟、严谨,经得起时间考验。如果一定要说有什么新的改动,那就是GF《汉语拼音的通用键盘表示规范》中规定,在通用键盘用键位"v"

来替代"ü"。规范汉字虽然主要是在1964年国家正式推出2238个（一说2236个）字的《简化字总表》后确立起来的，虽然2013年国务院又发布了8015个字的《通用规范汉字表》，但1956年国务院发布的《汉字简化方案》（515个简化字和54个简化偏旁）是其拟定的基本原则。也就是说，《汉字简化方案》的发布是规范汉字走进大众语言生活的起点。只是因为各方面的原因，《简化字总表》发布的1964年之后，规范汉字才算完全走进普通人的语言生活。我本人就注意到，在1956—1964年间，包括文字改革出版社、商务印书馆等在内的出版社出版的图书存在大量繁体字。原因也很清楚，《汉字简化方案》分为三个部分；这期间仅有第一部分即汉字简化第一表所列230个简化汉字的原来繁体字在印刷物上停止使用，其余的285个简化汉字和54个简化偏旁只是先行"试用"，不具备强制性。有一种说法认为，无论是汉字简化还是汉语拼音都是为汉语拼音文字作准备的。这可能有一定道理，因为现在由简化字和传承字构成的"规范汉字"是在"二简"叫停之后命名的。按人们最初的设想，"二简"之后可能还有"三简""四简"。可见，普通话、规范汉字和汉语拼音的"三位一体"架构也是在当代汉语应用中不断形成、发展和巩固的。可以说，1982年"国家推广全国通用的普通话"写入宪法，意味着"三位一体"架构初步形成；2000年出台的《国家通用语言文字法》将普通话和规范汉字确定为"国家通用语言文字"表明"三位一体"架构正式成立；而五年前的国际标准ISO7098《信息与文献：中文罗马字母拼写法（2015）》获国际标准化组织——信息与文献标准化技术委员会全票通过则标志着"三位一体"架构进一步巩固。

"汉语是中国的，也是世界的。"随着全球化进程的深入和发展，汉语的普通话、规范汉字，特别是汉语拼音，将成为全世界人民语言生活的重要组成部分。同时，汉语也可以在中国故事书写和中国学术阐述中挖掘更大的潜力、发挥更大的作用。2020年年初，李宇明教授"中文首发"的倡导就是这方面的一种努力。我想，这种努力也应该是瞿秋白所期盼的。生前，他在《荒漠里——一九二三年之中国文学》一文中就慨叹：在世界文化大家庭中，作为"礼教之邦"的中国本应该有丰富的精神生活和多彩的艺术世界！

以上就是我在这部书的后记里想补充说的一些意见。

我的这部书是教育部人文社会科学研究规划基金项目《瞿秋白汉语规划思想影响研究（1932—1982）》（项目批准号：18YJAZH084）的主要研究成

果。在完成这个项目的过程中，我阅读了不少课题相关资料。这要感谢常州工学院文献服务群，他们能够在第一时间为校内教师提供电子资料查找服务，而且全年无休，每晚服务到十点。这太难得了！记得写作《瞿秋白汉语现代化的探索》时，我找到最早的图书是倪海曙编的《中国语文的新生——拉丁化中国字运动二十年论文集》，上海时代出版社1949年版。这是从孔夫子旧书网上买的，书已经很破了，拿到手真是如获至宝。这次的写作，资料齐全多了，仅1930年代的图书我就找到了五种，其中最早的书是李中昊编的《文学历史观与革命论》（上中下）影印本，1931年北平文化学社版，也是从孔夫子旧书网上网购的。这些资料尽管多是电子版，但很能派上用场，我很感激文献服务群的人们！

  这次写作还有一个情况，那就是我除了参加中国语文现代化学会的活动外，还比较多地参与了语言规划与语言政策领域的全国性会议。我在马庆株、郭熙老师指导下在社会语言学方面有所观察和思考，并有幸结识了陈章太、陈光磊、冯志伟、杨亦鸣、胡范铸、段业辉、陈昌来、郭龙生、彭泽润、张辉、王春辉、赵一心、俞允海等师友，特别是李宇明老师。我感觉，在语言学界有很多人在研究语法、研究方言、研究古文字，但像李宇明教授这样研究"语言生活"的学者现在也不少了。我觉得，瞿秋白就是一个五四时期就开始研究语言生活的有识之士！他1920年赴俄采访，一到莫斯科就开始关注到海外华工的语言生活状况。1923年回国，一回国他就看到当时中国新文学的语言与中国百姓、中国劳工的隔膜。改善中国绝大多数人的语言生活，应该说，就是瞿秋白汉语规划的初心所在！

  如今，也有不少人开始关注当代大学生的语言生活。经过幼儿园、小学、中学的集中学习，特别是影视等公共媒介的熏染，当今的大学生们当然一般都会说很漂亮、很流利的普通话，写比较工整、好看的规范汉字，用汉语拼音输入汉字来作微信交流和课程作业。这可见高等教育大众化之后中国青年语言生活的巨大变化。然而，他们一写起文章来，总在重复他人的话语，缺乏主体沟通意识；一说起话来特别是公众场合下说话大都没有太多自己的话语、自己的立场和自己的话语对象。这种话语同质化现象应该说是与我们这样一个创新的时代相矛盾的，甚至是格格不入的，因而不可小觑。如果说，约90年前，瞿秋白所痛恨的是用欧化的句法将自己束缚在知识分子少数人小圈子里，远离劳苦大众，那么，21世纪的今天流行在"公共交流语境"中特别是"书面语"中的空话、套话、他人的话所编织的"话语梦幻"则极大地禁锢着当代大学生的思维发展、沟通能力和创造意识，且让他们远离公众而依然局促在个人的小圈子里打转。如何让中国话更好地发挥其交际功能，讲好中国故事在内的各种故事，是当代语言生活中的一个重要课题。这是我在完成这个课题过程中的又一深刻体会。

　　自然，这部书在写作过程中，参考并吸纳了不少相关专家的研究成果，在此一并表示衷心的感谢！因为学识和功底有限，书中定有不少不当之处，恳请专家、学者批评指正！

汪禄应

2020 年 5 月 7 日于常州天润园